獨裁者的進化

收編、分化、假民主

The Dictator's Learning Curve:

Inside the Global Battle for Democracy

威廉・道布森（William J. Dobson）著

謝惟敏　譯

國家圖書館出版品預行編目資料

獨裁者的進化
威廉.道布森(William J. Dobson)著；謝惟敏譯.
-- 初版. -- 新北市：左岸文化出版：遠足文化發行, 2014.01
面； 公分. (左岸政治；200)

譯自：The dictator's learning curve : inside the global battle for democracy

ISBN 978-986-6723-99-5 (平裝)

1. 民主化 2. 獨裁

571.76 102023400

左岸|政治200

獨裁者的進化——收編、進化、假民主

作　　者　威廉・道布森（William J. Dobson）
譯　　者　謝惟敏
總 編 輯　黃秀如
責任編輯　許越智
封面設計　張瑜卿
內文排版　宸遠彩藝

社　　長　郭重興
發行人暨出版總監　曾大福
出　　版　左岸文化事業有限公司
發　　行　遠足文化事業股份有限公司
231 新北市新店區民權路108-2號9樓
電　　話　02-2218-1417
傳　　真　02-2218-8057
客服專線　0800-221-029
E-Mail　service@bookrep.com.tw
左岸文化部落格：http://blog.roodo.com/rivegauche

法律顧問　華洋法律事務所 蘇文生律師
印　　刷　成陽印刷股份有限公司
初　　版　2014年01月

定　　價　420元
I S B N　978-986-6723-99-5

「民主、自由、人權對於世界上的人們來說，已經代表著某種特殊定義，我們絕不能容許任何國家改變這些字眼，讓它們成為壓迫與獨裁的同義詞。」

——聯合國《世界人權宣言》起草人愛蓮娜・羅斯福（Eleanor Roosevelt）於一九四八年九月二十八日在巴黎索爾本學院演講

目錄

前言

華盛頓特區賓夕法尼亞大道盡頭，彼得・艾克曼（Peter Ackerman）坐在寬敞、兩面有大窗的角落辦公室裡，他坐的位置，剛好可以俯看世界銀行。六十四歲的艾克曼是精品投資公司——岩港資本有限公司（Rockport Capital Incorporated）的總經理。一個晴朗的八月下午，他用Powerpoint向我作簡報，大談「風險收益」。[1]然而他所顯示的圖表，跟投資、紅利與財經都沒有關係，他所談的是推翻獨裁者的最佳方法。

二十五年前的艾克曼不像個諮詢專家，會忠告別人如何對付世界最殘暴的政權。當年的他忙著在華爾街賺大錢，還是垃圾債券大王麥可・米爾肯（Micahel Milken）的得力助手。一九八八年，艾克曼負責幫忙槓桿收購雷諾納貝斯克公司，成交值為兩百五十億美金，他自己賺了一億六千五百萬的佣金。[2]米爾肯後來因為內線交易坐牢[3]，艾克曼則繳了八千萬美金的罰金免除牢獄之災，得以保留五億美金的資產。

現在，他大部分的資產都流入各種管道，專事推翻全球專制政權。二〇〇二年，艾克曼創立了「非暴力衝突國際中心」，籌辦研討會、工作坊、訓練課程，主題是如何用非暴力策略與技巧成功地推翻暴政。埃及、伊朗、俄國、委內瑞拉、辛巴威以及其他十幾個國家的運動人士都跟艾克曼都很熟，某些人甚至遠道前來，拜訪他在華府霧谷區（Foggy Bottom）的頂樓辦公室。另外一些人則參加他在海外數個國家首府設立的工作坊。還有一些人看過他拍的影片，最多人看的一部叫作《推翻獨裁者》（Bringing Down a Dictator），內容是塞爾維亞青年在二〇〇〇年十月讓南斯拉夫總統米洛塞維奇下台的故事，這部影片曾經獲得美國公共電視台最佳電視紀錄片之皮巴底獎（Peabody Award），還被翻譯成阿拉伯語、波斯語、北京話、越南話與其他七種語言。喬治亞人普遍認為它對喬治亞二〇〇三年所發生的「玫瑰革命」很有啟發：喬治亞人在該次和平的民主反抗之中，成功地迫使共產黨總統謝瓦納茲（Eduard Shevardnadze）辭職下台。二〇〇六年，艾克曼開始投入電玩市場：開發電腦遊戲《一種更強大的力量》（A Force More Powerful），讓反對人士可以在虛擬世界裡練習各種推翻獨裁者策略。他還想辦法將數千份光碟偷偷送進世界上最專制的國家裡。二〇一〇年他又推出該遊戲的升級版，稱之為《人民力量》（People Power）。他說：「我花了數百萬美元改良這個遊戲，這是我做過最具顛覆性的事。」[4] 我問他為什麼把打倒暴君當作一生的志業，他看著我說：「我做的只是物流業，只是滿足客戶的需求，如此而已。」他其實還可以再加一句，生意好得很。

今日，要當一個獨裁者並不容易。沒多久以前，獨裁者——不論是民族主義軍頭、革命英雄或共產黨黨棍——往往會利用武力鎮壓，讓人民不敢輕舉妄動。史達林把千萬人送進古拉格。毛澤東則針對知識分子、走資派、以及任何在他心目中不夠「紅」的人，發動大規模的整風運動。之後他還發起大躍進，在短短幾年之內就餓死三千五百萬人。烏干達獨裁者伊迪・阿敏的政權殺死了五十萬人。在三年之中，大約兩百萬柬埔寨人死於波布的殺戮戰場。一九八二年二月，敘利亞的哈菲茲・阿薩德（Hofez Assad）鎮壓了哈馬市（Hama）的市民起義，他以攻擊直昇機以及重砲武器包圍該城市，而他的軍隊進城後，即挨家挨戶入侵民宅，到了二月結束之前，已造成兩萬五千名敘利亞人死亡。

獨裁者仍然有犯下滔天大罪的能力。然而，今日的暴君比起過去遇到更多抵抗的力量。冷戰結束以後，許多獨裁者失去了主要的支持者及金主蘇聯。一夜之間，民運組織遍地開花，另有西方的專業人士、人權運動人士以及選舉觀察者蓄勢待發，準備揭發違背人權、貪汙腐化、選舉舞弊等情事。二十年前，當坦克車開進天安門廣場時，北京的領導人只須注意廣場上是否出現攝影鏡頭的反光，在宣布戒嚴以後立刻把CNN的插頭拔掉，讓畫面播不出去即可。[5]這樣的好事已經沒有了。二〇〇六年，一群歐洲的登山客在喜馬拉雅山區高達一萬九千英呎的山隘口，拍攝了中國軍人射殺圖伯特僧人、女子、小孩的影片，它很快就出現在YouTube上面，國際人權團體立即對中國射殺難民做出譴責。[6]二〇一一年，敘利亞禁止所有外國記者報導國內反巴沙爾・阿薩德（Bashar Assad，即哈菲茲・

阿薩德之子）政府的人民起義事件。沒關係，當政府的狙擊手射殺和平示威者、送葬行列成為槍擊對象時，敘利亞異議人士也在網路上張貼政府殘暴鎮壓的驚悚畫面。今日，全球的獨裁者不能再夢想他們的惡行永遠不為人知，只要他們下令鎮壓——即使是遠在喜馬拉雅的高山隘口——都有可能被iPhone拍下來，立即傳播到世界各地去。專制獨裁的代價沒有比現在更為高昂了。

其實早在網路、推特流行，甚至蘇聯解體之前，獨裁者的運氣就開始走下坡了。他們的苦難是一九七四年在葡萄牙開始的。更精確地說，是四月二十五日中午十二點二十五分[7]，里斯本一家廣播電台播放了〈黑色小鎮格蘭多拉〉（Grandola, Vila Morena），向葡萄牙軍隊打暗號，示意政變開始。第二天，葡萄牙的獨裁者馬爾塞洛・卡丹奴（Marcello Caetano）就被放逐了。根據杭廷頓（Samuel Huntington）教授的看法，那一天所釋放出來的政治力量，就是全球民主浪潮的濫觴，接下來的數十年間，威權政體紛紛倒台。[8]

緊接著葡萄牙之後，南歐一連串右翼的獨裁者開始垮台。[9]接下來，輪到拉丁美洲的軍頭以及東亞威權統治者，每一個都讓外界感到驚異，然而一九八九年東歐共黨國家的垮台，更使人跌破眼鏡。一九七四年，全世界只有四十一個民主國家，到了一九九一年蘇聯也倒台的時候，民主政府的數量已經躍升到七十六了。

而那只是民主蓬勃年代的第一章而已。非洲很快就出現了十來個新民主國家。印尼與墨西哥等主要國家也發生了重大的民主轉型。一九九八年，美國在全世界超過一百個國家設立了促進民主轉型的機構。二〇〇〇年塞爾維亞發生革命，讓民主國家的欄位裡又多出一個新成員。二〇〇三年喬治亞、二〇〇四年烏克蘭、二〇〇五年吉爾吉斯等國所發生的「顏色革命」（Color Revolutions），象徵了自由對抗獨裁的高潮。到了二〇〇五年，全世界的民主國家總數，比起葡萄牙的年輕軍官聽到廣播電台播放那首號召起義的歌曲時，已經增長了三倍以上。

然而好景不常。民主浪潮達到最高峰之後，世界上最令人不敢恭維的政權——獨裁者、暴君以及專制政府等等——也不甘示弱捲土重來了。根據美國自由之家（Freedom House）的統計，接下來的五年，世界各地的政治自由開始一蹶不振。[10]自由之家創立四十年來專門評估自由趨勢，他們認為這五年乃是政治權利以及公民自由最長的連續低迷期。亞洲多國發生軍事政變，民主政府被推翻，另一方面，民粹的威權體制在南美洲站穩了腳跟。即使是新取得成功的喬治亞、烏克蘭以及吉爾吉斯，原來的成就似乎也土崩瓦解。到了二〇一〇年，民主國家的數量降到一九九五年以來的最低點。若以較長遠的眼光來看，被標識為「自由」的國家，其比例已經十多年都保持不變，固定在百分之四十六。杭廷頓的民主浪潮似乎已經壽終正寢。

問題不在民主本身。如同阿拉伯之春於二〇一一年提醒眾人，即使全球面臨經濟不景氣，政治以及經濟自由的理想還是不失其重要性。各地方的人依然憧憬自由。改變的，是獨裁的「性質」。今日的獨裁者以及威權統治者，已經比從前精明老練靈活太多了。壓力漸大的時候，最聰明的獨裁者不再把自己的國家變成警察國家，也不再鎖國了；相反地，他們學習而且適應新情勢。民主的進逼迫使數十個專制政府不得不從事新實驗、使用有創意及狡詐的伎倆。現代的獨裁者練就了繼續掌權的新技巧、方法、模式，把獨裁制度帶入新世紀。

今日的獨裁者知道，在這個全球化的世界裡，較為殘暴的威嚇方式——大規模逮捕、行刑隊、血腥鎮壓——最好以較柔性的強迫方式取代。今日最有效率的獨夫不再強行逮捕人權團體成員，而是派出稅吏或者衛生局官員讓反對團體關門大吉。政府把法律寫得很寬鬆，但遇上它們視為有威脅性的團體時，運用起來卻像手術刀一樣精確。（委內瑞拉的一個異議分子開玩笑說，烏戈・查維茲（Hugo Chavez）總統的座右銘是：「我的朋友，榮華富貴；我的敵人，法律伺候。」[11]）今日的獨裁者不再關閉所有的媒體，而是保留一些小型的言路——通常是報紙——民眾雖有討論空間，卻是有局限的。今日的獨裁者在演講時，三不五時提起自由、正義以及法治，比如中國共產黨的領導人常常講到民主，還自稱是人民所選出來的領袖。[12]這些人已經了解做表面功夫的重要性。二十世紀的時候，極權國家的領導人常常舉行選舉，然後聲稱自己高票當選。蘇俄的領導人總是宣稱他們獲得百分之九十九選票支持，這當然十分荒謬，事實上他們是以舞弊的方式贏得選舉。今日，克里姆林宮派出的選務人員做法不同，票箱達到七成滿的時候，他們就不再往裡面塞選票了。獨裁者已經了解到，最好是贏得一場表面上看起來有競爭的選舉，而非公然舞弊。

我們總是以為獨裁政權好似恐龍——笨拙、愚蠢、動作遲緩的大怪物，彷彿蘇聯的末期，或者某個充滿不安全感的南美香蕉共和國。當然，一些老派而落伍的獨裁者確實步履蹣跚地來到了二十一世紀，如北朝鮮、土庫曼以及赤道幾內亞。然而他們所代表的是獨裁者的過去，他們並不想掩飾自己的真面目。在其他國家學著進化、改變甚至繁榮的時候，這些老派獨裁國家落得偏遠而落後的下場。沒有人想成為下一個北朝鮮。

結果證明，極權主義只是二十世紀的一個現象。它是有史以來最充滿野心的非民主賭局，而且表現極差。目前只有北朝鮮還可能緊抱著極權主義不放，這是因為它持續發展核武，還有金正日願意讓自己的人民餓肚子。現代的獨裁者往往利用民主制度與威權政體之間的模糊空間，會想辦法讓人民滿足，贏得人民的支持。假如沒辦法讓人人高興，他們也可以透過恐嚇以及特定的威懾方法，讓異議人士無所適從。委內瑞拉的異議分子帕提達斯（Alvaro Partidas）告訴我：「我的父親老是說他寧可住在古巴那樣的獨裁國家，批評政府的話，他們就把你關在牢裡。現在他們透過不確定的感覺來控制人民。」[13]

遠遠看上去，世界上許多威權國家看起來好似民主國家，其憲法也有行政、司法以及立法等權力分立，但還是跟民主國家有重大差異：某些國家只有一個立法機構，而非雙層的上下議院制度，某些職位並不是選舉產生，而是由上級指派，而權力監督的程度也有異。然而這些威權國家的許多機構，其特徵——至少在紙上——看起來與最稀鬆平常的歐洲民主國家非常類似。

拿俄羅斯為例。縱然普丁愈來愈像一個獨夫，他卻一直尊重俄國憲法[14]；他的方法是遊走於俄羅斯政治體系的縫隙，透過一些表面看起來民主的管道進行中央集權。克里姆林宮要求國會選舉必須有最低得票率門檻（每個政黨必須至少獲得百分之七的選票），批評者抱怨這阻礙反對黨候選人進入國會，乃是違反民主的犬儒伎倆。它的確是。然而普丁指出一些正牌的民主國家，如波蘭、德國以及捷克共和國，也有類似的選舉制度。再比方說，查維茲總統提出，委內瑞拉各地的省長不再經由直選產生，而是由總統來指定區域的領導人。這又是另一個集中政治權力並且消除政敵的明顯伎倆。然而世界上一些民主國家也實行這種制度，例如波羅地海的愛沙尼亞以及立陶宛。重點是，這些措施本身單獨而論並非權力的濫用。現代威權政體的許多特色，單獨看起來與健全民主國家的制度似乎相差無幾，但只要改變其中某個環節，就可以創造很大的模糊空間。畢竟連美國民主的某些面向——例如選舉人團與聯邦準備理事會——都是不民主的。所以你必須仔細觀察威權政體的實際運作，還必須要直接接觸生活在其中的人。

少有人比八十四歲的阿列西娃（Ludmilla Alexeeva）更清楚獨裁政權已經鳳凰蛻變了。她是最後幾位資深的人權鬥士，他們早從一九六〇年代末期的布里茲涅夫（Leonid Ilyich Brezhnev）時代就開始反抗莫斯科。即使到現在，雖然年老體弱、必須靠人扶持才能走遠路，她仍然帶頭反抗，希望幫俄國人民爭取到集會自由。那天早上，我坐在她莫斯科的公寓裡，電話響個不停。她笑著說：「現代人對人權鬥士的需求很高，我們在本國很受歡迎。」[15]她當年開始參與反抗運動的時候風險非常大：「蘇聯的異議人士必須準備犧牲生命，不然就是坐牢或者被關在精神病院……今天的話，他大概會被斷手斷腳或者謀殺。」過去政府的做法是直接抓人，之後就下落不明。今日的話，此人往往會發生車禍，或者在意外的攻擊事件之中受傷。

蘇聯過去沒有明文保障公民權利，今日的俄羅斯已非如此。阿列西娃說：「俄羅斯的憲法跟任何西方國家的憲法一樣保障人民的自由與權利。然而實際上，真正被尊重的只有一種權利——旅行到國外的自由，離開的自由。」許多本來可能反對政府的人乾脆就離開了。在以前的蘇聯獨裁模式下，邊界要嚴密封鎖[16]，現在的普丁俄羅斯威權體系卻開放邊界以及放寬護照條件，以此維持政權之不墜。世界也許已經改變了，然而爐火純青的獨裁者並沒有坐以待斃。世界一改變，舊規則一旦不適用，最有技巧的統治者也會跟著學習，變得更厲害了。

獨裁制度之最高不可侵犯之原則，就是中央集權。以少數統治多數的這項原則，讓今日的威權政體越來越顯得格格不入，彷彿時代倒錯，因為在現代生活的每個層面，階級正在瓦解消弭。獨裁政體的中心守則，也顯得愈來愈過時。因此，在一個資訊爆炸以及邊界洞開的世界裡，要維繫威權政體於不墜，必須小心經營、反覆規劃並強化各種人為計畫。對那些最惡名昭彰的國家來說，事情比較不複雜，他們只要築起高牆，把世界隔離在外，也許可以維繫政權幾年、甚或幾十年而不墜，然而他們也被自己築起的高牆關在裡面。比較複雜的是現代獨裁者，他們選擇與世界互動，而且願意面對龐大的壓力，而過去的獨裁者可能會選擇自我封閉。他們努力將法規跟迫害混在一起，不但從全球的政治體系中獲得好處，又不危及自己掌控權力。現代的威權政體有精心設計的結構，需要經常地修整與維護。其原因不只是抽象的現代化要求，而是因為獨裁者越來越靈活，另一方面，想要把他們推翻的人也一樣愈來愈聰明了。

這本書要講的，就是獨裁與自由相抗頡的故事。與之伴隨產生的各種戰役與衝突，雖非顯而易見，卻在全球各地每天上演。許多報導將焦點放在美國傳播民主的努力與聯合國介入，事實上，今日民主與獨裁的抗爭，往往與國與國之間的衝突無關，而是人與人爭。事實是，即使某個獨裁政權已經搖搖欲墜、瀕臨革命的臨界點，其他主權國家卻往往未能做出即時反應。在二〇一一年時，美國一直拖到最後一刻才與原本的盟友——突尼西亞與埃及的獨裁政權——劃清界線；即使千夫所指的政權，如敘利亞，美國也一直猶豫不決，不願採取反制行動。在柏林圍牆倒塌的一九八九年，美國外交官員擔心未來的政治局勢不知是福是禍，反而警告前蘇聯各國最好不要宣布獨立。美國的角色並非不重要，它確實影響力很大，甚至是決定性的臨門一腳。然而不管我們喜歡與否，在民主轉型之中——即使眾所嫌惡的暴君會因而垮台，美國還是會恐懼未知的情況，也會考慮其他利益。利比亞是少有的例子，格達費統治的最後幾個月走到窮途末路：缺少盟友、左支右絀、又即將犯下滔天的人道大罪，所以各國一致同意對這個獨裁政權採取反制行動。這時所有的變數一字排開、清楚明白，美國只需按部就班行事，風險不大。

專制國家其實並不特別害怕美國。他們幹嘛害怕？世界的往來互動太過頻密。美國是中國最大的貿易夥伴之一，還是委內瑞拉石油的最大買主，每年還金援埃及軍隊數十億；另外，在許多重要的戰略議題上，美國必須仰仗俄國外交上的支持。聯合國的制裁對專制獨裁國家而言，往往不痛不癢，外國人權團體若發出抗議，只須驅逐出境即可。事實上。外國的介入，不論是美國、聯合國、還是國際刑事法庭等組織，往往是獨裁者極有用的擋箭牌，可以用來掀起國內的民族主義熱潮，鼓勵人民團結起來保衛政府。

獨裁者與專制政府最害怕的，還是自己的人民；最強大的威脅都來自內部。艾克曼很清楚這一點，他不相信獨裁政權會因時機成熟而自動垮台。對非暴力革命而言，沒有所謂有利或不利的條件。某些看起來搖搖欲墜的政權繼續維持統治，貌似頑固的獨裁政權卻在幾天內就解體。政權的殘暴程度、經濟的困境、族群的組成、文化與歷史等等因素，不必然會影響它在今天、明天甚或十年後發生革命。最重要的是對奕的兩邊如何玩這場遊戲。這是技巧的問題，政府與反對者真材實料地對決，準備得最好、最團結、最有紀律的一邊，最有可能勝出。這一點最能解釋為什麼艾克曼所資助的人就是獨裁者最害怕的人。

一般觀察家往往只看事情的其中一面——也就是獨裁者的那一面——而他們看到的似乎只有鋪天蓋地的統治手腕。他們把焦點放在獨裁政權龐大的保安機器：鎮暴警察、軍隊、情報人員、線民以及政府僱用的流氓，也關注它對媒體、重點工業、法院以及政黨的嚴密掌控。他們也許看到該國內部的恐懼文化。絕多大數人生活在貧窮線之下，而統治集團經由貪腐、掌控油田或其他天然資源中飽私囊。可想而知，這些政權都很殘暴：關押、折磨以及謀殺異議人士毫不手軟。許多學者專家一廂情願地認為，這種政權是不容易被趕下台的。他們似乎找不到理由相信事情會有任何改變。因此當革命來臨時——不論是菲律賓、波蘭、南韓、印尼、塞爾維亞、突尼西亞或者其他地方——大部分學者專家與政治人物往往認為沒什麼大不了，不過是偶發事件，由罕見的條件促成，不太可能再度發生。艾克曼說：「沒有一個專家成功地預言過（革命）會發生。這些人都不願承認真相，一直到革命發生、在獨裁者垮台、認輸以後，他們才說：『唉呀，那傢伙不過是隻紙老虎。』」[17]

他們所忽略的拼圖零片，就是推翻獨裁者的人們所做的努力。當異議人士學習號召與動員人民、漸漸地削去獨裁政體的合法性，或成功地運用宣傳工具時，這些學者專家往往視而不見。他們也不曉得民主運動會相互影響、交流，反抗者會學習嶄新而有創意的技巧來對抗政府。

兩年前，我開始旅行到一些獨裁國家以親眼目擊這場戰役，其前線往往位於偏遠之地——包括中國、埃及、馬來西亞、俄羅斯以及委內瑞拉。我想親眼看看這些國家的政府使用什麼樣的新措施、技巧、方法來維繫統治。為了達成此目的，我拜訪了許多為獨裁政權服務的人，包括幫忙延續政權的政府顧問、盲目崇信特定意識形態的人、統治集團黨羽、技術官僚以及官員。

我也遇到各色各樣始料未及的反抗大軍，他們矢志推翻世界上技巧最高超的獨裁者。這些人有委內瑞拉的學生、俄羅斯的環保人士、中國律師、埃及部落客、馬來西亞的反對黨領袖、塞爾維亞的革命人士。最讓我驚異的是，今日的異議人士與民主運動人士會彼此交流，研究彼此的工作，還會提供創意與想法。委內瑞拉的學生領袖可能會飛到墨西哥市去拜見塞爾維亞的民運人士——後者已經在十年前驅逐了他們的獨裁者——請教他如何看穿查維茲的弱點。

旅行全球，我走過許多無形的戰場，一場場的掙扎與奮鬥正在進行，其結果將影響權力是向獨裁還是向民主傾斜：異議人士聚集的咖啡館、孵育出新運動的森林地、怒火中燒的貧民窟、年輕人抗爭的街頭、獨裁政權之敵人被投獄的囹圄。這場戰爭已經裂解成上千個小戰役，急速現代化的統治集團單挑正在學習新技巧的個人以及組織。我進行了兩百場以上的會談，聆聽兩邊的故事，聽他們各自鋪陳生存與成功的策略。

寫作這本書的同時，這場戰爭的最新章節正在中東發展。到二〇一一年為止，除了以色列之外，中東是世界上唯一缺乏民主國家的地區。阿拉伯國家的領導人平均統治的時間為十六年。幾乎在所有自由與公民權利的指標上，中東皆遠遠落後於其他地方。然而如同一九七四年的葡萄牙，革命萌發在最意想不到的地方：突尼西亞，其政府長期被外界認為是此區最難以撼動的。二〇一〇年十二月十七日，突尼西亞西迪布濟德市（Sidi Bouzid）的警察騷擾了一個水果攤販穆罕默德．布瓦吉吉（Mohamed Bouazizi）。布瓦吉吉被羞辱後，在憤怒與忍無可忍的情況下，在眾目睽睽之下自焚而死。他的死很快引發群眾的同情，抗爭活動如野火燎原一般，從一個國家傳染到另一個國家。突尼西亞的政府垮台以後，革命之火接著在中東的政治文化中心埃及點燃。抗議群眾也在巴林以及葉門蜂起。利比亞發生大屠殺，然後進入全面的內戰狀態。其震波也很快就在阿爾及利亞、約旦、阿曼、沙烏地阿拉伯以及蘇丹感受到，這些國家都發生了規模不一的抗議與示威活動。格達費殘暴統治了利比亞四十二年後，終於得到報應。而革命之火繼續在敘利亞燃燒，阿薩德疲於奔命，因為越來越多人要推翻他父親所建立的政權。一個賣水果的小販犧牲了自己，中東因此而天翻地覆。這是新一波民主浪潮的開始嗎？

當然現在時機還太早，無法斷言結果。杭廷頓教授花了十五年的時間才有自信指出他所謂的民主浪潮。而且，就如同埃及人民現在體認到的，建立民主國家比推翻獨裁者更加困難。進步的步履一定是參差不一的。僥倖未被推翻的獨裁者，其權力基礎還是可能再度被鬆動。然而不論深層的變動如何快速到來，這些革命至少徹底駁斥了一個謬論，即世界上某些角落的人民似乎不渴求民主。阿拉伯之春所顯示的真相，是這些獨裁國家內部的許多年輕人、飽經恐嚇的民主人士、敢言的批評者也老早就知道的事實：在全世界的獨裁壓迫國家裡，統治者與被統治者之間正在進行一場戰役，它將決定民主與獨裁的勝負，以及許多人的未來。

第一章　沙皇

一九八五年，蘇聯格別烏（KGB）的弗拉迪米爾・普丁（Vladimir Putin）中校被指派駐東德的德勒斯登。[1]三十二歲的普丁帶著家眷前往，除了老婆與一歲的女兒馬莎外，上任沒多久後，二女兒卡提亞也出生了。普丁一家住在一棟黯沉的公寓大樓裡，鄰居大部分都是同行，屬於東德祕密警察史塔西（Stasi）的成員。公寓地點十分方便，他只要走五分鐘就可以抵達安潔利卡街四號的格別烏總部。普丁的主要任務是招募及管理情報員，收集有關於東德領導人的各種謠言，並將他的分析電傳莫斯科。對一個蘇維埃間諜來說，這些只是家常便飯。唯一不尋常的是時間點，他住在蘇聯帝國邊緣的德勒斯登，是從一九八五年至一九九〇年的一月，剛好遭逢東德獨裁政權崩潰，甚至不久之後，蘇維埃體系也跟著崩潰了。

德意志民主共和國是二十世紀典型的極權國家。史塔西滲入了人民日常生活的每個層面，收集的祕密檔案包括六百多萬東德人的個人資料。[2]單單只在德勒斯登一地，祕密警察收集的檔案排列起來就長達七英哩。[3]根據東德政府自己的紀錄，情報部門雇用了九萬七千人，另外十七萬三千人是線民，而幾乎每六十人中就有一人與安全部門有某種關係。[4]普丁自己雖然是格別烏官員，也對東德政府監視自己國民之「無孔不入」感到震驚。[5]他後來描述他在東德的這段日子。「讓我眼界大開，」他告訴俄國記者：「我以為我去一個東歐國家，是到歐洲的中心去。」完全不是。「東德是一個非常極權的國家，跟蘇聯很像，只是大約晚了三十年。」

作為在蘇聯附庸國工作的情報官員，普丁很有可能比其他人先看到東德的敗象。他很有可能讀過史塔西的報告——這些報告往往未經修改就直傳莫斯科——其內容越來越悲觀，紀錄著人心思變，還揭露東德的經濟數據都是造假。[6]他可能早就見到一個經濟體垂死的先兆：政府花在補助的金額遠遠超過稅收。到一九八九年年底，崩潰的跡象已經近在他的眼前：德勒斯登銀行發生擠兌[7]，火車站有群眾搶著搭乘前往西方的火車。[8]十月四日，火車站湧入一萬名東德人，警察企圖用警棍跟催淚瓦斯驅散他們，以免車站被擠破，然而接下來幾天，群眾的數量增加了三倍。

親眼見到一個蘇聯的前哨站土崩瓦解，他的困惑很快就被恐懼所取代。史塔西與格別烏關係密切，這是眾所周知的事實。在東德情報官心目中，蘇聯的情報官員是「朋友」。而且普丁上班的格別烏總部與史塔西的辦公室只有一街之隔。柏林圍牆倒塌以後，普丁與他的同事開始湮滅證據，他後來回憶道：「我們毀滅了所有的東西——通訊名冊、聯絡人名單、情報人員的網絡。我動手燒毀了大量的材料。我們燒的東西多到火爐都被撐垮了。」十二月六日，東德群眾攻入史塔西總部，普丁害怕群眾憤怒的矛頭會轉向他以及他的同事。他的憂慮也差一點成真。憤怒的東德人聚集的時候，普丁走到街上對他們講話。他聲稱他只不過是一個翻譯員，而他的辦公室是一個蘇聯軍事機構，請他們到別的地方去。普丁憂心群眾失控，還要求當地的蘇聯軍事小隊派員保護他。他當時被告知：「莫斯科方面不下令，我們不能動。而他們現在不聲不響。」他原本害怕的心情轉為疏離與異化。「『莫斯科現在不聲不響』——這讓我覺得那個國家已經不再存在了，它消失了。」

我們不難想像，在德勒斯登的那些歲月，這位年輕情報員的心中會留下什麼痕跡。普丁親眼目睹東德這個警察國家付出的代價，及其諸多無效能之處。他看到該國的計畫經濟每下愈況，官員努力利用補助金來填補他們的失敗，卻心知肚明這些錢將一去不回。這些經驗讓他確切地體認到他所服務的蘇維埃體系所具有的弱點。普丁後來提到柏林圍牆倒塌時表示：「事實上，我當時認為那是不可避免的。我只遺憾蘇聯喪失了它在歐洲的地位，雖然理智上我了解，這種建築在圍牆以及分界之上的地位是無法持久的。我當時希望能有其他東西起來取代圍牆，但卻沒有人提出，那是最傷的。他們只是把每個東西都丟棄，然後走掉了。」

普丁認為，莫斯科不能看到自己的弱點，也不能適應新的局面，這才是最大的災禍。

當年作為蘇聯國家第一線的小兵，國家卻自顧不暇，他必須獨自面對憤怒的群眾，還要想辦法捍衛國家的利益，這樣的窘境讓他渴求過去強而有力的主權大國俄羅斯之復興。最讓他感到挫折的，是中央從來不聽邊陲的忠告。普丁回憶說：「難道我們沒有警告他們可能會發生的事嗎？難道我們沒有提出建議應該採取什麼行動嗎？」

整整十年以後，鮑里斯・葉爾欽總統（Boris Yeltsin）因為健康情況不佳以及施政不得民心，突然宣布辭職，而當年那位年輕的格別烏特務，出人意表地取而代之，成為俄國第二任總統。普丁當年在東德的經驗，也許可以解釋他後來擔任俄國總統時所說的話，他說：「對蘇聯解體不遺憾的人沒有心；不想恢復蘇聯從前地位的人沒有頭腦。」[9]

舊蘇聯的夢幻模式

公元二〇〇〇年一月一日，普丁對俄國人民許下了一個承諾。那天聽他講話的群眾，少有人對於俄國的近況感到滿意。蘇聯解體後的十年，俄羅斯陷入了重重經濟困境、危機以及不穩定。早期的民主實驗似乎只培養出只會惡鬥的政治人物以及爭吵不休的眾多政黨，還讓民眾認為這些人全都貪汙（事實也差不多如此）。俄國人開始認為，他們雖然免於了共產主義荼毒，卻換來了腐化的民主體系及其虛假的承諾。更糟的是，他們認為自己被騙了：他們遵循著西方的民主模式，換來的只有痛苦，真正過上好日子的只有少數人，並以絕大多數人的犧牲為代價。雪上加霜的是，他們的國家本為世界強權，現在淪為不過爾爾的中等國家。

因此，普丁在新世紀肇始的第一天做出承諾，正是人心思變的時機。除了承諾經濟成長以及新氣象以外，還說他會帶來每個俄國人最需要的東西：「穩定、明確以及對未來的展望——不只是每個人自己的未來，還有下一代的未來——不只是一個月，而是數年以及數十年。」[10]對於過了十年毫無保障、被迫自力更生的俄羅斯人而言，這些話正是他們所渴望的安全與保障。普丁的願景是見到強大而有韌性的俄羅斯恢復其應有的強權地位。莫斯科將不再沉默。

雖然普丁當初並沒有詳細說明他要如何達成穩定，然而其計畫慢慢地露出真面目。普丁牌的威權主義特色為中央集權。過去俄羅斯的政壇太過四分五裂、眾聲喧譁，普丁將動手制服它。俄羅斯將變得更加穩定、更可預期，因為它將由一個人以及這個人周圍的小圈子來統御。這就是普丁與有些人稱之為「垂直權力」的東西：在所有俄羅斯的政治與經濟機構之中，克里姆林宮將不再只是各平等機構中順位第一的組織而已：它將成為所有機構的統御者，是宰制與臣屬的關係。

普丁第一個對付的，就是俄羅斯商業巨賈。[11]在蘇聯垮台之後，既不誠實又不負責的牛仔資本主義猖獗了十年，這些大亨透過各種條件異常優惠的合約，取得了瓦斯、礦產、鋼鐵等經營權，因而發家致富。普丁上任後兩個月，克里姆林宮就警告這些億萬富豪，如果他們不效忠的話，那就不用做生意了。所有違抗此建議的人，不是很快被驅逐出境，就是身陷囹圄。學到深刻教訓的人，莫過於石油鉅子米哈伊爾•霍多爾科夫斯基（Mikhail Khodorkovsky），二〇〇三年俄國特種部隊襲擊與搜查了他的私人飛機，接著將他逮捕。檢方起訴的過程具有明顯的政治動機，審判的過程也廣受外界批評，出現許多不合正當程序之處。雖然如此，到今天為止，他依然關在牢裡，對於任何不聽普丁警告的人，這是一個森冷的教訓。

接下來遭整頓的人，是俄國聯邦主體（Federal Subjects of Russia）的領導人（相當於地區首長）。在俄羅斯這麼龐大的國家，這些地區首長過去經營地方的方式，好似據地為王的一方之霸。在葉爾欽掌權的年代，克里姆林宮的命令被當成是建議，可以置之不理，不一定要執行。二〇〇五年，這種風氣戛然而止，因為普丁取消了俄國地區首長的直選制度，賦予自己委任全權代表的權力。另外，這些地方的財政將由效忠克里姆林宮的人來監督，這些人都是普丁從前在格別烏的朋友。

最驚人的莫過於普丁完全掌握媒體的方式。[12]在普丁剛當上總統的時候，三大電視網只有一家屬於國營，三年後，克里姆林宮已經控制了全部。（擁有其中兩家電視網——ORT及NTV——的兩位商業大亨被迫讓出股份，否則就必須坐牢。兩位商人都決定出售並且逃出俄國。）克里姆林宮的狐群狗黨也開始收購發行量最大的報紙與雜誌。今日，俄國政府已經掌控了百分之九十三的媒體。[13]一些出版品以及電台仍然有一定程度的獨立性，例如批評政府最力的廣播電台「莫斯科回聲」（Ekho Moskvy）。然而，比起收購媒體，更令人不敢置信的，是克里姆林操縱新聞的程度——特別是在電視上看到的新聞。

近日以來，三大電視網的總監每週五都得跟克里姆林宮的高層官員會面，以計畫下一週的新聞報導方式。[14]據說，電視台主管週間還會三不五時接到克里姆林宮的電話，琢磨新聞報導呈現的方式，有時候甚至深入某一則新聞的編輯方式。克里姆林宮也不吝下條子對電視台主管三申五令。例如，德米特里・梅德韋傑夫（Dmitri Medvedev）於二〇〇八年成為俄國總統，三大電視網接到指示，每天的新聞節目開頭都必須要有他的報導，接下來則必須以一樣長的時間播放總理普丁的消息，不論這兩位是否做了任何值得報導的事。我在莫斯科的時候會特別收看晚間新聞，想觀察這兩個人的新聞如何達到詭異的平衡：兩人新聞的播出秒數大約相等，其中一家電視網的高階主管之稱為「資訊等同原則」。《俄羅斯新聞週報》的新聞記者曾經到一家由國家控制的電台採訪。據稱，他看到在電台播報員面前貼著很多紙條，上頭寫著：「只能說哈薩克的好話」、「別提起德米特里以及史維特蘭娜・梅德韋傑夫（Svetlana Medvedev）分別抵達高峰會的事情」。

只擺平億萬富豪、地區首長以及媒體主管，克里姆林宮不會感到滿意的；它還要想辦法操縱政壇。早在普丁發表「千禧講話」的時候，他就一直強調俄國需要政治與社會的團結。自然而然，他試圖將團結延伸到政黨政治的領域，這一塊也是後共黨時期的俄國最無法預測、意見最多的領域。然而普丁以及他的團隊並不打算以單一政黨來壓垮所有的反對聲音，反而要放寬一些限制，讓五六個小反對黨能夠生存，甚至在某些案例之中，無中生有地創造出這些小黨。[15]這些小反對黨——通常稱之為體制內的反對黨——表面上扮演批評當權者的角色，然而他們的批評從來不會超出克里姆林宮所設下的界線。在意識形態方面，這些反對黨理論上必須代表不同的社會階級利益——例如民族主義者、貧民、老年選民——這些人有的覺得被忽略，或者對執政黨「團結俄羅斯黨」感到不滿。但是，這些反對小黨反而常常顯示他們的忠誠與愛國，如二〇〇七年十二月，這些所謂反對黨的黨魁集合起來，公開告訴普丁，他們認為領導俄羅斯的最佳人選，就是長期擔任普丁助理的德米特里・梅德韋傑夫。普丁接著就告訴電視機前的觀眾，既然梅德韋傑夫的提名是由代表「俄國不同社會階層」的人所提出，可見他就是人民的選擇。[16]

普丁將權力集中到中央的程度非常誇張。根據俄文期刊《專家》（*Ekspert*）的報導（這份雜誌的某位編輯與克里姆林宮資深顧問群交誼匪淺），二〇〇二年到二〇〇七年之間，能夠影響國家政策的官員，由原來的兩百人降為五十人。[17]這份親政府的出版物甚至承認，這五十人的名單讀起來好像是「總統府的電話簿」。然而，此種權力集中不單只是一種嘗試，實際上，它精確地掌控俄國人生活的各個面向。

我後來接觸到一個自由派的政治運動組織「休戚與共」（Solidarity），它是一個不屬於體制內反對派的真正反對團體。跟裡面的成員談話後，我才了解普丁掌控權力的精確度如何。接受我採訪的成員之一是前任副首相以及議員鮑里斯・涅姆佐夫（Boris Nemtsov），他對普丁及其政權之批評不遺餘力、敢說敢當。涅姆佐夫的態度輕鬆自在，不像已經上了五十歲的年紀。他身穿泛白的牛仔褲、拉鍊毛衣、沒穿襯衫、腳上則是黑色尖頭靴子，看起來更像一位上了年紀的搖滾名星，而不是反對派的領袖。他也是物理與數學博士，心思敏銳縝密，他一下子就切入重點。「共產主義與普丁主義的差別在哪裡？」他說：「這很重要。普丁主義看起來比較聰明，因為它只剝奪你的政治權利，不碰你的個人自由。你可以旅行，想要的話，還可以移民到國外，也可以瀏覽網際網路。唯一嚴格禁止的，是電視無法自由經營。電視受到控制，因為電視是最有效果的意識形態與文宣機器。回頭說來，共產主義既阻擋個人的自由，又禁絕政治自由。那就是為什麼共產主義看起來比普丁主義笨多了。」[18]

想要反駁涅姆佐夫的分析很難。今日的俄羅斯比起從前的蘇聯，沒有人能說生活較不自由。這一點顯而易見。而且，今日的俄羅斯也絕對比較富裕，因為在普丁擔任總統的兩任任期之內，石油帶來的財富提昇了俄國人的生活水準，是俄國人前所未見的。普丁甫就任之時，石油的價格公認已屬高價——一桶為二十一點五元美金。然而普丁第二任結束之時，石油的價格已攀升至一桶一百四十七元美金。俄國政府的荷包因此而塞得滿滿的。然而，如同普丁年輕時在東德所觀察到的，俄國不需要把這樣的財富挹注到無孔不入、想要探知每個公民個人信仰的極權國家機器。全面控制的代價太高，而且到頭來根本沒必要。普丁的威權主義代表著舊極權模式的進化，它的規模小很多，卻更有效率。「休戚與共」組織的另一位年輕領袖，伊利亞・雅辛（Ilya Yashin，他說他因拒絕裝出「體制內反對黨成員的樣子」，而被另外一個黨開除黨籍）如此形容普丁的統治：「普丁已創造出一種統治模式，比起舊蘇聯的版本更好，它沒有路線，沒有赤字，還有開放的國界。」[19]

普丁所創造出來的體制代表著二十一世紀獨裁制度的新嘗試，即使如此，這樣的體制還是需要付出一定的代價。把權力集中於極少數人的手裡，意謂著官僚貪汙腐化、不思長進、沾沾自滿以及濫用權力的可能性也跟著提升了。涅姆佐夫說，普丁政府已經犯下這些錯誤了，這對於維繫政權來說確實是一大危險，不過並非因為它們會造成施政不良。毋寧說，普丁與他的黨羽所選擇的策略代價很高，那將會危及他們主要的目標，也就是製造出穩定的政治體系。石油所帶來的豐厚收益，幫他們抵擋了許多社會的危機——收買人心一向都比強迫接受更為容易——雖然他們在表面上模仿這麼多民主制度的面向，但政府犯錯的空間卻大幅縮減。克里姆林宮消除了多元的權力中心——商業團體、地方首長、媒體、反對黨，意謂著它想要維持控制的話，就必須無時不刻做出正確的判斷，必須慎思明辨、步步為營，而這是很困難的。一位敢言的人權鬥士亞歷山大・福克霍夫斯基（Alexander Verkhovsky）表示：「他們並不希望像戈巴契夫一樣，在局勢改變的時候沒有任何掌控的能力，因此他們無時不刻想緊握著大權。舉例來說，假如他們原本打算給我們百分之三的自由，他們也許會放寬到百分之四，但不是百分之五。我認為這是他們的計謀，他們不會把局勢搞得太緊張，以致於失去與社會大眾的連繫，不知道他們所操縱的對象究竟在想什麼。我不知道他們打算給百分之三還是百分之十，然而我確定的是，他們是絕對不會允許八〇年代晚期那種真正民主化再度發生。」[20]

波波夫的圖表

如果你要為共產黨幹部一角選擇合適的人，沒有人比謝爾蓋・波波夫（Sergei Popov）更加形似了，他體形碩大、木無表情，只有在別人質疑他所代表的政治制度毫無優點時，才會顯露出有點鄙夷跟憤怒的樣子。如果他看起來肖似共產黨徒，那是因為二十多年前他確實就是蘇共幹部。在蘇聯的末期，他擔任莫斯科黨委第一副書記，並任此職一直到一九八三年為止。我到杜馬（Duma，俄羅斯聯邦會議的下議院）的一間角落辦公室去見他。他看起來還是十足十的黨員幹部，唯一不同的只有深藍色西裝領襟上的別針不一樣而已。我立刻就明白它代表普丁的政黨，而我正在跟團結俄羅斯的黨員會面。

如果杜馬只是個橡皮圖章國會——大部分的俄國人會告訴你它的確就是——它仍然需要忠誠的小兵以確保這些圖章蓋在應該蓋的地方。在我們坐下來沒多久，波波夫就表示：「百分之九十的民法是在這張桌子上創造出來的。」[21]波波夫是「公部門工會以及宗教組織委會員」的主席，他主管政黨法、非政府組織法、媒體公司法、商業組織法以及宗教團體法。易言之，在俄羅斯國會中，他是專司最不穩定變數——公民社會——的資深議員。對於任一專制政權而言，如何管理該項變數，關乎能否長治久安。

普丁對於俄羅斯非政府組織的嚴厲打壓，是他致力中央集權過程的晚近發展，也是不可或缺的一部分。在此之前，俄國的其他社會砥柱已被他收服，在烏克蘭橘色革命之後的二〇〇六年，杜馬通過了一部嚴苛法律，專衝著公民社會而來。[22]該法律讓克里姆林宮擁有管理所有非政府組織的廣泛權力：任何非營利組織必須隨時隨地接受政府的檢查，各種社團必須遵守呈繳報告的嚴格規定，司法部可以命令這些組織上繳交任何文件，並且自行決定這些文件是否符合俄羅斯的「利益」。簡單的錯誤，如打錯字或格式不正確，都可能招來嚴厲的處分。政府隨便挑一個藉口，就可以解散一個組織，特別是該組織所處理的議題愈敏感——例如，人權或言論自由——就愈容易被政府找碴，例如查稅、檢查建物是否符合建築規章，或者是否使用盜版電腦軟體。該法律通過後，政府絕未將它束之高閣，而是積極地執行、選擇性執法，特別是針對批判克里姆林宮的組織以及人權團體。該法頒布後的一年內，俄國司法部即積極稽查非政府組織，次數多達一萬三千三百八十一次。[23] 一堆外國的人權團體，如國際特赦組織（Amnesty International）、醫者無疆界（Doctors Without Borders）、人權觀察（Human Rights Watch），皆被迫暫時歇業。[24] 另有成千上萬的非政府組織關門大吉，難以估計出確實的數字。兩年後，苟延殘喘的社團又面臨一次打擊，其可用資源再度被嚴重的緊縮：二〇〇八年，普丁發布一紙行政命令，原本可以賦予俄國團體免稅權利的國際組織，從一百零一家大幅刪減到十二家。[25] 不得再賦予慈善捐款免稅優惠的團體，包括世界自然基金會（World Wildlife Fund）、國際紅十字會、「聯合國對抗愛滋病、肺結核、瘧疾全球基金（The Global Fund to Fight AIDS, Tuberculosis and Malaria）」——幾乎都不是什麼會對俄國政府造成安全威脅的機構。在俄國，一般商業註冊只需要五天，非政府組織則需要兩個月，費用也比較昂貴，必須付出的法律費用比私人企業高出百分之四十。[26]

當然，波波夫並不認為俄國政府與公民社會的關係是以大欺小。如同每一位親克里姆林宮的政治人物，他首先讚美「團結俄羅斯黨」（事實上，只有普丁一人）給俄國政壇帶來穩定。我說這樣的穩定對一個政權不見得好：例如，強大的政府搭配弱小的公民社會，常常會造成重要資訊付之闕如，因為公民不願意反映社會真正的需求與要求。波波夫搖搖頭：「理論上沒錯，它可能會造成問題，然而俄國政府已經找到解決的方法。」我請他舉實例說明，他說俄國各地成立的公眾接待處就是。這些公眾接待處的主要角色，簡而言之，就是提供直接溝通的管道，讓公民可以對中央政府訴說他們的問題、不滿、抱怨。波波夫解釋：「實際的運作是這樣的：你進來我們的辦公室，我們給你一張表格，你填寫個人資料，略述你的問題。我們立刻就會把相關資料輸入電腦，馬上就可以告訴你誰該為此事負責，處理的人是誰，什麼時候會回覆你以及如何解決你的問題。你的要求立刻就會被傳送到中央……我們馬上就知道人民最憂心的問題在哪裡，還可以看到有多少人進行申請，有多少婦女、老人、年輕人等等。」

俄國政府計畫在八十三個聯邦主體裡成立兩千個公民接待處，不只在大城市裡面，也要在每個選區成立。[27] 波波夫告訴我，光二〇〇九年就有超過一百萬人透過這些接待處提出申訴。他停了幾秒鐘，彷彿為了強調他所說的話，他隔著桌子直視著我，說：「這是為了避免僵化。」

一個政府翦除了絕大多數的民主機制，使人民無法表達他們的挫折，也許只能採行這種方式來補救。既然俄國各地方的首長都由總統委任（多個城市的市長也漸漸如此），絕大多數的民意代表都出自同一政黨，媒體被國家機器及其狐群狗友所掌控，克里姆林宮便認為它只需要知道一件事——人民的心聲。事實上，一旦獨立的民主機構被打趴在地上，淪為乞仰上意的組織，這樣的資訊立刻變成威權政府迫切需求的東西。這個盲點也就是導致世界各地專制政體覆滅的主因。中央集權也許意謂著獨裁者擁有完全的控制，但它也意謂著翦除了可以區別好點子與壞點子的過濾器。克里姆林宮不是傻瓜，它知道監控民意走向的重要性，即使只是為了評估人民不滿的程度有多高。在絕大多數的民主國家裡面，政府透過選舉、民意代表、公民社會等機制得到民意的回饋；在俄羅斯，他們用的是一部電腦。

除了波波夫讚不絕口的數位連線之外，俄國政府還想出了其他的新措施。其中一個稱之為俄羅斯公眾院（Public Chamber），這個地方從內部看起來好似國會或立法院一樣富麗堂皇：白色大理石地板、大盞的水晶吊燈、寬敞大廳的兩端放著高貴的紅色絲絨沙發。然而它不是國會；這個機構是一個諮詢性的論壇，由克里姆林宮從社會各階層所選出的代表組成，當中有些是媒體、法律、公共衛生、人權等領域的專家；有些人甚至來自貨真價實的非政府組織。[28]這些被精挑出來的代表，其功能類似政府顧問，為當局提供相關的立法意見，或者對尚未決策之事的提供看法。雖然公眾院的大部分成員都是俄國政府的忠誠支持者，他們之中還是有敢於批評的人，也曾經發表批評政府與政策的聲明與報告。[29]這就是他們的工作：提供忠告、諮詢、批判，也就是杜馬做不到的事情。普丁把三權鼎立之一權掏空之後，創造出公眾院來彌補立法部門本應該做的事情，也就是提供獨立的意見、專業知識、反映廣大社會各階層的心聲等等——只是，他們除了提供意見之外，沒有任何權力。「人權觀察」莫斯科辦事處的副處長譚雅·洛克希娜（Tanya Lokshina）是莫斯科非政府組織的老將，對俄國人權之險惡情勢非常了解，她表示：「公眾院是被獲准提出批評的。批評者直接訴諸人民、得到社會的支持並且把他們的訊息傳到外面去——這是當局絕不會容忍的事情。這就是為什麼國家要嚴密掌控電視媒體。政府也想要完整獨立的資訊，但這只是用來滿足它自己的需求。」

事實上，對於可靠、獨立的資訊的需求是如此殷切，團結俄羅斯黨甚至不相信自己的黨員會給它不攙水的真相。二〇一〇年七月，團結俄羅斯黨宣布成立新的分析中心，企圖找出並研究俄國「新出現的牢騷人士」。[30]三十三歲的團結俄羅斯黨黨代表盧斯蘭·加塔諾夫（Ruslan Gattarov）成為此中心的主任，他告訴俄國媒體，此組織的主要目標是：「收集各地首長以及市長隱藏的資訊。」必須建立起自己的監督組織，才能向克里姆林宮報告民眾的挫折、怨言以及不滿等等，因為真相在組織裡可能不會被老實地層層傳達給上級，還極可能被掩蓋起來。加塔諾夫告訴記者：「地區以及都市的當權者常常盡全力保持沉默，以確保資訊不會走漏出去。然而民眾遇到問題會怪誰……當然是我們的領袖普丁以及總統梅德韋傑夫。」權力集中在這麼少數的人手裡，負面後果之一，就是政府無法預設其政敵、自由媒體或者地方的非政府組織會忠誠地反映迫切需要解決的問題——因為這些批評者已經被邊緣化了。因此，此重擔牢牢地落在克里姆林宮的頭上，它必須找出新的方法來得到所需要的資訊。

俄國權力集中的程度高得令人難以置信。我提出相關證據之後，接著問波波夫一個明顯的問題：克里姆林宮是否管得太多？是否對俄國的穩定造成了危險？

波波夫的臉上出現了微微的笑意。他拿出一支鉛筆與一張白紙。「你知道，任何過程都有兩種不同的發展方向。問題與麻煩也許無時不刻在發生，但終究還是取決於哪股力量獲得勝利。」他說完這些話以後，開始在白紙上畫畫。他畫了一條水平線，然後畫了一條與之相交的垂直虛線。兩條線相交之處，他畫了一個零。他滔滔不絕地說著，或者更精確地說，教訓我。我突然明白這位杜馬的資深議員正在為我描繪俄國的民主簡圖。

「重點是，許多民主國家現在都岌岌可危，極可能會回歸到極權主義或者威權主義。」波波夫繼續講下去，似乎沒有意識到他講的話深具反諷性。「對俄羅斯而言，這是不可能的事。即使在理論上都是不可能的。公民社會的影響緩慢而循序漸進地增大，我絕對可以肯定告訴你，輿論的影響力跟十年前比大不相同。任何政權本能上都會避免受到批評，或者被外界影響或施壓。沒有人喜歡被批評。」

他畫了兩個箭頭，都從零開始。他把一個箭頭畫得高出水平虛線，另外一個則指向水平線下，然而兩個都是同樣的角度。他將第一條有箭頭的線標識為公民社會，位在虛線下面的那條箭頭是政府。「所以，如我所說，這兩股力量會彼此影響。以我的角度看來，如果我們加強這個，那麼結果就會在這裡。」波波夫指向水平虛線：「這就是民主發展的向量。」

在波波夫的圖表裡，公民社會與政府這兩個競爭力量，將決定俄國的政治發展方向。每一個都對另一個造成壓力，而他說，其結果就是一條相對健康的進步線，介於中間。這個方程式看起來相當合理——只要我們可以同意線條的角度究竟應該上揚或下垂多少。在圖表上，波波夫將俄國的政治宰制程度標示在溫和的十度到二十度。我認為許多人會反對他的詮釋，甚至很多民眾會說政府比他所描繪的專制太多了（我指著六十度的方位）。波波夫從椅子上坐直，對我吼說：「那又怎樣？」

我一時不知道該怎麼回應。

他瞪著看我好幾秒鐘。然後重覆道：「反對的聲音弱，政府的聲音強——那又怎樣……至少俄國不是專制或極權國家，更何況我們的體系還在發展。」

他回到圖表上，又畫了幾條線，並把三十這個數字圈出來。他繼續說，把音量降低：「政府了解它不能超過三十度，例如到了四十五度，可能會發生鐘擺效應，大幅超過了反對的聲音。所以政府必須自我克制。」

我問：「有什麼能夠確保政府會自我克制？歷史顯示政府總是無法自我克制，特別是權力集中在越來越少人手中的時候。」

他生氣地說：「你不可能確保每件事都沒問題！」然後把他的椅子推離桌子，示意我們會談已經結束了。「俄國有句俗話說：『即使是保單都不能擔保百分之一百，因為保險公司總是會想辦法鑽漏洞、逃避理賠。』」

他拿著那張現在已經畫滿了線條、圓圈以及字跡的紙，並且在下面簽上自己的大名：「給你，這是我的簽名，這是我原創的真跡。」

雖然他企圖以科學的方法來為俄國社會畫出一張精確的圖，然而想像政府與公民社會的力量交鋒、甚至公平競爭，委實太過荒謬。俄羅斯從來沒有過兩股平等卻相反的力量在互相碰撞之後達到妥協且折衷的平衡。事實上，俄羅斯政府是以發執照的方式在管理公民社會，它認為最會惹事生非、最礙事的，乾脆不發給證照。它想盡辦法警告、責備以及取締它認為會造成威脅的組織，不讓它們正常運作，還發展各種新手段，委實令人嘆為觀止。一位莫斯科的反對人士告訴我：「控制的方法有很多種，比如消防檢查就非常管用。」[31]

聖彼得堡的歐洲大學在二〇〇八年一月就得到了教訓。[32]當地的消防局到學校來進行例行消防安全檢查，之前的檢查都過關，但這次檢查後，官員卻指出該校違反了林林總總五十二條規定。如同聖彼得堡的其他大學一樣，該校許多古色古香建築物已有上百年的歷史，因此要完全符合消防法是不可能。然而當局對此判決絲毫不讓步：二月七日，地方法院下令該校必須立刻關閉。當時還在學期中，所有的授課都被迫立刻中止。學校只好立刻改善消防措施，在短期之內就改善了二十項，再向法院申訴，然而法院卻置之不理。事實上，問題不在於學校有沒有消防梯，或者逃生出口有沒有明顯的標示，而是校方幾個月前觸怒了當局：它接受了歐盟補助的九十萬美金，以作為監督選舉、訓練研究人員的經費。歐盟的補助金讓甘吉美・薩法拉里夫（Gajimet Safaraliev）這樣的人非常生氣，他是團結俄羅斯黨的杜馬議員，他告訴當地的報紙，該筆補助金等同於「外國勢力假借名義介入俄羅斯二〇〇七至二〇〇八年的選戰」。[33]而該場選舉非平常的選戰：普丁將在三月二日把總統的寶座讓給梅德韋傑夫。三月二十一日，在總統大選結束的三個星期後，政府終於允許歐洲大學復課，然而該項選舉研究計畫卻被取消了，政府的警告非常明確：這是一個不准研究的題目。

更加巧妙的是俄國政府收編公民社會的方式，或者乾脆將公民社會竊為己用。在全世界各個專制政府之中，俄羅斯有一個特別突出的發明——GONGO（government-operated NGO）的縮寫，亦即由政府經營的非政府組織。這些組織往往自稱獨立的社團，躲藏在聽起來完全無害的名稱背後，表面上看來，他們的主要任務是促進人權、司法改革或者保護少數族群。事實上，他們的目標是合理化政府的政策，截收真正非政府組織所拿到的外國資金，並且混淆視聽，讓民眾搞不清楚是政府的立場正確，還是反對人士的觀點有理。

我們可以拿「莫斯科人權局」（Moscow Bureau for Human Rights）作為實例。這個組織的領導人是俄羅斯公眾院的一員，名叫亞歷山大・布洛德（Alexander Brod）。大部分的資料顯示，這個自稱打擊仇外心理、反對種族歧視的組織，剛創立的時候並不是GONGO。到今天還是有很多人說，該組織確實有在做好事，它會公布新納粹以及法西斯團體的資料，並警告大家他們的危險性。然而，這個組織的聲明稿總是在某個節骨眼上就開始變調，顯示它最興味盎然的事就是政府的利益，其他只是醉翁之意不在酒的陪襯品而已。某個美國國務院的官員告訴我：「Gongolization這個字，就是為了布洛德而發明的。」[34]

人權觀察組織莫斯科辦事處的副處長洛克希娜發現這一點，是在發表印古什共和國的人權報告前夕。印古什共和國（Ingushetia）位於高加索北部山區，當地時常發生暴力事件。洛克希娜的報告詳述了該地常常發生的綁架、死刑、刑求以及強制性失蹤的情況。然而在該報告正式公布之前，布洛德親自前往印古什，並且與當地的官員會面。布洛德搶在人權觀察組織向媒體公布報告之前，宣布他也要召開記者會——而且是跟俄國政府專門負責印古什地區的監察專員（ombudsman）一起召開。洛克希娜回憶道：「他在記者會上只傳達一個簡單明瞭的訊息，那就是人權觀察組織說的都是謊言。民眾怎麼知道該聽誰的？

他親自跑到當地，也實地參與活動，還穿著保護人權的T恤。這個專制政權實在是太奸巧了。」[35]

我採訪過好幾個人權運動人士，根據他們的說法，不到幾個月後，俄國與喬治亞為了南奧賽梯亞（South Ossetia）而發生戰爭的時候，布洛德又故伎重施。這一次布洛德又再度出現在現場，鸚鵡學舌地重述了俄國政府那些可疑的指控，聲稱喬治亞軍隊在當地進行種族清洗等等。我到公眾院去見布洛德，在他寬敞、有點簡陋的辦公室裡，他自然不會把自己形容為GONGO組織的領導人。他說話慢條斯理，每一句話都經過深思熟慮，往往故意遺漏重要的細節，粉飾俄國政治的運作。（舉例來說，布洛德煞有介事地告訴我，所有的政黨都分配到相同的電視播放時間，權益是有保障的。我追問相關細節，他補充說，有登記參選總統的政黨，即適用此規則。乍聽之下似乎很開放，然而克里姆林宮早就有效率地禁止了當權者不喜歡或自由派的政黨註冊或者推出候選人。）最後，布洛德用一個耳熟能詳的理由來解釋他自己的行為，他說：「非政府組織假如不跟政府的人接觸、不跟他們見面、不跟他們諮商、不尋求他們的專門協助、不跟他們討論，就沒有辦法順利進行工作。」[36]

當然，波波夫畫滿線條與斜角的圖表為一大謊言，否則就不會有那麼多發掘事實的記者與人權運動者在俄國被謀殺。雖然克里姆林宮不斷地承諾要保護人權運動者與記者，要讓他們免於死亡威脅，然而過去十年裡，少有人因犯下這種謀殺罪被懲罰。根據美國「保護記者委員會」（Committee to Protect Journalists）的資料，經過了十一年，直到二〇一〇年，才終於沒有俄國記者被謀殺。然而二〇〇〇年以來，已有十九位記者被殺死。[37]在二〇一一年，還有記者因為報導敏感的政治議題而被毒打或受威脅。而人權運動者被殺死或被騷擾，即使只根據官方報告，也可看出問題相當嚴重。洛克希娜說：「攻擊與毒打已經變成家常便飯了，很多人都感到憂心，整天提心吊膽，包括我。」

對於洛克希娜來說，為人權奮鬥會有重大危險，這並非不切實際的抽象觀念，而是切身的問題。她說：「二〇〇九年特別慘，那一年是俄國人權運動界悲劇的一年，好多人都被殺死了，包括有名的納塔利婭・埃斯蒂米洛娃（Natalya Estemirova），還有年輕女記者安娜斯塔西亞・巴布洛娃（Anastasia Baburova）在二〇〇九年剛開年沒多久就遭遇不測。」她們都是洛克希娜的朋友。埃斯蒂米洛娃是人權團體「紀念」的主要研究員，也是她最好的朋友。埃斯蒂米洛娃聲名遠播，她的專業表現為她贏得了好幾項國際大獎，包括一個以俄國記者安娜・波莉特科夫斯卡婭（Anna Politkovskaya）命名的獎項。安娜也是埃斯蒂米洛娃的朋友，二〇〇六年在莫斯科的公寓外面被槍殺身亡。埃斯蒂米洛娃是一位孜孜不倦、雖千萬人吾往矣的人權工作者，局勢越困難的地方越加吸引她，在俄羅斯，那地方就是戰亂頻繁的車臣。二〇〇九年七月十五日，她在格羅茲尼的家門外被綁架。現場的目擊者後來告訴調查員，他們看到一個女人被丟進轎車裡，她大喊：「我被綁架了！」當天稍晚，她的屍體被人發現在鄰近共和國的一條馬路旁，是因槍擊而死的。埃斯蒂米洛娃被謀殺後沒多久，洛克希娜在《華盛頓郵報》撰文，回憶兩人同一年稍早曾一起去參加人權律師斯坦尼斯拉夫・馬科洛夫（Stanislav Markelov）的葬禮。「我們坐在我家的廚房餐桌旁，談著馬科洛夫、波莉特科夫斯卡婭的事情，並且揣測著誰會是當局下一個目標。」[38]她當時再也沒想到，下一個人會是隔著桌子與她對談的摯友。

洛克希娜以及她的丈夫亞歷山大・維科霍夫斯基（Alexander Verkhovsky）都接過死亡威脅訊息，次數不可勝數。跟她的朋友埃斯蒂米洛娃的一樣，她也在車臣研究多年。她的丈夫是索瓦資訊與分析中心（SOVA Center for Information and Analysis）的主任，這個非政府組織專門研究觀察仇恨罪、種族歧視、仇外情緒等現象。在我飛抵莫斯科的前幾天，一位資深的法官在他位在市中心公寓的樓梯間裡被職業殺手給刺殺了；這位法官先前曾經判決極右翼以及新納粹組織極重的刑期。這些極端團體越來越暴力，俄國政府也感到憂心，然而批評家認為，政府過去為了牽制公民社會的發展，故意煽動民族主義狂熱，才是今日問題的始作俑者。因為這些威脅，洛克希娜以及維科霍夫斯基必須搬家，找一個比較安全、地址沒有列在電話簿裡的地方。洛克希娜說，主因不只是她在人權觀察的工作涉及高度敏感議題。「他的工作也有影響。基本上，光頭黨好幾次上我們家來，都是衝著他來的。」她微笑說：「我們是危險人物。」

然而埃斯蒂米洛娃的謀殺案一直沒有破案。雖然她被綁架時有目擊證人，謀殺她的人也至少經過兩個政府檢查哨，俄國警方卻一點破案的線索都沒有。自從二〇〇九年七月十五日她被謀殺那天以來，唯一改變的，只有死亡人數而已。而波波夫的圖表上找不到放這個數字的地方。

政治化妝師

塞杰・馬可夫（Sergei Markov）常常被稱為克里姆林宮的傳聲筒，這種說法並沒有輕蔑的意思，事實就是如此。這位五十二歲的杜馬副議長很會講話，也常常接受克里姆林宮委任，幫忙發布訊息，特別是對外國媒體發言。還有人說馬可夫過去是個自由派，只是後來太接近權力，失去了知識分子的獨立性，才變成服務政權的人。不過他的才能還在——包裝論點，講話委婉動聽——所以，他還是很有用的工具。然而，不管在白宮還是克里姆林宮，都有一個基本的政治原則：傳達消息的人本身就是消息的一部分。因此，起用馬可夫作為傳話筒，克里姆林宮也表達它大搖大擺、信心滿滿的態度。

馬可夫外表看起來比較像是辯論的對手，而不是在政治圈中打滾的人物。理著平頭，帶著一種沉鬱、獵犬般的表情，即使發表幽默的評語時，也很少微笑。他散發出一種大模大樣的自大氣息——一坐下來，他就拿出三支行動電話擺在桌上，彷彿是要向我保證：「我們的談話一定會被打斷。沒錯，我一定會接電話。」理論上，他應該忠實恭謹地反映克里姆林宮的想法，但他常常口無遮攔，語驚四座。二〇〇九年，他出人意表達地告訴華盛頓的政策專家，愛沙尼亞在二〇〇七年被駭客攻擊，他的辦公室就是預謀策劃的中心。[39]那當年夏天，愛沙尼亞的中樞網路被癱瘓，政府部會、立法部門、財政部門的網站都遭到攻擊。事件發生後，北大西洋公約組織才開始亡羊補牢，幫會員國架設網路防衛系統。俄國先前雖然一直否認跟這些攻擊有關係，然而馬可夫卻毫不在乎地坐實了這些指控，他說：「愛沙尼亞的網路攻擊事件……別擔心，那次攻擊是我的助理發動的。他的名字，我不會告訴你們，否則他就拿不到美國簽證了。」稍後他又說：「還有，以後這種事會常常發生。」他的不打自招究竟是真是假，已經不是重點了。更大的問題是，既然他如此口無遮攔，克里姆林宮究竟為什麼還讓他當傳聲筒？還是因為他喜歡放炮，所以才僱用他？

馬可夫跟我在離克里姆林宮幾條街之遙的中國餐館見面。我們坐下來以後，他叫了一碗麵，我問他，今日俄羅斯的政治競爭場域在哪裡？當中只有他所屬的政黨——團結俄羅斯黨，以及其他克里姆林宮創造出來、假的反對黨嗎？而雖然表面上合法、卻已經被邊緣化的反對派，是否還有聲音？還是只有團結俄羅斯黨內部有競爭而已？馬可夫說以上皆非。在這個角力的場域中，沒有政黨的存在。他解釋說：「黨內沒有競爭。我們是在政黨之外競爭，而且是真的在爭奪權力。」40

易言之，只是地盤之爭而已。政治上的競爭，即使有，只不過是為了經濟利益，與理念無關。一個國會議員說出這樣的話來，算是相當坦率了。照理來說，持有這樣觀點的人應該也會認為這就是今日俄國政壇全面腐化的主因。所以我問他，他是否擔心政治競爭的闕如，已經波及到其他領域，對俄國的經濟表現也造成不良的影響。然而馬可夫的看法不同。「我先聲明，貪腐當然不是好事，然而貪腐與經濟發展落後沒有強烈的關連。當然我們應該打擊貪腐，但既然貪腐與經濟發展落後沒有強烈的關連，政治上缺乏競爭也跟官風廉潔沒有強烈的關連。如果這些事的關連性都不強，那麼為什麼還需要政治競爭呢？」

馬可夫並不是逞口舌之快，他所表達的是現代專制政權的中心教條，也是最根本的質疑：一個開放、自由而有政治競爭的社會，是否比起穩定閉鎖的社會，更能為其公民提供較好的生活、讓經濟成長得更快？在冷戰之後，答案似乎是肯定的，然而近年來，因為中國異軍突起，答案似乎已經不再那麼斬釘截鐵了。中國以及專制的新加坡是常常被引用的例子。好巧不巧，馬可夫就拿這兩個國家作例子。「看看中國——沒有政治競爭，一樣了不起。」他又很快加上：「看看新加坡——沒有政治競爭，它還是了不起。」

他要表達的是，技術官僚所組成的強大穩定政府，能建立快速而有效率的行政體系，其經濟發展將遠勝於民主國家。問題在於，專制政權鮮少證明能在經濟上取得成功。過去四十年裡，平均起來，獨裁國家與民主國家的經濟發展率大致是相同的。[41]當我們看到亞洲四小龍成功時，也別忘了世界上還有多個一窮二白的獨裁國家。確實，撇下東亞國家不論的話，獨裁國家的人均所得成長率，比起貧窮的民主國家，低了百分之五十。

亞洲的專制國家在很多方面乍看之下為例外，細究之下反更彰顯自由化才能促發展的根本道理。亞洲四小龍經濟發展的驚人成就與俄羅斯的經濟沉疴，相去有如天壤。例如，南韓在一九六〇年代還是發展中的專制國家，製造的產品百分之六十五外銷。[42]到了一九七〇年代，這個數字成為百分之八十。換言之，它的經濟愈來愈倚靠製造出其他國家需要的實體產品。另一方面，俄國的出口非常倚重單一的商品——能源。二〇〇八年，石油與天然氣佔了俄羅斯出口的百分之七十，而製造業與服務業只佔出口的百分之一點七而已，高科技產品的出口量是微不足道的百分之零點三。[43]台灣直到一九八〇年代末還是個一黨專制的國家，然而當它的經濟在一九七〇年代起飛的時候，其公務部門相對來說算是精瘦，只佔就業人口的百分之十二點五。[44]今日的俄羅斯，國家機器仍然像過去一樣臃腫不堪：政府以及國營事業僱用的人員佔了全國勞動者的百分之四十。[45]或者，我們考慮一下教育。新加坡早年在教育的投資比例極大，因此一九五九至一九七二年之間，學生上高中的人數比例增長了三倍。俄羅斯現在正在往相反的方向移動。在普丁治下，俄國每年花在每一個高中學生身上的經費，落後於巴西、墨西哥、土耳其等國家。[46]創造亞洲經濟奇蹟的種種成分，沒有一樣存在於今日的俄羅斯。

俄羅斯的統治菁英喜歡拿亞洲的專制國家當擋箭牌，還喜歡把箭頭指向另外一個亞洲工業大國：日本。我採訪過的馬可夫以及其他政府官員，特別喜歡以日本的自由民主黨（自民黨）為榜樣。其吸引力顯而易見：日本的自民黨連續執政了五十四年，從未中斷。在它掌舵之下，日本自二戰中的餘燼崛起，成為世界第二大的經濟體。而整個崛起過程中，日本國內的所有政治競爭，幾乎未脫自民黨內部的派系之爭。另外，政界與財團之間官商勾結等腐化情形，也是屢見不鮮。對俄國菁英來說，亞洲經濟奇蹟的奧祕，就在於日本（或中國的）政治領導階層死抓著權力不放；如果自民黨（或中國共產黨）未能持續掌權，而是被其他的政治勢力取而代之，那麼事情就不可能那麼順利。然而俄國人不願意承認的是，事實可能根本跟他們的想像相反：這些亞洲政府得以一黨獨大這麼久，正因為有不間斷的經濟成長作為後盾，而俄國政治菁英尚未證明他們有辦法讓俄國的經濟起飛。

馬可夫也並沒有笨到只拿現代的亞洲經濟奇蹟（不論發生在民主或獨裁國家）為例，他也談到二戰結束後的義大利。當時義大利經歷長期的一黨專政，貪汙腐化的情況非常嚴重，可是還是獲得成功了。馬可夫說：「義大利腐化程度非常之高，也許是有史以來最腐化的國家；幾乎每一個總理都受到黑手黨的控制。」馬克夫愈說愈有自信：「然而義大利後來繁榮起來了，經濟發展起來了，國家也現代化了。義大利是歐洲戰後的領袖之一。」

確實，政府腐化與經濟發展之間，是否有顛撲不破的鐵律，政治學者尚未確立。俗話說「魔鬼藏在細節裡」，那麼在俄羅斯的現況中，許多細節看起來都很不妙。俄國政府的貪腐情況已經嚴重到會侵蝕本國經濟。每年官員收受的回扣，抹掉了俄國GDP的三分之一。[47]世界銀行統計，俄羅斯的經濟活動有一半是跟貪腐共犯結構掛勾。二〇一一年國際透明組織（Transparency International）的貪腐印象指數（Corruption Perceptions Index）排名中，俄羅斯在一百八十二個國家裡面排名第一百四十三，落後於孟加拉、巴基斯坦跟敘利亞。

我向馬可夫指出，當天早上，我才剛讀到《富比士》雜誌的統計，俄羅斯億萬富豪的人數在過去短短一年裡，從原本的三十二人增加到六十二人，幾乎是一倍。[48]然而在同一年裡，俄國的所有經濟指標都在下滑：經濟規模收縮了近百分之八，是蘇聯垮台以來最糟糕的一年。[49]另外，根據世界銀行的統計，工業生產下降了百分之十以上，製造業萎縮百分之十六，固定投資額下降百分之十七。這些數字更加突顯了問題所在。更何況，大家都知道，某些億萬富翁是以不義的方式才能賺得萬貫家財。

馬可夫聽了不以為然，他說：「這就是我們的資本主義制度。俄羅斯是極端的國家。要了解任何一個社會，就必須看它實際運作的情況，看現實面，了解其中的道理。不能因為《紐約時報》登了一篇相關的文章就……」他沉吟了幾秒鐘：「克里姆林宮的人不是這樣看事情的。這些報紙寫了一堆文章，痛罵團結俄羅斯黨壟斷權力，說它跟俄國高度腐化直接相關，可是它們也寫了成千上百篇文章，指控薩達姆・海珊擁有大規模毀滅性武器。」

他企圖將俄國的政治體系與其腐化猖獗的現象切割，這是典型的克里姆林宮粉飾術。然而作為一個政治人物，他並沒有美化每件事。他承認，他所隸屬的政治組織杜馬根本上只是個橡皮圖章，對於國政毫無置喙的餘地。在採訪之中，他甚至開玩笑說，俄國國會根本應該重新命名為「法律製造部」，只不過是普丁統治機器的附件之一而已。

格列布・帕夫洛夫斯基（Gleb Pavlovsky）同意上述觀點。在他俯看莫斯科河的角落辦公室裡，他告訴我：「法律提案送來杜馬，提案人報告後就進入宣讀程序，往往沒有人提修正方案，幾乎原案過關。事實上，杜馬可以稱為免讀法案的民主機構。」[50]接受我採訪時，帕夫洛夫斯基是克里姆林宮的首席政治顧問之一，也在一家顧問公司「效能政治基金會」擔任董事長。在俄羅斯，他擔任政治顧問的時間之久，無人能出其右，在我開口前，他就先坦承自己做的事情招來許多流言蜚語。他告訴我：「坊間對我的活動有很多不實的傳言，猜測著哪些事我有份。」這就是為什麼俄國報紙有時候稱他為「灰衣主教」的原因。

帕夫洛夫斯基又矮又壯，理個小平頭，身著黑衣黑褲。角落的電視機正在重播普丁當天稍早發表的談話。而當時擔任俄國總理的普丁，顯然在帕夫洛夫斯基辦公室裡佔有重要的地位。雖然帕夫洛夫斯基說他的老闆是梅德韋傑夫——是繼葉爾欽與普丁之後，他所服侍的第三位俄國總統——然而牆壁上掛著的，是普丁的大型畫像，而且除了他以外，沒有其他人的照片。在一九九〇年代早期，帕夫洛夫斯基曾經在宣揚民主價值的組織裡服務過，包括喬治・索羅斯的「開放社會機構」（Open Society Institute）以及美國的國家民主基金會（National Endowment for Democracy）。他說：「那段時光裡，我汲取了寶貴的政治經驗……事實上，我的事業成就，都是得益於在那些獨立民主機構裡的工作經驗。」批評他的人也同意這個說法。然而他們質疑，就是因為他花那麼多時間學習西方的民主宣傳，所以才深知其竅門何在，懂得利用混淆視聽的方式來維繫普丁的專制統治。[51]二〇〇六年，烏克蘭國安局曾經下禁令，不准他入境烏克蘭，因為他涉嫌創立幾個干擾烏克蘭總統大選、以服務俄國為目的的非政府組織。我追問他的工作內容究竟是什麼，他含糊其詞，然而對他所服務的對象卻直言不諱：「我的工作是想出辦法解決內政問題。過去十年來，我唯一服務的顧客，就是總統所領導的政府。」

我接著問，俄國現在的穩定有沒有可能只是表面上的，因為這個體系的結構本身就阻絕了民意、人才與政治競爭。他回答：「你剛剛講到的，跟普丁總統所思考的穩定非常近似。你講的，就是他所想的。」他說，問題在於一講到政治競爭，沒有人可以跟梅德韋傑夫與普丁一較高下。帕夫洛夫斯基相信，梅德韋傑夫與普丁已經了解問題所在，下一步他們會舉辦「點子比賽」，將會無時不刻在克里姆林宮、各大智庫、與計畫中心進行。「不是在杜馬裡？」「杜馬裡沒有人會辯論。問題在於，我們沒有貨真價實的反對黨，所以沒有幾個人真正能夠相互辯詰。他們腦裡只想著一件事：我們過去在當部長的時候，一切美好。」

他的批評不盡公允。俄國的反對黨要找到願意贊助的金主很不容易，因為捐錢的人可能會遭遇不測。再加上法規修改，他們要贏得席次進入杜馬變得愈來愈困難，而這一點又讓反對黨的運作更加阻滯難行。就算他們想要舉行大型示威活動或者號召民眾參與，也往往事先被當局禁止；他們也完全上不了國營電視台。帕夫洛夫斯基就是公眾院這個機構的提案人始作俑者，它取代了國會本來應扮演的許多角色。許多人認為，今日俄國的政治體系宛如民主四不像，他難辭其咎。由他來批判反對勢力，說他們缺乏創意與想法，就好像醫生先把病人毒死，再抱怨沒有病人看病一樣。我告訴他，他的批評不盡公允，因為反對黨被迫把大部分的時間用在爭取生存空間。他說：「你說得沒錯，我們必須冒險進行政治競爭。冒險的內容與時機是我們必須做出的選擇。」

然而，沒有什麼跡象顯示俄國的當權者有人想要冒險。每一次俄國舉行選舉的時候，這個事實就變得非常清楚，因為每一次都會發現選舉舞弊的證據。不論是反對黨還有執政黨的成員都告訴我，問題不只是政府高層下令灌票的問題，更嚴重的是，舞弊以及作票已經成為俄國專制體系無法割除一部分。馬可夫毫不遲疑地承認這些指控都是真的，然而那不是因為普丁的命令，他才不會下令說誰應該獲得百分之幾的選票。馬可夫解釋道：「你應該了解我們的國家機器是怎麼運作的。普丁從來不會要求得票率要多高，他甚至說他不需要這種東西。某人獲得百分之五十或百分之七十的選票，對普丁有什麼好處？百分之五十已經是多數了，不是嗎？他根本不在乎。然而地區首長以及市長把這種事看得很認真，因為這會反映他們是否有人氣。這就是他們為什麼使用這種灌票機制。」[52]

換言之，下層的官員熱衷選舉舞弊，可能因為他們害怕不符合上級期望，或者是害怕跟其他官員相比，他們得票率太低，面子掛不住。而他們的策略也只有一個：灌票作票。美國人總是認為專制國家的選舉是一場沒有競爭的騙局。不盡然如此。它確實有競爭的成分在，只是那是官員與官員相爭，為了爭取上級寵信而爭，不是執政黨與反對黨候選人之爭。

最近的選舉中，最可疑的也是規模最大的一次作票是二〇〇八年的總統大選。在先前的大選之中，普丁獲得的選票是百分之七十一。而普丁指定的接班人梅德韋傑夫在二〇〇八年選舉獲得的選票則剛剛好是百分之七十二。在許多人眼中，這又是俄國政府操弄選舉的經典範例。有人希望確保梅德韋傑夫當選總統，可是又不希望普丁子弟兵的得票率遠遠超過老師。馬可夫多少同意這樣的看法：「雖然那次大選並非完全被黨國機器控制，但肯定沒有人希望梅德韋傑夫獲得較高的得票率。我稱之為『官僚體查上意、自發性效忠』，這對於團結俄羅斯黨以及其他地方的執政黨來說，是很大的問題。」

如何才能贏得俄國的選舉，問伊果・明圖索夫（Igor Mintusov）就對了。五十二歲的他是莫斯科最鼎鼎大名的政治顧問公司尼可洛・M集團（Niccolo M. Group）的總裁。（M當然是指馬基維利；明圖索夫的名片上就印著馬基維利的肖像，他正從地球儀後面直視著你。）這家公司在一九九二年創立，主要業務是在俄國各地投入選戰。明圖索夫的事業版圖不只限於他的母國而已，他甚至到別的國家去幫忙打選戰，如波利維亞、保加利亞、智利、愛沙尼亞、尼加拉瓜、南韓、委內瑞拉，甚至還包括美國。他的服務並不便宜，據說跟明圖索夫吃一頓午餐，他的客戶可能要花上數千美元。[53]

會面時我問他，他在美國參與哪一場選舉？他說，有一場是佛羅里達的州長候選人之戰，他的對手為傑布・布希（Jeb Bush），但他的客戶並沒有選上。另外一場選戰是康乃狄克州一九九八年的參議員選舉，他幫克里斯多夫・杜德（Chris Dodd）成功競選連任。明圖索夫當時受僱於媒體部門，他抵達競選總部時就先去見杜德的選戰主任，開門見山地問媒體部門的預算。於是主任就拿出預算表。明圖索夫回憶道：「他指出研究的預算、工作人員的經費以及催票的預算等等，還有媒體發言人的薪水、辦公室的設備與租金、交通、網際網路等等費用，我一面看一邊質疑：『好，可是投入媒體運作的錢在哪裡？』」[54]

主任於是重覆說明一次，指出薪水、費用等等項目。所以明圖索夫再問一次。「這些我都知道了，可是媒體運作的預算在哪裡？」主任又不厭其煩地重覆了一次，明圖索夫才恍然大悟。「突然間我領悟了！原來他完全不懂我在問什麼。」他一面笑一面說：「我這才明白我在俄羅斯根本是被寵壞了！」明圖索夫當時以為美國的媒體就像俄國的一樣，可以花錢收買。

明圖索夫在俄國政壇打滾多年，被公認事業有成，因此沾染一身腥是免不了的。他說，俄國的選戰是「沒有規則的戰爭」。在這個無法可依的環境裡面，尼可洛・M集團獲利豐厚。雖然如此，某些事他還是無法忍受：「過去幾年裡面，舞弊程度太嚴重了，選舉完全失去了意義。」二〇〇八年年底，明圖索夫出版了一本書，詳述二〇〇七年杜馬選舉、二〇〇八年總統大選時所發生的各種舞弊行為。為了向俄國最有名的作家致敬，他的書取名為《罪無罰》（*Crime Without Punishment*）。

在俄國政治的大染缸中，動機與行為往往很難劃分得清楚。確實可能是因為選戰手法愈來愈骯髒、失去了應有的專業精神，導致明圖索夫決定打退堂鼓。也有可能是這位政治操盤手跟執政黨裡的大官交惡，乾脆出書爆料，反正也沒什麼損失。總之，團結俄羅斯黨最後寄了一封信給所有的黨員，下令不能再僱用尼可洛・M公司打選戰。突然間，他所能參與的俄國政治空間只剩下百分之二十。假如明圖索夫所說為真，那麼選舉舞弊已經非常嚴重，連政治顧問都派不上用場。他告訴我：「選舉的結果是選後的第二天晚上才精算出來，那麼絞盡腦汁構思選舉訴求、包裝呈現，又有什麼用？」

訪談結束要離開的時候，我問他是否知道最近關於謝爾蓋・米特羅欣（Sergei Mitrokhin）的選舉爭議。他笑說：「當然知道，那就是最好的實例。」

米特羅欣是自由派親西方的反對黨亞博盧黨（Yabloko）的黨魁。二〇〇九年秋天，米特羅欣爭取連任莫斯科市杜馬議員。十月十一日，選舉當天，四十六歲的他在自家所屬的選區（第一百九十二區的投票所）投下了自己的一票。他的家人還有朋友也來到同一個投票所，把票投給亞博盧黨。但米特羅欣爭取連任失敗。雖然大夥都不意外，但票數差距卻令人傻眼。米特羅欣告訴我：「在我投票的選區，開票的結果是亞博盧黨得到零票。」[55]根據開票統計，該區沒有人投票給米特羅欣的政黨——連米特羅欣自己都沒有。

我在莫斯科市中心的亞博盧黨總部跟這位反對黨領袖見面。米特羅欣個頭高大，身材厚實，壯得像頭牛一樣；眼睛深陷，宛如埋在眉毛下面。他在三年前當選亞博盧黨的黨魁，從最近的照片判斷，擔任黨魁讓他老了很多。我們聊到，在這樣一個不利於反對黨運作的政治環境中，他必須面對種種難題。他同意馬可夫的解釋，選舉舞弊可能是官僚彼此競爭所造成的結果，而「官僚競爭」也帶來令人意想不到的後果。米特羅欣認為，全俄羅斯最乾淨的選區大概是普丁所屬的那一區。因為若有人在那裡搞鬼被抓，後果不堪設想。他說：「在那裡造假太危險了，那可是眾所矚目的地方，總是有人在密切監督，任何舞弊行為都有可能被察覺。」假如普丁的選區也發生作票情事，那就令人太尷尬了。況且普丁的人氣一向很高，沒有人認為——連米特羅欣也都不認為——他必須靠作弊的方法才能贏得選舉。而在總理普丁的選區裡，亞博盧黨的得票率有百分之二十。鑑於俄國是一個這麼不利反對黨生存的國家，有百分之二十的得票率也足堪欣慰了。他說：「這就是專制國家的現實。如果是民主國家，我們現在早就進入國會了。我們必須奮鬥才能生存。」

在俄國，投給反對黨的選票會全部消失不見，這樣的咄咄怪事足以說明馬可夫所稱「官僚體查上意、自發性效忠」的現象。令人發噱的是，雖然馬可夫拚命為俄國現行的政治體系辯護，他卻認為俄國缺乏開放而自由的政治競爭有一重大缺點：他本人的專業生涯因此受到了阻擋。馬可夫大言不慚地說：「我是電視名嘴，本可大展鴻圖，現在是屈就了。」這位克里姆林宮的圈內人一直嘴硬不肯承認俄羅斯社會可能因為政治競爭而受益，卻渴望靠自由競爭來更上一層樓。對他來說，這兩者間並沒有什麼矛盾之處。

梅德韋傑夫的腦袋瓜

少有人對梅德韋傑夫有特別的期待。他本來是一介沒沒無聞的助理，突然被提拔成為萬人之上的總統。像普丁一樣，在當上總統之前，他從來沒有參選過公職。普丁的接班人名單裡面，他的名字鮮少被人提起，也沒有人特別看好。許多人都懷疑，普丁的繼任者可能只是一個幫忙佔位置的人而已。俄國憲法禁止普丁連任三次總統，所以普丁要不修憲，要不找一個可靠的代理人，一旦他想回鍋當總統，就可以通行無阻。但這樣一來，不論下一任總統是誰，都只不過是支撐普丁民主表象的傀儡而已。在不到二十四小時的時間裡，這種猜測就得到證實了。二〇〇七年十二月十一日，在俄國民眾得知梅德韋傑夫是普丁所選的總統候選人的第二天，他在電視攝影機的鏡頭前公開請求普丁擔任俄國的總理。[56]反對派領袖涅姆佐夫說：「普丁的夢想是什麼？就像所有人一樣，他想一直掌權到死。根據我們的憲法，總統只能當兩任。所以他就提議梅德韋傑夫當繼任者。這是在選接班人，不是在選總統。」[57]

將近三個月後，在二〇〇八年三月二日那天，梅德韋傑夫宣布高票勝選。那天晚上，他身著皮夾克與牛仔褲，與普丁一起參加紅場上的戶外搖滾演唱會，慶祝勝選。四十二歲的他年輕英俊，卻好像沒什麼個性，像普丁的跟班。雖然他在聖彼得堡當過律師，然而在選舉期間並未努力在選民心目中留下深刻印象，只發表了一些宣言，含糊地承諾打擊貪腐以及促進法治。他的一位現任顧問告訴我，從他宣布參選到當選，這段時間非常短促，對俄羅斯的未來談不上有計畫或願景。[58]然而從普丁的角度看來，這才是臨時接班人的美德。梅德韋傑夫當天晚上在紅場上告訴群眾，他的勝選意謂著「接續普丁總統所建議的道路」。[59]

對於俄羅斯人民而言，國家領導人換了一個新面孔，足以帶來一點新希望。梅德韋傑夫並不像普丁一樣是從格別烏出身，而且年輕時曾經親身體驗一九八〇年代的民主改革。普丁是後來才變得專制，早年也曾經從事政治改革，而梅德韋傑夫可能參與了他當年的計畫。不管他的背景如何，至少他受過法律訓練，應該會尊重制度與保障法治，不會只是追求權力而已。阿爾謝尼・羅金斯基（Arseny Roginsky）對此就深信不已。他是前蘇聯時期的人權鬥士，也是俄國最受敬重的非政府組織「紀念」的創辦人。我跟他在莫斯科見面時，他說：「一般而言，在俄國懷疑當權者準沒錯。但這次我不認同。我並不是梅德韋傑夫的粉絲，但我們需要希望，也需要某個人讓我們保持希望。」[60]

梅德韋傑夫在言談間也給人這樣的希望。當選總統一年後，他在公開發言與評論時多少也會批評他所領導的政治體系。[61]他形容俄國的民主很「差」；俄國的經濟很「原始」；而社會結構，從最寬鬆的標準看起來，也不過是「半蘇維埃式的」。在一次對杜馬的演說裡，梅德韋傑夫主張：「我們的國家是俄國最大的雇主、最活躍的出版社、最佳製作人，自己兼任法官、籌組政黨，甚至越俎代庖地代表人民發聲。這樣的體系絕對是無效率的，而且只會創造出一件事──貪汙腐化。」[62]從這番話看來，梅德韋傑夫還真像是一個深知俄國政治缺失的總統。

問題在於，除了這些話以外，什麼都看不到。梅德韋傑夫講得頭頭是道，人民卻沒有看到什麼具體成果。一開始他就大談貪腐的危險，然而貪腐依舊猖獗。他承諾要追緝那些謀殺新聞記者的真兇，然而一件案子都沒破。他提出計畫要改革警政與內政，人民卻看不到有什麼改變。根據樂瓦達民調中心（Levada Center）的統計，百分之六十六的人不相信他的改革會有什麼結果。[63]二〇一〇年年初，梅德韋傑夫甚至公開抱怨，首長與部長都不甩他的命令，根據他自己的估計，有百分之三十八命令都未執行。[64]這樣的怨言讓民眾對他的施政更沒信心。

梅德韋傑夫有時候就像他外表看起來一樣無助。他雖然名義上是俄羅斯聯邦的總統，但是政府裡卻沒有什麼人會奧援他，因為普丁的人馬──政府各部會、杜馬、團結俄羅斯黨、警察、情治系統等──已經將他重重包圍。[65]這些政治人物與官僚都在普丁所創立的體系裡面得到好處，又怎會對改革感到興趣？雖然梅德韋傑夫高分貝地批判政治，但在有些人看來，總統身兼評論員，這種身分還真是前所未聞。事實上，梅德韋傑夫與普丁兩人連袂領導，彷彿一個唱白臉，一個唱黑臉。俄國網路雜誌《高加索結》（*Caucasian Knot*）的主編施維多夫（Gregory Shvedov）表示：「你可以把兩人的整體表現當成是一種有趣的溝通方式：梅德韋傑夫專針對少數人講話，而普丁則是對多數喊話。梅德韋傑夫會特別提出問題所在。這是很聰明的分工。他們溝通的對象，是俄國社會的一體兩面——有錢人與窮人，支持政府與反對政府的人。」[66]

雖然如此，梅德韋傑夫確有一些想法與普丁的「垂直權力」扞格，長期觀察下來就能發現許多跡象。有一個機構專門在培養那些想法，那就是自由派智庫「當代發展研究所」（Institute of Contemporary Development），據說它就是梅德韋傑夫的顧問機構。梅德韋傑夫不但擔任該智庫的主席，而且謠傳他就是創立的幕後推手，好對他領導的政府提供獨立的分析與解讀。（該智庫的主任伊果・尤根〔Igor Yurgens〕在二〇〇九年時告訴美國《新聞週刊》的記者，梅德韋傑夫曾經表示，克里姆林宮不需要「馬屁精」。[67]）在我抵達莫斯科前一個月，當代發展研究所公布了一份震憾俄國政壇的報告。[68]簡單地說，作者呼籲把普丁建立的權力結構推倒重來，並提出各種建議，包括恢復地方首長直選、建立多黨派的民主政體、廢除俄羅斯聯邦安全局（FSB，格別烏的後繼者），最重要的，國家應該停止干預媒體。

梅德韋傑夫若有獨立思考的一面，可能是智庫的人鼓勵他表現出來的。於是我訪問了智庫的副主任、也是上述報告的撰述者之一剛特馬克（Evgeny Gontmakher）。我問他該份報告的目的何在，他答道：「主要目的是挑釁。我們要的是民主——不是民主的仿冒品。梅德韋傑夫的反應也很正面，雖然沒有正式回應，但他的表現令人滿意。」[69]剛特馬克解釋道，挑釁是特別針對那些不贊成多元、開放的人，如帕夫洛夫斯基。

巧合的是，幾天前我訪問帕夫洛夫斯基的時候，也跟他提起這份報告。我把他當時的評語告訴剛特馬克：「那只是政治小說而已。」我才說完，剛特馬特就笑了：「他不愧是文宣專家，非常聰明。他說得也沒錯，那是一篇政治小說，甚至可以說是科幻小說。」然而重點是要能影響梅德韋傑夫，至於它究竟是什麼性質，根本無關緊要。這份報告除了成功地獲得梅德韋傑夫的讚賞，還跟帕夫洛夫斯基所推動的政治方向背道而馳，難怪他嗤之以鼻。「帕夫洛夫斯基是個非常危險的人物，他只講權術操作，只講如何控制電視媒體，如何控制我們的公民社會。然而這種垂直權力的結構可不是科幻小說中的情節。」

當代發展研究所的報告提出了好幾個改革的點子。我問剛特馬克，影響最鉅的將是哪一項改革？他毫不遲疑地說：「當然是解放電視。電視媒體自由化以後，俄國的氣氛就會煥然一新，新的面孔與開放的討論將隨之出現。我們的政治史從此將翻開新的一頁。這就是為什麼普丁一上任就是先關閉電視媒體。從他的立場來講，這是對的。」他又說：「改變電視的生態只需要一天，只需要兩個人就可以做出決定。」

解放電視？居然不是修改選舉辦法、不是更尊重人權、不是成立更多真正的非政府組織，甚至不是油價下跌。從這位經濟學家以及政治顧問口中說出這樣的話來，真是非比尋常。他認為，解放電視以後，才能經由電波實現言論自由。俄國人已經可以無限制地使用網際網路，而網路也漸漸成為譏刺時政、暴露官員不法惡行的重鎮。但是，雖然上網的人數愈亦增加，俄國卻有百分之八十的人還是倚靠電視來獲得新聞與資訊。剛特馬克認為，讓克里姆林宮沒有辦法再扼殺電視媒體上各種資訊、想法以及交流空間，就能開啟俄國的民主。

梅德韋傑夫在幾個月之前發表了一份公開聲明，掀起一陣風波，因為當中對俄國政府有不少批評。有人告訴我，當代發展研究所曾參與該份聲明的草擬。它的標題為〈俄羅斯向前走〉，與剛特馬克後來報告中所提出的許多想法不謀而合。但我更關心的是，其他人對梅德韋傑夫總統的改革理念有什麼樣的回應。俄國政客們努力地研究這篇聲明，但國家電視台卻毫不領情。當天晚上，新聞的焦點放在普丁到莫斯科南區探視工廠工人。梅德韋傑夫的聲明——國家最高領導人政治改革訴求——只在新聞的最末尾才出現。也許剛特馬特說的沒錯，在俄國這樣的專制國家裡，解放電視是非常強而有力的工具，也許會收到立竿見影的效果。然而，我不敢肯定其決策權在多少人的手中。兩個人？其實，看起來更像是一個人而已。

「穆巴拉克第二」

梅德韋傑夫當選總統的那一刻起，俄國最大的問題就是：普丁會回鍋當總統嗎？接下來四年的時間，新聞記者與研究克里姆林宮的學者把兩個人的演講、聲明一一解剖分析，包括兩人偶爾公開發生的意見不合。他們想要找到蛛絲馬跡，看看梅德韋傑夫是否日趨獨立，或者普丁是否對總統寶座流露出戀棧之情。普丁口風很緊，他告訴美國電視節目主持人賴瑞・金，他跟梅德韋傑夫合作無間，他們會在互相溝通後一起做出決定。二〇一〇年九月，在外國學人與俄國專家聚會的瓦爾代會議（Valdai group）上，有人問普丁未來的政治計畫是什麼，他提醒在座的學者，美國總統羅斯福曾經當過四任總統。[70]哪一位會爭取團結俄羅斯黨的提名出來競選總統？這兩個人都曾表現出他們的企圖心，使得外界更是迷惑。普丁駕著俄羅斯自製的拉達牌汽車，展開一千三百英里橫越西伯利亞的壯舉（據說車子在途中至少拋錨兩次），看起來好像是宣告他參選的決心。[71]梅德韋傑夫也一再表示，連任總統，他不排斥。二〇一一年夏天，他接受英國《金融時報》訪問時說：「任何一個目前擔當總統大任的領袖，一定會覺得有責任再競選連任。」[72]看起來，梅德韋傑夫只是在等普丁的首肯。他絕對會再出來角逐大位的。

在宣布參選人之前一年半，我問反對黨領袖涅姆佐夫二〇一二年誰會當總統。他回答：「我想梅德韋傑夫的機率只有百分之十，普丁是百分之九十。」[73]梅德韋傑夫在二○○八年總統上任後沒多久，首先做的事情就是延長總統任期，從四年延長至六年（過程幾乎沒有任何公開的討論）。這意謂普丁如果回鍋，他可以再當十二年的總統。那似乎是最讓涅姆佐夫感到憂心的事情。他說：「對俄國來說，最糟糕的可能性就是普丁再回來。那樣就太慘了，意謂著他擔任總統的時間全部加起來長達二十五年。根本是穆巴拉克第二。」

二○一一年九月四日，團結俄羅斯黨的黨員大會上，外界終於可以不必再揣測了。梅德韋傑夫對著台下滿座的一萬一千名黨員，勉強擠出一絲笑意說：「黨員大會支持黨主席普丁出來競選本國總統，我認為這是正確的決定。」[74]全體黨員立即起立鼓掌。在此一新的政治安排中，兩人只是角色互換而已，普丁再當俄國總統，梅德韋傑夫則到總理辦公室去辦公。普丁走上講台對黨員致詞時，他停頓了一下，輕輕拍打麥克風。麥克風似乎壞了。然後他灑脫地對全場的忠貞黨員說，他不需要麥克風：「我們勢如破竹，無人能擋！我作總指揮的聲音依然響亮。」[75]此時距離選舉日還有六個月，然而彷彿大局已定：普丁又回來了——假如他可以算離開過的話。

回顧起來，梅德韋傑夫的四年總統任期不過只是歷史的一個註腳，一個將普丁任期前後銜接起來的橋段。然而，普丁再回鍋還能帶給俄國什麼呢？二○○○年首次就任之際，他承諾俄國人民可以開始計畫孩子們的未來：「不再只是一個月，而是一年或十年。」然而十一年過去了，他的承諾並沒有兌現。就在普丁宣布再度出馬參選的前夕，一項獨立的民調顯示，百分之七十五的俄國人對未來的規劃不超過兩年；另外，有百分之二十二的俄國人想要移居海外，比四年前增加了三倍，也是蘇聯垮台以來最高的數字。[76]

雖然普丁比起其他政治人物都受人民的歡迎，但往後幾個月，他的民調滿意度卻一直在下降。俄國人開始將普丁跟蘇聯時期的領導人相比，也就是當過十八年國家元首的布里茲涅夫，然而這種比喻並不是一種恭維。（再做兩任總統的話，普丁就成為俄羅斯自史達林以來在位最久的元首。）最能抓住這種感覺的是一張在網路上瘋傳的合成照片：年老的普丁身穿布里茲涅夫的蘇聯舊制服，胸前掛滿軍事榮譽勳章。普丁過去的承諾是穩定，卻愈來愈讓人覺得是死水一灘。

二〇一一年十二月，俄國政壇的死寂狀態突然之間被意外地撼動了。十二月四日，俄國人民到投票所選舉杜馬的議員，就像之前的選舉一樣，這次也出現舞弊現象。投票結束後的幾個小時內，各種灌票、重覆計票、違法犯規的錄影畫面出現在YouTube上面，而且快速地傳播開來。然而不像以前一樣，這次俄國人民不想再當選舉舞弊的旁觀者了。成千上萬的俄國公民開始走上街頭，到了十二月月底為止，莫斯科發生了兩次大型的反政府示威抗議，是蘇聯垮台以來規模最大的。就像二〇一一年其他反抗專制政府的人民起義一樣，此次的群眾運動也沒有明顯的領袖人物。以某種意義來說，這是一種「水平權力」——正好可以對付普丁小心塑造出來的「垂直權力」。

我採訪過多位克里姆林宮的顧問以及團結俄羅斯黨的黨員，他們都強調俄國政府有能力維持社會的穩定，也能夠密切注意公眾的不滿情緒。然而到頭來，普丁跟他的團隊還是證明自己耳不聰、目不明：就在普丁厚顏宣布他要再度出馬競選總統沒多久，杜馬選舉就立刻發生嚴重的舞弊現象，這讓受過教育、絕大多數屬於中產階級、一向被認為對政治冷感的俄國公民忍無可忍。其實這是專制體系中屢見不鮮的模式。政府事先決定選舉結果，並確保過程皆如預期般進行，但官員為了延長對權力的掌控，往往會刻意表現，結果弄巧成拙，造成無法收拾的後果。舞弊情事一旦東窗事發，往往會導致反對勢力集結，或引發大型的群眾抗議活動，專制政權的正當性因此受到莫大的挑戰。這個因果關係——政權缺乏安全感，於是進行選舉舞弊，反而引發群眾怒火——就是伊朗的民眾在二〇〇九年走上街頭發起綠色革命的主因，並且促發埃及人民在二〇一一年推翻穆巴拉克的遠因。

由此看來，選舉舞弊就是許多獨裁者被推翻的主要因素。運動人士覺得這道理顯而易見。本來一般民眾不大會關心異議分子與專制政府之間的鬥爭，對兩造也持著懷疑的態度，覺得雙方的爭執是意識形態之爭，與日常生活的柴米油鹽不相干。然而一旦政府在選舉時舞弊，民眾就會覺得自己的一票被偷走了、權益受到侵犯了。這種不滿逐漸累積下來，一般從來不會上街示威遊行抗議的人，也會走上街頭，因為他們覺得跟自己切身有關係的某樣東西被偷走了。有時本來只有幾個異議人士主導的小型運動，會因此匯聚成要求改革的全國性運動。

普丁絕沒有輕易讓出權力的打算。很快地，克里姆林宮就就展現它長久以來扼殺政治改革的真功夫。在精心的算計下，它開除了一些人民深痛惡絕的政治人物。商業鉅子普羅霍洛夫（Mikhail Prokhorov）接著宣布，下一次總統大選他會出馬挑戰普丁。許多人懷疑此舉是克里姆林宮刻意安排，讓示威者以為他們已經取得部分的勝利。如此一來克里姆林宮就成功地分散了反對的力量。普丁第一次上電視回應示威者時，甚至說他很「高興」看到「活躍的年輕人正在形成自己的意見」。（普丁也忍不住利用這個機會侮辱示威者，說他們衣服上戴的白絲帶好似用過的保險套。）他顛倒黑白地表示人民的不滿情緒更彰顯政府之成功：「如果這就是普丁政權帶來的成果，那麼就是好事一樁。」

當然，就是因為「普丁政權」，人民才會走上街頭——但不是因為俄國政府已經培育出健全的公民社會。實情完全相反。普丁上台的時候曾答應給俄國人民穩定的生活，十二年以後，就是他罔顧人民福祉，才導致俄國的動盪。

第二章　國家的眼中釘

浦志強回家不安全。或者，更精確地說，他可以回家，然而一旦回家了以後，可能再也出不來了。過去的四十八小時內，中國當局關押了十二位律師與維權人士，另有八十幾位異議人士被軟禁，兩位律師失蹤。作為一位捍衛言論自由的知名律師，當局每一次對付所謂的維權律師時，浦志強也是被鎖定的對象。（幾個月前，就在學者、異議分子劉曉波獲得諾貝爾和平獎前不久，浦就曾經被關。）浦志強不知道為什麼當局還沒有抓他，他猜想可能是因為他到外地洽公一星期不在家。當我連絡上他的時候，他仍然在上海，打算再過幾天才回北京。他給我寓所附近一家茶館的名字，表示我們可以在那裡見面。我們本來打算在週六晚上見面，為了安全起見，在抵達北京首都國際機場後，他將直接到茶館來。不然的話，我們可能根本見不了面。浦志強告訴我：「一定會有高層人士交代祕密警察說：『不行，浦志強明天不能跟任何人見面。』」[1]

胡斯尼・穆巴拉克（Hosni Mubarak）垮台第十天後，我抵達中國。那時候新聞記者以及電視台工作人員還在埃及解放廣場（Tahrir Square）附近的街道上來回尋覓，試圖找到採訪對象，請他們講述個人經歷，包括埃及人民如何起義、迫使獨裁政權覆亡等等。以突尼西亞為濫觴的革命，後來散播到埃及，並且在中東與北非蔓延開來。從葉門、巴林、利比亞、約旦、伊朗到各地，每一天都傳來人民挺身反抗當權者的消息。

但中國境內卻僅僅出現一些耳語。幾天前，某位不知名的人士呼籲發起茉莉花革命（從突尼西亞點燃的人民反抗運動），這個消息隨即傳遍社群媒體的網站以及微博。然後就沒有聲息了。阿拉伯世界的革命在中國並沒有激起連帶效應，不見任何反對共產黨的遊行、集會或抗議活動。雖然中國距離中東的抗爭重鎮非常遙遠，北京卻如臨大敵。光光是數千里之外有人民群起反抗專制政權的消息，就足以讓領導班子如坐針氈了。在穆巴拉克被推翻的第二天，中國高層就開始討論如何加強控制媒體與網路，避免有人討論中東事件。[2] 結果中國的網站、聊天室以及線上論壇裡，所有關於「茉莉花」三個字的文章都被刪除。一個星期後，胡錦濤把黨內所有的高階領導人都找齊，召開一個特別的「讀書會」，他在會中提醒大家，隨著人民要求改革的聲浪提高，維持穩定乃是最重要的。

我一住進旅館房間，就看到中共焦慮不安的證據。我先把電視調整到CNN國際頻道，一面聽新聞，一面把行李的東西拿出來，主播正與一位分析家討論利比亞與其他地方爆發的反抗運動。主播問到，不知中國的領導人會如何看待這些事件——電視的螢幕就突然變黑了。大約一分鐘過後，畫面突然回來，剛好趕上主播感謝來賓接受訪問。其實，中共並不在乎CNN關於阿拉伯世界的報導，只是不希望有人聯想到它們在中國有什麼意義。

然而，這次逮捕行動對浦志強的意義就非常清楚。二三十位律師以及異議人士——不是他的同事，就是他久仰的人物——已經被當局拘留，他認為下一個就是他。中共當局這次打擊範圍之廣，讓中國境內與境外都感到吃驚，也代表中共可能又在重新評估紅線要畫在什麼地方，試探什麼事可做、什麼事不能做。在接下來的幾週內，政府會抓捕更多人，包括非常著名的異議人士，如藝術家與導演艾未未。雖然風險很高，浦志強還是堅持我們要見面。晚上九點，他走進北京豐台區的一家茶館。若沿著四環路開，那裡離市中心大約三十分鐘車程。他大步越過房間，走到我面前跟我握手。

浦志強讓人一見難忘。這位維權律師理著平頭，下巴寬寬的，塊頭大又結實。他一坐下來，他的肩膀與雙臂似乎就把座椅給塞滿了。他點了香煙，臉上掛著譏諷的笑意，講起話來聲似洪鐘，句子簡短有力。他開門見山就說，祕密警察早知道我們要見面了。他的電話一直被監聽，每一個字他們都聽得很清楚。而且這些人緊跟不放。在上海的時候，跟蹤他的人就跟他住在同一旅館裡，他們還搭同一架飛機回北京。浦志強知道他們就在電話另一頭監聽，於是在我們會面的前一天通知他們，試圖讓他們不要那麼緊張。他說：「我們這次會面早就約好了，跟你們擔心的茉莉花沒有關係。假如你不讓我跟某個人見面，那是違反法律的。你有任務要完成，但你不能阻止我做自己的事情。如果你不同意，把我抓起來就算了。」

我之前從來沒有跟浦志強見過面，我很驚訝，他居然會這麼大膽地跟跟監他的國保說話。我問，結果他們怎麼回答？浦志強深吸了一口煙：「他們什麼都沒說。我不是請求他們，我只是通知他們。我跟朋友見面還要請示？放屁！」

茶館外面的停車場已經完全伸手不見五指了。他們是否正從外面監看我們，我們無從知曉。浦志強認為他們應該已經收班了，然而這也只是猜測。這位頂尖的律師專門伸張言論自由，他想要跟外媒記者講話，沒有人可以阻擋他。

暴君的工具

二十一世紀的獨裁者也渴求權力，但一定要法律幫他們背書。對那些想要用民主表象來遮掩獨裁本質的政權來說，法律是最有效的工具之一。專制政府有了法律這塊遮羞布，就能夠輕鬆完成它想做的事，不必現出原形。如果想要解散某個非政府組織，不用逮捕它的成員，只要派出稽查員前去封鎖它的總部，理由是衛生局要評估是否違反衛生相關規定，就可以暫停它的運作。如果不喜歡聽某家廣播電台播放的內容，不用叫廣電處處長去勒令關台、停止放送；只要派稅務稽查員去查帳，說什麼都要找到逃漏稅的證據，這樣一來電台就不得不暫時歇業了。事實上，連這一步可能都不用。只要搬出法條，威脅要進行審核，電台的管理階層可能就會開始進行自我審查，專制政權就能達到原本的目的，根本不需動用到處罰的手段。法律、規定、程序法都可以變成獨裁者的工具，有效地讓反對人士噤聲，因為這些武器看起來正當、沒有政治色彩又客觀。

專制政權依賴法律來維持社會穩定與經濟發展，所以要對付它就更棘手了。大部分的政府——不論是獨裁還是民主——都了解中立的司法體系可以帶來諸多好處。有了可靠而且專業的行政法院，公民就有地方可以和平化解衝突，不需要透過抗議或遊行示威來尋求救濟之道；還可以遏止腐化及收賄，間接促進商業活動與外國投資。然而中立的司法體系一旦開始威脅專制政權、使其無法大權獨攬時，它就變一個問題了。專制政府原本要利用法律幫助統治，但現在發現自己又多了一個心腹之患：如果法律可以變成政府的遮羞布，它也可以變成反對者的庇護所。環境律師張兢兢有中國的艾琳・布羅克維琪之稱，她曾經在幾件大規模的集體訴訟案中對抗中國企業並打贏官司，過程中也經常會跟中國官員起衝突。（編按：艾琳・布羅克維琪〔Erin Brockovich〕是美國的環保運動人士，她以平民之姿力抗太平洋瓦電公司，過程被拍成電影《永不妥協》。）張兢兢在她的北京辦公室裡對我說：「共產黨很喜歡談法律；他們希望以法治國。我也贊成法治，然而我的法律跟黨的法律不一樣。」[3]

獨裁國家中，往往會出現一些優秀的律師、異議人士與政治組織，他們懂得利用當權者制定的法律來對抗它。在中國，浦志強會接下委託，替最弱勢的人發聲，讓當局左支右絀，不得不為自己辯護。就算中國官員繼續破壞法治，但因為他們試圖表現出自己是依法辦事，這就使弱勢的一方有了反擊的機會。俄國政府經常將自己的法典束之高閣，置之不理，但它想要與歐洲國家維持密切關係，於是不得不接受例如歐洲人權法院（European Court of Human Rights）之類的國際法庭判決。反對勢力與異議人士非常清楚，獨裁政權創造出假的法律來當自己的遮羞布，然而如果他們把這些假的法律當成是真的，他們就可以阻止在位者一意孤行、視人民如草芥。即使政府看起來權力大得不得了，它能制定自己的法律，還可以裝模作樣表現出依法行政的姿態，但這些也會使它綁手綁腳，老百姓也可以理直氣壯挑戰它。這些律師與異議人士非常清楚，法院本身即不公不義，他們想要改變的政治體系更是腐化。然而他們仍然很有耐心地一個案件接著一個案件，一一揭露法律規定的不合理與欺騙之處，一場場小型的勝利累積起來，就足以影響到整個體制。俄國最敢言、最有影響力的環保鬥士伊芙吉尼亞・契瑞可娃（Yevgenia Chirikova）向我解釋，就她的觀點來說，不論她的官司是輸是贏，什麼樣的結果都可以用來對抗專制政府。她說：「有時打輸官司，反而給社會更深刻的印象。任何一種結果我都接受，對我都有好處。我一定有辦法證明我們的政府在說謊。」[4]

專制政府希望藉法律獲得正當性，結果往往不是如此。即使他們創造出來的法律有所偏頗，也足以讓他們原形畢露、毫無正當性與合法性。革命的契機也許不需太高的門檻，這些即已足夠。

倔強的血液

浦志強認為他的兩位父親造就了今日的他──「生我的父親、養我的父親」。他在河北省的農村中長大，他的家境雖只是小康，然而比起周遭鄰居，也許景況稍微好一些。他說他的生父是一個老實又流著「倔強血液」的人。我們等著上茶的時候，浦志強告訴我：「我也很倔強，即使我知道有東西擋在前頭，我也不會改變我的態度，我的個性一直如此，很難改變了。」他是由舅舅扶養長大的，在中華人民共和國於一九四九年成立以前，他的養父是位商人，也是個實業家。雖然舅舅曾經支持共產黨，然而在中共上台以後，他卻遭到迫害。他要自己的甥兒謹記這個痛苦的教訓。「他跟我說：『共產黨是不守承諾的。他們很缺德。』」

浦志強與他的兄姐都是聰穎好學的孩子。他們村中上大學的六個人裡，就有三個來自浦家。浦志強本人的表現特別優異。在大學入學考試中，他是他們縣的狀元，論全省的排名，他則排在一百名內。（該年全中國共約兩百萬名學生參加大學入學考試。）以如此優異的成績，浦志強進入中國頂尖的南開大學唸歷史與中文。在學校裡面，共青團特別注意他，希望能夠招攬他這樣有前途的年輕學生加入。浦志強的一位教授問他是否願意入黨，如果他願意的話，他可以幫忙。「我跟他說：『給我一個星期考慮。』」七天後，浦志強有了答案，他告訴教授：「我永遠不會入黨的。」當時他才十九歲，卻已經了解這個決定可能要付出代價，也知道他可能與某些好處就此絕緣。入黨能帶來特權，而且肯定會對他將來的工作晉升有幫助。然而他沒有忘記舅舅的庭訓：這個黨不能相信。當年他只是個年輕的大學生，卻已經看出共產黨最精通的事就是偽造歷史。他說：「人物與事件是否完整呈現，全看他們自己的需要。」這些事讓他非常地反感，他毫不猶豫就拒絕入黨。一旦做了決定，他「難移的本性」就顯現出來：他絕不走回頭路。他的說法是：「我十九歲的時候，就把自己的門給關上了。」

他可以把門關上，然而還是逃不了要付出高昂的代價，七年後的一九八九年他就明白了。當年浦志強還是中國法政大學的研究生，他組織同班同學到天安門廣場抗議。他們是學校裡首批來到廣場上的學生。他本人還參加絕食運動，一直待在原地未曾離開，直到六月四日解放軍對抗議的學生開槍，迫使學生不得不逃命為止。在屠殺發生之後，浦志強拒絕與當局合作，也不願意公開認錯。不僅如此，每年的紀念日到來時，他還到廣場上去追悼當天死去的學生。當晚在躲避解放軍子彈的混亂之中，浦志強許了一個願：「我告訴自己，如果我今晚僥倖不死，我每年都回來。」過去三年以來，一到六四他就去廣場，每次都被抓起來。公安們一到六四就對天安門廣場提高戒備。

然而給他帶來最大麻煩的，還是他拒絕公開認錯，拒絕幫助中共洗刷這個歷史上的汙點。浦志強本來計畫要成為教授，然而他研究所畢業後，沒有人要僱用他這個優秀的學生。他解釋道：「如果你不坦承錯誤，就不能當老師。我這幾年來一直都在為此事付出代價。」

浦志強畢業以後，面臨找工作的沉重壓力。家有高堂老母，又有妻兒幼小，他養家的擔子不輕，也做了幾份沒有前途的工作。然而他並不想要做任何需要在理念上妥協的工作。浦志強說：「我不想為了工作改變我的看法，一九八九年共產黨的所做所為是非常明白。」他的一位老師推薦他去當律師。浦志強於是利用打工之餘唸書，在一九九五年通過了律師考試。

法律工作恰好能幫他安身立命。浦志強可以靠商事案件養家活口，此外，他也在法律工作中找到更高的目標。他相信，如果他接下適當的案子，他就能夠挑戰黨國，改變他們可憎的做事方式。浦志強告訴我，有兩篇文章對他影響很深：第一是中國異議分子胡平的〈論言論自由〉；第二是美國最高法院對《紐約時報》訴沙利文案（New York Times Co. v. Sullivan）的判決，這是新聞自由的標竿性判例。（編按：一九六〇年，《紐約時報》刊登一篇廣告，當中提到警察阻擾民權運動，當時有一位官員蘇利文認為這篇廣告是間接指責他，於是提起訴訟。最終聯邦法院判定《紐約時報》勝訴，除了確保新聞自由之外，這個判決也確定了「真實惡意」〔Actual Malice〕原則，除非媒體明知錯誤還報導，公眾人物控告媒體誹謗才成立。）這個有著「頑固血液」的男人，不但拒絕入黨，拒絕幫忙它掩飾罪行，現在還要幫助其他人保持信念、勇敢說出自己的想法。浦志強告訴我：「在一九八九年六月四日那天，我們希望改變這個體制。我當時認為自己有能力扭轉乾坤。現在我只想在有生之年做一兩件重要的事就好了。」

浦志強最早接下言論自由案之一，是擔任《中國改革》雜誌的辯護律師。該雜誌社的記者劉平寫了一篇文章題為〈誰在分肥？〉，內容報導一家房地產開發公司在交易中損失慘重，使得員工被解僱。劉平的報導是根據官方還有該公司的文件。在中國以外的任何國家，這樣的新聞報導都平凡無奇、司空見慣。然而，該房地產公司卻利用典型的噤聲手法，控告該雜誌社涉嫌譭謗，並求償七十萬美金的損害賠償，這等於要逼迫它破產倒閉。浦志強出面替劉平辯護，廣東人民法院聽取了辯護詞以及該篇報導的陳述，判定記者不需為憑有據的報導承擔法律責任。這是浦志強最早的譭謗官司，也是保障中國言論自由的里程碑。

浦志強很快地又接下了更多案件，他為報紙、雜誌、作家辯護，這些人都是因為冒犯財大勢大的黨國幹部而官司纏身。浦志強很快成為中國最有名的言論自由律師。他並非每場官司都贏，事實上通常都沒贏。然而有時候最好的結果就是防止案件有任何確定的結果。以陳桂棣、吳春桃的案子為例，這一對夫妻檔寫作了一本暢銷書，詳述安徽省東部阜陽市的地方黨官如何驕縱獨裁、荼毒百姓。[5]（編按：書名為《中國農民調查》。）而他們揭發的人，就是阜陽市政協副主席張西德，後者反過來控告兩作者侵害他的名譽權。一般來說，像陳與吳這樣的被告是毫無勝訴希望的。即使黨官坐上了原告的位置，但法官也是共產黨員，基於奉承上司的立場，他通常都會做出有利於黨官的判決。然而浦志強卻逼得法官不能做出這樣的判決。在交叉質詢的時候，他猛烈地詰問檢方找來的證人，把焦點集中在張西德許多為非做歹的腐化行為。更有力的是，他還找來一連串的辯方證人，這些人絕大多數都是貧苦的農夫，他們在法庭上陳述了一個又一個故事，在在證明張氏的腐化和濫權，以及他使用不合理的手法執行一胎化政策。每一個證人的證詞都強調了陳吳兩人書裡的說法為真。《華盛頓郵報》記者潘公凱（Philip Pan）當時也在旁聆聽。他在報導中指出，人民法庭當時陷入兩難，不知如何選擇：「浦志強在公開陳述時所提出來的證據，已經說明張西德如何貪贓枉法。法庭可以忽略這些證據，做出不利兩位作者的判決，但這麼一來卻會進一步破壞人民心目中黨國的正當性。或者，它可以判決張西德的訴訟案不成立，讓大眾知道法律原來是用來對抗威權的有力工具。」[6]

安徽人民法院面對這樣的兩難，選擇了第三條路：它根本不判。浦志強跟我見面的時候，該案的法律程序早已結束六年了。然而，法院還是不判。對一個在中國伸張言論自由的律師來說，這樣就算是贏了。

浦志強滔滔不絕談到半夜，講他如何利用中國專制體系的罅隙來對付它，其中讓我印象最深刻的，是他如何對付每天跟監他的祕密警察。首要的策略是把他們視為普通人。這些人也許在最重大的問題上跟他的看法不同，比如中國共產黨的統治是否具有正當性，然而這個歧異並沒有減低浦志強把他們視為普通人的興致。我跟他談到此事時，他坐直身軀，說：「我尊重他們、非常尊重他們。我常常告訴他們程序是什麼。」浦志強按熄他的第四根香煙，好特別強調這一點。「如果你到我的辦公室來，你想要關押我，沒問題，那要經過一定的程序。你需要一紙證明才能這麼辦。他們假如拿不出來，結果就是我們吃飯，我們喝酒，我們聊天。我們得面對祕密警察。如果有機會可以改變他們的話，何樂不為？」

他成功了嗎？這幾乎是不可能說得清的。每當浦志強對這些警察提出質疑，用雄辯把他們逼得啞口無言的時候，他們也不得不同意他所說的一些事情，可是他們往往會搬出耳熟能詳的藉口：「我們別無選擇。我們假如不為國家安全部門工作，還能幹什麼？」浦志強則回應，他們太過妄自菲薄了，除了國家所提供的工作機會外，一定還有其他的選擇。

然後他會告訴他們一些值得思考的事情。「我告訴他們：『中國正在經歷極大的改變，我們年紀相當。二十年以後，你要怎麼告訴子孫，在改革變化的年代裡，你都幹了些什麼事？』」

就像大部分的時候一樣，浦志強很有自信，他認為自己已經成功說服這些人，即使只是因為對方根本講不出什麼有道理的反駁之言。他告訴我：「大部分我所遇到的人，他們對於自己所做的事情，根本不覺得驕傲。黨的意識形態以及正當性早就消失了，現在只剩下赤裸的利益。那些口號教條，根本已經不管用了。現在必須收買人民，要付錢給他們，才能讓他們做事。」他們也許受到威脅、也許被迫、也許被收買，然而不論如何，要撐起這個政權，費用是越來越高。

在我們的會談將要結束之際，我問浦志強，從北非到中東的民主革命是否影響到中國的領導班子。「他們愈來愈害怕，他們快沒得選擇了。他們得維持穩定。而胡溫似乎比起剛掌權的時候更加沒有自信了。」浦志強要跟我見上一面，過程一波三折，由此就可以看出中共黨國缺乏安全感。浦志強再次從每天跟監他的人那裡得出結論，他說，那些跟著他不放的國保：「他們非常小心；他們緊張，非常緊張。許多人連我去吃飯都要跟監，只因為中東發生了革命。」他跟他們說，他們在白費時間。浦志強不是一個會組織民眾抗議的人，他不呼籲人民上街頭。他告訴他們：「你們製造了這麼多敵人，卻沒膽面對你們的敵人，你們應該努力證明你們跟格達費不一樣。」我好奇那些祕密警察怎麼回答。他說：「他們同意我的看法。」

談到這裡，時間已經超過午夜很久了。我們走出茶館，穿越街道，朝著浦志強所居住的複合式公寓社區怡海花園走過去。當天已是週日，而網路上匿名呼喚中國發起「茉莉花革命」的帖子才剛剛發布。發起人要人們在當天稍晚，在全中國各地的二十幾個地點同時集會。我們倆人都不指望這樣的號召會有什麼樣的結果，重要的是網路上確實出現了這樣的聲音。對浦志強而言，比較大的問題是政府是否會透過軟禁的方式來限制他的行動自由。他說：「其他人身上發生了很多事，而我希望我沒有給自己帶來太多麻煩，雖然我不怕麻煩。」他還說，明天只有一件事是確定的：「他會來。」意指某個祕密警察。我坐上計程車離開的時候，我看到浦志強走進公寓社區的大門，並對駐門的警衛點點頭。

意外的行動家

伊芙吉妮亞・契瑞可娃（Yevgenia Chirikova）搬到希姆基（Khimki）來，是為了這裡的森林。公元兩千年的時候，她跟她丈夫決定要離開莫斯科的都會區，到一個充滿自然環境的地方定居。雖然工作上他們得住在城市附近，然而他們想為小孩找一個比較安靜的環境。於是他們搬到了希姆基，這是一個位在莫斯科西北邊、車程大約一個小時的社區。第一眼望過去，這個大約有兩萬名居民的小鎮並不是什麼風景如畫的地方。大部分的居民都住在蘇聯時代所建造的灰色公寓之中，這些公寓以格狀排列，每一棟之間隔著狹窄的走道以及一條草坪。在冷戰的高峰期間，希姆基是個對外封閉的城市，不但外國人不准進入，大部分的俄國人也都不准前去，因為過去當地居民從事的是具戰略性質的工作。當地人在空防工廠中製造地對空的導彈，還有用來發射蘇聯洲際飛彈的先進引擎。然而伊芙吉尼亞與丈夫之所以搬到這個市郊的造鎮特區，乃是因為此區還有另一項從前遺留下來的特色，那就是希姆基森林公園。

希姆基森林是一個佔地大約兩千五百公頃的林地，也是俄國境內難得一見的地方——一個公開受到保護的綠地。這片森林據說是過去沙皇們最喜歡狩獵野豬的地方之一。在濃密的橡樹老林之中，野豬、麋鹿、狐狸、野兔、多種野鳥至今還在這裡遊蕩、棲息，然而經過多年的開發與發展，這片林地的面積已經大不如前，縮減到今天的大小。雖然只剩下一小塊，希姆基森林還是被列入環境保護的重點地區，政府也將它劃為最高等級的綠地，好確保它不被移為商業用途。（相關的法律相當嚴格，在任何一個特別指定為「森林公園」的地方砍樹的話，犯行人可能被判有期徒刑。）伊芙吉尼亞跟她先生為了找到一塊自己的綠地，就買了森林邊緣的房子。伊芙吉尼亞說：「我們住在莫斯科時候，汙染太嚴重了，這裡有綠意又美麗平靜。我們當時就決定，這裡就是我們想要待的地方。」[7]

二〇〇八年，伊芙吉尼亞剛生下老二，所以休產假在家照顧寶寶。她把小女嬰包入襁褓，帶著五歲的大女兒到森林裡去散步。她在橡樹林間行走的時候，注意到她以前沒見過的事情：許多樹都被漆上紅色的記號，有的樹幹上還有小切口。她回到家裡上網搜尋，想知道是怎麼一回事。跟她丈夫坐在一起，她在網路上看到了州長波里斯・格羅莫夫（Boris Gromov）發布的公文，才知道為什麼她家後面森林的樹木被漆上紅色：政府將在期限內剷除希姆基森林，砍光所有的樹，以興建從莫斯科到聖彼得堡的新高速公路。伊芙吉尼亞覺得州長的這份命令很奇怪，這塊地是有法律明文保護的，一定是公文弄錯了。她只要寫封信給當局，就應該可以糾正這個錯誤。想到當時的自己，她說：「我太天真了。」

公文沒有弄錯。她寫了十封信給當局以後，終於收到政府正式的回信，說明這是例行的發展計畫，將會如期繼續進行。然而事實上，這個大興土木的計畫完全不合常規。州政府根本沒有把這個計畫告知希姆基鎮的人，也沒有說他們將要摧毀森林。他們唯一公布周知的地方，是在一份小型的地方報紙上，夾在算命廣告之間，文章裡甚至根本沒提到希姆基森林，也沒說到要蓋新的高速公路。然而，最奇怪的是這條高速公路預定要走的路線。根據多年前的規劃，這條高速公路本應該沿著莫斯科到聖彼得堡之間的十月鐵路（October railway）蓋。這條鐵路線是連接兩個城市的一條直線。然而地方政府要蓋的這條高速公路，卻奇怪地繞了一段遠路。它穿越莫斯科外環路後，突然朝東北走，直接通過希姆基的森林地。而一旦走完森林地的七公里後，它又繞回與十月鐵路平行的直線上，一直走到聖彼得堡為止。伊芙吉妮亞拿出當地的地圖，用手指出高速公路即將興建的路線。從地圖上看來，當局提案興建的這條十線道高速公路，居然突然繞道，直衝希姆基森林這塊淨土。伊芙吉妮亞告訴我：「事實上，這條路會經過我們這個區域裡所有的保護區。」雖然法律上是保護區，但事實不是如此。她在森林裡散步時，發現樹被漆上標記、要被推土機推倒。也就是說，州長格羅莫夫以及希姆基的市長弗拉基米爾・史崔中科（Vladimir Strelchenko），已經批准了這個計畫。

為什麼當局要把這條公路劃到希姆基森林，這是外界完全無從得知的事情。這個政府事事保密、凡事都不透明，從沒有習慣向民眾提出解釋，格羅莫夫州長、史崔中科市長以及交通部部長伊戈爾・勒維廷（Igor Levitin）究竟考量的是什麼，也沒有公諸於眾。伊芙吉尼亞以及她的鄰居們只能揣測。

最合理的解釋是為了錢。把高速公路蓋在受到保護的森林地上——此區沒有任何私有地——意謂著不用付補償費給高速公路沿線的地主。土木工程師也不用建隧道、高架橋、斜坡道，以繞過原本就存在的建築物。但是，有利可圖可能才是更大的動機。這條高速公路在大轉彎以後，就非常接近俄國的第二大機場——謝列梅捷沃國際機場（Sheremetyevo International Airport）。這條高速公路平面寬廣，連結莫斯科與聖彼得堡，又接近國際機場，沿路還有百年老橡樹點綴，這根本是開發商的美夢。然而俄國營造業各種營私舞弊的行徑，已經到了匪夷所思的程度。根據一個俄國反貪腐團體的說法，在俄國蓋新馬路一公里大約要花兩億三千七百萬美金；在美國，同樣長度的馬路只要花費六百萬美金。[8]因此，俄國的公路應該可以穩居世界最昂貴馬路的寶座。（俄國政府雖然花了大錢，卻沒有得到一流的工程品質；它的道路建設在世界排名是第一百一十一名，名列最差的國家之一。[9]）此外，批准高速公路計畫的政府官員，肯定會從中撈到不少好處。

在此計畫中，交通部長伊戈爾・勒維廷有明顯的利益迴避問題。伊芙吉尼亞解釋道：「他是謝列梅捷沃機場的總經理，所以他既當交通部長，又是民營公司的企業家。」事實上，勒維廷還是好幾個跟機場有關的民營企業的總裁；其中之一就是俄羅斯航空（Aeroflot），而俄航的大本營就是謝列梅捷沃機場。[10]「我問官員：『怎麼會這樣？』他們說：『很簡單。當他在交通部的時候，他是部長，當他到機場來，他還是部長，還代表民營企業的利益。』」伊芙吉尼亞不敢置信地看著我。

伊芙吉尼亞帶著她的兩個女兒回到森林去。這一次，她帶著一些傳單，把它們貼在政府想要鏟除的樹上。她在傳單上告訴居民，州政府計畫興建高速公路，並且希望大家來她家開會，研討對策。第一次的會議大約有一百多人出席，有這麼多人她感到很吃驚。許多鄰居也像她一樣，想要搶救社區的森林。很快地，在大家的幫助之下，她成立了「希姆基森林捍衛者」團體。她也建立了一個相關網頁：www.ecmo.ru。他們開始組織示威、抗議等活動，開始向政府請願，並且跟地方的記者一起合作，好讓她保存森林的努力能夠廣為人知。伊芙吉尼亞並不知道她已經踏上草根環保鬥士的旅程。她說：「像綠色和平等國際組織想保存的是遠方的森林，如西伯利亞或索契（Sochi），他們不管較小的地區性問題，我們必須靠自己。」

即使克里姆林宮知道伊芙吉尼亞是誰，應該也不會把她當成威脅。她是兩個小孩的媽媽，身材嬌小、金髮藍眼、圓臉上常帶著笑意，不像是個會惹事生非的人。她在莫斯科航太大學學的是電機，成績優異，畢業後，她又取得ＭＢＡ學位，後來任職企管顧問的工作。她跟工程師丈夫結婚後，就在他所創立的工程公司裡面工作。她的家教與庭訓都非關政治，從小到大對於社會議題也沒有興趣。就像大多數的俄國人一樣，她認為政治事不關己，是在其他地方所發生的活動，遠遠觀察就好，最好讓菁英或其他有影響力的人物去管。她告訴我：「我對選舉一無所知，我根本沒有投過票，我是一個非常沒有政治概念的人。從小到大，父母並沒有培養我的公民感，不曉得自己是國家的主人，必須主動參與周遭的事務。」停頓幾秒鐘後，她笑著說：「我的童年裡沒有任何跡象顯示我將變成一個環保鬥士。」

我第一次跟伊芙吉尼亞見面，是在莫斯科普希金廣場附近的一家人氣義大利餐館。她見到我，就微笑跟我握手。採訪的三個小時裡，讓我印象最深刻的，並不是她和氣友善的態度，而是她非常擅長策略性思考。每一個尚待克服的挑戰、每一個行動的劇本她都詳細地一一拆解、詳加分析。政府的每一個舉措，她不但解構剖析，還跟支持者一起想出符合邏輯又理性的應對方式。她說這套方法是來自商學院的訓練，然而在我看起來，似乎是與生俱來的才能。她一面啜飲著卡布其諾咖啡，一面說：「沒有人能經得起長期的壓力，即使是像我們市長跟州長這樣的大人物，都受不了持續且有階段的施壓。如果時間更充裕的話，再多兩年，就算普丁親自下的命令我們都能擋得下來……如果我們有系統、有組織、持續不斷地活動。」要她不是態度那麼親切溫暖，旁人一定會誤以為她是個專講方法的冷酷人物。她確實是女拿破崙再世，只是她沒有矮子的自卑情結。

加入伊芙吉尼亞的組織後，許多人很快就變成政府騷擾的對象。官方會派人來打斷這個團體的聚會，或是乾脆下令不准集會。警察也來找碴，發傳單要罰錢，甚至隨便找個理由把支持者關押起來。當局還煞有介事地召開公聽會，但只要民眾開始表達不滿之處，就立即取消聚會。還有支持者接到威脅性的電話。伊芙吉尼亞回憶道：「有人威脅某位同事，說她的眼睛會被挖出來。第二天她就不敢再來跟我們一起活動了。」

當局的威脅是玩真的。地方記者米開爾・貝克托夫（Mikhail Beketov）是她的好友，也是拯救希姆基森林的草根支持者。他從前是傘兵，是個虎背熊腰的大個子，退伍後在二〇〇六年創辦一家小型的報紙，發行量大約一萬份，名為《希姆基真相報》（*Khimkinskaya Pravda*）。政府砍伐森林的計畫一披露，貝克托夫是第一個報導的記者。連續好幾週，貝克托夫在報上批評政府官員的黑箱作業，也批評此開發案背後一定藏汙納垢。他開始接到許多威脅的電話，一天回家時他的狗橫屍在家門口。就在他在報上呼籲希姆基市長下台之後，他的汽車突然在半夜爆炸。然而貝克托夫並沒有就此閉嘴。二〇〇八年十一月，就在他去雜貨店買東西回家的路上，他遭人突襲，被毒打一頓。兇手把受重傷的他留在他家門外的雪地裡，打算讓他自己斷氣而亡。他被鄰居發現時，已經是第二天了。兇手下手很重，造成他永久性的腦傷、失去了一條腿還有三根手指頭必須切除。（編按：貝克托夫後來並沒有完全康復，已於二〇一三年四月過世。）當他從昏迷中醒過來，甚至不記得攻擊他的人有幾個。即使他人躺在希姆基醫院的病床上，攻擊者仍然不放過他：有人專程打電話到他的病房，說要來收拾他的小命。[11] 伊芙吉尼亞說：「這是一個很慘的故事。貝克托夫被攻擊以後，市長認為我們會就此閉嘴了，然而全世界都知道他的事情。」她拿出一張莫斯科地區的地圖放在我們之間的桌子上。「看看這張地圖，希姆基森林根本沒有被標識出來。它原本只是個小地方，然而現在卻變得重要了。」

當然，沒有證據可以顯示下令攻擊貝克托夫的是政府當局。根據美國「保護記者委員會」（Committee to Protect Journalists）的統計，俄國是世界上記者死亡率第三高的國家，只排在伊拉克與菲律賓之後。[12]而一樣糟糕的是，幾乎所有俄國記者遭到攻擊或被謀殺的事件，都沒有找到真兇。（在公元二〇〇〇年到二〇一〇年之間，共有十八位記者被謀殺，卻沒有人因為這些謀殺案而被判刑。[13]）希姆基的救林運動也不例外。伊芙吉妮亞指出，普丁委任統治莫斯科州的人，皆非典型的政治人物。州長格羅莫夫過去是蘇軍第十軍的領袖，指揮帶兵入侵阿富汗，當地遭到戰火蹂躪後，他也是最後一位離開阿國之蘇軍將領。[14]希姆基的市長則又是另外一個打過阿富汗戰役的軍人。伊芙吉尼亞認為，這些軍人只懂得使用暴力，低估了貝克托夫的謀殺未遂案可能會惹來的公關災難。她說：「是聰明的政治人物的話，就不會謀殺記者。」

伊芙吉尼亞非但沒有因當局殺雞儆猴之舉而膽寒，反而加碼進行救林運動。她的支持者開始對媒體發布消息，跟每一位願意聆聽的記者講述貝克托夫的故事；相關的報導開始出現在俄國各地與歐洲各國。伊芙吉尼亞說：「分析自己的情況後，我們了解到，如果我們越不運用媒體，就越不為人所知，面臨的危險也就越大。當然，媒體並不能作我們的護身符。公開化才是我們最主要的武器。」

除了公開化之外，另一個武器就是俄國的選舉法，沒有什麼比直接挑戰市長選舉更公開化了。二〇〇九年秋天，伊芙吉尼亞決定參加希姆基的市長選舉，與原市長史崔申科過招。這是大膽的一步。至於是否能打敗團結俄羅斯黨的候選人，她並沒有幻想。比較起來，史崔中科市長比她有名太多了，她的財力也非常有限，俄國的黨政系統也不可能讓她上媒體大量曝光。然而她說：「選戰乃是森林運動的延伸。」策略上，她有三個目標。第一，出馬挑戰希姆基市長，大家就會更注意救林運動。她決定在選戰裡只談一個議題，那就是如何保存希姆基的自然環境，只要到任何競選的場子，她就只講這件事情。第二個策略上的目標是，宣布競選的當天，她領取了兩個報名表：除了申請參選外，第二個表格是要求地方上舉行公投，就取消高速公路興建一事，訴諸民意表決。她認為，如果高速公路興建案不斷地在選舉之中被提起，還有可能成為公投案，現任市長就會覺得這個計畫是絆腳石，那麼就有可能放棄這個計畫。她的策略果然奏效。伊芙吉尼亞說：「在三天之內，市長就取消了他的行政命令。他不得不取消。如果他繼續打算依原路線興建高速公路，就會失去很多選票。」幾週之後，葛羅莫夫州長也收回成命，不再堅持讓公路通過森林。

她的第三目標，是利用她候選人的身分來測試環保議題的重要性。她想要知道在俄羅斯選民，尤其是希姆基的選民心中，環保議題究竟有多重要。結果，選委會只准她進行七天的宣傳造勢。雖然她已經繳交了應繳的費用，卻有兩個政府部門的人說她未繳費，因此禁止她從事競選活動。然而光靠那七天，這位兩個孩子的媽、變身保育鬥士的候選人，贏得了百分之十五的選票。這樣的結果讓她喜出望外。

雖然州長與市長都取消興建高速公路的成令，然而這只是暫時性的勝利。二〇〇九年十一月五日，當時擔任總理的普丁介入希姆基森林之戰。那一天，普丁簽署了一道命令，即使希姆基森林受到環境法規保護，還是可以重新劃為商業用途，例如高速公路或者建築計畫。問題是，根據俄國的聯邦法，他的命令是違法的。聯邦法規定，受到保護的森林，假如有其他替代性的道路存在的話，就不得擅自變更其用途。當然，俄國的交通部可以很簡單地說，沒有別的替代方案存在。然而普丁這次運氣不太好，因為就在一年以前，交通部副部長曾經公開承認確實有其他的替代路線。伊芙吉尼亞的團體立刻就到俄國法院去，訴請裁定普丁的命令違法，他們還到法國史特拉斯堡的歐盟人權法庭提出訴訟。伊芙吉妮亞很清楚在俄國法庭挑戰普丁是沒有勝算的。她笑著說：「我們的一生只能有一個選擇，而普丁已經幫我們選好了。」

然而好戲還在後頭，伊芙吉妮亞要普丁和他的政治同路人付出更大的代價。為了要蓋這條莫斯科到聖彼得堡之間的高速公路，俄國政府需要歐洲重建與發展銀行（European Bank for Reconstruction and Development）以及歐洲投資銀行（European Investment Bank）的金援。事實上，這條高速公路的經費，有三分之二必須靠歐洲的銀行融資。伊芙吉妮亞認為這筆外資就是俄國政府的弱點，歐洲民眾應該不能容忍自己的銀行居然會金援一個會破壞環境的工程。所以她特別針對外國民眾調整部分的運動訴求。例如，法國的營建公司梵奇（Vinci）已經簽約要參與該計畫。伊芙吉妮亞與她的夥伴就前往梵奇的駐莫斯科辦公室，在外頭舉行了抗議活動，還在門口堆滿了「希姆基森林木柴」。伊芙吉尼亞也向歐洲的綠黨提出請求。綠黨於是建請歐盟議會裡通過一項聲明，警告歐洲的投資者不得把錢投資在希姆基的高速公路案。俄國內外則共有超過四十個環保團體連署了一份公開信，要求歐洲的銀行與公司不要參與希姆基案。結果，歐盟的決議案、媒體的報導，以及伊芙吉妮亞所做的遊說工作，讓「歐洲重建與發展銀行」以及「歐洲投資銀行」決定，他們必須終止金援該計畫。俄國政府就此失去了七億五千萬美金的外國投資。這對伊芙吉妮亞以及救林運動而言是鉅大的勝利。她非常自豪地告訴我：「我們成功地把他們的融資計畫搞砸了。而要在俄國內部集資，要花很多時間，時間越長，對我們就越有利。」

若說伊芙吉妮亞把俄國當局逼入困境，是太誇張了。事實上，普丁假如下令要鏟除希姆基森林的話，只要一個晚上連夜趕工也可以做得到。在伊芙吉尼亞寫頭一封信向當局質詢之後三年，克里姆林宮本來期待要驗收高速公路，現在卻連個影子都沒有。俄國的政治領導班子大概以為只要用幾個簡單的步驟，就可以開始鋪柏油了。然而到目前為止，這條從莫斯科通到聖彼得堡的路，只存在於建築藍圖之上。

為什麼如此？就像中國的浦志強，伊芙吉妮亞很有技巧地利用了現代專制政權的弱點。俄國政府把法律當成武器，選擇性地用來對付敵手。同樣地，伊芙吉尼亞也可以利用同一套司法體系來暴露當局的不一致與矛盾之處。俄國政府想與外國維持關係以從中獲利，伊芙吉妮亞卻能夠靈巧地利用這一點，將國際輿論導向有利於她的方向，並且利用俄國的外交關係來制衡俄國政府。她成功地讓當局在關鍵點上付出更高的代價。俄國政府很少遭遇旗鼓相當的政治對手，伊芙吉尼亞的確非常難纏。而且，伊芙吉妮亞的選戰策略只訴求單一個議題，讓俄國政府無法用使出慣用的抹黑伎倆來對付她：也就是宣稱她對於國家安全構成了威脅。伊芙吉妮亞並不是革命家，她沒有要求希姆基的選民推翻政府。就某種意義而言，她也不要求選民支持她。她發起救林運動只是希望公民關心環境問題。地方當局面對這樣簡樸而溫和的政治訴求，幾乎沒有什麼手段可以拿來對付她，只能提高一些法規上的門檻，好讓她的選戰失敗。

就在我們第一次見面以後，我特地到希姆基去，讓伊芙吉妮亞作我的嚮導，帶我到她奮鬥三年而保存下來的森林裡去散步。那天是個飄著微雨的四月午後，地上還因為當天早上下過的雨而相當潮濕。我們一走進橡樹林裡，雖然離她家與希姆基市街的距離不過幾分鐘，然而其中卻令人驚訝地寧靜。橡樹站得又高又挺，只有在寒冷北風吹過時，才稍稍地搖晃一下。我們走進森林的更深處。大約十分鐘左右，我們來到了一個稱之為橡樹頂的地方。這是一個天然泉的所在地，我們站在那裡談論她的救林運動，以及她如何將政府的勢力擋在外面的奮鬥過程，另有六個人前來取水，他們取出隨身帶著的塑膠桶，將冷冽的泉水裝在裡面帶回家。於是我們問道，他們是否聽說過當局計畫要在我們腳下的土地上興建高速公路。他們都聽說了，而且感到很生氣。一個年紀大約三十幾歲、穿著黑色夾克、藍色牛仔褲的男人說：「是，我很生氣。」然後他開玩笑說：「武器在哪裡？」

我們都笑了，還一邊想像那個畫面：個頭嬌小的伊芙吉妮亞以及希姆基民眾所組成的烏合之眾，拿起武器對付克里姆林宮龐大的推土機陣仗。我們繼續向前走，我問，她認為政府下一步會做什麼？而她的下一步又該怎麼回應？她說這場戰役根本還沒有打完。

她的支持者已經建立了森林巡守隊，留意政府是否派工人來施工。她接著說：「接下來的情況大概是，他們開始動工，但一定會遭到民眾反抗。我們準備好了，也思考過所有的可能性。能確定的是，這個工程一定無法偷偷進行。我們會鬧得人盡皆知。」

她的預言又再度應驗了。幾個月後，六月的時候，在謝列梅捷沃國際機場附近的森林，伊芙吉尼亞的同事遇到一些在砍樹的工人。她的同事要求看他們的工作證，那些工人隨即收拾工具閃人。伊芙吉尼亞以及超過兩百名支持者認為這些工人一定還會再回來，他們開始在森林裡紮營，日夜守候樹林。

她所預料的攻擊行動在七月二十三日凌晨五點發生。[15]就在環保鬥士還在睡覺的時候，大約有一百個戴著面具的男人攻擊他們的帳篷，撕毀他們的抗議布條，並且痛打每一個從營帳裡鑽出來的人。後來伊芙吉尼亞告訴我：「這些男人都是大塊頭，非常兇狠。他們看起來像是光頭黨。他們打算趕走我們，還威脅要把我們撕成碎片，要殺死我們。」

[16]這次的攻擊事件，明顯跟施工計畫同時進行，因為攻擊一開始，就有一些工人開始砍樹。他們還開來一台大型的日本製收穫機，可以很快把樹幹跟樹根分離。伊芙吉妮亞打電話向警察報案，他們珊珊來遲，而且來到現場後並沒有逮捕那些兇狠的光頭黨。他們只是打電話叫更多人來支援，這群來支援的人就是俄國特警「ＯＭＯＮ」。（ＯＭＯＮ是鎮暴部隊，以粗暴手法壓制群眾而聞名。它的座右銘是：「我們絕不手軟，也別對我們客氣。」）當ＯＭＯＮ抵達現場以後，他們逮捕了伊芙吉尼亞以及其他抗議者。

在此次攻擊以後，五天後環保鬥士們又遭到另外一次攻擊。伊芙吉妮亞認為她必須另尋出路，必須擴大戰場，尤其需要一位有力盟友，大大地助她一臂之力。她打電話給俄國著名的搖滾明星尤里・謝夫楚克（Yuri Shevchuk）。謝夫楚克長期以來替多項人權運動的發聲，伊芙吉妮亞認為這位樂壇巨星可能也會同情環保運動。就在幾個月前，普丁很難得在電視上跟一些著名的俄國音樂家對談，謝夫楚克突然語驚四座，他問道：「為什麼俄國沒有言論自由？」普丁臉色大變。伊芙吉妮亞打了電話以後，謝夫楚克親自來到希姆基。伊芙吉尼亞喜出望外。她說：「從我學生時代起他就是我的偶像。結果他真的來了。」謝夫楚克來到她家，坐在她家的廚房裡，他想了一個很簡單的解決辦法。伊芙吉妮亞回想起他說的話：「我們來辦一場音樂會聲援你們。」[17]

八月二十二日在普希金廣場，兩千多人參與了一場聲援救林運動的音樂會，對於一向小眾的俄國公眾集會來說，這樣的參與人數已相當可觀。警方也沒閒著，他們禁止載著音響器材的卡車來到廣場，然而謝夫楚克還是當場開唱。兩天之後，愛爾蘭搖滾樂團U2首次在莫斯科舉辦音樂會，主唱波諾（Bono）特別邀請謝夫楚克上台表演。許多人認為此舉乃是公開聲援謝夫楚克抗議俄國當局的勇氣，而且波諾待在莫斯科時，也公開宣布他支持俄國的環保鬥士。

俄國政府宣布砍伐森林的時機特別糟糕。當年夏天，俄國才剛剛經歷了一次創紀錄的熱浪侵襲，森林大火幾乎燒盡了全國共兩百萬公畝的森林、農地以及村莊。根據樂瓦達民調中心（Levada Center）的統計，百分之七十三的俄國人都支持這個環保運動，都想保存莫斯科外圍這個罕見的綠帶。[18]梅德韋傑夫總統面臨這麼大的公眾壓力，他在他的影片部落格上宣布，希姆基的開發工程暫時喊停，直到政府「進一步徵詢民意與專家討論」後再議。[19]

伊芙吉妮亞對外宣稱這是一大勝利，然而私底下她懷疑這不過是政府的拖延伎倆。而她的預感又再度應驗了。先前政府委託某個委員會，專門研究這個高速公路計畫的可行性。十二月，這個委員會宣布結果，他們認為應該復工。一切就差總統簽字同意了。

然而這個工程後面的眾多既得利益者可沒耐心等待梅德韋傑夫動筆簽字。[20]伊芙吉妮亞很快就揭發內幕，比如有家房地產開發公司已經開始出售希姆基森林的地皮，即使總統沒有批准。(伊芙吉妮亞直接打電話到該公司，偽裝成有興趣的買主。她問那家公司的代表歐拉格，是否可能買下自然湧泉所在地「橡樹頂」附近的地。歐拉格回答：「當然有可能。」這段對話被貼在YouTube上。)

二〇一一年三月，「希姆基森林捍衛者」的成員跟我連繫，透露俄國當局開始升高對伊芙吉尼亞的壓力：他們不直接針對她本人，而是針對她的家人。當月，政府官員突襲了她丈夫的公司。他們沒有提出任何指控，也沒有攜帶法院命令，卻訊問了他以及好幾個員工，並且拿走了許多公司文件。早在好幾個月前，他們就開始以查帳的名義騷擾她丈夫的公司，還要求詳列出最近十二個月的所有交易。此次突襲的理由相當匪夷所思，當局指控她丈夫的電子工程公司暗中資助「極端分子」。一旦客戶與銀行知道當局專找這家公司的麻煩，他們就開始打退堂鼓了。三月發生的這起突襲檢查，大家並沒有感到很意外。在事件發生的前幾天，就有人在希姆基森林捍衛者的網站上留言說：「我們即將襲擊妳的公司，文件準備好！」

比較恐怖的是，政府也把伊芙吉妮亞的兩個女兒當成目標。市政府兒童保護部門的兩位官員，毫無預警地要來到她的公寓家裡來「坐坐」。這兩個官員說，他們收到她鄰居的一封抱怨信，說伊芙吉妮亞打她的兩個女兒麗莎與莎夏，還不讓她們吃飯。伊芙吉妮亞怕他們會強行把她的孩子帶走，因此拒絕開門。稍後，兒童保護部承認，事實上沒有這樣一封所謂的抱怨信函，兩位官員只是「義務」去了解兩位小朋友是否一切安好。事件發生後，我未能跟伊芙吉妮亞說上話，然而我記得她常常談起兩個女兒。我猜想，當局的所有威嚇手法之中，就屬這次讓她受到最大的衝擊。

那天我們一起在希姆基公園散步時，我曾經問她，是否會擔心自己或家人的處境。她說：「我問了我自己好幾次：『伊芙吉妮亞，妳在這個森林裡做什麼？』我什麼都不缺。我只是一介平凡的女子，為什麼在這麼危險的地方工作？可是我不准自己再多想，不然一定會發瘋。生活在俄國，若還要想像第二天自己會發生什麼事，我一定會生病的。」

該週稍早，我曾經與反對團體「休戚與共」（Solidarity）的領袖鮑里斯・涅姆佐夫（Boris Nemtsov）見面。他告訴我：「普丁的主要做法，就是減少人民的政治活動。這是一個非常奸險的策略。當人民說：『我的看法改變不了任何事。』他就走大運了。他非常害怕獨立自主的見解。這就是普丁的想法。」[21]

涅姆佐夫的說法，可以輕易地適用於中國共產黨、查維茲以及幾乎其他所有的寡頭政治體系。人民對政治冷漠，就是確保專制政權運行不墜的潤滑劑。在那些運作順暢的獨裁體系裡，掌權者都無所不用其極地要將公眾對政治的冷感變成一種美德。既然專制政權的邏輯如此，那麼世界上像伊芙吉妮亞這樣的人，就是專制政府最害怕的人。因為他們不但有獨立思考能力，又能持續不餒地挑戰現行制度，他們的活力剛好是冷漠的解藥：一旦群眾不再冷漠，專制政權要成功就比較困難。不管群眾的抗議訴求是什麼，都能威脅當權者，舉凡選舉舞弊、收受賄賂的法院，或者只是為了保衛一座平靜的森林。這樣的人會從當局最意想不到的地方冒出來，還會讓其他人也受到他們的愚蠢點子感染。那天在森林裡，我們看著「橡樹頂」的天然泉，伊芙吉妮亞總結說：「普丁沒有徵詢我的意見，所以他活該受到懲罰。」

然後我們一起走出了森林。

三個不

歐瑪爾・阿非非（Omar Afifi）過去對於他的警察制服很是自豪。一九八一年他才十六歲的時候，他進入了警察學校。同一年，穆巴拉克取代被刺殺的艾爾・沙達特（Anwar Sadat）當上埃及總統。他之所以想當警察是因為這份工作收入不錯又很穩定；為埃及政府工作就是長期飯票的保證。他當時還不了解，他變成埃及警察後，在社區裡的地位就大不相同了。他第一次穿著警察制服回到家鄉的時候，鄉親父老的反應讓他頗為吃驚，從小看他長大的人、長輩與耆老等等，在他走進屋子的時候會起立致意。他以前從來沒有受到這樣的敬重。當然，他很快地了解到，他們其實是恐懼多於尊敬。阿非非表示：

「裁縫師有生財的工具，警察也有鎮壓人民的工具。埃及政府希望每個人都害怕警察。恐懼的氣氛比暴行本身更具破壞力。我們還沒有接觸到人民，就已經打敗了他們了。」[22]

雖然埃及警察的惡名如此，阿非非卻不認為成為其中一員就一定會變成壞人。事實剛好相反。他認為他的同事都不是什麼壞人，也相信只有少數警察——大約七分之一——是許多人所害怕的那種殘酷而暴虐的壞人。他成為警察的頭兩年，這種想法都沒什麼改變。他的工作幾乎都是例行性的，跟他當初進入警察學校之前所預期的差不多。然而他當警察的第三年，一切都變了。那一年發生了他後來所稱之為「三不」的第一個不。

當時有個警察被殺死了。如同世界上的其他警隊一樣，抓住殺死他們同事的真兇，成為所有同仁的首要任務。當局收到線報，殺警嫌犯就藏在開羅外圍的一片玉米田裡。阿非非被指派要到那裡去找他。玉米田被警察重重包圍，阿非非與其他警官排成一直線，開始從田地的邊緣一起邁步，穿越高深的玉米叢，緩慢地向田地中心前進，要將逃犯逼出來。幾分鐘之後，就在阿非非深入玉米田時，他從眼角看到田地裡有東西在動。果然就是那個涉嫌殺人的嫌犯，他拔腿就跑，阿非非與他的同事開始追趕。雖然玉米桿割傷了他的臉，然而他與嫌犯的距離卻在縮小之中。嫌犯盡全力跑了大約兩英哩，然而他最後還是體力不支，跌倒在地投降了。他蹲在玉米田中央，用手臂遮著頭，因為跑得太用力而喘不過氣來。警察立刻包圍了這個沒有武器的嫌犯。然後，有一位高階的警官命令阿非非射殺他。

阿非非不了解為什麼要這麼做。他抗議道：「他已經投降了，為什麼我要殺死他？不，我做不到。」那位高階警官非常厭惡阿非非的態度，他斥喝道：「你太軟弱了。走開！滾出去！」阿非非只好一個人走回田外面他們停警車的地方。就在他離開的時候，他聽到一連串的槍響，足夠讓嫌犯的屍體布滿子彈。阿非非後來告訴我：「這件事改變了我。」他現在知道有些上級交待的任務他是無法完成的。他也知道，抗命應該會付出代價。此事也改變了其他警察對他的看法。「從此以後，我的上司不會指派給我沒有法條依據的任務。」這就是他第一個不。

第二個不與第三個不，在一九九五年裡快速地接連到來。當時距離埃及的國會選舉只有一週。阿非非的警察生涯大體上已經升遷無望，因為他的上司認為他不是一個可以信賴的屬下。一九九五年時，他在開羅市中心的一個小型看守所當守衛。那天下午，一個國安局官員突然出現在他負責的看守所，押著近五百個人，這些人是反對黨的支持者，從他們外表看起來，阿非非相信很多人在逮捕的過程中都遭到毆打。那位官員告訴阿非非，他要把這些抗議者留在這裡，請他把他們關起來。阿非非回答他：「可以。可是請交給我相關的逮捕令還有關押令。」那個國安局的官員不敢置信地看著他：「沒有法院的命令。這是高層下的命令。這是緊急情況。」

阿非非不為所動，他堅持立場。他說，有一些抗議者看起來需要醫療照顧。如果他們不幸死在他負責的牢房裡，阿非非需要法庭的公文才能解釋他們為何被關在這裡；否則的話，他就會被怪罪，要為他們的死亡負起責任。國安局官員無可奈何地搖搖頭，因為他倆心知肚明，假如有人在埃及的牢房裡死掉，既不會有人調查，也沒有人會追究責任，更不會引起輿論的譴責。國安局官員很挫折地問他：「你為什麼不合作？你必須遵守命令。這些人是埃及的敵人。」阿非非並不跟他爭辯這一點，只是重述他的立場。他回答：「我知道，然而我需要有人開具拘捕令，不管是法官開，還是你開都可以。」阿非非自己都不知道他為什麼不肯讓步，然而他就是不願意成為虐待那些公民的共犯。他後來告訴我：「我當時只是憑著我的良心做事。只有這樣而已，我不知道什麼人權的事情。」他也懷疑，國安局不是太懶惰，就是不願意留下證據以免讓人抓到把柄。他的看法是對的。那位國安局官員隨即離開，另找可以收押五百名囚犯的地方。阿非非認為這群人最後可能被關在警察的宿舍裡面。這就是他第二次說不的事件。

然而，只經過短短的六天時間，他發現自己又再度忤逆上司。國會議員選舉的前一天晚上，開羅警察局長哈比・阿德利（Habib el-Adly）召集七、八百位警官開會。（二〇一一年時，阿德利升官變成埃及的內政部長，也是穆巴拉克政權中最讓人聞風喪膽的政治人物。）阿德利警告在場的所有警官，如果反對黨贏得選舉的話，他們就會丟工作，弄不好連小命都會不保。他說，此事事關重大，他們必須在選舉當天執行特殊任務。首先，他們當天要換上便衣，警徽證件與槍枝都得留在家裡。然後大部分的人都到投票所分發已經圈選好的假選票，如果有人阻止的話，就在投票所外面對他們拳腳相向。騷動一起，警察就開始抓人，其他同事則負責把假選票塞到票箱裡。如果還有阻擾，連這樣都無法成功的話，那麼他們就乾脆把投票所的負責人抓起來，並且在投票結束後把票箱拿走，當下警察們可以繼續作票，或者靜候指示。阿非非告訴我：「阿德利的計畫根本缺乏想像力，又笨又粗糙。他甚至不知道投票是怎麼進行的。讓他步步高陞的唯一資格，就是他沒有良心。」

當場阿非非就舉手發難了，他說他有一些問題。阿德利回答道：「又是你？滾出去！」他又說，如果其他人不能遵守上述指令的話，也可以跟著一起離開。大約有五位警察跟著一起走出會場。這就是阿非非第三個，也是最後一個不。

阿非非拒絕合作的態度，已經引起上級的關切，也給他帶來麻煩。就在選舉之後沒多久——此次國會選舉當然又是執政黨大獲全勝——他就接到調職令，要他到埃及的北部區工作。當時，埃及北部是當局與伊斯蘭激進團體激烈交鋒的地方，許多警察常常被伊斯蘭激進團體當成首要的攻擊目標殺害。阿非非怕他北上的話小命就會不保，不是命喪這些暴力團體的手中，就是被其他同僚在交戰中誤殺致死。他因此呈繳了一張抱怨函，想辦法讓自己改調開羅消防隊。

到了消防隊，阿非非對於自己的工作既不滿意，也不知道下一步該怎麼辦。他的警官生涯無疑已經結束了，還得一直擔心自己的人身安全。公元兩千年時，他的運氣似乎跌到最谷底，然而突然之間他時來運轉。國際紅十字會贊助一項競試，提供埃及法官與警官到國外去學習國際人權法律。他報名參加後獲得獎學金，於是到突尼斯去學習法律了。那些課程內容隨即造成他思想上的衝擊。他第一次知道，原來世界上已有保障人權的法律體系以及相關論述。他過去抗拒上級命令時隱約感覺到的重要議題，就是人權，只是他當時並不曉得可以如此具體而完整地規範與定義這個概念。突尼斯的課程結束以後，他又贏得另一筆獎助學金，靠著這筆錢他完成學業，取得法律學位。二〇〇四年，這位前警官回到開羅，這時他已經變成了一位律師。

他很快就運用課堂中所學到的法律知識，成為一個刑事辯護律師。短短兩年內，他憑著高明的辯護技巧而聲名鵲起。阿非非比起其他律師優異的地方，不是他曾經在國外受過法學訓練；而是他知道警察的適正程序為何。他清楚埃及警政體系實際運作的情形，所以可以一針見血指出違反程序的地方。他的當事人幾乎沒有人清楚自己的權益何在。不過更關鍵的是，埃及的警察不知道自己的行為可能會被外界嚴格檢視，所以往往沒有依照規定來執法。於是阿非非利用這種疏忽與大意，幫助他的當事人在法庭上取得優勢。

他的刑事辯護工作並沒有激怒埃及政府。讓當權者震怒的是他後來開始將他的專業與經驗跟大眾分享。阿非非以律師身分受邀在一個現場轉播的衛星電視節目《今日開羅》（Cairo Today）當特別來賓。在四十五分鐘的節目裡面，他用清晰而簡單的語言，向觀眾解釋埃及人民在法律上擁有哪些權利。節目的第一集在二〇〇七年十一月十三日播出，他向觀眾說明如果在街上被警察攔下來的話，他們有什麼樣的權利。在第二集的節目中，他解釋老百姓待在自己家裡，又有什麼樣的權利，例如警察需要搜索狀才能登門入戶。

第二集節目播出時，專制政府就警覺大事不妙了。一位國安局長官在廣告時間打電話給該節目的主播，表達他的憤怒——阿非非怎麼可以在電視上告訴觀眾這些事情？他隔著電話對主播大吼：「你瘋了嗎？操你娘！如果你敢繼續播的話，我們要把你的衛星連線切斷。」

第三集本來預定要討論民眾在警察局裡面擁有什麼權利——然而不會有第三集了。第二集播出以後，國家安全局打電話給阿非非，問他是否願意上另外一個電視節目，談論埃及警察的佳行懿德，他們願意每週付給他兩千美金。（相比之下，前一個節目的來賓費只有一週八百元美金。）他拒絕了，於是他們開始威脅他。阿非非回憶道：「他們告訴我，如果我不聽話，可能會被流彈擊中。別再逞英雄了。」他知道他已經踩到了當局的痛處，他們的威脅也是玩真的。他同意不會再上電視。

然而他並沒有說他不會寫書。他的兩集電視節目已經引起大眾矚目，阿非非決定要為民眾寫一本書，以同樣簡單而直接了當的語言，講述人民的權利以及遇到警察時該怎麼辦。他花好幾個月的時間完成了這本書，但沒有人願意出版，因為沒有人想要觸怒當局。二〇〇八年初，他找到一個願意祕密幫忙印書的人。三月二十日，他開始散播五千本的《這樣做，你的頸背就不會被打》（這是一句埃及的俚語）。阿非非寄了一千本書給官方與民營報紙的記者。有一本流行刊物還將此書當成雜誌的封面。他回憶道，當時他的書一下子就洛陽紙貴了。他很快就收到一萬本書的訂單。接下來又是四萬本的訂單。他在書裡面寫下了他的行動電話號碼，因此所有的人都直接打電話給他。他笑著說：「那本書受歡迎的程度好像聖經一樣。我實在沒有料到。」

四月七日，好幾家書店又打電話給他，再向他訂購了數千本。結果，他根本沒機會做成這些生意。第二天早上十點，他的手機響了，書店老闆打來說，國安局的人剛走進店裡，把他的書全部下架扣押了。他們很快就搬走五千本書，幾乎是他先前付印的數量。

阿非非根本沒有時間擔心印書的問題。下一通打到他手機的電話，是一個從前認識的警察朋友。他提醒阿非非，他的處境很危險，國安局的人已經在他家與辦公室外面監視；埃及政府對阿非非已經沒有耐心了。阿非非以為他的老同事反應過度，他確實是遊走危險邊緣，然而他並沒有違法。確實，他所做的，只不過是用一般民眾可以明白的語言解釋法律規定而已。他打電話給在內政部工作的一個熟人，這個人應該會老實告訴他事情究竟有多嚴重。電話接通時，阿非非說：「喂，是我。」他永遠不會忘記接下來他聽見的回答。

他的朋友回答：「你打錯了。」

阿非非說：「什麼？你說什麼？」

他的朋友重述：「抱歉。你打錯電話了。」然後就把電話掛了。

阿非非聽到話筒裡傳來的嘟嘟聲，不禁膽寒。這就是給他的最後警告。他的警察老同事說得沒錯，他的確很危險。他估計最好的下場是他被當局關起來，在獄中受盡折磨；最慘的，是當局一不作二不休把他幹掉。他知道自己不能回家，也最好不要在辦公室附近出現。他立刻決定遠走高飛。他不能再留在埃及了。結論就是這麼簡單。

他關掉手機，拿出手機裡的電池。接下來他只能使用普通電話，也不能再使用信用卡了。他想辦法捎信息給兒子，請他回家取出他的護照，再到一個安全的地點跟他會面。阿非非把車子停在路邊，接下來三天他都住在車子裡。他不能到國安人員找到他的任何地方。他兒子拿來護照，裡頭唯一還沒到期的簽證是美國簽證。歐盟的申根簽證已經過期。他必須到美國去。

開羅國際機場是由開羅中央警政廳的警官負責執勤的。阿非非命不該絕，有好幾位在機場執勤的警官是他從前的同事。四月十一日深夜他抵達機場。一位前同事拿了他的護照去蓋章，讓他不用經過正式的通關管道。另外一個警察則幫助阿非非躲過機場安檢，叫他在另一個不是他預定班機的候機門等候。等到所有的旅客都進了機艙，在最後一刻機艙門要關上的時候，阿非非才收到他朋友給的信號急忙登機。他搭上當天最後一班前往甘迺迪機場的班機。十二個多小時後，他降落在紐約，身上除了五十元美金與一個金錶外，什麼都沒有。

對於獨裁者而言，異議人士流亡國外也許是最乾淨俐落的解決之道。若阿非非被殺，民眾會義憤填膺，出殯儀式會變成示威場合，要求懲兇的聲浪也會四起。但這一切都不會發生。阿非非在國外得到政治庇護，將在遠方安度餘生，埃及政府不能再傷害他，他也不能再傷害埃及政府，兩方打成平手，甚至可以永遠停戰了。

很少有人一開始就打算成為國家的眼中釘。浦志強、伊芙吉妮亞、阿非非並不是刻意想要跟政府唱反調。他們不是一生下來就是異議人士或者環保鬥士；官逼民反以後，他們才變成政府的敵人。他們也在體制內努力過，雖然制度本身並不完美，他們還是想辦法讓政府為自己制定的法律負起責任。然而政府把他們當成眼中釘，還把他們的堅持視為大逆不道，他們就會變成無法再靜默以息之人。浦志強的同事被公安帶走，但這不會迫使他停止自己的工作。他仍然繼續上訴，繼續辯護。二〇一一年四月，克里姆林宮派推土機大隊到希姆基森林，伊芙吉尼亞與她的支持者一再被毆打、一再被逮捕。然而，她一年前就告訴我，她不只為了一座森林奮鬥。當權者的作為讓她變成一個運動人士，不論結果如何，她都會繼續堅持下去。

阿非非也不打算放棄他的奮鬥，即使被迫逃到紐約，得到美國政府的政治庇護，他仍不斷公開反對穆巴拉克政權。他曾經在埃及的警察體系裡工作，他知道，在埃及異議人士之中，這個經歷讓他與眾不同。他人遠在六千英哩之外，所住的公寓地點只要開一小段路就可抵達華府。即使如此，他依然對埃及政權瞭若指掌：特別是埃及警方如何進行鎮暴部署，這方面的知識可是他的專長。

埃及的革命出人意外地在二〇一一年一月爆發，街上的年輕人很快就知道他們有一位強而有力的前警官當他們的盟友。阿非非在他小小的福爾斯徹奇（Falls Church）公寓裡，建立起一個指揮中心，為埃及的青年領袖提出忠告。他告訴他們警方鎮暴策略是什麼。他的桌上豎立著三個大型的電腦螢幕，即時顯示革命青年從開羅街頭傳來的訊息，另外一些訊息來自一些仍然在體制內工作的老同事。藉著谷歌地圖，他規劃出能讓抗議者佔上風的路線。透過推特與臉書，他與實際參與革命的人保持聯絡，幫助他們對抗穆巴拉克的整肅與鎮壓。我去他家拜訪的時候，我們幾乎很難保持五分鐘以上的連續對話，他的五隻手機上不時有人打電話來，電腦也常常發出聲響，一連串的訊息透過Skype傳過來。阿非非比劃著他的公寓，雖然我們現下位在維吉尼亞州北部，可是他說：「我現在人不在這裡。我在埃及。」[23]

埃及政府製造了一個他們甩不掉的難纏敵人。

第三章　總司令

我們開車離開拉莫維地（Ramo Verde）軍事監獄，隨著距離的拉開，它看起來越來越小了。我們才剛剛離開監獄的最後一道關卡，一個百無聊賴的年輕士兵，一隻手拿著自動步槍，用另外一隻手幫我們開門，再關門。這個監獄的地點位在委內瑞拉米蘭達州（Miranda）首府洛斯特克斯（Los Teques）塵土飛揚山麓的一塊突出岩陵之上。站在監獄的圍牆外，這裡看起來非常荒涼。這也是個普通人不會誤闖的地方，因為方圓數英哩之內，這座監獄是唯一的建築物。

我們坐進出租車的前座發動引擎離開時，還是不停回頭看那棟監獄。在某個週六早上，我跟朋友一起來拉莫維地監獄拜訪某位關在這裡的囚犯。這使得監獄警衛——全都是委內瑞拉憲兵——因為一個外國人出現而大為緊張。同一天早上出現在這裡的另外五六個人都帶著大包小包的東西，可能是為了關在這裡的家人或朋友特地帶來的禮物。獄方卻告知我，一旦進入監獄的圍牆，就不准帶任何東西，包括錄音機，連紙跟筆都不行。而且，獄方的管理人員似乎都自認軍階都不夠高，無法授權讓我探監。他們把我拉到旁邊，等一位憲兵打電話詢問軍情局的指示。一個小時的探訪結束我走出來的時候，他們再度搜我的身。就在我們即將走出監獄大門的時候，聽到一個憲兵對著他的行動電話說：「是的，長官，我會跟著他們。」[1]

那個憲兵的名字叫作嘉西亞，這個名字橫寫在他綠色迷彩服的胸前口袋上面，我進入監獄之前，由他負責盤查我。他是個有點肥胖的大塊頭，臉圓圓的，表情很嚴肅。嘉西亞似乎比起其他人階級高，獄警中只有他覺得有必要把我來採訪的事情通知遠方的總部。下山的路迂迴曲折，我們一面開車，一面看照後鏡。十分鐘以後，我們抵達山腳，還未看到他的蹤影。

除了要注意嘉西亞是否跟蹤我們之外，我還要處理另外一個棘手的問題。我人在監獄裡的時候，我向一位囚犯借了紙跟筆，好紀錄訪談重點。我知道走出來的時候很可能會再度被搜身一次，所以我找了另外一個進出監獄都不會被搜查的人幫我偷偷把筆記拿到監獄外面。原來的計畫是，我們遠離拉莫維地監獄以後再找一個地方會面。我現在卻害怕跟蹤我們的憲兵會順便逮到那位連絡人。

我們朝著洛斯特克斯交通繁忙的市中心前進，地勢趨平緩、即將進入市區時，我瞥見了嘉西亞，他戴著安全帽與墨鏡，騎著摩托車跟蹤我們。我瞟到他的時間只有一秒鐘，為了不讓我們察覺，他保持至少落後我們三個拐彎的安全距離。與此同時，我也看到替我保管監獄筆記的連絡人。他開著一輛四門的轎車，努力想與我們並駕齊驅，好跟我們的車同時停下，並把筆記遞給我們。然而，嘉西亞在我們後面緊追不放，太危險了。我們於是加速向前，擠入市區的車陣中，避免連絡人跟我們並駕。他跟著我們轉入同一條車道，落在我們後面三輛車的距離。在他後面，再隔幾輛車，就是嘉西亞的摩托車。

我們必須趕快警告連絡人嘉西亞來了，但他不知道我們被跟蹤了。如果他再度嘗試把筆記交給我們，一定會被嘉西亞看到。

車流緩如牛步。我們一吋吋通過洛斯特克斯市，街道兩旁有許多攤販，有些比較積極推銷的小販在車道間穿梭兜售貨品。我向一個賣手工藝品的男子招手。我搖下車窗的同時，他隨即展示今天有什麼貨品可以賣給我：小型的木雕人像、珠鍊等等。我看著他，我說：「你到我們後面的第三輛車，告訴他們：『你們被跟蹤了。』」然後我拿皮夾，想要跟他買一樣東西表示酬謝。中年的小販微笑，搖搖手說：「不用，不用。」不必買東西，他就會幫忙了。

他慢慢地走在車道之間，向好幾輛汽車兜售他的商品，然後在我們連絡人的車旁停下來。他低下頭，對著車窗講話。一秒過後，他就繼續前行，繼續在大排長龍的車陣中賣東西。

我們如蝸牛般地走了四分之一英哩，終於車流開始動了。不久後，我們的前頭出現了一條交叉路。我們開向右邊的路，連絡人則向左邊的路開。我們從後照鏡裡看到嘉西亞也跟著我們朝右邊。我們稍後再跟連絡人取回筆記，此事不急於一時。

洛斯特格斯距離首都卡拉卡斯（Caracas）的路程，開車大約一個小時。此段路屬於泛美公路（Pan-American Highway）的一部分，也是行車最順暢快捷的路段。委內瑞拉人通常都在這段路開得飛快，享受把油門踩到底的難得機會，一旦進入交通壅塞的卡拉卡斯，就沒有這種好事了。我們開的還是便宜的出租車，沒辦法加速甩掉嘉西亞的重型摩托車。問題還沒解決，命運之神還插手搗亂。就在我們要進入泛美公路之前，車子撞上路面的坑洞，前方右車輪隨即爆胎。

沒辦法，我們只好把車開到路邊停下。一檢查，輪胎上有一個很大的裂口，幸好出租車有備胎，我們只好開始動手換輪胎。修車的時候，我們四下張望，嘉西亞沒有跟上來。我的朋友開玩笑說：「需要警察的時候，他們就是不見人影。」

二十分鐘後，我們就進入了泛美公路，我們一直靠著右車道行駛，而且比所有朝卡拉卡斯方向開的車子都慢上許多。然而不到幾分鐘，我們就看到一輛摩托車遠遠跟著，離我們約數輛車的距離；它鬼祟地騎在一輛連結車的後面。原來嘉西亞根本沒有離開。

沒有人喜歡被憲兵跟蹤。但嘉西亞緊跟著我們不放，卻讓人忍俊不禁。從旁邊呼嘯而過的車輛大概時速大概都是七十或七十五英哩，嘉西亞要跟蹤一輛速度不及其他車輛一半的蝸牛車，還要做得不露痕跡，實在是太難了。當嘉西亞尾隨某輛車以隱藏自己的行跡時，沒多久那輛車就很快地加入高速車流之中，一下子就把我們拋在後面。嘉西亞必須不斷地踩煞車，才能找到另外一輛車、巴士或者貨車以為掩護。讓他更加為難的是，我們還停下來好幾次，確認備用胎的氣壓是否撐得住。每一次我們停下來，這位行蹤鬼祟的憲兵就必須趕快躲起來。我們第三次把車子停到路邊時，兩人都下車檢查先前換上的備用輪胎。正當此時，我用眼角餘光看到了嘉西亞。他已經悄悄溜下摩托車，藏身在一叢蘆葦草之後。我看到他用手把蘆葦撥開，透過墨鏡看著我們。我們突然火速跳上車，朝著一百公尺外的高速公路交流道駛去。就在我們開走時，措手不及、圓圓胖胖的嘉西亞忙不迭地騎上摩托車，這個景象讓我們不禁哈哈大笑。

嘉西亞一路尾隨我們到卡拉卡斯。他現在距離那座山上的軍事監獄已經非常遙遠了。我們並不想把他引到我們的住處，所以我們選擇前往卡拉卡斯市中心的大型購物商場。我們可以把車子停在地下停車場，那時候嘉西亞就會別無選擇，只能使用步行的方式跟蹤我們。一旦進入購物商場，我們可選擇的交通工具就很多了，這裡不但有計程車排班，還有公車小巴士定時停靠。我最後一次看到嘉西亞，是在我們進入地下停車場時，他停在兩個紅綠燈以外的地方，他的安全帽以及墨鏡在太陽下朝我們的方向反射著光線，他似乎在思考下一步要怎麼做。

嘉西亞一直跟著我們到卡拉卡斯，目的究竟是什麼？也許委國當局真的想要監視我們的一舉一動，所以就算嘉西亞最後終於把摩托車掉頭，起程回洛斯特克斯，他們可能還是不會停手：雖然嘉西亞被叫回原單位，監視任務另有人會來接手，而且是先前我們沒見過的人，免得我們認出來。更有可能，當局想叫我們明白已經被跟蹤。（既然嘉西亞的跟蹤技術那麼拙劣，所以後一種解釋大概比較能照顧當局的面子。）當局之所以下令跟蹤我們，應該是為了讓我們感到害怕恐懼而已。我跟委內瑞拉政府互動多次，經驗大多與此類似。絕大多數的專制國家不會敞開監獄大門讓記者進去，委國政府看來比較豁然大度，還願意讓一個外國記者進入。另一方面，它依然展現出專制國家特有的偏執妄想，以致於必須派嘉西亞一路苦苦跟蹤，甚至穿越整個米蘭達州也在所不惜。我認為，這就是委國當局自相矛盾的心理狀態。我採訪過好幾位政府官員，每個都面不改色、嚴肅地當面著我的面，說我是「美帝成員」（member of the empire）。他們想要表現出自己是自由開放的政府，心底卻又認為敵人永遠都在四周虎視眈眈，必須時時提高警覺。這種說一套，做一套的矛盾，在我看來實在太過顯著。

委國政府會產生偏執妄想，可能是因為我那天早上去那座監獄會見的人身分特殊。他就是委國的前將軍勞爾・巴都埃爾（Raúl Baduel）。他對於委內瑞拉總統查維茲的了解之深，無人能出其右。他們早在一九七二年進入委內瑞拉的軍事學校當學生時，就已經認識了。他們年紀相仿，很快成為莫逆之交。他們情誼之篤厚，甚至連袂跟另兩位年輕軍官，在一九八二年十二月十七日時互相立誓，要一起捍衛委內瑞拉的民主制度。當時四人都害怕委國的統治階層正在將國家帶到不幸的方向；他們發現委內瑞拉已經出現許多病徵，如經濟衰退、窮人愈來愈多、社會服務也每下愈況。這些問題的根源，他們認為是委國的領袖腐化、容易被金錢所收買。之後，查維茲與巴都埃爾一起派駐卡拉卡斯西邊的馬拉凱（Maracay）軍事單位，剛好遇到南美洲解放英雄西蒙・波利瓦（Simon Bolivar）的逝世周年紀念日。四個軍官一起出去跑步。他們在一棵古老的雨豆樹下，也是傳言中波利瓦曾經休憩的地方，互相許下諾言。巴都埃爾告訴我：「我們的解放者波利瓦在他的老師面前立下誓言，我們借用了他當時講的一些話。我們發誓，除非我們見到我們的國家出現真正的民主制度，我們的武器與靈魂都不會止息。」[2]

這四名軍官祕密組成的社團，就是查維茲革命運動的濫殤，他們最初命名為「波利瓦革命運動2000」。（2000指的是公元兩千年，他們相信自已將會在那一年掌握大權。一年以後，此運動改名為200，以紀念波利瓦兩百周年冥誕。）一九九二年二月，這個以查維茲為首的祕密社團發動政變欲推翻政府，然而不幸失敗了。查維茲被捕後蹲了兩年的牢。出獄後他開始朝公職發展，建立他的政治形象，如親民愛民、反對政府等，最後成功在一九九九年當選委內瑞拉總統。查維茲與巴都埃爾的友誼，在二〇〇二年四月遇到最大的試煉，當時是查維茲總統任期的第三年。那一年，反對者對查維茲政府發動小型的政變。當時已經當上將軍的巴都埃爾，二話不說就來援助他的同志。政變後，查維茲被趕下台，被放逐到距離委國海岸一百五十英哩的一座小島拉奧奇拉島（La Orchila）。查維茲困在島上，心想他不是小命不保，就是會被送到古巴去度過餘生。軍方有一派人本來也默認並支持將查維茲放逐在外，但他們開始改變心意了。正當此時，巴都埃爾派遣了一支特種菁英部隊，駕駛三台超級美洲豹攻擊直昇機，前往拉奧奇拉島去援救查維茲，並且協助他復辟。[3]

查維茲以國防部長一職來酬謝巴都埃爾的忠心耿耿，現在看起來，這就是巴都埃爾運勢走下坡的開始。他因為職務關係必須待在卡拉卡斯，並且常常會見到查維茲與他的政策顧問。巴都埃爾告訴我，當時的所見所聞讓他愈來愈感到憂心。他的多年好友的治國方式好似暴君，身邊環繞的都是一些奉承逢迎的小人。巴都埃爾說，他因為忠言直諫，很快就被查維茲以及其黨羽視為不受歡迎的人物。與此同時，巴都埃爾在軍中也漸漸不得人望，許多高階的將領認為巴都埃爾太過百依百順，放任查維茲插手軍方的家務事。比如查維茲想要將軍隊的敬禮口號改成：「祖國！社會主義！至死不渝！」此事讓許多專業的軍官非常感冒，巴都埃爾甚至明白告訴查維茲這個口號違憲。他在查維茲面前力爭：「憲法清楚載明軍隊並非為私人或政黨利益服務，而是必須為所有人服務。」查維茲不理會巴都埃爾的反對，繞過他這個國防部長，直接指示個別將領更換口號內容。士兵也照辦了。巴都埃爾回憶道：「查維茲還說，士兵們是發自內心地喊出這個口號。」

兩人破裂的臨界點在二〇〇七年到來。查維茲當時提出了一個憲法修正案，賦予他自己無比的行政特權，包括終身擔任總統。巴都埃爾覺得自己別無選擇，只能辭職以示抗議。[4]他還公開表達對憲法修正案的反對意見，使得此案最後終於被否決。即將卸任國防部長之前，他在國會發表去職演說，那是他跟查維茲最後一次交談。「查維茲走近我，向我說再見，」巴都埃爾坐在牢房裡對我說：「他說，請代為問候你的家人。然後他把手放在我的手臂上，用一種諷刺的語調說：『我想從今以後你可以盡情享受你的大片土地了。』」我一面看著他，一面笑了起來。我知道他是在間接威脅我。」巴都埃爾相信這是一種威脅，因為他並沒有大片土地可以在退休後頤養天年。他說：「我知道他即將對我展開報復，他一定會秋後算帳。」

二〇〇九年四月，查維茲證實巴都埃爾的恐懼不是幻想。情治人員以相當粗暴的方式逮捕巴都埃爾，他們用槍指著他的頭，接著把他推進停在一旁的車裡。[5]二〇一〇年五月，他被判七年十一個月的有期徒刑，罪名是貪汙。我七月到拉莫維地監獄去見他。巴都埃爾告訴我，法院判的刑期是毫無意義的。他說：「我什麼時候才會出獄？只有等查維茲下台的時候。」

巴都埃爾認識查維茲的時間久遠，從他還是軍校學生時就認識他，看著他從一名士兵、政治人物蛻變為總統。他早年還曾幫助他密謀推翻委內瑞拉的執政者，查維茲當選後，他也一直支持查維茲政府。早在查維茲二〇〇七年提出憲法修正案之前，巴都埃爾就對他起疑心了。畢竟當上了國防部長，不可能完全不了解自己頂頭上司的人品，也許他只是低估了查維茲的野心。但現在身陷囹圄的他，卻懷疑自己是否真的了解查維茲。他說：「別人都說我最了解他。然而我現在看來，我遇到的人不是真正的查維茲。他一直都想要權力，在我面前卻一直在作戲，不讓我看到他赤裸裸的權力慾望。」

接著他對我說他個人的觀察心得。他說，每個人都在強調查維茲軍人出身的背景，還說他的想法與行動有軍人本色。這位委內瑞拉前將軍覺得這種講法過於含糊，沒有抓到重點。他告訴我：「軍事經驗確實影響到我們所做的每件事，沒錯，他是個軍人。然而我們還要再精確一點。他的專長是坦克與裝甲車，這兩種武器都是他非常熟悉的。他的單位，我們稱之為裝甲颶風，其致勝哲學就是輾過敵人、壓垮敵人。查維茲也用同樣的方法來克勝。」

誰為D與E講話？

是什麼引發四位年輕的軍校學生祕密立誓，表達捍衛民主的決心？這些年輕的軍官在一九七〇年代初次相遇的時候，委內瑞拉似乎已經儕身世界之強。一九七〇年，它是南美洲最富有的國家，還晉身世界前二十名最富裕國家的排行榜中。[6]當許多國家因為一九七〇年代的石油危機而備受打擊的時候，作為中東以外石油蘊藏量最高的唯一國家，委內瑞拉得天獨厚，趁此機會大發利市。當時各種高速公路以及摩天大樓的建設計畫遍布全國，卡拉卡斯的市民甚至稱呼他們的城市為「有山脈的邁阿密」。委內瑞拉人到海外消費，出手闊綽地購買奢侈品與名牌，甚至得到一個諢名，「達美多斯」（dame dos，「給我拿兩個來」）。豔羨鄰居之富裕與成功的哥倫比亞人流行一句諺語：「委內瑞拉人從樹上跌下來，掉進凱迪拉克裡了。」[7]

然而那些凱迪拉克很快就故障了。原來，節節高昇的原油價格，遮掩了委內瑞拉政府無效率、經營不得法、貪汙腐化的種種問題。一旦石油的價格下跌，委內瑞拉的經濟沉痾就無從掩飾、原形畢露了。很快地，委內瑞拉就成為拉丁美洲各國中人均債務最高的國家。[8]一九七三年到一九八五年之間，委國的實質人均收入下跌了百分之十五。[9]最弱勢的人亦無人關心：在一九八〇至一九八九年之間，貧窮的增加率為百分之一百五十。[10]通貨膨脹以及失業率不斷飆高，唯一比這些數字更高的，就只有遽然大量增加的暴力犯罪率。

查維茲與巴都埃爾一九八二年立誓的時候，正好是委內瑞拉「失落的二十年」的開始。一九九八年，委內瑞拉人均GDP已經萎縮了百分之二十一。[11]三分之二的銀行已經倒閉。[12]一九八〇年以降，失業率高升，成長遠超過兩倍。全國有一半以上的人口都受到貧窮之打擊，赤貧者更高達百分之三十。[13]毫無疑問，委內瑞拉的所有政黨都必須為治國失敗負起最大責任。因此，不令人意外地，委國人對於他們的政黨與政治人物失去了信心。在一九九八年總統大選的前夕，民調指出，百分之七十的窮人、百分之八十四的富人認為政黨政治只會製造問題，而不是解決問題。[14]另外，百分之六十三的窮人、百分之五十八的富人則說所有的政黨都是沒有作用的廢物。這樣的氛圍正好適合一個自稱是政治門外漢的候選人出線，那個人就是烏戈・查維茲。

要了解查維茲，我們首先要明白，他是一個特定政治氣氛下的產物。二十多年來，委內瑞拉的民主制度未給人民帶來幸福，才使得一個承諾要完全破壞原有政治秩序的候選人，聽起來非常有說服力。查維茲才有了當選總統的機會。委內瑞拉商人阿飛多・克羅斯（Alfredo Croes）對我解釋道，如果你想知道查維茲如何利用委國的政治情勢崛起，那你就必須了解「A、B、C、D、E」。[15]這五個字母代表著五個不同的社經階級，是委國政府評估人民的分級制度。比方說，一個人假如住在查考市（Chacao），擁有一棟三、四間臥室的公寓，而且把小孩送到美國去上學，那麼他大概屬於A級。A跟B加起來，大概佔委國人口的百分之三，這些人是委國的菁英。而C是委國中產階級，這些人越來越少，佔了全國人口比率的百分之十八。其餘的委國人屬於D或E，窮人與赤貧者佔的人口比例分別是百分之三十七與百分之四十二。克羅斯表示：「委內瑞拉民主的前二十年裡，窮人還有翻身的機會。然而接下來二十年裡，他們被政府遺忘，貧富差距拉大，D跟E的人遠遠落在後面了。」[16]

克羅斯在卡拉卡斯東邊開設辦公用品公司，我去他的辦公室與他見面。十年前，他與其他五個委內瑞拉生意人決定要成立一個小型的策略合作社，稱之為「科利納集團」（Grupo La Colina）。他們這一群，不是自己當老闆，就是剛剛從成功的企業退休，他們決定為反對查維茲政府的政黨做義工。我走進他辦公室的那天下午，克羅斯正在分析即將來臨的立法委員選舉，他使用各種統計圖表以及投影片，以找出反對黨要從哪個地區徵募候選人最有利。

委內瑞拉境內少有客觀的政治分析，許多對查維茲心存不滿的人，認為他一無是處。然而克羅斯不同。他佩服查維茲奪權的政治策略。歷任總統治國無方，有心人士都可爭奪大位，然而只有查維茲一人懂得討好群眾，趁勢上台。但是，查維茲不僅僅只是以民粹起家的政治人物而已。克羅斯說：「查維茲聰明之處，在於他比任何人都更加了解所謂D與E級的人佔了全國人口的百分之八十。頭五年裡，他只跟D與E級的人講話。然後，接下來的五年裡，他只為D與E的人講話。」

這是一個非常重要的關鍵點。查維茲統治的前半段裡，他贏得了絕大多數貧民的支持、信賴以及忠誠。這些人多年來備受忽視，查維茲刻意地迎合與抬舉，讓他們陶醉不已。查維茲的天才之處，是他懂得利用這群對他死忠的窮人。一旦與窮人建立起密切的情誼，他就利用他們的支持來打垮任何妨礙他的人。一開始，D與E是他的聽眾；接下來，他們變成他的義工。克羅斯說：「他們覺得查維茲就是他們的代表。查維斯支持者（Chavistas）誓死擁護他，甚至表現得比查維茲更加查維茲。」

查維茲的主要政治策略，要言之，就是帶領人民對抗自己人。他先爭取部分人民的支持，接著積極地帶領他們對抗另外一群人。雖然他是經由民主程序得到權力，他的主要思維卻是反民主的；他其實想要的是革命。民主意謂包容歧異與多元。查維茲卻只提出單一解答，所有質疑、批評或反對他的人都是「叛徒」、「罪犯」、「一小撮權貴」、「黑手黨」、「美國的走狗」。雖然他一開始承諾要打破原有政治結構以還政於民，事實上卻是把所有的權力都集中在自己的手裡。今日，他控制了政府每一個部門、軍隊與警察、中央銀行、國營的石油公司、絕大多數的廣播電台與電視頻道，還有一些他選擇沒收充公的私人企業。獨裁的領導人通常會轉移焦點，宣稱外國勢力才是首要的敵人與威脅，以合理化自己的統治。就許多層次而言，他的方法恰恰與普丁相反。[17]普丁小心翼翼地想要維持秩序以及穩定，查維茲卻刻意製造混亂，追求分裂。他的演講、政策與行動，都意圖使委內瑞拉分裂，造成史上未見的社會分化，還刻意在日常生活的每個方面，都引入馬基維利式不講道德之權謀鬥爭。《事實報》（*Tal Cual*）批判查維茲不遺餘力，它的總編輯鐵奧多羅・沛可夫（Teodoro Petkoff）也是著名的反對派，他表示：「我們不是古巴，也不是蘇聯……至少，目前還不是。這個政府比過去其他的專制政權更加圓滑奸巧。為什麼？因為查維茲有廣大民眾的篤厚支持。這就是查維茲政府與其他獨裁政府最重要的不同點。」[18]

委內瑞拉並不是蘇聯模式的極權國家，也不像卡斯楚的古巴那樣迫害人民。這裡也沒有廣泛踐踏人權的現象。異議分子不會被槍斃，被國家視為眼中釘的人物也不會在黑夜中消失。查維茲在演講時總是嬉笑怒罵、誇誇其談，他的統治方式比上述只知一味使用蠻力的專制政權細緻多了。這個將他選出來的不完美民主體制，只要有任何可用之處，他都將之扭曲，作為他萬年統治的工具。查維茲不只是個一味討好民眾的民粹政客，他跟之前的其他拉丁美洲領導人大不相同。他挾帶著自己的民意基礎行使各種權謀，一方面讓權力集中，另一方面矮化民主制度，人民能做的只有在選舉日投下選票。他的方法，簡而言之，就是「打著紅旗反紅旗」，利用一個體系來摧毀它自己，利用民主來摧毀民主。政治組織者維吉尼亞・利維諾（Virginia Rivero）曾悲觀地問我：「由民主程序選出來的總統卻使用反民主的手段統治，這個社會會變成如何？」[19]這十幾年來委內瑞拉的情況足以明白解答這個問題。

「以這部正在死亡的憲法立誓」

前外交官瑪魯哈・達雷（Maruja Tarre）女士在大學任教多年，一九九八年即將舉行總統大選的時候，她邀請查維茲與其他總統候選人一起到西蒙波利瓦大學對學生發表演講，講題是石油政策。自從查維茲領導軍事政變失敗，從獄中獲釋以後，達雷女士就多次邀請查維茲到她的課堂上講話。西蒙波利瓦大學這次舉辦的活動，也是唯一一次一九九八年總統大選中所有候選人同聚一堂。可以容納一千一百人的大學演講廳座無虛席，許多人站著聽講，更多人擠在講堂外面旁聽。達雷女士印象中，那一次集會並不是很愉快，氣氛有點令人尷尬，她說：「我很不好意思，因為學生很沒禮貌地噓他，我試圖讓學生安靜下來，然而學生不聽話。」[20]

候選人查維茲站在講台上，底下都是學生與大學老師，他對於學生的無禮非常生氣。此時他說了一句話，讓達雷女士嚇了一跳。查維茲背著麥克風低語：「你們現在噓我，我掌權以後，你們就不得不聽我的。」達雷女士震驚不已，雖然這次集會的確讓人尷尬，她以為查維茲會大人不記小人過，說個笑話，化解學生的無禮，事情就過去了。畢竟這些人不過是大學學生而已。相反地，查維茲的話讓她不寒而慄。她回憶道：「我是唯一聽到他這麼講的人。他講那句話，我太吃驚了。」

一九九八年十二月查維茲勝選、順利當選總統以後，沒有人知道他會怎麼做。雖然他在競選期間大肆批評現存的政治結構，卻很少談起一旦掌權後與治國相關的細節。他上任以後所做的第一件事，不是公布新的經濟政策，以振興衰退的經濟；也不是馬上開始對付貧窮、犯罪以及教育等等問題。他做的第一件事，乃是呼籲制定新憲法。（在他宣誓就職的時候，查維茲出人意表地在誓詞之中插入自己的話：「以這部正在死亡的憲法立誓。」）他乘著剛當選的高民調氣勢，成功地在短短幾個月內讓國會全面改選，重新制定了一部新憲法。查維茲的支持者小心地制定新的選舉遊戲規則，讓查維茲可以藉著百分之五十三的實際得票率，掌握新國會內百分之九十三的席次。[21]這個伎倆他們會在日後一再重施。既然國會已經穩當地成為他的囊中物，查維茲就開始積極地進行他的真正目的：大幅擴張總統的權力。

根據新的憲法，總統的任期由五年延長為六年，連選得連任。軍隊之人事升遷亦全權由查維茲掌握。他還依新憲法解散了上議院，立法權責獨落單一國會。新憲法也規定政黨不得接受公費補助。查維茲還把國家選委會的負責人全部換成自己的黨羽。他早就知道，掌握選務機構——專門負責籌劃選舉流程、處理選民登記、劃分選區、決定選舉規則、設置投票機、規定選舉日期——就可以利用民主的假相掌握權力。其他的政府機構——例如法院、檢察總長、財稅總長，相繼入彀聽任指揮。短短的兩年時間，查維茲就完全掌握整個政府，權傾一時，歷任總統無人能出其右。這些都只是查維茲早期的牛刀小試而已，接下來他還會繼續操弄民主程序，以積累不受限制的行政權力。事實上，查維茲根本無意擴大民眾參與民主的規模，也證明了民主這個概念極有彈性，可以任憑定義。

弔詭的是，讓查維茲威權主義立於不墜的關鍵一直都是選舉。對於大多數人來說，選舉就是民主的要素，比起憲法的保障、權力的分立以及其他具體的民主權利等，投票最重要。委內瑞拉的民調專家路易斯・比森特・列翁（Luis Vicente León）表示：「如果絕大多數的人認為投票就是民主制度，那麼他們一定會覺得我們生活在世界上最民主的國家，因為我們已經不知道投了幾次票了。」[22]確實，許多跟我聊天的委內瑞拉人都說，查維茲上台以後，他們都搞不清楚總共投了幾次票。（查維茲統治的前十一年裡，委內瑞拉人投了十三次票，包選舉以及公投在內。）

選舉成為查維茲專制統治的重要武器，假如他恰當地操作，選舉可以打下許多基礎，幫助他擴權。首先，查維茲透過選舉以及公投，消除所有的權力制衡機制，創造出一個行政權無限上綱、卻不必負責任的政府。其次，外賓不論什麼時候造訪委內瑞拉，永遠都是選舉季節。這位總統積極想要分化國家，使之成為無數個彼此競爭的小團體，所以他一定得創造出永遠都在進行選舉的社會。選舉也是轉移大筆金錢與好處給支持者的好時機，不論是在政府內部私相授受，還是利益輸送給民間團體。效忠者此時就會得到獎勵與回饋。查維茲的「敵人」就在狂熱且意識形態至上的選戰中受到懲罰。在選舉狂熱之中，很多人忘記了平常使他們日子難過的種種問題。雖然查維茲的政治主張愈來愈激進，但選舉卻可以一再肯定其統治的正當性。《宇宙報》（*El Universal*）的記者馬丁涅茲（Eugenio Martínez）專跑選舉新聞，他表示：「選舉對查維茲不構成威脅，反而是必要手段。經過這麼多選舉以後，任何人都很難指控他是獨裁者。」[23]

一般人都以為舉辦這麼多次選舉的獨裁者，一定是利用假選舉來維繫政權。然而實情並非如此。絕大多數的委國人，包括反對陣營在內，都認為選舉結果確實反映了人民的意志。當然，選舉過程之中出現違法的現象，然而並非外界預料的大規模選舉舞弊或者作票。查維茲的選舉手法細緻多了，而且違法行為也不會在投票的當天發生。一位負責選務的前國家選委會官員告訴我：「選舉日沒有問題。所有的問題——用金錢、物品賄選，以過度的權力控制選舉、關說介入等等——都是在選舉日之前就發生了。」[24]

她解釋說，委內瑞拉的選舉過程的確是自由的，然而絕非公平公正。在選務會議中，查維茲開除了許多專業人員，她也是其中之一。就她的近身觀察，她原本服務的機關轉眼間就成為總統府的附庸單位。雖然還是有許多有能力的專業人士繼續在原單位工作——其中有些人也同情反對人士——他們卻必須向自己的部門領導報告，而這些領導都是效忠查維茲的人。這些部門領導人必須再跟該機關的五位主任報告，其中四人眾所周知是查維茲的人馬，雖然他們在理論上不應該偏向任何黨派。她解釋：「國家選委會早已失去中立客觀的立場。從前，這個機關是非常透明開放的。」現在它不只過是一個運轉順暢的選舉機器之神經中樞，其唯一存在的目的，就是構思如何在選舉日之前，將所有的選務設計調整成有利查維茲的方向。

一旦委內瑞拉的選舉監督機制有了政治立場，那就沒有中立而獨立的仲裁者可以出面防止政府部門操控選舉，致使查維茲一人可為所欲為。新的憲法雖然已經禁止公費補助政黨，然而這條規則只適用於反對黨。政府各部門公然無視此一禁令，將千萬元以上的經費投入查維茲的選舉布條、傳單、看板之製作上，還派公務員到選區去調查選情。雖然違憲證據存在於每一個街角，然而國家選委會卻不吭一聲。根據選舉監督機構「選舉眼」（Electoral Eye）的統計，查維茲二〇〇九年二月為了取消任期限制——以為萬年總統開路——所辦的公投之中，選舉的經費裡面有百分之三十是由政府各部會以及公務部門支付。[25]

委內瑞拉有數百萬人長期以來因為貧窮而無投票權，沒有人會反對發給這些人同等的投票證，讓他們跟其他公民一樣，也能參與這個社會的運作。然而，為了擴大選舉人名冊，選委會卻取消必要的審查過程，不驗明投票證持有人的身分。他們派出許多車輛到最貧窮的地區，只要有人索取投票證，一律來者不拒地廣為散發。二〇〇三年，委內瑞拉的登記選民有一千一百萬人。到了二〇〇四年底，登記有案的選舉人數突然大量增加了三百萬人，意謂著選務機構平均每天發出三千七百張投票證。[26] 到了二〇〇九年，可投票的選舉人數成長到一千八百萬人。根據《宇宙報》的記者馬丁涅茲的說法，當中有百分之四十甚至沒有登記住址。一般而言，了解民主選舉的專家自然會害怕選民大量增加又無法核實查對，會導致幽靈人口、一人多票以及其他各種難以防範與偵辦的舞弊情事。國家選委會的前公務人員告訴我：「從前，選務系統發給投票證都必須經過核實比對的步驟。現在他們在街上就可以把投票證發給你。他們甚至把投票證發給非委內瑞拉的外國人士。」

查維茲所運用的某些手段是其他民主國家也不陌生的奧步。例如，負責規劃選務的查維茲支持者一直喜歡運用選區重劃的伎倆來取得優勢，頗為類似美國南方曾經採取的招數，當時有些州為了杜絕非裔美籍的議員進入大多數為白人的議會，就利用選區重劃的奧步防止他們當選。委內瑞拉上一輪國會議員選舉即將來臨之前，政府就宣布要重劃選區。所有的人都認為重劃選舉不過是為了保證查維茲支持者一定勝選而已，果不其然：反對黨本來在都會地區選得比較好，在選區重劃以後票源就被分散掉，因而有利於鄉村地區的查派候選人。強烈支持查維茲的鄉村地區如亞瑪遜州（Amazonas），只要四萬兩千張選票就可以當上議員。[27] 另一方面，反對黨表現得很好的蘇利亞州（Zulia），必須贏得七十萬八千票才能當國會議員。不只如此，選委會重劃選區以後，他們還保密不宣，拒絕透露給反對黨的候選人。我頭一次訪問委內瑞拉的時候，離國會議員選舉只有十個月，反對黨人士仍然不知道他們可以在哪些區域裡從事競選。如果他們在地圖上找不到自己的選區，自然無法前往該選區拜票。然而所有人（包括我採訪的前選委會官員）都相信，查派候選人一定知道新選區的界線畫在哪些地方。反對黨不斷地抗議之後，委內瑞拉政府終於在選舉的八天之前，公布了新的選區地圖。

查維茲玩弄選舉規則，確保了對他最有利的選舉結果，以維持他在國會的多數席次，而他的伎倆也相當高明。委內瑞拉的投票制度是所謂的混合選舉制；每一個選民都有兩張票，一張投給單一候選人，另外一張投給政黨。[28] 委內瑞拉大多數的民意代表都是經由單一選區制產生的。（譯按：每一個選區只有一個席位，以多數制定勝負，亦即獲得最高票數的人當選，如台灣的區域立法委員。）但是其中百分之四十的席次，卻是採用比例代表制。（譯按：亦即以政黨所得選票佔全部票數的百分比作為分配席次的依據，等於台灣的全國不分區立法委員。）之所以設計兩種不同的選舉方式，讓它們並行運作，是要防止某個政黨勝者全拿。理論上，第二大黨——通常是反對黨——可以藉由這種混合制，保證政黨名單中有一定比例的候選人可以進入國會殿堂，因而保障反對黨之生存並發揮其監督之功能。

然而，查維茲的顧問們卻在選舉辦法中找到了漏洞，他們讓某些忠於查維茲的候選人以不同的政治組織名義競選，而這些政治組織在法律上與查維茲的政黨有所區別。以這樣無恥的卑劣手法，他們顛覆掉原來選舉制度的精神。這樣一來，查維茲左右逢源，他不但掌握了單一選區的席次，還掌握以政黨比例所分配到的席次。馬丁涅茲向我詳細解釋，靠上述的辦法，雖然查維茲的政黨實際只贏得百分之五十一的選票，卻有辦法掌握到百分之八十的國會席次。[29]

這種操作手段的成果非常驚人。在二〇一〇年九月的國會議員選舉中，雖然反對黨獲得的票數與查維茲的政黨平分秋色，不分軒輊，卻只分配到國會中百分之三十九的席次，查維茲的政黨贏得了百分之五十九的席次。[30]在卡拉沃沃州（Carabobo），反對黨贏得百分之五十四的選票，查維茲黨的候選人雖然只贏得百分之四十六的選票，卻在十席之中贏得七席。同樣的情況也發生在卡拉卡斯的聯邦區（Distrito Capital）：查維茲的政黨雖然得票數輸給反對黨，卻在十個席次之中拿下了七席。只要找到一條選舉辦法的漏洞，就可以把原本屬於反對黨之十一席，轉移給查維茲的盟友。前選委會的官員告訴我：「如果只從選舉與投票之有無來看，委內瑞拉確實是個民主國家。然而只要仔細探究、深入觀察，就會發現不是這麼一回事。」

查維茲在政治上要提升到唯我獨尊的地位，絕非只靠精密操控選舉就能夠達成。二〇〇七年他企圖廢除總統的任期限制，不幸以些微票數敗北，他並不死心，於二〇〇九年二月以改頭換面的新公投案再度捲土重來。二〇〇七年的公投案雖然闖關失敗，但查維茲本來要通過的行政權力還是取得了，一方面是透過總統命令，國會也如橡皮圖章一樣，通過幫他量身訂做的法案。查維茲所頒布的總統命令可謂多如牛毛，是委國歷任總統之中最多的——他在位的前十年中，就頒布了一百六十九條總統命令；他之前的八任委內瑞拉總統，當政的四十年期間總共只頒布了一百七十二條總統命令。[31]

查維茲操弄選舉、以不當手法詐取席次、貪不饜足地攫取權力等等行徑，加總起來使得委內瑞拉成為一個非常特殊、絕無僅有的弔詭國家：選舉辦得越多，民主反而越受戕害。

「恐懼是不留指紋的」

羅貝特・瑟拉（Robert Serra）坐不住。他站起來又坐下，不到幾分鐘，他站起來踱步。再坐下來以後，換成兩隻手靜不下來，他一面說著話，一面用手在空中比劃，以強調他的重點。他講話的速度極快，而且滔滔不絕，所以他的兩隻手也忙得不得了。掛在他競選總部的幾張大型照片，拍的是他在選戰中的樣子。每一張照片中，他都頂著髮膠定型過的時尚龐克頭髮，不是在戶外對群眾發表演講，就是帶領遊行隊伍，或者跟選民握手，看起來年輕有為、自信滿滿。然而在他的辦公室裡不講話時，似乎就不是那麼有把握。他暫時停下來，安靜地聆聽我的問題，然而我可以看出他內心相當激動，這位年僅二十三歲的政治人物彷彿像一座即將爆發的火山。他並非生氣，也不是緊張，只是迫不及待地想要做他最擅長的事：用話語把空隙全部填滿。十分鐘以後，我覺得某些人給他取的綽號非常恰如其分——他們叫他迷你查維茲。

瑟拉本來是擁護查維茲最激進、最敢言的學生領袖之一，因此而暴得大名，並獲得執政黨的青睞提拔。我採訪他時，離國會選舉還有兩個月，他代表查維茲的執政黨參選，被指定的選區是競爭激烈的卡拉卡斯一二三區。（一二三指的是一月二十三日，為的是紀念委內瑞拉獨裁者馬科斯・佩雷斯・希門內斯〔Marcos Perez Jimenez〕於一九八五年一月二十三日趕下台。）他的總部在卡拉卡斯北邊一座高聳辦公大樓的六樓，與收藏西蒙・波利瓦遺骨的國家萬神殿（National Pantheon）只隔了一條街，查維茲也多次在萬神殿以總統身分發表談話。就在我採訪瑟拉的前幾天的午夜時分，查維茲在現場轉播的攝影機前，在眾目睽睽下，打開波利瓦的棺槨，讓許多委內瑞拉人大感震驚，連一些查維茲的擁護者也被嚇到。查維茲說他是為了進行「鑑識醫學之測試」，所以才再度打擾波利瓦的遺體，因為他認為波利瓦並非死於肺結核，而是被哥倫比亞的獨裁者所謀殺。查維茲在電視上請求耶穌基督讓波利瓦死而復生，還說他已經跟波利瓦的骨骸交換意見。（民間盛傳他常常在內閣開會的時候，將一張椅子特意空下來，好請波利瓦上座。）查維茲並將他開棺驗屍的所有即時評語在推特上面發表，跟粉絲共享。

訪問查維茲支持者的過程中，有時會讓人感到相當錯愕，與現實連結不上，特別是像瑟拉這樣一位死忠又充滿意識形態的人。我問瑟拉關於委國經濟每下愈況的問題——委內瑞拉是南美洲各國之中唯一經濟衰退、通膨節節高升的國家——他似乎完全不知道我在講什麼，他回答說他每年都加薪。當然，他沒有提起他增加的薪水已被高漲的物價所抵銷，他也沒提起，就是因為政府進行物價管制，才造成一些基本的民生必需品如糖、牛奶之奇缺。我追問他有關於經濟的問題，他解釋說，民生用品價格之所以高漲是有錢人屯積的結果，連缺水也是因為有人刻意屯積。我反問他，不久前才有人踢爆，有人發現一些國營與國有的貨櫃裡藏了十萬噸以上正在腐爛的食物，但瑟拉卻不覺得這個事實跟民眾買不到民生必需品有什麼關連。接受我訪問的兩個小時裡面，他不斷顧左右而言他，以種種荒唐的說法斷然否認我所拋出來的事實。

在訪問最後，我問他，查維茲最近在民調上表現差強人意，是否連帶影響到他自己的選情。瑟拉自然否認查維茲的人氣已經下跌，但許多民調以及最近的選舉結果證明事實正是如此。談到自己的選情，瑟拉說：「我相信我一定會高票當選。我國的和平端賴此次選舉的結果。」[33]

這句話讓本來已經要離開的我停下腳步。

我問：「和平？什麼和平？」

他回答：「查維茲就是委內瑞拉和平的保證者。因為有一個屏障在總統府，那些想用武力奪權的人才不敢採取行動。假如查維茲不在的話，大事就不妙了。數百萬人會走上街頭，用各種方法奪取權力。」

我以為我們在討論的是即將舉行的選舉，然而瑟拉卻提起內戰的疑慮。他暗示，沒有查維茲的話，委內瑞拉就會發生流血革命。但我們討論的是國會議員選舉，選票上甚至沒有查維茲的名字。對於任何政治人物，這樣的言論都是不得體不恰當的，但是查維茲以及他的支持者卻常常把這樣的話掛在口中。對於瑟拉來說，他不假思索地暗示，國會選舉假如沒有出現正確的結果，委內瑞拉的社會結構就會土崩瓦解。這種含沙射影、上綱上線的典型修辭，其用意有二，一是激化輿論，二是恐嚇政治立場不同的人。對委內瑞拉人而言，即使只是暗示，這樣的威脅也並非完全無的放矢，因為查維茲曾經花了很長時間培養人民武裝部隊，稱為波利瓦組織（Bolivarian Circles），以捍衛革命成果。（波利瓦組織成員在加入時必須宣誓，表達願意犧牲生命以保衛革命成果。）查維茲說，假如選舉結果他不滿意，他就不會接受，還要鼓動選民造反。他甚至說：「如果允許那些少數權貴重新掌權，我搞不好會打開柵門，縱放坦克上街頭，以保衛革命政府與人民。」[34]

查維茲和他的黨羽花了十年以上的時間琢磨手段，他們巧妙利用恐懼以及威懾的手段來拿達成目的，既可以有效地改變選民的投票傾向，又不會明目張膽地侵犯權利。當然瑟拉不可能會說他的言論是在恐嚇選民。他自認只是說出事實，既然委內瑞拉社會已經被撕裂，那麼幫忙安撫群眾、維持穩定是他們這些查維茲的支持者責無旁貸的工作。這就好比是說，如果一隻獅子被人拿棍子捅得大發脾氣時，馴獸師的存在是絕對必要的——即使拿棍子捅獅子的就是馴獸師本人。事實上，這樣的政治語言並不是針對查維茲的支持者，也不是針對反對陣營。這兩邊的人都很清楚選舉日一到，他們會把票投給誰；他們不容易再受到影響。這些政治語言的目標，都是針對尚未拿定主意的選民——所謂的尼尼派（ni-nis，西班牙語，意謂兩邊都不想投的人）——這些人佔選民的百分之四十以上。此時，恐懼可能就是影響這麼大一塊中間選民最有用的利器。

恐嚇選民最惡劣的實例之一，乃是所謂的塔斯孔名單（Tascón List）。[35] 二〇〇四年八月，反對陣營的人經過好幾次失敗的嘗試後，終於成功地迫使政府舉辦罷免總統的公投。投票支持舉行罷免公投的有三百萬人，在公投舉行前的幾個月，查維茲要求選委會交出這份名單，轉給他的選戰操盤手路易斯・塔斯孔（Luis Tascón）。查維茲的理由是，他認為有許多簽名是偽造的，他打算把這些假造的簽名公布出來。然而塔斯孔一拿到這份名單，就全部公布在自己的網站上頭。任何人都可以上他的網站，看看有誰贊成舉行罷免查維茲的公投。

當然，公布這些人的名字是另有目的的，那就是進行政治迫害。衛生部長卡貝拉（Roger Capella）表示，任何簽名支持罷免公投的醫生與護士，行為如同「恐怖分子」，一定得立即開除。委內瑞拉國家石油公司的總裁羅德利格茲（Alí Rodríguez）表示，所有簽名的員工都會被解僱。還有一家國營的合作金庫一舉解僱了八十名具有公務員身分的員工，因為他們簽名支持公投。該行庫的總裁卡德拉（Jesús Caldera）表示，他之所以大動作清理門戶，乃是把工作機會保留給「遵循政府計畫」的人。另有許多報導指出，很多人失去工作機會、升遷遭取消甚至連基本的服務都得不到，只因為名字出現在塔斯孔的名單上。

一年以後，查維茲的支持者甚至研發出一套更加完備的政治工具，稱之為麥森塔（Maisanta）。麥森塔是十九世紀叛軍將領的名字。這一套數據資料庫收集了委內瑞拉所有已註冊的選民，相關資料包括姓名、住址、選舉證號碼、是否曾經在公投中投下贊成票、或在選舉時拒絕投票、是否曾參與政府的社會計畫等。這個資料庫包含了一千兩百萬筆以上委內瑞拉選民的資料，全部收錄於一張薄薄的光碟。更糟糕的是，這張光碟已經被拷貝不知道多少份，在全國各地廣為散布。

事實上，即使不特意尋找麥森塔的踪跡，麥森塔都會自己找上門來。二〇一〇年的夏天，在卡拉卡斯市中心，在國會議員辦公大樓前，我閒晃著打發時間，等著跟一位強力支持查維茲的國會議員見面。等候時，許多人向我兜售盜版電影光碟。一開始我沒察覺有什麼異狀，在紐約、巴黎、北京的街頭這很常見，後來我仔細一看，發現這些光碟並不是盜版好萊塢電影——它們都是麥森塔。只要一點五元美金的代價，我就可以擁有一千萬筆與委內瑞拉選民相關的各種資料。

然而付出更大代價的，是被收錄在光碟上的人。在人權觀察組織所紀錄的某個案例中，一位高齡九十八歲的老婦人，治療她慢性病的藥品突然被政府停掉，她的家屬向醫院詢問時，院方表示那是因為她簽署支持罷免公投的緣故。另外一個人也告訴我類似的故事，她的未婚夫需要緊急的醫療照顧，因此到一家公立醫院的急診室就醫。醫院的人員本來很願意幫他辦理入院手續，然而當護士把他的投票證號碼輸入電腦之後，即表示醫院沒辦法收留他，請他到別的地方去就醫。根據相關的統計數字，上述例子絕非偶發事件。[36]好幾位學者把簽署公投案的名單跟戶口調查的數據資料加以比對，發現在名單公布以後，查維茲反對者的收入下降了百分之五，僱用率也下降了百分之一點五。在一個到處需要靠關係、門路的社會，一旦被認定為國家的敵人，下場就可能會非常悽慘。這些資訊被公開後，甚至不用政府親自操刀，其他的委內瑞拉人就會用這份名單同室操戈，決定要僱用誰、要開除誰、發護照給誰、要對誰查稅。如果查維茲點明了哪些人是他的朋友，那麼一般人最好不要跟他的敵人做生意。

反對查維茲要付出什麼代價，瑪莉亞・馬查多（María Corina Machado）有切身的體會。她是民間選舉監督機構蘇馬特（Súmate）的創辦人之一。在二〇〇四年的罷免公投中，蘇馬特帶頭鼓勵人民參與投票。委內瑞拉當局緊盯著她的所做所為，不久後就起訴了馬查多以及另外三位蘇馬特的成員，罪名是「陰謀破壞政府、意圖破壞共和」。[37]當局緊咬的罪證是，蘇馬特曾經收受華府國家民主基金會（National Endowment for Democracy）的捐款，總額為五萬三千四百美元。蘇馬特把這筆錢用來成立工作室、舉辦說明會，好教育民眾有關公投的知識。教導委內瑞拉人民國家既有的憲政程序，就等同顛覆政府，這個邏輯委實過於荒謬，此案最後以不起訴終結。查維茲心有未甘，轉而在媒體上掀起了一場抹黑戰爭，想要摧毀蘇馬特的信用：電視、報紙經常性地攻訐馬查多及其他蘇馬特成員，指控他們是叛徒以及美國帝國主義的走狗。馬查多女士告訴我：「他們從各個單位中選出一些人，包括媒體、私部門、工會、政黨人士，這些人專事恐嚇、騷擾與迫害。其他不相干的人也會受到影響。」[38]

蘇馬特成立七年後，馬查多打算拉高戰線，要更有力地反對政府，於是她決定投入國會議員選戰，成為唯一的無黨籍女性候選人。[39]二〇一〇年七月一個溫暖的傍晚，我到她的選舉場子去採訪她。太陽剛下山，街道開始出現許多民眾。反對政府的候選人很難找到公共空間舉行集會，那天傍晚眾人是在一條安靜的街道中央集會。選舉的布條上寫著

「Somos Mayoría」（我們是多數）。群眾裡有老有少，有專業人士也有退休者——幾乎所有的人都是女性。這麼多婦女來聽馬查多演講，並不令人意外。選戰經理梅達（Magali Meda）也是兩個孩子的母親，她告訴我，女性，尤其是有小孩的媽媽，就是她們最重要的支持者。梅達說：「我們的宣傳策略一直以家庭為主軸。只要開始談論家庭的議題，婦女們特別喜歡聽，還會把全家人都帶過來。」[40]

這些婆婆媽媽成為馬查多打選戰的最佳助選員，她們往往能把整個家庭的票都催出來，成效非常顯著。我去採訪的造勢場子一定會有許多婦女支持者，她們的支持也反映在票數上。候選人要參選，首先必須有一定數量的支持者連署。一般候選人往往必須花好幾週才能募集到所有的連署，梅達說：「他們大概要花兩週到三週，然而我們一天的連署人數就超出法定門檻四倍。」

雖然這是馬查多第一次參選，然而在蘇馬特的工作經驗讓她宛如選戰老將，她很清楚專制政權是靠什麼招數來贏得選舉。她輕易地就能統整出全國各州的人口數據，過去十年來的大小選舉數據她都倒背如流，也對選舉的相關法律瞭若指掌。我問她，為什麼委國政府一直百戰百勝，她認為關鍵在於「恐懼」。她告訴我：「恐懼是不留指紋的。從查維茲一當上總統的第一天起，這就是他最有效也最常使用的武器。」

關於這個看法，她舉出一個最關鍵的數據：百分之四十九的委內瑞拉人並不相信投票是祕密的。她告訴我：「根據官方資料，約有五百六十萬人是靠政府養的，不論是退休金還是鐵飯碗。若有人突然來敲門問你，你覺得犯罪率怎樣？太糟糕了。貪汙的情況怎麼樣？太糟糕了。查維茲總統呢？噢，我愛死他了。結論是，查維茲的領袖魅力無人能擋，民眾覺得情感上與他相連。這些都沒錯。然而我認為恐懼也佔了極大的成分。」投票的隱私權若無法保障，那麼你的政黨傾向就可能成為外人攻擊你的藉口——有了塔斯孔名單與麥森塔光碟的前車之鑑，這樣的事情已非天方夜譚——那麼在回答第三題時，大家自然會戒慎恐懼。馬查多說：「既然反抗沒什麼用，搞不好還會惹禍上身，所以大家都投票給查維茲。一旦不滿政府的民眾相信，不論他們做什麼、說什麼都會倒大楣……這樣查維茲就成功了。」

當然，有時候委內瑞拉當局的恐嚇手法並不那麼細緻。前面我們提到，委內瑞拉前外交官達雷教授曾邀請查維茲到波利瓦大學演講石油政策。但十年後，她變成了總統最尖銳的批評者。她不只接受媒體訪問，也寫文章批評查維茲的言論以及政策，更常常在查維茲舉行公開演講時同步在推特上發表批評與意見。二〇〇九年九月的一天傍晚，她並未收看查維茲的演講；她在跟人在華府的女兒講電話，討論國外所發生的一連串反查維茲示威遊行，並拿來跟國外聲援伊朗綠色革命（Green Movement）的活動相比較，雖然綠色革命早在幾個月前爆發，但國外的聲援活動卻遲遲才展開。（編按：二〇〇九年，立場保守且強硬艾瑪丹加〔Mahmoud Ahmadinejad〕連任伊朗總統，但選舉過程弊端不斷，敗選的改革派領袖穆薩維〔Mir-Hossein Mousavi〕與許多民眾發起遊行，抗議活動從德黑蘭一直蔓延到全國。他們以穆薩維的競選顏色綠色作為號召，因而得名。）這一通電話完全是母親與女兒的私人電話。

然而兩天以後，這通電話卻上了晚間六點的全國新聞。達雷與女兒伊莎貝非常驚懼，國家電視台廣播居然公開播放她們的談話內容。新聞主播並未告訴全國觀眾他們如何取得這段錄音內容，只說達雷的電話被裝了竊聽裝置。接下來，在一個名為「惡魔的報紙」（*The Devil's Paper*）談話節目上，主持人阿貝多・諾利亞（Alberto Nolia）為聽眾「解說」他們剛剛聽到的母女談話內容。他說，達雷的女兒在電話裡承認自己在國外組織反委內瑞拉的示威活動。但事實上，那些活動是反對查維茲政府，不是反對委內瑞拉，她當然也不是遊行策劃者。諾利亞接著用一種哀怨的語調說：「哪種母親會打電話給國外的女兒談政治呢？」

假如觀眾不幸錯過，幾個小時候，深夜的政治談話節目「刮鬍刀」（The Razor）上又再播了一次，節目主持人馬利歐・希爾瓦（Mario Silva）是查維茲死忠支持者，他常常用強烈的語言攻擊反對人士。他外型看起來像是走江湖的黑道人士，常在節目威脅與羞辱不滿查維茲的人，還常常鼓吹反猶思想，大談各種陰謀論。把母女的私人談話再播一次以後，他說，那些話等於達雷承認委國境內的反對人士已經輸了。他又取笑她的女兒，說她一定在外國住很久了，因為她講的是洋涇濱西班牙語。接下來，他把倆人在推特上寫的東西唸出來。達雷告訴我：「他們紀錄下我們說的每件事，還說我被『帝國勢力』操縱。我不知道那是什麼意思，只知道那是想嚇唬我們。」[41]

「我們好有消息，也有壞消息」

「國立婦女行為矯正中心」座落在一座丘陵上，名稱聽起來有模有樣，事實上是一棟擁擠不堪、年久失修的破落建築物，也是委內瑞拉唯一一座專門的女子監獄。（如同關押巴都埃爾將軍的軍事監獄一樣，此女子監獄也位在洛斯特克斯。）週三早上是訪客時間，兩百多人一早就排在監獄外面等待。終於輪到我時，我已經等了四十五分鐘了，獄方登記我的身分、在我手臂上蓋章、搜身、最後才放行。有五六隻流浪狗進進出出，還大搖大擺地經過獄卒身邊，跑到監獄裡去了。一隻大約只有六個月大的棕色雜種牧羊犬坐在陰影下乘涼，看著人們慢慢走近監獄前門；牠偶爾會起身聞一聞人們帶的食物——監獄有時候會停止供應伙食，所以家屬會帶食物來探監——希望人們分牠一點東西吃。我經過守衛進入監獄內部時，那隻小狗已經跑進來，東張西望地想找一個地方躲避中午的大太陽。

這座監獄好像迷宮一樣。許多獄警不穿制服，訪客很難辨明誰是犯人，誰是工作人員。有些獄卒會穿監獄分配的褲子，然而其他人則穿著便服。也許根本就沒差，我一進到裡面，就有一個穿著無袖背心與短褲的獄卒問我：「你要見誰？我帶你去。」[42]我回答，我是來見瑪利亞・阿菲尤妮（María Afiuni）法官。

八個月前，阿菲尤妮法官在卡拉卡斯第三十一管制庭開庭。[43]當天案子的被告是一個名為艾利吉歐・塞德紐（Eligio Cedeño）的商人。檢察官指控塞德紐是個腐化的商人，罪行是逃避外匯管制。二〇〇九年十二月十日，法院召開聽證會，但目的不是討論案情，而是討論政府是否有權利繼續把塞德紐關在牢裡。在未開庭之前，委內瑞拉政府就已經把這位生意人關了三年，但根據委國的法律，未審判前羈押期限最長是兩年。阿菲尤妮當天覺得有點煩，因為先前兩次開調查庭時，檢察署沒有派檢察官出席。阿菲尤妮法官根據委內瑞拉的法律以及聯合國法學專家所制定的規章，判決塞德紐可以有條件交保：他必須交出自己的護照，每十五天必須向法院報到，總之，政府不能無限期羈押他。塞德紐認為自己遭到政治迫害，因為他曾經金援反對黨政治人物，他交保後立刻逃離委內瑞拉。但是他還沒逃走之前，阿菲尤妮法官就被逮捕了。她坐在牢房外面的一張綠色塑膠矮凳上，她告訴我：「押送塞德紐來聽證會的特勤人員，就是逮捕我的人——就在我做出判決的十五分鐘後。」[44]

我去探監時，她被關在一個戒護特別嚴密的地方，跟其他一般的囚犯區別開來。這座女子監獄本來只能關兩百五十人，然而我去拜訪時，已經有六百八十二個收容人。阿菲尤妮法官跟另外兩個女人關在同一間小囚室，裡面只有一張上下鋪的床，所以有一人必定得睡在地板上。光線從牢房另一頭分成十二格的鐵條窗中間射進來，大部分的窗戶都沒有玻璃，但是牆上的油漆看來剛漆沒多久。（之前住在此間囚室的一位囚犯引火自焚，所以獄方必須重新油漆。）在這裡，自殺、暴力與死亡事件屢見不鮮。一兩個星期前，另外一間囚室的囚犯才剛剛上吊而死。

阿菲尤妮從來不曾走出超過囚房外走道的地方。這是必要的預防性措施，因為此監獄中至少另有二十四位罪犯都是被她判刑後送到這裡來的。她剛來的前四個月，她的囚室沒有上鎖。她一面吸煙，一面告訴我：「我剛到這裡來時，她們會在外面叫：『我要把妳的眼睛挖出來，母狗，我要把妳切成碎片。』」獄方不得不把好幾名女囚犯轉到別的監獄去，因為獄方發現她們拿著汽油罐在她的囚室窗外等著。現在她被關在一共只有二十名犯人的一側廂房，卻還是會在門外收到死亡威脅。我問，一般囚犯如何有辦法通過警衛、走道盡頭好幾道鎖起來門，把威脅紙條留在她的門口？她笑著回答：「那是個好問題。」

檢察總長路易莎・迪亞茲（Luisa Ortega Díaz）起訴她的罪名是腐化、濫權與協助嫌犯規避司法。塞德紐戴過的手銬，很快地就被套在阿菲妮亞法官的手上。她說：「我法庭上的所有工作人員——三位助理、兩位執行官、三個警衛還有一個實習生，總共九個人——

都被拘留了十二個小時。」第二天早上，查維茲在電視與電台上譴責阿菲尤妮，指控她犯下的罪行「比殺人還嚴重」。[45]他破口大罵，說假如是在從前，她就會被槍決了。他還不忘提醒：「那個法官一定要為她的行為付出最高的法律代價，其他的法官假如想要模仿她，也一樣會付出代價。」[46]他講這些話時，攝影機的鏡頭轉到檢察總長，她坐在旁邊洗耳恭聽。如果阿菲尤妮的罪名成立，那麼委內瑞拉法律規定的最高刑責是七年有期徒刑。查維茲覺得不大滿意：「我認為，如要維護本國的尊嚴，應該判她三十年。」

阿菲尤妮沒有看查維茲談話的電視轉播，因為警衛已把她關起來了。但是她記得自己怎麼得知查維茲的講話內容：「一個高階的情治人員進來說：『我們有好消息，也有壞消息。好消息是我們找不到任何不利妳的證據。壞消息是查維茲剛剛在國家電視台上宣布妳的刑期是三十年。』」

顯然，查維茲說了算。八個月後，檢方仍然未能找到任何證據足以起訴她。檢察總長解釋，阿菲尤妮有罪是因為「精神受到汙染」。負責承辦此案的法官是雷迪斯・阿蘇阿荷（Leidys Azuaje）——阿菲尤妮告訴我，這位法官專門處理政治案件，頗受政府倚重。第一次開調查庭的時候，檢察官承認他們找不到證據能起訴她。在貪汙案中，「利益輸送」乃是重要的要素，阿蘇阿荷卻不認為沒有證據有什麼關係。阿菲尤妮回憶道：「檢察官說沒有證據，我跟塞德紐沒有金錢上的往來，也沒有任何接觸。但是法官說：『總之，我們要開庭審判妳。』」

查維茲一上台就剝奪了司法的獨立性。二〇〇四年，國會通過一條法律，讓他能夠自由任命最高法院的法官，於是裡頭都是一堆效忠他的人。不僅如此，他還能夠輕易地開除任何「公共態度有損最高法院之尊嚴與氣度」的法官。[47]接下來，這個親查維茲的最高法院，開除了上上下下各級法院的數百位法官，改聘政治態度跟政府比較對味的人。最高法院的成員究竟為誰服務？他們在二〇〇六年召開司法會議時回答了這個問題。在開幕儀式上，好幾個法官開始高唱：「喔，耶，查維茲不走了！」（Uh, ah, Chávez no se va!）

我問阿菲尤妮，她是否曾經在審判時受到政治壓力。她回答：「從來沒有。」她先前處理的是一般刑事案件。「我不是不知道司法體系裡發生了什麼事情。各部門都承受了極大的行政壓力。但我不會因為別人受到壓力，就決定辭職或走人。我當法官已經九年了，從來不必管政治力介入司法的問題。」

對自己的所做所為，她並不後悔，但也不認為自己是什麼英雄。她告訴我：「這個人已經被關三年了。我所做的只是遵照憲法，依法行政而已。」當時她也知道，這麼做可能會遭到政府報復，或者被開除。「然而我從沒想到會變成這樣，我的自由或生命居然會受到威脅！他們如此對待我，等於是傳送了一個清楚的訊息給其他法官。連查維茲自己都說這是殺雞儆猴，我就是那隻雞。」

離開監獄的時候，警衛要求我簽退，表格的欄位包括訪客姓名、所拜訪的囚犯名字，以及囚犯所犯的罪名。我看了前面的表格所列出來的罪名，有走私毒品、竊盜、殺人等等。在阿菲尤妮的名字旁邊，罪名的欄位是空白的，彷彿連警衛都不曉得要在此欄位上填寫什麼。

阿菲尤妮在獄中數饅頭、挨日子的時候，被診斷出罹患癌症。經過她多個月的請求，二〇一一年二月，檢察總長同意在開庭之前改以軟禁的方式羈押。逃走的生意人塞德紐後來在美國取得政治庇護，而阿菲尤妮仍然在等候她的案子開庭。

哈囉，總統先生

委內瑞拉讓查維茲統治十二年後，敗象漸露。委內瑞拉以石油致富，這段期間是他們史上最為富裕的時期，政府也投注大量的經費從事社會改革，但衰敗、傾頹、混亂的跡象卻所在多有。最糟糕的是犯罪率太高，人人自危。在查維茲的統治下，殺人案件層出不窮，好比傳染病一般。卡拉卡斯是全世界最危險的首都，也是暴力犯罪率最高的城市之一。[48]平均起來，卡拉卡斯一個週末所死的人，比起伊拉克首都巴格達與阿富汗首度喀布爾加起來都高。根據委內瑞拉暴力觀察組織（Venezuelan Observatory of Violence）的統計，二〇〇九年委內瑞拉境內的謀殺案有一萬九千一百三十三件。[49]（幾年前委內瑞拉政府在謀殺案件急遽增加後，就不再公布這個數據了。）委內瑞拉因暴力犯罪而死的人數，已經遠超過墨西哥毒品戰爭的死亡人數，這些死者得到正義的希望也相當渺茫，百分之九十一的謀殺罪都沒有找到真兇，法院也未起訴任何人。[50]

我在委內瑞拉所遇到的人，每個都可以說出身邊的人有誰曾經被搶、被綁架、或者遭遇更慘的事。有一天我去參加一群學者與退休外交官所舉行的午宴，東道主姍姍來遲，他的臉色蒼白，雙手顫抖：在光天化日之下，他就在銀行裡被搶了。我跟幾個查維茲的支持者提起犯罪率很高，有些人會承認這個問題確實令人憂心。但他們會隨即反駁，一九九八年查維茲當選總統之前，犯罪問題就已經很嚴重了。他們說得沒錯。只是相較之下，查維持執政後犯罪率已經增加了三倍了。

第二大問題是經濟。在南美洲各國之中，委內瑞拉的經濟前景越來越瞠乎各國之後。雖然委內瑞拉是南美洲唯一有石油撐腰的經濟體，在二〇一〇年，它也是南美洲唯一經濟規模萎縮的國家[52]，通貨膨脹甚至比非洲某些治理不當的國家還糟。[53]在查維茲大舉將私人企業收歸國有之後，外國投資整個消失了。二〇一〇年，委內瑞拉是唯一在外國投資的財務報表上呈現負成長的國家。[54]同一年，國際透明組織（Transparency International）將委內瑞拉列為南美洲最腐敗的國家，在全球一百七十八個國家中，它的排名是第一百六十四名，跟寮國、安哥拉等國家不相上下。官員腐化、收賄，基礎建設的投資又不夠，於是停電、輪流限電、用水短缺等民生問題層出不窮。委國的搖錢樹——國營的委內瑞拉石油公司（PDVSA）的情況也好不哪裡，雖然國際油價上揚，二〇一〇年它的獲利卻下降了。

就連一般民眾也感受到國內的經濟危機，肉、牛奶、糖這些民生必需品樣樣都短缺。一個石油輸出國家組織的成員國怎麼會這麼淒慘？連民生必需品都短缺？我採訪過一個肉販（他要求我不要寫出真名），他告訴我，有時候不開門做生意還比較好過。每一個月政府都會派稽查員來檢查肉品的價格，有時候一次，有時候兩次。稽查員希望他每公斤的肉品價格定在十七個波利瓦幣（bolivares），問題是進價一公斤已經是十九到二十波利瓦幣。假如稽查員發現他賣的肉高過一公斤十七波利瓦幣，每次會開給他一萬一千波利瓦幣的罰鍰。櫃檯後面的他解釋著：「問題在於物價管制，因為價格是固定的，這樣我們沒辦法賣東西。有時候我們進貨都害怕，因為我已經收到三張罰單了。」[55]

這不是什麼困難的經濟學原理；委內瑞拉政府堅持在通貨膨脹時期進行物價管制，就一定會造成物品短缺。我所採訪的肉販指著街上另外一家關門大吉的肉店，他說那家店的老闆覺得這樣做生意根本沒意思，決定收攤不做了。我看著他牆上貼出來的價目表，注意到一公斤的肉超過十七波利瓦幣。他承認：「我們冒險做生意。」但是，查維茲的經濟政策有一個好處，他說：「人們害怕的時候會一下子買很多。即使是個小謠言都會造成搶購。」

日常生活處處不便，就算稱不上水深火熱，至少也難以讓人樂觀起來，但問題來了：查維茲為什麼還是這麼受歡迎？當然，我們必須考慮他的選舉策略：政府為了籠絡支持者，每到了選舉時節都會大量散財、收買長期貧窮的百姓。查維茲實行極高度中央集權之後，他的政府愈來愈不必靠民意就能保住飯碗。查維茲還有一項最高明的工具，二十四小時隨時可以拿出來運用：查維茲不只是委內瑞拉的總統，他還是統御委內瑞拉媒體帝國的執行長，他只推銷一項產品：查維茲本人。

查維茲無所不在。打開電視、收聽廣播、閱讀報紙、瀏覽網路，到處都是。他最有效、最特別的工具是「卡德納」（*cadena*），也就是總統對全國人民發表談話。根據委內瑞拉的法律，在卡德納期間，所有的廣播與電視頻道都必須播放總統的談話。一般來說，總統只有在緊急或重大事件發生時才使用「卡德納」，查維茲卻三不五時就發表談話：在他主政的頭十一年裡，他發表了兩千次的卡德納，平均起來大約每兩天就來一次。[56]他發表卡德納的理由很多，例如譴責敵人、讚美自己的成就，討論他心裡所想的事情。一旦他的話匣子打開，除了查維茲本人以外，沒有人知道他什麼時候會閉嘴。假如把查維茲的卡德納時間加起來，其長度可累積到四十五天，如此一來，就等於扼殺了所有的廣播與電視節目的空間，只能播送他所欽定核准的訊息。委內瑞拉的媒體專家安德列・卡尼扎列茲

（André Cañizález）教授表示：「卡德納是非常有效的控制手段，它什麼時候播出、內容是什麼，查維茲全權掌握。其他國家是沒有這種現象的。」[57]

查維茲媒體王國的重頭大戲，是他每週日下午沒有腳本即興演出的電視秀：《哈囉，總統先生》（*Aló, Presidente*）。[58]在這個節目上，查維茲唱歌、舞蹈、祈禱、說笑話、破口大罵、語無倫次、發出質疑、報導時事、有時候還打電話給卡斯楚。這個節目的長度並不固定，平均起來，查維茲的獨角戲一播大概是五個小時左右。這個節目好比長時間電視實況轉播，談不上什麼結構，內容則是搞笑劇與政論節目的綜合體，重點放在「二十一世紀的社會主義」。（這個節目播滿十周年時，他特別製作了長達四天的特別節目。）查維茲常常利用這個節目討論政府的計畫，痛批他的反對者，譴責美國。他一面喝著咖啡，一面透露新的國家政策，發表大膽的宣言。有一集節目特別有名，因為他在節目上命令三軍統帥派遣十個坦克旅到委內瑞拉與哥倫比亞的邊界去。上他節目的特別來賓，包括美國演員丹尼·格洛佛（Danny Glover）、阿根廷前足球選手馬拉度那（Diego Maradona），當然，還有古巴總統卡斯楚。

雖然這個唱獨角戲的主角很少擺出總統架子，但這個節目重要的目的之一就是展現查維茲的統治風格。[59]在他的獨白以及即興長篇大論之間，查維茲會質疑他手下的部長——他們別無選擇，必須陪他上節目——還常常責怪他們，指責他們施政哪裡做得不好。甚至有一次，「總司令」當場在電視節目中開除一位部長。部會首長們坐在觀眾席上，身穿代表社會主義的紅色衣服，低著頭，祈禱他們運氣夠好，不會被查維茲隨興點名。查維茲在全國轉播的電視上，斥責一個倒楣被點名的部長，取悅全國的觀眾——這就是委內瑞拉的問責政治。委內瑞拉的問題堆積如山，這個節目要傳達的訊息很清楚：都是那些無能的部長與官僚不聽查維茲的忠告，才會造成今天的種種問題。查維茲的演出無疑維持了他白璧無瑕的美好形象。

查維茲在節目上的滑稽動作或許是未經過排演的，但他一手炮製出來的媒體帝國絕不是無心插柳的結果。[60]二〇〇二年四月的政變以後，他即開始著手規劃。查維茲剛剛上台時，政府擁有一家國營電視頻道、兩個廣播電台，在執政初期，查維茲大體上沒有加以更動。政變之後，查維茲便明白媒體能影響事件的發展，是不可或缺的關鍵角色。在他看來，就是媒體在鼓勵政變主事者。他說委內瑞拉的四家私營電視台好比《啟示錄》中的四騎士（分別是饑荒、戰爭、瘟疫與死亡）。卡尼扎列茲說：「二〇〇二年四月十一日所發生的短命政變造成查維茲政府元氣大傷，查維茲很清楚，也發現自己在媒體方面居於下風，所以他們要發展新的策略，打造強大的媒體基礎。」

二〇〇四年，國會替政府通過法源依據，讓它得以控制媒體。新的法律賦予政府權力，中傷毀謗、藐視政府官員的行為將受到處罰。毀謗總統者最高可判三十個月有期徒刑，政府也有權對任何「冒犯」當局的媒體處以罰鍰。委內瑞拉的兩大電視公司——「委內瑞拉觀點」（Venevisión）與「委內瑞拉電視」（Televen）——很快就更換選題的方向，以符合官方的期待：政治觀點不為當權者所喜的節目都被取消，兩家電視台把經營重點改成娛樂。最顯著的例子是，有一個收視率頗高的政論節目被解讀星座、塔羅牌的綜藝節目取而代之。第三大的民營電視「卡拉卡斯廣播電視台」（RCTV）則被關閉。第四家電視台「全球視野」（Globovisión）則一直與政府角力，也一直面臨審查的威脅。（二〇一一年十月，「全球視野」因為幾個月前報導監獄暴動，其中有人死亡，而被政府罰鍰兩百萬美元。）與此同時，查維茲砸下數百萬美元創造出專屬的親政府媒體集團，到今天，委內瑞拉有六個國營的電視頻道，兩個國家廣播電台，三千個社區廣播電台，三家紙本的媒體，在網際網路上的勢力也越來越強。卡尼扎列茲告訴我：「這些頻道顯然都是國家的宣傳機構，跟古巴的官方電視台沒有什麼兩樣。」

查維茲政府刻意創造出一種風聲鶴唳的不確定感，這是它最巧妙的統治手段。二〇〇九年八月，查維茲以「違反行政命令」的理由關閉了三十四家廣播電台。與此同時，政府宣布還要調查另外兩百四十家電台是否也有同樣的犯行。然而政府從來沒有明確指出究竟是哪些電台正在被調查，也不打算通知當事人。關台的威脅是玩真的，所以當局信心滿滿，知道這些電台會自我審查，不勞他們親自動手。在這樣的氛圍之下，任何有可能會觸怒政府的消息，不是遭稀釋就是直接抽掉。卡尼扎列茲說：「政府的策略是讓媒體坐立難安。批評政府的媒體雖然能夠苟延殘喘，但卻總是處於威脅之下，得付出高昂的代價才能營運。因為政府拒絕提供清楚的規則，獨立的媒體就永遠處於不確定的狀態。」

雖然查維茲的媒體戰爭是從電視與廣播開打，他也將魔爪伸到網際網路上。（大體上，他並不理睬報紙與雜誌。絕大多數委內瑞拉人的新聞資訊來自看電視、聽廣播。查維茲也知道那些有讀報習慣的人永遠都不會支持他。）幾年前，查維茲將委內瑞拉唯一的網路供應商CANTV國營化。二〇〇九年，他任命一個情治單位的頭子擔任該網路公司的經理。[61]二〇一〇年十二月，國會通過法律，禁止任何網路供應商張貼任何「在公眾之中造成焦慮與不安」的訊息。[62]

查維茲的媒體帝國不會提供的消息，是卡拉卡斯平均一個週末會死多少人，選舉時政府承諾要蓋的房子跳票，與此相關的深度報導也看不到；電視觀眾、電台聽眾不會知道某些商店的貨品短缺很嚴重，也不會知道通貨膨脹還在升高。二〇一〇年七月，國營船運公司被踢爆，它的貨櫃裝滿腐敗食物，那時我人剛好在卡拉卡斯。這條新聞雖然是報紙頭條，但是在查維茲龐大的電視廣播網上卻也連影都見不著，只看到查維茲大談特談他跟鄰國哥倫比亞的唇槍舌戰。有媒體帝國撐腰，他不用理會不喜歡的新聞，改變談話的主題即可。我採訪查維茲的死忠支持者瑟拉時，問他委內瑞拉的犯罪問題。他承認，這確實是一大問題，接下來卻說那是媒體造成的，因為媒體埋下了衝突的種子。這樣的說法，也許十年前還有可能自圓其說，然而在今天卻已經不再適用。這就是全世界各地獨裁者的問題：弄到最後，他們可以找到的代罪羔羊越來越少。

民主抗體

沛可夫一講起話來很難打斷，特別是當話題是查維茲的時候。這位普受尊敬的人是異議報紙《事實報》的總編輯，在短短幾分鐘之內，他就滔滔不絕地罵查維茲是「法西斯主義者」、「香蕉暴君」，最後還強烈地罵他是「希特勒與戈培爾的徒子徒孫」。就像許多委內瑞拉人一樣，他自稱一早就識破查維茲的意圖。但跟其他人不一樣的是，因為說這句話的人是沛可夫，大家都傾向於相信他。這位留著髭八字鬍的總編輯，在委內瑞拉政壇打滾數十年。一九三二年出生，他的父母親都是移民——父親是保加利亞人、母親是波蘭人——他曾經當過經濟學者、作家、左派游擊戰士、總統候選人、部長、政治犯。他還一度是越獄的逃犯。（一九六七年，他與數位左翼的游擊分子挖地洞逃出聖卡洛斯軍事監獄。）今天，坐在總編輯的椅子上，滔滔長篇大論的他，是最敢言的查維茲批評者。

然而經過這麼多年，他仍然未喪失他理想主義的熱忱。從委內瑞拉的歷史看來，他深信查維茲再怎麼專制，也有一定的極限，不能從根本改變委內瑞拉社會。沛可夫聲若洪鐘地說：「這不是個極權的國家，委內瑞拉社會擁有我稱之為民主抗體的東西。我們已經擁有超過半個世紀的民主生活，不但擁有民主的傳統，還有讓極權制度難以生根茁壯的民主歷史。目前的政府是個專制政權嗎？當然。這是一個不民主的政府嗎？當然。委內瑞拉的三權完全不分立，沒有任何權力制衡。查維茲染指了所有的政治權力，包括國會、司法、檢察總長、審計長、監察委員、選委會。查維茲是否想一步步讓國家軍事化？確實是。這個社會有走向極權主義的『傾向』。」[63]他特別強調地慢慢唸出這兩個字。「但從這個國家的歷史看來，人民都能夠成功地阻止這種『傾向』。」

他認為，有一種東西讓查維茲與大多數的獨裁者不同——廣大群眾的支持，但關鍵是這種支持正在流失。隔著凌亂的辦公桌，他對我說：「群眾有百分之六十相信他、擁戴他。但是這一點正在改變。今天已經不是百分之六十了，事實上只有不到百分之五十。他的支持度緩慢而且持續地降低，我認為這是無法逆轉的趨勢。」

我問他：「你認為查維茲最危險是什麼時候？」

他回答：「就是現在。因為他正在失去群眾的支持。」

他的話語剛落，視線突然往上，朝我身後，朝著他助理辦公室裡的電視螢幕看過去。我也掉頭去看讓他分心的事情是什麼。那是全球視野電視台臨時插播的現場轉播：查考市的反對黨市長艾米利歐・格拉鐵隆（Emilio Graterón）正在街上舉行臨時記者會，地點就在離沛可夫辦公室不遠的地方。神情激動的格拉鐵隆說，當地一塊屬於公家財產的地皮，本來要用來興建新的社區中心，卻遭到查維茲支持者「入侵」。許多地方的老百姓跑來聲援市長，簇擁著他。格拉鐵隆手裡拿著市政府的地契，描述查維茲支持者如何出現並且佔領土地。沒有地契、沒有法院傳票、沒有正當程序，只以革命為名，他們直接霸佔了該地。幾分鐘後，委國軍隊（*Guardia Nacional de Venezuela*）抵達現場，對市長與支持者噴灑催淚瓦斯，成功驅散民眾。時間點也未免太巧合了，彷彿查維茲剛剛聽到沛可夫的談話，立刻就展示出他的威力——還在電視上現場直播。

沛可夫回到剛剛的話題：「他會想辦法構織一個大騙局嗎？或是變得更獨裁、更抑扼個人自由？我不知道。我想，他也遇到瓶頸，不知道該何去何從。他是否會越過紅線，實行政治迫害嗎？」他讓這個問題懸在半空中，沒有回答。

然而，沛可夫很樂觀。他篤信委內瑞拉人民擁有「民主抗體」，也相信委內瑞拉再怎麼沉淪，都不會落到像古巴等其他專制政體那樣。雖然過去十年委內瑞拉經歷了種種困難，他卻看到新的政治生命正在嶄露頭角。沛可夫說：「我們活過一個悲劇的時代。這個國家老一輩的領導人都被趕走，從政治場域消失了。所有大型、有歷史的政黨都死亡了。現在，這個國家正在重建政黨政治的結構，正在創造一個新的領導世代……一年以前，人們還說：『反對黨政治人物？誰？』今天，你卻發現好幾個名字都冒了出來——查考市的市長、卡拉卡斯市市長、米蘭達州州長、蘇利亞州州長等等。當然，他們都還年輕，然而經歷十一年查維茲的統治，他們也都已經身經百戰了。」

查維茲面對的問題，不只是反對勢力正在重組，而是它們也變得更頑強、更不容易解決。我跟政治顧問阿飛多・克羅斯（Alfredo Croes）見面時，他特別跟我強調，以前他是個商人，後來才投入反對陣營。克羅斯對處理複雜的數據資料非常在行，在國會議員選舉的一年前，他的桌子上堆滿了試算表，當時他告訴我，反對黨將會贏得六十六到六十八席。他的預言驚人地正確：反對查維茲的候選人總共贏得六十七席。然而他的預測並只不是依據反對黨在其關鍵選區的吸票能力，他還知道支持查維茲的人正在轉向。查維茲剛上台的時候，他可以毫不含糊地說他代表所有委內瑞拉的窮人。然而在他主政十年以後，已經不再是如此了。二〇〇八年，許多都會區的窮人開始投給反對黨。從選舉地圖上看來，都會／鄉村的選民區隔越來越大，鄉下地區的選民成為支持查維茲的主力。但現在，窮人不見得就是查維茲的支持者。克羅斯指著辦公室窗外那些環繞著卡拉卡斯的違章建築區，他告訴我：「投給反對黨的票會在那些山坡上不斷成長。他們不是投給反對黨，而是投下賭爛查維茲的票。」[64]

我看著克羅斯所指的方向：在陡峭的山坡上有成千上萬小小的建築，一個緊挨著一個密密麻麻地疊在一起，好像是某種岌岌可危的金字塔。「你看，在山坡上的那些房子，就是屬於D跟E的人住的。」克羅斯所指的，就是南美洲最大的貧民窟之一培他雷（Petare）。他的表情變得嚴肅，他說：「他們沒有自來水，常常停電。通貨膨脹讓他們日子難過。想要回家，還得爬上一千級階梯，路上危機四伏——黑幫、毒販、殺人犯都是攔路虎。要把食物帶上山，只能買小包裝的東西帶著。越往山上去，物品的價格就跟越跟著漲。他們追不上物價，生活很難過。」

二〇〇九年年底，委內瑞拉的通貨膨脹率漲到百分之三十。在我跟克羅斯見面的幾個星期前，國際貨幣基金會才剛剛宣布，它預估委內瑞拉的通貨膨脹將會繼續攀昇，超過辛巴威與正在內戰的剛果民主共和國。幾個月之後，根據好幾份統計資料，委內瑞拉的通貨膨脹率是全世界第一。許多經濟學家認為，在未來幾年裡，它還會繼續維持第一的寶座。克羅斯認為，查維茲對此經濟變數束手無策，將會造成越來越多窮人投向反對黨的懷抱。克羅斯說：「二〇一二年通貨膨脹還是不會消失。D與E的人跟查維茲之間最大的隔閡，目前是經濟。這是個很難解決的問題。因為委內瑞拉沒有讓食物價格調降的機制。」

問題在於，犯罪、破敗的基礎建設、食物的價格等這些最關鍵的因素，對查維茲的政治前途具有哪些決定性的影響。他只要在位一天，就證明施政的良窳與他的政權存續沒有關係。他所建構的專制國家機器，是否真的先進到能夠永遠打壓所有的反對者，讓他們永遠無法出頭？既然委內瑞拉的民主表象已經薄如一張紙，時候到了，他會走上獨裁的不歸路嗎？還是繼續使用到目前為止都所向無敵的統治方程式？民調專家列翁說：「查維茲不比從前強了，然而也並不弱。他好像是個男高音，雖然上了年紀，還是會唱歌。而且他知道要唱哪一條歌選民就會投給他。」[65]

二〇一一年六月，委內瑞拉人民獲知查維茲在另一方面是真的不比從前強了：他得了癌症。接下來幾個月的時間裡，查維茲必須常常前往古巴接受化療。有關於他健康的各種謠言，還有他的病情將如何影響委內瑞拉，各種揣測成了卡拉卡斯熱議的話題。二〇一一年十月，他宣稱身上的癌細胞已經都被清除了，但真正的健康情況卻是國家機密。不管怎樣，毫無疑問的是，他迫不急待地想要打垮政敵，想要證明二〇一二年的總統大選他還是能夠勝選。

二〇一〇年九月的國會議員選舉後，因為反對黨席次顯著增加，查維茲進行反制，開始架空國會。[66]二〇一〇年十二月底，在會期即將結束之際，他下指導棋，讓國會給他十八個月的獨裁權力（rule by decree，譯按：意謂統治者可以自定法律，不需要議會的表決與通過。）據說查維茲本來只要求十二個月的獨裁特權，然而國會議員們堅持十八個月比較恰當。之後，新選出來的國會每個月只開會四天，議員問政與質詢的時間也不能超過十五分鐘。毫不意外地，這位前坦克司令寧可玉石俱焚，摧毀國家議會，也不願意跟反對黨分享。

查維茲知道選舉要花錢。二〇一一年四月，他用新得到的立法特權，逕自修改了石油稅法，好將稅金拿來填補選戰的經費。[67]此時委內瑞拉的石油價格維持在一桶一百零八元美金，他宣布，油價高於一桶一百元以上所課徵的稅，百分之九十五都將歸於「豐登」（Fonden），這是一個不出現在預算書上、任由查維茲個人使用的祕密基金。如果油價維持穩定，這筆因為油價高而產生的稅收，可望到二〇一一年底為「豐登」帶來一百億美金以上的新稅入。（當年年底時，委內瑞拉的財政部長表示，「豐登」密帳總額大約有三百二十億美金。）實際上，查維茲在總統大選舉行之前好幾個月，就為自己建立了一個百億美金的選戰金庫。

但最能顯示他為了打總統選戰在進行萬全準備的，就是他命令百依百順的國會在休會之前最後一分鐘，通過了一個法案，規定國會議員從此以後不能投效別的政黨。這條法律跟反對黨無關；這一次查維茲要對付的是自己的黨內同志。他知道這次的選戰可能會非常激烈，他不想分身乏術，還要應付黨內同志的倒戈叛變。他要傳達的訊息是很清楚的：一旦失身給查維茲，就別想改嫁，只能永遠跟著他。

已故的政治科學家山謬爾・杭廷頓曾經觀察道，一個民主國家是否能夠繼續存活，關鍵不在於它所遭遇的問題大小，甚至不在於它是否有能力解決那些問題。關鍵在於，民主國家的領袖們如何面對他們無能解決國家的重大問題。[68]一九九〇年代末期，委內瑞拉政治領袖們的面對方式，是把頭埋在沙裡。當他們把頭再抬起來，烏戈・查維茲變成了他們的總統，而他們的民主政治，不論再怎麼機能不良，已經開始慢慢沉淪，步上今日獨裁統治的道路。

第四章　反對黨

星期天早上是卡拉卡斯少數寧靜的時刻：交通不打結了、車子不再猛按喇叭，人們不是在家裡跟家人團聚，就是準備去望彌撒。城外面卻剛好相反，相當忙碌。我們開著一輛皮卡車（pickup truck），在米蘭達州的鄉間地方旅行了兩個小時，我們的目的地是庫皮拉鎮（Cupira）一處稱之為佩德羅瓜爾（Pedro Gual）貧窮小村莊。查維茲的民調滿意度在卡拉卡斯與其他都市地區開始下降的時候，鄉村地區大體上仍屬於查維茲的票倉，庫皮拉與委內瑞拉其他數不清的農村一樣，鎮長也是查維茲的死忠支持者。沿路上，我們看到各種挺查維茲的海報與看板，宣傳某項公共建設乃是查維茲的德政，或者單純表達對領袖的無限熱愛。然而，庫皮拉也是反對黨絕地大反攻的前哨站。這個星期天，米蘭達州的州長昂里克・卡普利雷斯（Henrique Capriles）將在這裡舉辦活動，他跟反對陣營的其他領袖希望能夠藉此率先扭轉民意。

我們一下車就可以聽到鬧哄哄的聲音，噪音是從查瓜拉馬小學（Chaguaramal）傳來的。全校近三百名兒童都集合起來，小到幼稚班，大到六年級學生，再加上家長、老師與非常自豪的校長，要慶祝他們的學校整建完成。他們正在等候卡普利雷斯駕到。時序已是中午，日正當中，在學校新完工的閃亮屋頂之下，溫度更高。然而學生們並沒有安靜地坐著，他們穿著制服，背著繡著「米蘭達州」的新書包，唱歌、舞蹈、跳上跳下。角落一台超大擴音器正在播放流行的雷鬼樂、夏奇拉的拉丁勁曲以及委內瑞拉的舞曲。穿著百褶裙的女童轉著圓圈，男童放開喉嚨高唱流行歌曲。這個地方看起來更像在開舞會，而不像慶祝學校整建完成的典禮。

我們聽到頭頂上傳來直昇機的聲音。學生們愣了一秒鐘，睜大眼睛，明白一定是州長來了。不到幾分鐘以後，卡普利雷斯跑進學校大門，學生們跟著歡呼起來。三十七歲的米蘭達州州長，戴著一頂藍色的棒球帽，穿著襯衫，運動褲，他滿頭大汗，襯衫也被汗水浸透，彷彿從辦公室一路跑到學校的前門來。他的外型看起來更像體育老師，而不是米蘭達州的州長。米蘭達州不但是委內瑞拉政治上最重要的一州，還有人認為卡普利雷斯就是最有可能擊敗查維茲，問鼎總統寶座的政治人物。

卡普利雷斯慢慢地穿越群眾，走上講台，會場後頭有家長高舉自製的標語，卡普利雷斯大聲唸出上面的字：「我們的學校垮了。」還有一個標語說：「州長，我們的孩子要需要新的學校。」這些家長的小孩都不是在佩德羅瓜爾新落成的學校就讀，他們從米蘭達的其他地方來到這裡，是為了向州長直接反應他們的心聲。於是卡普利雷斯請他們說明學校的情況。

他講話的方式，就像他的穿著一樣親民。他強調，他的目標是幫助米蘭達州的每一間學校。在未來的十二個月裡，他的團隊將以修復一百六十六所學校，新建四十四所為目標；再過四年，他們會再興建四十所新學校。他們已經發出十五萬多個新書包。他請一個小男生上台展示他的書包。卡普利雷斯把手伸進去，拿出幾本書。「算術、科學……然而沒有政治。」他一面看書的封面，一面這樣說，觀眾都笑了。卡普利雷斯的笑話也透漏了某些訊息：他不會實行查維茲總統的那種分化政治；他不關心選民過去曾經支持過誰，他要訴求所有人的支持。他說：「我不管你曾屬於哪一個政黨。」為了說明這一點，他說了一個故事，是關於他最近所遇到的工人。卡普利雷斯重述他們的對話：「那個人告訴我：『我愛查維茲，但我也愛你。』我說：「很好。有時候人會同時愛上好幾個人。沒關係——這就是人生。」」聽見此言，台下的一位年長的婦女忍不住了，她推開鬧哄哄的人群，跑到講台上，說她一定要親他。卡普利雷斯笑著讓她親了。

集會結束幾分鐘後，我跟州長約在學校有冷氣的新電腦教室裡面訪談。卡普利雷斯仍然滿身大汗，顯見外頭群眾有多麼熱情。他連續喝了好幾瓶水，一個祕書提醒他時間，還得趕下一個行程之前。我們坐下來談話。我提到他一定是馬不停蹄，行程排得滿滿的。他說：「這是一場不公平的競爭，然而我們奮戰到底。更重要的是，絕不能懈怠。」[1]然後他停下來，再灌了一口水，微笑地說：「累的人就輸了。」

世上最累的事情，就是作為專制國家的反對陣營成員。你發起的集會遊行活動不是被取締就是被驅散。你也不准在國內或國外募款。你幾乎沒有機會上電視傳達訊息。唯一出現在全國媒體的機會，不是被對手毀謗，就是被控告貪汙腐化。你所屬的反對黨領袖常常受到政府的監視。選舉的規則經常更改，當選的門檻越來越高。你若把不滿訴諸司法，法官也拒絕審理。掌權者還會在選舉期間，創造忠誠的反對黨，好把真正的反對黨候選人排擠出去。聲望最高的反對黨候選人不是被取消參選資格，就是被安上莫虛有的罪名，以致於選舉過程還要忙著跑法院。另外，你的支持者會被威脅恐嚇，最嚴重的案例中，甚至被噤聲。

對於專制政權來說，獨立、敢於批評、能夠鼓動群眾的反對領袖，就是頭號心腹大患。他們人數不多，卻敢迎頭痛擊當政者，反對濫權、譴責不合理的政策，條件允許時，他們還投入選舉，挑戰獨裁者。他們做這些事情，個人往往必須付出極大的代價與犧牲。我在卡拉卡斯、開羅、莫斯科、吉隆坡等地所會見的反對黨領袖，不約而同地告訴我，執政當局升高壓力的時候，他們遭遇到許多情節類同的陰謀陷害：被下獄、遭騷擾、被毒打、被失業。他們的名譽被破壞、家庭被撕裂。吃了這麼多苦，當權者還抹黑他們受難者的形象，奪去他們最後的價值。獨裁者還會想盡辦法製造嫌隙，離間這些未來的民主領袖與人民之間的感情，使他們無法動員人民。俄國反對陣營的領袖之一米洛夫（Vladimir Milov）談到現代的獨裁者，他說：「不光是俄國政府，這些新獨裁者的手段都極為高超。他們不對絕大多數人施壓，只迫害少數聲言反對的人。他們採用分化的手法，把反對活動與一般群眾分開來，說：『看，政治上我們沒有壓迫你們，這些少數人才是真正的大壞人，他們是美國中情局支持的外國間細——第五縱隊。』」[2]

對抗獨裁者並不容易，反對人士願意承擔這樣的重責大任，批評他們似乎有些不公平，然而各國比較起來，某些國家的反派對領袖確實沒什麼影響力。有些反對黨領袖拒絕創新的做法，雖然一開始即被邊緣化，卻依然頑固地堅持同樣的策略、重覆地犯下同樣的錯誤。如同世界上的任何政黨一樣，他們也會因為小鼻子小眼睛的權力鬥爭而心有旁騖、剛愎自用，忘記反對運動的終極目標。有一些反對黨領袖只知道批評，沒有能力提出新的想法、新的政治替代方案，無法證明他們的願景與執政黨有所不同。相對的，對於一個想要偽裝民主表象的政權而言，出現一些反對聲音是有必要的，甚至是求之不得、如獲至寶的。在最糟糕的案例中，反對黨成為獨裁政權的衍生物，成為政府的遮羞布，遮掩它真正的專制面貌。被政府收編的反對黨領袖，因此成為專制體制中的重要一員。若某個反對黨領袖宣稱要挑戰執政黨，單就這個政治動作，並不值得大肆讚揚，因為他們可能變成專制機器的一部分，與真正反抗獨裁政權的人涇渭分明。

淹死米蘭達州

委內瑞拉人談到卡普利雷斯的時候，常常說他很有福報。有的人是誇獎他相貌堂堂，有的人是羨慕他出身富貴之家，更多人是佩服他的政壇明星地位。他的從政之路充滿了許多第一。一九九八年，他二十六歲時，就當選為國會議員，也是委內瑞拉國會有史以來最年輕的議員。很快地，他又更上一層樓，成為委國有史以來最年輕的國會議長。然而一碰上查維茲，卡普利雷斯的福報就用完了。「我第一次跟查維茲接觸，是我當議長的時候，」他這樣回憶道：「我有機會與查維茲碰面互動，我當時的想法是：『這個人將會大大地改變委內瑞拉。』」然而接下來所發生的大變化，不論是對委國還是對他本人而言，都是出乎意料之外的。

二〇〇四年，卡普利雷斯時任巴魯塔市（Baruta）市長，那是卡拉卡斯較富庶的地區。[3]那一年他被逮捕，當局指控他在二〇〇二年推翻查維茲的軍事政變中，煽動人民進攻古巴大使館。事實上，因為古巴大使館就在他的轄區，卡普利雷斯當時受邀進入大使館，古巴大使希望他能夠勸阻暴民不要搶劫破壞他的住處。事件過後，古巴大使歐鐵羅（Germán Sánchez Otero）甚至還感謝卡普利雷斯本人親自趕來救援。雖然如此，為了這個莫須有的罪名，卡普利雷斯還是坐了兩年的牢。委國政府為了避免結案，便一再拖延判決時間，法官們也相繼迴避，案子轉手經過好幾個法官。拖到最後，他的案子經過了四十位法官之手，終於得到最後的判決。這四年期間，經歷兩套不同罪名的審判，他在二〇〇八年被宣布無罪。在此期間，他無意間又創下了另一個第一：在牢中，絕大多數的時間他都被關在單人房，成為查維茲的首批政治犯之一。

卡普利雷斯被宣判無罪後，以雷霆萬鈞之勢重返政壇。二〇〇八年，他參選米蘭達州的州長，結果獲得壓倒性的勝利，這是反對陣營一大里程碑。米蘭達州人口有三百多萬人，佔全國第二，也是政治上最重要的一州。查維茲氣得跳腳，因為卡普利雷斯所擊敗的不是別人，而他最重要的盟友迪奧斯達多・卡貝羅（Diosdado Cabello），人稱「超級部長」。查維茲損失慘重，卡普利雷斯說：「好像我擊敗了卡斯楚一樣。」

自然，擊敗查維茲的大幫手是要付出代價的。查維茲立刻強力反擊卡普利雷斯，開始剝奪卡普利雷斯團隊可運用的資源，讓他們施政時綁手綁腳。我訪談時，卡普利雷斯在一個助理的幫忙之下，開始清數他贏得上次州長大選的代價有哪些：查維茲關閉了米蘭達州十九家醫院、二百五十處急診中心與衛生所、奪走高速公路、機場以及州政府土地。他的預算被刪減了兩億美元，七千名州政府員工一夜之間成為聯邦政府的僱員。卡普利雷斯用手比在喉嚨上，說：「他想慢慢地淹死米蘭達州。」

查瓜拉馬小學的集會，只是卡普利雷斯抵抗查維茲的計畫之一小部分。在卡普利雷斯抵達之前，州長助理帶我到學校四處參觀。小學看起來很平常，教室裡有黑板、公布欄、學童的書桌。我們打開另一扇門，我以為那是另一間教室，看到的卻出乎我意料之外：這間教室有一張牙醫的椅子，以及醫療檢查的設備。助理先生解釋道，卡普利雷斯擊敗查維茲一派，中央政府為了報復，於是關閉了許多米蘭達州的醫療中心，他們只好利用整修學校的機會，為當地的民眾提供額外的醫療服務。他們認為，中央政府比較不容易關閉附在小學裡的醫療站，因為這是社區不可或缺的設施，當地民眾不會輕易地聽憑中央關閉。卡普利雷斯說：「查維茲奪走我們的施政設施與資源，然而他無法阻擋我們跟民眾交流。」

卡普利雷斯十分清楚他所面對的困難：「我們現在位於米蘭達州的巴羅文多地區（Barlovento），這裡也是最多非裔委內瑞拉人居住的地區。這裡的暴力犯罪率是拉丁美洲犯罪率的四倍，每年一百萬人中有一百三十六人會遭槍殺。米蘭達州還有十四萬名學齡兒童失學。我雖然蓋了一些新學校，還是不夠，我必須一星期工作七天才能趕上進度。」

雖然查維茲在全國各地設下政治障礙，然而卡普利認為，要解決這個困境、對付查維茲的獨裁，有個好方法，那就是與人民建立直接的連繫。這個週日他在鄉下的活動，就是一個好例子。民主派的反對陣營先前所犯下的錯誤，就是疏遠了絕大多數的委內瑞拉人，與他們失去連繫。卡普利雷斯說：「在過去，反對黨把所有的精力放在特定地方，未在鄉間經營選民。好比說你有個愛人，卻不喜歡她，然而她卻是你唯一的伴侶，道理是一樣的。在某些地方，查維茲的支持者只有查維茲，沒有其他政黨可選擇。我們要改變這樣的現實。假如不是窮人投票給我，我不會成為州長。我的州裡面，百分之七十的人都是窮人。」

他的助手已經在看錶了，州長一定要趕下一個行程。我最後問州長，經過查維茲十年的統治，他現在怎麼看待委內瑞拉。他告訴我，最近他聽到了一個說法，非常適合用來形容委內瑞拉。好巧不巧，居然是從中國共產黨的某黨員那裡聽來的。卡普利雷斯描述道：「我到中國去訪問，還是中國共產黨正式邀請的。一位中國官員問我：『查維茲怎麼回事？他是我們的好朋友，然而他到底在做什麼？』」卡普利雷斯告訴那位中國官員，查維茲既然是中共的朋友，朋友都不曉得，那他作為政敵怎麼會知道？「然後那位中國官員告訴我他的看法：『委內瑞拉是一個在成長，卻沒有進步的國家。』」

權力太大，無法無天

北京距離卡拉卡斯有九千英哩之遙。但是一天早上，我人在培他雷，突然覺得那位中共官員的話真是太貼切了。委內瑞拉首都四周的山區都是貧民窟，培他雷（Petare）是其中之一。培他雷人口眾多，也是卡拉卡斯惡名昭彰的危險區。一位名為約凡尼（Yovanny）的居民，邀請我到他的寒舍去小坐，他是個有兩個小孩的中年父親。他說，此區一無是處，只有「強劫、竊盜、強暴」。[4]雖然如此，他卻非常自豪，這棟他為老婆與兩個女兒所蓋的房子，每一磚一瓦都是他親手搭蓋出來的。他的房子由波浪狀的鐵皮、木板、磚頭組成，用鐵絲還有一點黏合物質綑在一起。就像鄰居的所有房子一樣，這個建築物也是建在陡峭的山坡上，看起來有點搖搖欲墜。然而這個早晨，微風從山上吹來，我們坐在房子後面的露天陽台上，旁邊有一棵從山坡上長出來的鱷梨樹，蝴蝶翩翩飛舞，在我們的橘子汽水旁邊暫停了幾秒鐘，然後又飛到樹上去了。頃刻間，我幾乎忘記我身在卡拉卡斯最危險的區域。

約凡尼是個務實理性的選民。他尊敬住在同一條街上的哥倫比亞人——幾乎所有鄰居都是哥倫比亞移民——因為他們都是勤懇工作的老實人。他把票投給查維茲不是因為他承諾革命，而是因為查維茲承諾結果。今天他已不再支持查維茲了，因為查維茲承諾的事情沒有做到。他告訴我：「我喜歡他的平民出身，他出身寒微。但他換了位置就換了腦袋。他兩次獲選為總統，就因為如此，他以為全世界都要聽他的。」我問約凡尼，他認為查維茲改革無法成功的原因何在。他說：「他言必稱西蒙•波利瓦與卡斯楚，他為什麼不擔心這個國家真正發生了什麼事？他光會講話，做的事情很少。」

約凡尼在意的事情是食物的價格以及建材的成本。在他水泥陽台的一角，堆著一小堆磚頭、幾根金屬管、還有一袋水泥。他想要把陽台加蓋出去，好把這個地方擴建成為他兩個女兒的臥房。他一攢到錢，就零星地一點一點買來建材。即便如此，還是困難重重。他說：「材料的價格幾乎是每天都在漲，現在已經漲上了天。」

既然查維茲那些意識形態掛帥的選戰無法打動這位培他雷的居民，對他來說，到最後只有地方民意代表才真正重要。我問他是否滿意新當選的市長。約凡尼說還不錯，他親自來到這裡，也鋪了好幾條路。他說：「我們這裡選出好幾任的市長與州長，新的市長確實有在做事。」前一任市長藍傑爾（José Vincente Rangel）是前副總統的兒子，也是查維茲的死忠支持者。約凡尼談到藍傑爾，他說：「他選前來過一次，身邊帶了五十個警察當保鏕，選上之後也只來過一次。我們都搞不清楚他是活著還是死了。」

卡羅斯・歐卡里茲（Carlos Ocariz）是新任的州直轄市市長。這位三十九歲反對黨領袖所照管的轄區，乃是拉丁美洲最大的貧民窟蘇可雷（Sucre，編按：委內瑞拉首都卡拉卡斯包括一個聯邦直轄區，以及四個米蘭達州的直轄市，除了蘇可雷之外，還有Chacao、Baruta、El Hatillo。）。約凡尼家所在的培他雷，只是龐大貧民窟的一小部分而已。蘇可雷區大約住了兩百萬人，百分之八十的人都屬於赤貧。就像卡普利雷斯一樣，在二〇〇八年的地方選舉時，歐卡利茲為反對黨取得了意外的勝利。歐卡里茲之前在蘇可雷做社區工作多年，所以地方的百姓在他尚未宣布參選之前，就已經認識他了。雖然如此，那次的選戰還是一場辛苦的肉搏戰。歐卡里茲告訴我：「競選活動照規定是四十天。這四十天裡，查維茲就來了蘇可雷十五次，從這裡發表了十三次的卡德納。」[5]我們坐在他的辦公室裡，他解釋道：「權力結構中的每個環節都是查維茲的禁臠。所有的地方官員都是查維茲的支持者。他們忙著發洗衣機、床墊、冰箱給選民。」

然而這樣灑錢賄選還是無效。選舉當天，歐卡里茲得票率是百分之五十五點六，查維茲支持的候選人只得到百分之四十三點八的選票。查維茲很快就進行反撲。「選舉後第二天，中央拿走了我們十六輛垃圾車，大約佔垃圾收取量的百分之六十。」不只如此，蘇可雷陡峭山坡上的送水水管，突然神祕地水壓不足。假如打開自來水龍頭水還有水的話，也是一滴一滴地流出來，貧窮地區的人們苦不堪言。歐卡里茲說：「除了年久失修外，想必也是出於政治報復。」

但是歐卡里茲知道，社區民眾不想聽藉口，也對「政治人物的問題」沒有興趣。就像約凡尼一樣，他們要的是結果。不管中央政府是否真的刻意阻撓，歐卡里茲都必須兌現選舉承諾。他有一個利多，就是前任市長的政績實在太差。當他看到市政府的帳本時，歐卡里茲感到震驚，前任市長居然如此地無效率與無能。市長任期第一年，歐卡里茲就將行政費用從預算的百分之五十一減為百分之三十八，多餘的錢就用來增加百分之二十的警力，並且為警察加了一倍的薪水。結果，蘇可雷的殺人案件減少了百分之二十五。水龍頭流不出水的時候，歐卡里茲創造了一個稱之為「我的水」的計畫，派裝水卡車把水載到最貧窮的社區，還為斥資更新所有的幫浦。

他最有創意的教育計畫之一為「學習與進步」。[6] 這個計畫提供小額的現金，補助蘇可雷公立小學四、五、六年級學生的媽媽。只要學生的上課出席率達到百分之八十五，媽媽們就能收到這筆小額津貼。頭一個月裡，有資格的人只有百分之七十五跟市政府登記，其中三分之一卻因為孩子曠課太多而得不到津貼。這已比原先預期的成果還好，許多學生也隨即有動機出席上課。到了第四個月，得不到津貼的媽媽比例已經下降到百分之十二了。歐卡里茲告訴我：「要在一個專制體系內執政，必須要發揮創意。許多反對陣營的領袖並不知道，問題不在查維茲身上，而是人民有問題。如果能夠有效地處理人民的問題，就等於挖走查維茲的群眾基礎。」

委內瑞拉許多反對黨的年輕領袖認為，查維茲是個歷史包袱，就某些意義上，是源自於上一代政治人物所犯的錯誤，特別是在查維茲上台以後無法適應新局面的反對派。歐卡里茲對於上一代的反對黨領導階層頗有微詞，也認為許多罪責必須由他們來承擔。他說：「他們犯了許多錯誤。其中最大的錯誤，就是以為獲得執政權力有終南捷徑，他們不了解，我們必須要重建新的多數，提出新的政治方案，他們只想一夕成功，不論是用軍事政變、石油制裁還是其他方法。」

然而他們愈是嘗試走捷徑，問題就變得愈嚴重，反而坐實了查維茲的說法：反對派是一群不知委內瑞拉民間疾苦的菁英，屬於少數有錢的利益集團。接連的錯誤與失算，導致他們犯了歐卡里茲心目中「最糟糕之大錯」——他們最後決定抵制整個政治過程。二〇〇五年，反對黨領袖為了表達抗議，拒絕派候選人參加國會議員選舉。查維茲樂於從命，他推出了自己的候選人，並完全掌握了國會。結果，一百六十七位國會代表都是查維茲的人馬。現在，查維茲真的變成呼風喚雨的人物了。歐卡里茲說：「我們拒絕參加國會選舉，查維茲藉此機會全盤掌握了政府的所有機關單位。所以，不是他獨裁專制，是我們拱手讓他這麼做。」歐卡里茲閉上眼睛，搖搖頭，彷彿他也不明白反對黨人怎麼會採用這樣的策略。他繼續又說：「反對黨總是在自問，『如果查維茲沒錢也沒人氣，他會怎麼做？』然而我們不應該問查維茲會做什麼，我們應該問我們要做什麼。」

這一點很有道理，也是許多年輕反對派領袖的共識。我採訪了十幾位反對黨成員，他們對未來選戰策略有驚人的共識，該如何應付查維茲以及他的政治機器，他們方向大致相同：要像卡普利雷斯一樣，與民眾站在一起。還要像歐卡里茲，必須提出一套可取代查維茲統治模式的實際政治方案。當然，每個人都同意這個體系極為不公平，但要解決問題，不能只是抱怨而已。一定要團結。即使反對黨在二〇〇八年的選舉已經大有斬獲，但在全國各地還是輸掉六十七個選區，因為他們未能將資源集中在一位特定候選人身上。[7] 我的感覺是，大部分的領袖，特別是較年輕的政治新星，已經知道該具備那些條件才能有效地挑戰執政黨。問題在於他們是否依此採取行動。

當然，我們不能就此下定論，說未來選舉的結果完全看反對派怎麼做。查維茲一定會想辦法更改遊戲規則，不利他們參選與競選。他們不會有機會上全國性的媒體，無法傳播訊息。賣石油獲取的億萬收入，查維茲會拿來投入選戰，支持自己以及同黨的候選人。委內瑞拉的三軍將領甚至已經表明，假如選舉結果不是查維茲獲勝，軍方也許不會出面捍衛選舉的結果。[8]歐卡里茲說，反對黨必須自問要如何才能夠壯大自己，以對抗一個已經累積驚人權力的政權，這麼說當然不錯，然而我對於歐卡里茲的第一個問題還是很有興趣：

「那你覺得查維茲會怎麼做？」

歐卡里茲小心翼翼地說：「我不知道。」

我問：「會很可怕嗎？」

「當然。」暫停了一下，他又說：「他現在權力太大，無法無天。」

羅佩茲 v.s 委內瑞拉政府

歐卡里茲不願意談查維茲與政府用什麼奧步對付他。在訪談中，他希望把重點放在他跟他的團隊在蘇可雷進行的施政方案與解決之道。他不希望自己看起來是一個四面楚歌的悲情市長。部分原因是他希望改變委內瑞拉輿論對於反對黨的既定印象。他相信，反對黨一定要展現施政能力，而不只是對查維茲的獨裁專政發表個人的不平與不滿。另外一個他不願意發牢騷的理由，也許是因為他知道自己其實已經相當幸運了。對卡普利雷斯與歐卡里茲而言，雖然在委國執政很不容易，然而他們的處境已經比那些當選還無法就職的人好太多了。

二〇〇八年，查維茲端出了他對付反對黨的新利器：褫奪公權。[9]當年二月，距離下一次選舉還有十個月的時間，財政總長克羅多瓦多・魯西昂（Clodovaldo Russián）提出了一份包含四百位公務員的名單，並宣布禁止這些人參加公職選舉。這份聲明並沒有附帶任何法院命令，也沒有經過任何立法審查的程序。出現在魯西昂名單上的人還被告知無申訴管道。就憑財政總長大筆一揮，這些人就被擋在委內瑞拉的公職生涯之外。毫不令人意外，魯西昂名單所列出來的人，十之有八屬於反對黨的成員。

其中一位被禁止競選公職的人，就是里奧波多・羅佩茲（Leopoldo López）。[10]查維茲想禁止羅佩茲在政治上更進一層樓，理由相當明顯：羅佩茲年輕英俊，是哈佛大學碩士，而且在卡拉卡斯最富裕的查考市擔任兩任市長期間，大受市民的好評。查維茲崇奉南美洲解放者西蒙・波利瓦為偶像，並且自稱他的政治改革為「波利瓦革命」，羅佩茲卻與波利瓦關係更為直接，他們彼此是有血緣關係的。（波利瓦無子，他是波利瓦姐姐的直系後裔。）羅佩茲在二〇〇四年再度連任市長時，他的得票率是壓倒性的百分之八十一。

擔任市長期間，施政滿意度經常性地維持在百分之七十以上。二〇〇八年，羅佩茲希望出馬參選卡拉卡斯的市長。大家都認為他一定會當選。當財政總長宣布褫奪公權令時，羅佩茲在民調之中領先其他所有的候選人，支持度高達百分之六十五。羅佩茲相信到了選舉日當天，他領先幅度還會再拉大，委國當局對此也一定非常清楚。羅佩茲在他的辦公室裡告訴我：「如果我們贏得百分之七十的選票，這將會具有非常重大的意義。」

然而查維茲先下手為強了。為了使選情有利於自己人，查維茲政權自甘墮落到寧願使用最微不足道的理由來消滅他們認為無法擊敗的候選人。禁止這四百人參與公職選舉的藉口是「貪腐」。所有被褫奪公權的人皆未受法院定罪，被指控的罪狀也多屬荒誕無稽。聖克里斯多堡（San Cristóbal）的前市長威廉・孟德茲（William Méndez）只因為涉嫌收取沒有稅捐號碼的發票，就登上了財政總長的名單。二〇〇三年，政府立法通過發票必須印製稅捐號碼，但是孟德茲的發票都是在二〇〇一年拿到的。也就是說，孟德茲犯法的時候，該法根本不存在。然而查維茲全力支持財政總長這番伎倆，還認為四百人被褫奪公權的名單只是起頭，將來必須做出更多的類似處分。財政總長宣布名單沒多久後，查維茲就告訴支持者：「作為國家元首，對這些代表我們國家機構的可敬同志，我想要表達支持之意。我也代表政府與人民給予讚許，特別是對克羅多瓦多・魯西昂同志。我們現在要開始徹底打擊貪腐了。」[11]

雖然羅佩茲已經見多了查維茲的奧步，褫奪公權這一招還是讓他大感震驚。他的選戰——可能也包括他的政治生涯——根本尚未開始就被腰斬了。過去沒有任何一位委內瑞拉總統用這種手法來對付對手。「褫奪公權必須有一定的判準，必須由刑事法庭做出明確的判決，才能定罪。但根本沒有任何法律程序，我也沒有出過庭。」他告訴我。「這完全是行政決定而已。我們的遭遇顯示出，政府不想讓強大的候選人競選公職，所以用這樣手法來阻止我們。這跟伊朗、白俄羅斯、俄國等地所發生的事情沒有什麼兩樣。」

他並不指望委內瑞拉政府的任一部門有能耐推翻財政總長的命令，然而他還是決定一試。他向委內瑞拉最高法院提出告訴。最高法院到目前為止尚未做出不利總統查維茲的判決。然而羅佩茲還是向最高法院的憲法法庭申訴，他說：「你們所承擔的重任將改變歷史，你們必須決定要當憲法的劊子手還是捍衛者。你們可能成為埋葬憲法的千古罪人，也可能是捍衛法治、為所有委內瑞拉人追求正義的英雄。」[12] 最高法院選擇埋葬憲法。

羅佩茲看來無法在委內瑞拉國內獲得正義，他決定要到國外去尋求。他向美洲國際人權法院（Inter-American Human Rights Court）提出申訴，這是一個位在哥斯達黎加的國際人權法庭，它同意聽取羅佩茲與委內瑞拉政府雙方的證詞，這也是它第一次將司法管轄權擴及到保護個人的政治權利。（譯按：美洲國際人權法院類似歐洲人權法院〔European Court of Human Rights〕，負責審理美洲國家組織〔Organization of American States〕締約國的人權侵害問題與申訴案件。）魯西昂等人公開表示，查維茲政府不會接受人權法庭的判決，但是羅佩茲認為這是他唯一獲得公平審判的機會，也希望藉此對委國政府造成政治壓力。他告訴我：「結果不只會影響委內瑞拉，也會影響南美洲其他國家。民選政務官任意被褫奪公權，假如我們不阻止這種伎倆，恐怕它以後會成為不肖政權贏得選舉的手段。」羅佩茲感覺到我的懷疑，因為我不太相信查維茲會聽從國際法庭的判決。羅佩茲說：「理性上，我無法保證可以打敗這個政府。選舉經費、媒體控制、權力濫用、軍隊——這些都有利於他們。但是政治所憑藉者，在於希望。」與此同時，委國政府繼續大舉運用褫奪公權的命令，從二〇〇七年以降，共有超過八百位候選人失去競選公職資格。[13]

至於卡拉卡斯的市長選舉，結果頗為弔詭。羅佩茲被迫退出選舉後，反對黨的支持者轉而將票投給安東尼歐・列德茲馬（Antonio Ledezma），他是反對黨的老黨員，也是敢公開批評查維茲政權的異見人士。列德茲馬在十一月的選舉中獲得勝利。然而這位卡拉卡斯的新市長很快就感受到查維茲報復的威力。他的行政預算被大幅裁減，剩不到前一年的百分之二十。他的市長一職也剩下空殼，查維茲剝奪了他所有的職權，轉移到卡拉卡斯首都區的「政府首長」——在列德茲馬當選五個月後，查維茲憑空創造這個新職位。[14]還有更令人驚異的發展，查維茲的支持者霸佔了市政廳以及其他的市政辦公大樓，拒絕走人。他們把市政廳搶劫一空，設備與車輛不是被破壞就是被偷走。我跟列德茲馬見面時，已是他當選一年以後，他還是沒有辦法進入市長辦公室辦公。我們必須在卡拉卡斯市中心的私人辦公大樓見面，他在那裡設立了臨時的辦公室。列德茲馬告訴我：「查維茲好像凶狠的拳擊手，總是毫不留情地打擊對手，他過去就是這樣對付委內瑞拉的各大政黨。這就是新獨裁政治的開端。」

列德茲馬企圖保持樂觀，還向我解釋想要實施的計畫與目標，然而我不免覺得他是在山窮水盡之際保持振作。他必須到國外奔走為市政府募款。在我們見面之前幾個月，他還開始絕食，以圖喚起美洲國家組織（Organization of American States）的注意。他和他的團隊除了要想辦法執政以外，還必須很努力才能生存。列德茲馬的顧問阿爾卡雷（Milos Alcalay）告訴我：「查維茲贏了就贏了，他輸的時候還是贏了。如果他贏不了，他乾脆用搶的。」

對於羅佩茲來說，結果還有些轉折。二〇一一年九月，美洲國際人權法庭做出對羅佩茲有利的判決，命令查維茲的政府必須收回成命，恢復羅佩茲的公權。[15] 查維茲的回應是痛罵國際人權法庭為「一文不值」的貨色。委內瑞拉的國家機器則態度不明。最高法院一開始發表的回應，似乎是否定了國際人權法庭的判決。最高法院的庭長解釋說，他們同意羅佩茲可以參選公職，但選上的話不能就職。選委會遵循最高法院的判決，准許羅佩茲參選。但政府准許羅佩茲參選，是否是為了在反對陣營裡埋下分裂的種子？最高法院自相矛盾的判決，是否為了讓羅佩茲與支持者不知所措？政府是否故意保持含糊的態度，為將來反撲羅佩茲留下伏筆？沒有人知道答案是什麼。然而羅佩茲非常確定他下一步要做什麼：他決定投入反對黨的總統候選人初選。他一宣布參加初選，就表示他必須跟反對陣營的頭號候選人卡普利雷斯競爭。年輕的反對黨領袖們為了爭取與查維茲同台競選的機會，願意先在黨內一分高下。

「我們輸習慣了」

我的訪談時間定在二〇〇六年一月十八日早上九點——剛好在埃及革命的整整五年之前。全世界那時候還不熟悉解放廣場（Tahrir Square）的大名。那天早晨，距離解放廣場不遠處，我在民族進步工會黨（Al-Tagammu Party）黨部的二樓大廳裡整著採訪黨主席。這個左翼政黨是埃及歷史最悠久的反對黨。開羅這個城市早上不太有活力，當時大廳裡只有兩種人，一種是警衛，另外一種則是來請託或者申訴的忠實黨員。我等著晉見的人，是利法特・薩伊德（Rifaat El-Said）。黨部入口一度是美麗大方的典型開羅式大廳，卻因年久失修而破落。薩伊德很快地走過，沒有跟任何人打招呼，只揮手將我招呼進他的辦公室。薩伊德又瘦又小，而且很沒耐性，還喜歡用馬克思主義者那種長篇大論、教條式的訓誨來回答問題。

在埃及革命以前，絕大多數的埃及人對於反對黨都頗有微詞，連反對陣營內部也一樣。無可否認地，反對人士受到國家機器的迫害，被穆巴拉克騷擾、恐嚇、邊緣化、政治迫害。但即使他們受了很多苦，卻未能激起太大的火花。很多人認為，埃及的諸反對黨比較像是被打一頓的狗，而不像民主烈士。長期下來，他們已經被訓練得乖乖認命了。他們花許多時間在彼此鬥嘴，而非想辦法挑戰專制政權。他們絕大部分的精力都用在爭奪穆巴拉克施捨給他們的一點殘羹冷炙——零星幾席議員席位——然後躲回自己的角落裡大吹大擂或者自怨自艾。

薩伊德就是老一輩埃及反對黨領袖的典型人物。在他辦公室見面的那個早上，他的政黨在國會選舉裡面慘敗才剛過一個月。民族進步工會黨所推出的五十九位候選人中，只有兩人選上。即使用埃及反對黨的低標準來看，這個結果也是很糟糕的。這次選舉可說是一敗塗地，即使是創黨元老穆希耶登（Khaled Mohieddin）皆未能連任成功，他可是政壇老將，曾在一九五二年參加「自由軍官政變」（Free Officers Movement，編按：一九五二年，納賽爾〔Abdel Nasser〕帶領年輕的埃及軍官推翻埃及國王法魯克一世，並在一年後結束埃及的帝制時代。）。我本來以為這樣的結果會使這位黨主席的情緒受到影響，比如感到憤怒或自責，但薩伊德卻無動於衷。他坐在辦公桌後告訴我：「我並不失望。如果我不斷重溫這種感覺，就沒辦法繼續下去了。我們輸習慣了。」[16]

在我看起來，問題就在這裡。雖然反對黨試圖參與這個作弊的遊戲——埃及的選舉作票舞弊現象非常明顯——反對黨人卻不想、也不急著轉變技巧、改變策略或以不同的角度來思考問題。絕大多數的反對黨人都已經進入舒服的養老狀態。我追問他，在這次的慘敗後，他的政黨有沒有考慮用什麼樣不一樣的方法，他避而不答，只說：「慢慢來，慢慢來。」接下來的一個小時裡，他把大部分的時間用來痛罵同屬反對陣營的另一政黨——穆斯林兄弟會，而不是穆巴拉克。他還說，在我進他辦公室之前碰到的警衛，是政府派來護衛他的警察。他顯然不覺得這件事相當諷刺。人們早就揣測，在他當選為埃及上議會的議員後，就已經被政府給收編了。埃及上議院跟政府的回音室差不了多少，裡面的議員都是紅頂商人、政權寵兒。現在可好了，他還把自己的人身安全交出去，給他理論上所反對的政府來保護。就在我準備離開時，他說：「我們知道怎麼忍耐。」這一點是毫無疑義的。

薩伊德這種人的危險性，並不在於他不懂把握機會、好好地領導一個政黨對政府施壓，而在於他可能變成當政者的最佳武器。幾年之後，我在開羅遇到一個跟薩伊德很熟的人。他的父母跟薩伊德是好朋友，他小時候父母被政府關起來，薩伊德就像叔叔一樣照顧他。[17]他告訴我：「薩伊德對我來說好像父親一樣。」二〇〇八年一群埃及年輕人開始用臉書組織抗議活動——稍後導致茉莉花革命，把穆巴拉克趕下台——民族進步工會黨的領袖卻上電視詆毀抗議的年輕人。在電視上，薩伊德告訴全國的觀眾，組織抗議活動的年輕人都是瘋子，不必當一回事。這個事實讓視薩伊德如父的後輩覺得噁心不已。他告訴我：「我想，薩伊德跟穆巴拉克在許多地方都很像，也不只是他而已，而是整個世代的政治人物都已經腐化了。他們都以為自己懂，還以為只有他們才是權威。」他認為，應該是政府當局撥電話給薩伊德與其他反對黨的領袖，叫他們上媒體譴責年輕人。當局禮遇這些反對派，賦予他們特權，這就是代價。

夢到坐牢

二〇一一年三月十六日我走進另外一個不同的黨部大廳，每個人都笑得合不攏嘴。當時剛好是埃及人民起義趕走穆巴拉克的一個多月以後，歡欣的情緒尚未消褪。我拜訪的是明日黨（El Ghad）的總部，這個反對黨是由艾曼・諾爾（Ayman Nour）所領導的。黨工們進進出出，互相擁抱打招呼。在走道另一頭的會議室裡，資深領袖與黨員們正在討論最近發生的事件，以及未來的策略方針。在穆巴拉克被趕走後沒幾天，諾爾就上了報紙的頭條。他接受訪問時表示，埃及人既然已經趕走了獨裁者，那麼埃及與以色列的關係也必須重新評估。這讓華府的許多人聽了以後感到不安，然而對像諾爾這樣的政治人物來說，這是相當精明而且可預期的政治動作。諾爾是律師、前國會議員，也是埃及反對陣營裡面最著名的人物。雖然如此，穆巴拉克統治三十年後，像明日黨這樣不帶宗教色彩的世俗政黨，支持者已經不多了，所以諾爾可能會做一些政治動作來贏得人民的支持。（譯按：埃及最大、最有組織的反對團體是穆斯林兄弟會〔Muslim Brotherhood〕，是以伊斯蘭遜尼派傳統為主而形成的政治團體。他們的目標在於讓《可蘭經》與聖行，成為伊斯蘭家庭與國家最主要的核心價值。）他正準備在幾天內宣布參選總統。大家都期盼這將是埃及第一次真正自由的選舉。然而，與其他打算參選的人不同，諾爾這次參選總統已經是第二次了。

讓我感受最深的，是這裡的氣氛與一年前我來訪時有很大的不同。當時，有關埃及政治前途的辯論已經落入一成不變的窠臼，大家談論重點放在穆巴拉克的接班人是誰，有人說可能是他的兒子賈邁勒（Gamal），或者是某位軍事將領，最有可能者，大家揣測是情報局長歐瑪爾・蘇萊曼（Omar Suleiman）。我去諾爾家拜訪他，他家位扎馬列克（Zamalek），這裡是北尼羅河一個時髦精緻、有許多外國人與埃及菁英所住的小社區。在我跟他見面以前，許多人警告我，諾爾已經不再像從前那樣子爽朗健談了。他跟埃及政權長期對抗，體力精神都大不如前。

我跟他見面之前，諾爾有五年的時間不住家裡，絕大多數時間都待在開羅惡名昭彰的多拉（Tora）監獄數饅頭。他在二〇〇五年一月被逮捕入獄，罪名是偽照文書，當局指控他在申請明日黨成立的申請書上，涉嫌偽造多個簽名。各界對這個罪名普遍嗤之以鼻，認為完全是政治操作。稍後美國與歐洲各國對埃及政府施壓，埃及當局才釋放諾爾，允許他參選二〇〇五年九月的總統大選，結果他拿到六十多萬張選票。埃及政府可能對他的民眾支持度感到震驚，就算沒有，至少也想拿他來殺雞儆猴。選舉過後幾個月，他的偽造文書罪突然定讞，被判五年有期徒刑。他一直在多拉監獄蹲苦牢，二〇〇九年二月十八日，當局突然獲准他保外就醫。政府釋放諾爾的理由，表面上是健康情況不佳，然而大部分的觀察者認為，這位反對黨領袖能夠恢復自由，是因為埃及政府想要對新當選的歐巴馬政府示好。諾爾意外地獲得釋放，只是更加證明他被逮捕、判罪以及監禁都是出自行政命令，都是當局一手主導，與正當法律程序無關。我在二〇一〇年三月來到他家門口時，一三八七號犯人獲釋剛滿一年。

諾爾的公寓與法國沙龍類似，佔滿整座公寓的八樓。每一個房間的裝潢都很華麗：水晶吊燈、及地窗廉、大型東方花瓶、華麗的沙發與椅子，瓷器古玩、玻璃飾品與各種藝術品琳瑯滿目。雖然算是寬敞，然而他的公寓居然可以塞進這麼多東西，令人有點吃驚，而且有些角落真的看起來比較像古玩店，不像住家。在主客廳裡的沙發上方，掛著一幅諾爾的大型油畫像。畫中的他看起來年輕許多，也許是他剛剛當選埃及最年輕的國會議員時畫的。畫作的背景是國會中庭，描繪他正在遊說勸著其他議員，都是些埃及政壇的要角。我在週日傍晚準時抵達，僕人說諾爾還在睡覺，而他們顯然在討論是否要把他叫醒。

三十分鐘後，諾爾出來見我。他穿著藍色的牛仔褲、藍色西裝外套、脖子周圍的襯衫很舒服地鬆開未扣上，他慢慢地走過房間，朝我走來。他的舉止緩慢，說話輕柔——實在小聲，我必須把錄音機移近一點才能錄到他的話。坐在客廳裡的他並不像是一個萬念俱灰的人，只是受了傷而已。獄卒給他造成的痛苦，跟他自己未能得到美國援助的失望，兩者混雜在一起。我們話匣子一開，他就提到布希政府官員的虛假承諾。「總統大選之後，我又被關進監獄裡。但是在回籠之前幾週，我跟美國國務卿萊斯（Condoleezza Rice）第一次見面，她在開羅跟好幾個人見面，我也是其中之一。她叫我放心。我也很放心——在牢裡放心。」諾爾諷刺地說著。[18]

他繼續說：「每一次萊斯來埃及訪問，只要她的行程結束一離開，我在牢裡就會碰上壞事。二〇〇七年五月，萊絲離開埃及一個小時後，他們闖進我的牢房，把我痛打了一頓，就在五月十七日那天。」她第二次到埃及訪問，政府拒絕他保外就醫的請求。二〇〇八年十一月六日，萊斯最後一次來埃及進行官方訪問前夕，諾爾的政黨總部遭到縱火，當時在裡面開會的人有他太太、小孩以及許多支持者，雖然大家都僥倖逃出，然而主事者要表達的信息是很清楚的：美國沒有辦法保護你。「感謝老天，那次是萊斯最後一次訪問。」諾爾笑著說。

諾爾離開監獄後，生活困難。[19]他獲釋後沒多久，政府就發布命令，禁止他繼續執業當律師，名字也被律師公會從名冊上刪除。諾爾本來已談好要去某大學任教，但他相信在情治單位的施壓下，校方被迫取消合約。無獨有偶，某家地方電視台也同樣跟他取消合約。他的父親在他坐牢期間過世了，為了掙錢，他決定把父親的房子賣掉。為了完成這筆交易，該份房地產契約必須經過公證程序。「我到公證處去，代書女士說她很高興見到我，她說，一聽到我被釋放的消息，她還在後面的房間裡跳了一段肚皮舞。」諾爾微笑地回憶道。「我拿出身分證，請她完成公證程序，她卻說：『我很抱歉，我們接到警察局的指示，不得處理你的任何文件，除非你能夠出示出獄證明。』我告訴她：『我現在人就在這裡，我沒有越獄。』她說：『對，可是我們還是需要文件。』」

那位代書請他到檢察署申請出獄證明。「我到哪裡之後，他們告訴我：『我們沒有那種東西。你瘋了嗎？你去內政部問問看。』我到內政部，他們說：『這不是我們管的，你再回檢察署去看看。』」他又去一趟檢察署，他們還是回一樣的話。他無可奈何地對我說：「我父親傳給我的遺產，他們不讓我賣。」

穆巴拉克的政府用盡了各種手段，全都是專制政權拿來對付反對黨的絕招。諾爾被關、被打、被恐嚇，但埃及政府還不願停手，獄卒以及地牢只是懲罰的一部分。就像諾爾經歷到的，一個土地代書——甚至是一個同情反對人士、會跳肚皮舞的代書——都可能變成國家進行有效政治迫害的工具。

諾爾出獄後處處碰壁，跟其他人的經歷也非常類似。易卜拉辛（Saad Eddin Ibrahim）是埃及最有名的異議人士，接受我採訪時，他已經自願流亡美國三年了。我們在華府進行訪談，他描述穆巴拉克如何使用恐嚇、監禁、人格謀殺以及抹黑的手法來讓反對他的人噤聲。如果上述手法都無效，埃及政府就想辦法讓他們破產，與對付諾爾與易卜拉辛的手法如出一轍。易卜拉辛告訴我：「他們想把我告到千金散盡為止。還有一次，埃及各地有二十八個人同時對我提告。」[20]最近一次有人提告，剛剛在三天之前提出，罪名同樣也是空穴來風。「他們說我煽動穆罕默德‧巴拉迪（El Baradei，曾任國際原子能總署總幹事，二〇〇五年諾貝爾和平獎得主）參選總統，讓埃及陷於動蕩。我不認識那個到法院告我的人，但是這個案子在未來的一兩年裡會像梗在喉中的刺一樣，牽制著我。」

我們談到晚上九點，雖然時間已經不早，可是越來越多人紛紛來到諾爾家中拜訪。在我離開之前，我問他，他是否想過，過去他在牢裡至少是一象徵，反而更能發揮作用？諾爾回答道：「我連監牢也回不去了。」

我問他：「那是什麼意思？」

他解釋：「出獄後，我發現什麼事都做不了，他們處處阻撓，我要求他們讓我回去坐牢，服滿剩下的刑期。」諾爾承認，他其實不想讓穆巴拉克政權得意，因為他們釋放他就可以去跟歐巴馬邀功。他說，假如是這樣的話，他寧可回去蹲苦牢。

我問：「你真想再回去坐牢嗎？」

「老實說，我今天跟你見面遲到，是因為我打瞌睡時，夢到我回到原來的牢房裡。那也是我最後的夢想。」

諾爾為了他的反對立場，付出了高昂的代價，遠超過許多政治領袖。他就是少數膽敢跟獨裁者正面對抗的人。在二〇〇五年的總統大選中，他直接與穆巴拉克對壘，引發了當局的憤怒反撲，他的傷痕纍纍，不只是健康受到影響、經濟狀況大不如前，感情上也遭到重大的打擊。在坐牢時，他的婚姻破滅了，但他拒絕談論這個話題。我對那天晚上記憶是有點悲傷的：他仍然直言批判當局，卻好像連呼吸都有困難。二〇一〇年的當時，諾爾看起來真的比較像是一個提醒大家不要涉入政治的警告，而不是鼓勵大家奮起的榜樣。

一年後的二〇一一年，上述一切陰霾都被遺忘了。確實，諾爾在埃及革命中並未扮演任何領導的角色。最早動員群眾到解放廣場抗議的年輕領袖，有些就是明日黨的前黨員，他們對明日黨感到失望，早就掛冠求去。他們就跟許多埃及的年輕人一樣，認為埃及的各大反對黨已經官僚化、無效率也起不了作用，所以早早就背棄這些反對黨。但是諾爾不同，他確實曾為了理念而挺身對抗，也因此而付出代價。即使年輕人才是推翻穆巴拉克政權的關鍵，埃及的未來也多少該倚賴像諾爾這樣的民主老將幫忙。

二〇一一年，我在明日黨總部看到眾人歡欣慶祝，但大家也許高興得太早了。二〇一一年十月，埃及法庭裁定，諾爾在穆巴拉克政權時代被控的偽造文書罪依然成立，因此他無法參選總統。[21]這個發展不免讓外界認為埃及的政治革命尚未完成。在法院做出判決沒多久，諾爾告訴一群記者：「我們驅逐了一個軍事統治者，卻迎來一個軍事法庭。」[22]在他的眼中，他的對手也許已經不再是穆巴拉克，然而爭民主的奮鬥卻依然如故。

從開羅到檳榔嶼

我先聽到安華・伊布拉欣（Anwar Ibrahim）的聲音，才見到其人。這位馬來西亞的民主反對黨領袖當時在一個樸素大方的清真寺裡面演講。清真寺位在海邊大城檳榔嶼的高速公路高架橋下面。外頭一個黑板上寫著：「烏斯塔茲伊布拉欣（Ustaz Ibrahim，「烏斯塔茲」為穆斯林宗教學者之意）」，表示他是當晚祈禱會後的主講人。我走近清真寺的前門，安華緩慢、節奏均一的聲音從清真寺屋頂四個角落的揚聲器中傳出來。我看錶，應該只剩下幾分鐘演講就結束了。他的助理告訴我，會面的地點就在這裡。我在旁邊的一條板凳上坐下來，剛好看到安華演講的尾聲，現場觀眾大約是一百位男士，他們在他前面盤腿坐著。他看起來非常穩重，肢體語言還有外表都像是老師的樣子。我正準備問助理他演講的內容是什麼，就聽到他提起幾個名字：「穆巴拉克」、「蘇珊」、「賈邁勒」，都是前埃及第一家庭的成員。與世界同步，他談著震撼北非與中東的革命事件。他要表達的重點是：只要不同信仰、社會階級以及團體攜手合作，組成大連盟，就能推翻腐化的獨裁者以及他的家族。這個訊息對馬來西亞而言，特別適切。

那是一個週六的夜晚。如果想見到安華，就得到鄉下去。雖然他的老家在吉隆坡，週末卻都是在其他城市或者鄉村地區度過，不是跟黨內其他領袖見面，就是在公開場合發表演講。安華在國會是代表檳榔嶼的人民發聲。檳榔嶼，又稱檳城，是馬來西亞西北部的一個城市，瀕臨麻六甲海峽。我飛到這裡來，為的是跟著他一起從一個場子到另一個場子採訪他的政治活動。當他走出清真寺時，他向我招手，我們一起坐進他黑色的賓士車後座。我問他今夜的行程是什麼。他告訴我：「我還有三個行程。然後車子開往吉隆坡，這之間我會停下來跟一群黨內領袖見面。我到家的時間大概是凌晨四點到五點。」[23]然後他表示歉意，說下一個行程是頗豪華的華人宴會，原來為了祝賀反對黨領袖林吉祥七十大壽，眾人特別舉辦宴會。安華必須在車上換衣服，把原來穿的白襯衫換成比較適合祝壽的藍絲襯衫。他說一面換衣服、梳頭髮，一面向我道歉：「我真的沒時間，只能在車上換了。」

他真的沒時間，七分鐘後，賓士車就開到檳城最高級的大飯店門口停下來。站在門口等待的，是反對黨領袖、個人助理、保鑣、媒體記者等等，車門一打開，記者的鎂光燈就閃個不停。我們下車時，安華告訴我：「一直走，不要慢下來。」我們朝著宴會廳快步走過去，沿路上跟許多人握手。安華走到主桌坐下來，我則殿後，跟保鑣們坐在同一桌。在場的來賓超過八百人，這些人跟我們剛剛才離開的清真寺信眾完全不相同。這些人是檳城富有的菁英人士，許多人是律師、醫生、企業主，幾乎全都是華人。我們坐下來不到十分鐘，安華就被請上台去演講。（宴會的主辦者知道安華不能久留，必須提早離開。）在台上的安華，現在是位風度翩翩的貴賓以及黨領袖，他一面說故事一面開自己的玩笑，以自我貶抑的幽默感，向反對黨的前輩領導人林吉祥表達敬意。演講時間並不長，也很符合祝壽的旨趣，安華細數著林吉祥作為馬國政府最忌憚人物的種種軼事，贏得一陣陣的笑聲以及掌聲。

接著我們就離開了。下一個場子在吉打州的一個貧窮社區，大約往北二十分鐘的車程。那天晚上聚會的三四百人都是中低階層的印度裔。（印度裔馬人佔大馬總人口的百分之七，馬來裔與華裔分別佔百分之六十五與二十五。）他們已經等了兩個小時，卻沒有不耐煩的樣子。安華的保鑣在人群中擠出一條路，群眾開始喊：「烈火莫熄！烈火莫熄！」（譯按：烈火莫熄是馬來語Reformasi的音譯，是一九九八年馬來西亞前副首相安華被革職後不久，其支持者發動的一次社會運動。此社會運動有一系列的群眾示威和集會，主要針對掌權太久的首相馬哈地，但是安華在一九九八年底被捕後，烈火莫熄運動就沉寂下來。）在這個炙熱、令人汗流浹背的露天講堂裡，安華發表的演講跟他在清真寺的講道頗為接近，但是他表達的方式卻改變了：他提高聲音，握著拳在空中比劃以強調他的重點。

他傾身向前，對著台下觀眾高聲指控執政黨與其腐敗統治的不公不義，氣勢十分兇猛。再一度，台下的聽眾喝采鼓掌，甚至在我們的車子開走的時候，都還可以聽到「烈火莫熄！」的喊聲高入雲霄。

安華造勢的最後一場，我們再回到檳城。馬路的一邊早就大排長龍地停滿車子，我們也把車停在一旁走下車。露天會場的氣氛比較像是搖滾巨星演唱會。工作人員估計大約有一萬人來到這個草地上聽安華講話，然而實際人數無從得知。在一片黑暗中，唯一可以看到一排排人頭的機會，只有照相機鎂光燈閃起的時候。（安華在事後告訴我，反對黨造勢現場越漆黑，就有越多民眾前來，因為比較不會被政府偵查蒐證。）安華講了一個小時的話，內容比較輕鬆。有一度，他說歡迎現場的祕密警察，他指著台下一個他認識的便衣說：「連諾爾也來了。」現場一片大笑。如果這是演唱會的話，那麼安華就是巨星。時間越晚，聚集的群眾越多。

結束時，已經過了午夜時分。我動身回旅館，然而安華還要開好個小時的會議，之後還要踏上漫漫長路趕往大馬首都。過去五個小時的所見所聞讓我印象深刻。每一次安華從車子裡走出來，就變成不太一樣的反對黨領袖。同一個安華，四個不同的造勢場合，四個不一樣的人。他可以變成宗教導師、富有說服力的政黨領袖、言詞火爆的運動人士以及讓觀眾如痴如醉的巨星。難怪他可以當反對黨領袖。大馬的反對黨是多黨聯盟，包括他自己所屬的多族群組成的「人民公正黨」、以及華人所構成的自由派「民主行動黨」、還有保守的「馬來西亞伊斯蘭黨」。這樣的聯盟要能拼湊在一起，需要一個八面玲瓏的人，可以遊走於不同族裔與選民團體之間。我不得不問一個讓人感到焦慮的問題：馬來西亞的民主希望是否全繫於他一人身上？我向安華提出這個問題時，他笑了，並感謝我這麼抬舉他。然而他身邊的人都知道他是反對黨不可或缺的人物。執政黨也很清楚這一點。

「他以為他能夠擊垮我」

我第一次跟安華見面時，他心情好得不得了。當時是二〇〇八年四月，不到幾週以前，馬來西亞的反對陣線才剛剛讓執政黨「馬來民族統一機構」（United Malays National Organization, UMNO，又稱「巫統」）大感沮喪，贏得驚人的勝利。這是自馬來西亞一九五七年獨立以來，反對黨第一次在國會贏得超過三分之一以上的席次，結束了執政黨佔絕對多數的局面，使它不再能恣肆修改憲法。反對黨在十三個州裡還贏得五個州的州長寶座，包括馬來西亞最富庶的兩個州：檳榔嶼以及雪蘭莪。安華以壓倒性多數贏得檳榔嶼的國會席次。一九九八年到二〇〇四年，馬來西亞政府以羅織的貪汙罪以及肛交罪名，將安華單獨羈押了六年。現在，昔時的階下囚翻身了，對囚禁他的政府進行大反攻。巫統的大權似乎已經不保。

「馬來民族統一機構」統治馬來西亞已經超過五十年，有一個人物投下的陰影遠遠超過所有的人，那就是馬哈地・穆罕默德（Mahathir Mohamad）。[24]他本來是一個醫生，後來投入政壇，所以有時候別人叫他「M大夫」（Dr. M.）。他從一九八一年開始統治馬來西亞，一直到二〇〇三年退休為止。在海外，這位馬來西亞的獨裁者讓人印象最深刻的，是他針對喬治・索羅斯與所謂的世界性猶太大陰謀，所發表的種族歧視評語與反猶的謗詞。在國內，在他長達二十二年的統治中，讓人印象最深刻的是馬國經濟的優異成就，還有他的獨裁作風，批評者、反對團體一律被打壓剷除。

在他統治期間，民間流傳一則典型的笑話，說巫統的縮寫（UMNO）真正代表的是：馬哈地治下無異議（Under Mahathir No Opposition）。馬來西亞已成為亞洲最富有的國家之一，最具體的實證就是吉隆坡的雙子星大廈，它一度獨霸世界最高大樓的寶座。即使如此榮景，馬哈地也從未放棄獨裁統治。他一意孤行，完全不讓媒體、國會、法院、黨內同志甚至馬來西亞王室有發聲的權利。他剛上台的時候，馬國王室還擁有王室否決權，馬哈地把它取消了。最高法院質疑巫統的法律地位時，他開除了一半的大法官。他最有效的工具是《國內安全法》（Internal Security Act），有了這部法律，他就可以逮捕反對人士、無限期關押他們，不必經過起訴與審判的程序。馬哈地隨心所欲地運用這些權力，司法機構卻裝作沒看到。

從政壇退休後，馬哈地還是繼續呼風喚雨，指點江山。他開始反對親自挑選的繼任者阿都拉・巴達維（Abdullah Badawi）的特定政策：阿都拉封殺了幾個M大夫任內推動、由政府主導的龐大工程計畫，另外還釋放了安華。馬哈地隨即開始主導推翻阿都拉的計畫。在他的部落格上，馬哈地常常痛批阿都拉，悔恨當初沒有選用他的子弟兵納吉・拉薩克（Najib Razak）為首相。他指控阿都拉政府貪汙腐化、任人唯親。這是相當無恥的說法，因為他主政的二十年養出了龐大的權貴階級。二〇〇八年，馬哈地為了在政治上更進一步對阿都拉施壓，他辭去巫統的職位，以示他對首相的抗議。第二年，在執政黨大敗給安華所領導的反對黨之後沒多久，老獨夫終於得償所願，納吉——馬來西亞人說他是馬哈地的哈巴狗——成為馬來西亞的新領袖。

二〇〇八年四月的那個下午，安華相信巫統已經窮途末路了。我跟他在反對黨的總部見面，他說，許多執政黨的要員紛紛跟他連絡，表示想要倒戈加入反對陣營。安華還公開表示，要逐步推翻執政黨在國會的獨裁統治。「現在執政黨得擔心有多少議員會叛逃。我們已有足夠的人數，可在國會成為多數。」[25]他說。他估計在未來四五個月內，就能夠得到足夠的選票，促使馬來西亞變天，推動第一次政黨輪替。他已經在計畫政黨輪替之後要做些什麼。他說：「我們正從一個半專制的制度過渡到民主制度。媒體會獲得自由。我們將確保司法獨立，並成立一個獨立的肅貪機關。」

沒有人料想得到馬國政府會故伎重施。六月底，大馬政府再次對安華提起公訴，聲稱他性侵自己的助理，強迫對方進行肛交。這跟他一九九八的性侵官司一模一樣，當時導致他鋃鐺入獄。在當時，他的身分貴為馬國的副首相，是馬哈地手下的第一把交椅。大部分人認為安華真正的錯誤在於想要在政府內部發起肅貪運動，以掃除官商勾結和權貴政治。假如安華當時成功，那麼馬哈地身邊的許多人都會遭殃，包括他自己家人在內。到了二〇〇八年時，那些性侵的指控看起來好似當局的反射動作。當局顯然非常緊張，才要把安華搞臭，指控他犯下肛交罪。這是要讓安華感到尷尬，特別是在比較保守的馬來裔選民面前。然而，這樣的鬧劇大馬已經不是第一次經歷了，現在又再捲土重來一次，其可信度在民眾眼裡大為降低。只要回想反對聯盟才於三月份在選戰中所向披靡，本案的政治動機就更加清楚了。一位知名的馬來西亞企業家後來告訴我：「大馬有史以來只有一人被控以肛交罪。現在那個人又以同樣的罪名再被起訴一次。」[26]

顯然，連執政當局也都懷疑抹黑運動無法阻止安華達成目標，所以再祭出另外一種傳統工具：行賄。執政當局想出了有點奇怪的步數：招待五十個立法委員到台灣去渡假一週。他們為這個倉促安排的豪華參訪團找出一個名義：學習台灣的農業技術。國會議員邦莫達（Bung Mokhtar Radin）告訴國內的記者：「我們要去台灣研究農業。」[27]事實上，當局的目的似乎是要摸清楚議員們的底線，若要阻擋他們叛逃到安華的反對陣營，繼續留在執政黨，究竟需要付出多大代價？「他們一坐上飛機，我就知道機會已經沒了。」[28]安華指的機會是贏取足夠席次，好打敗佔多數的執政黨。「他們開會討論，私相授受，進行一切該進行的勾當。好幾位已經被聘任為副部長，或者擔任某某委員會的主席。有些人還是信守（叛投的）承諾，但我們的人數不夠了。」這次豪華的旅台參訪團是很賤的招數，然而它確實達到了目的。安華小看了執政黨的奧步，也再一次證明有錢能使鬼推磨是亙古不變的真理。

安華在檳榔嶼演講與造勢的第二天早上，我飛回吉隆坡，在他家進行最後一次訪談。埃及人民眾志成城趕走穆巴拉克的故事，成為他在造勢場合裡演講的重要例子，我想問他，阿拉伯之春是否會影響馬來西亞。對安華來說，埃及的革命確實是個轉捩點。突尼西亞的革命雖然重要，卻感覺很遙遠，可以當成統計上的異數忽略掉。然而埃及的事件卻不能如此看待。他說：「這裡，在馬來人之間，我會說每個家庭都跟一個曾經在埃及受訓練、或正在埃及受訓練的伊瑪目（imam，譯按：即阿訇，伊斯蘭教掌領教務，講授經典的人，也是社區領袖、師表。）有直接或間接的關連。」[29]據估計，約有一萬三千多位馬來西亞人正在埃及進修。二〇一一年一月及二月埃及年輕人湧上街頭抗議，海外的馬來西亞學子肯定目睹了這一切，也一定會受到影響。開羅的革命對吉隆坡而言顯然非同小可，首相不得不發表聲明，卻彷彿悻悻然在為大馬政權辯護。安華表示：「首相發表強烈的聲明，說馬來西亞不是埃及，不要預期埃及發生的事也會在這裡出現。」安華回憶道：「他說，我們是個民主國家……諸如此類的廢話。我反駁他說，突尼西亞發生革命後，穆巴拉克說的話跟他完全一樣，他也說埃及不是突尼西亞。」安華沒有說出來的話是不言而喻的：我們不需要跟別國一模一樣，才能受到鼓舞與啟發，才想致力追求同樣的民主道路。

當然，安華也承認馬來西亞不是埃及。比方說，馬來西亞在經濟上的成功，就是埃及難望項背的。雖然經濟上馬來西亞還是比不上一些亞洲國家，然而至少已經脫離貧窮無立錐之地的悲慘狀態，但是在中東地區，貧窮仍然是很普遍的現象。而且，即使是安華這樣堅定的反對者，也不認為馬來西亞需要靠革命的手段才能進步。他本人與其他結盟的政黨都相信，如果選舉過程公平與公正的話，他們就能靠它改變現實。他們也知道當權者會用一些奧步，包括作票其他選舉舞弊手段，但假如他們能夠鞏固足夠的選票，反對黨就有機會打敗巫統，讓政權和平轉移。當然，安華還是認為，財富、經濟發展、部分開放的政治空間，只能美化專制政權的外表，並不改變它本質的陰險與狡滑。「現在我們還不像埃及。大概要等八百人被槍擊斃後，這兩個國家才能畫上等號。」他指的是在解放廣場被軍警殺死的抗議者。「我們兩國的獨裁政治本質相同，但表面看起來不同。我們不會不經審判就把反對黨領袖關起來。我們會用法庭。我們還是有一些程序要走完！」

安華解釋，那些程序仍然能發揮迫害的功效。雖然當權者無法再次用肛交罪名來破壞他的形象，但對安華來說，它至少已經達到了原先的主要目的：浪費他的時間。雖然訴訟已經進入第三年，安華還是得天天都到法院報到，每週五天，每天都要待到下午四、五點。法官是政府指定的，他警告安華，絕對不能缺席，一缺席就可能會直接被抓回牢裡。這就是安華為什麼把行程都排在晚上以及週末，也是他為什麼需要這樣累死人地趕場：那是政府唯一准許他帶領反對黨活動的時間。他說：「我不能慢下來，因為這樣就趁了當局的意，他們會說我的心思都被官司佔滿。所以五點一到，我就立刻開車或搭飛機到造勢場子去。」他平常的週末行程大約安排了十場演講。大馬當局顯然沒辦法累死這位六十五歲的反對黨領袖，結果反讓自己陷入了兩難。如果法院大膽將安華定罪，可能會激起眾怒，讓政府的公信力更加蕩然無存。如果法院宣布安華無罪，人民就會認為政府浪費數年時間、花費無數公帑將安華起訴，真是胡搞又愚蠢。許多人相信，當局屆時可能會找一個技術問題當作藉口，宣布本案無法再審理下去，藉以挽回顏面。安華說：「他們現在裡外不是人。把我關到牢裡的話，容易引發眾怒，還會引起國際的注意。但假如放棄此案，他們也一樣頭痛。」

但再回去坐牢，想起來還是相當令人害怕，也是他不得不思考的一個可能性。他知道納吉確實有可能會下這種命令。許多人相信，即使到今天，納吉都還在聽馬哈地的命令。想到他的宿敵，安華說：「馬哈地可能小看我了。他一直相信人只要被關押刑求，任何人都會意志崩潰。他曾經告訴我，他最大的恐懼是被關押時不知道什麼時候可以出獄。所以，他就用這種方式來對付我。他以為他能夠擊垮我。」[30]然而，頗為弔詭的是，就是他那六年單獨囚禁的回憶，才激勵他，讓他有動力馬不停蹄地四處趕場。安華說：「我對民主自由的信念變得更為堅強。我被單獨關在囚室裡那麼久，才知道自由的意義何在，也才知道數百萬人猶然水深火熱，備受煎熬，渴求最基本的自由。」[31]

我們聊他在牢裡的日子，比方他在牢裡讀了哪些書——莎士比亞、中國哲學、經典文學，還有他怎麼捱時間。在訪談要結束之際，我問他，他覺得坐牢讓他學到了什麼事情。他很簡單地回答：「耐心。」

他並不是開玩笑；他是認真的。耐心，也許是任何專制政治制度裡，所有想要反抗權力者的反對黨領袖，最為需要的特質，可能比勇氣、膽量或者急智都更為重要。一旦開始挑戰獨裁者，他們就必須了解這是長期抗戰，挫折一定會排山倒海而來。然而耐心不等於安於現狀或者順從聽話。安華絕對不像利法特・薩伊德那樣，對於過去的失敗覺得無所謂。相反地，安華有長期抗戰的耐心，如同大部分的反對黨領袖一樣，深知這場消耗體力的戰鬥不會那麼快就結束。這不是一百公尺短跑。就像卡普利雷斯所說，累的人就輸了。

第五章　年輕人

前面，有一個檢查哨，橫跨著黑暗的路面。[1]他想，沒關係，警察有時候會設檢查哨，即使是這麼晚了，警察在這裡設哨，應該不是什麼奇怪的事。他放輕踏在油門上的力道，引擎換到低檔，開始減速。就在他的飛雅特一二八即將停止時，他從眼角餘光看到一輛麵包車，從街道的另一頭逆向朝他的車子衝過來。他來不及回應，只能在麵包車撞上他側門之前做好心理準備。被撞的那一瞬間，他恍然大悟，這些人是衝著他來的。因為，兩年前，警察逮捕他時，也用了同樣的手法。

他決定快逃。他快速倒車，再用吃奶的力氣全力轉動方向盤，加足馬力逃開。他的車已經被麵包車撞得元氣大傷，他還是朝反方向加速，很快地來到大橋上。

糟糕，那裡還有另一個檢查哨。

他決定不過橋，掉頭朝第一個交流道出口開過去。在交流道盡頭等著他的，又是一個檢查哨。就算他現在要更改路線，他遠遠就看到轉彎處也有警察設立的路障。警方這麼大陣仗展開圍捕行動，一定是有人告密，洩露他會在此區活動的消息。他被警察團團圍住，已經走投無路了。他停車怠速，靜觀其變。他從後照鏡看到那輛麵包車再度出現。這一次它不再撞上來——這輛飛雅特是他跟爸爸借來開的——因為他們知道他已經逃不掉了。麵包車的側門拉開，竄出好幾個拿著警棍的警察。在他們把他從飛雅特的前座拖出來之前，他想辦法在手機上傳了一個簡訊。接著他的眼睛就被布給矇住了。

那是二〇一〇年二月十六日的傍晚，三天後，國際原子能總署前總幹事、二〇〇五年諾貝爾和平獎得主穆罕默德・巴拉迪將回到埃及。巴拉迪前幾個月公開表示，他將要回到母國來參加總統選舉，挑戰穆巴拉克。就在巴拉迪即將返國前夕，開飛雅特的年輕人與他的朋友們決定要表達他們的支持。這群年輕行動家的支持方式，通常是在開羅的建築物與空牆上噴漆塗鴉。今天晚上，年輕人選擇的塗鴉地點在高速公路路口附近的黎巴嫩廣場，每天都會有成千上萬輛汽車經過此廣場。另外，這裡也很靠近內政部長的官邸，年輕人早聽說，每次內政部長看到那裡出現反對穆巴拉克的塗鴉，許多警察就會倒大楣。那天晚上他的噴漆模板上印出來的訊息是「巴拉迪回來了」、「穆巴拉克完蛋了」。可能沒有人注意到，他在黎巴嫩廣場噴出來的握拳標誌，與另一個革命象徵幾乎完全一模一樣，十年前，塞爾維亞年輕人推翻獨裁者米洛塞維奇時，就是用那個標誌。

不了解的人很容易把他看成一個不滿現狀、惹事生非的小夥子而已，很多人也確實這麼認為。然而，埃及當局其實不在乎公共空間的整潔乾淨，也鮮少布下天羅地網捉拿塗鴉客。他們會派出數十名警察捉拿這個帶著模板與噴漆的年輕人，是因為他雖然只有二十九歲，卻已是反穆巴拉克運動的老將了。果不其然，不到一年以後，點燃埃及革命火焰的青年團體，就是以他作為領導人。

他的名字叫作阿赫美德・馬赫（Ahmed Maher），他被抓到埃及警察局的那個二月的夜晚，並非第一次跟警察交手，之前他曾多次被警察找去問話，兩年前有一次他還被刑求，也是他第一次見到警察把麵包車當碰碰車使用的時候。比較起來，他那天晚上被警察抓算是輕鬆的。他被指控的罪名跟前一次一樣，是他非法結社、意圖顛覆政府。訊問他的警察笨得令人吃驚，一再重覆地講一些荒謬的事情，像是：「總統是個好人，賈邁爾是個好人。」彷彿只要叨叨絮絮地講這些話，阿赫美德就會被他說服。幸運的是，在警察把他眼睛矇上、銬上手銬、丟進麵包車的後座之前，他及時送出簡訊，剎時之間整個後援網路都動員起來了。很快地，警察局以及檢察官辦公室外面就聚滿了抗議者。阿赫美德在兩天後就獲釋了。

二十一世紀的開頭幾年，我們見到好多個專制國家裡，勇於挑戰最難撼動、最強大政權與獨裁者的，皆屬於青年運動。在塞爾維亞，年輕人所領導的團體「歐特普」（Otpor，意為「抵抗」），於二〇〇〇年推翻了米洛塞維奇。由於他們的感召，喬治亞的青年團體「喀瑪拉」（Kmara，意為「夠了」）在二〇〇三年成功地號召人民上街頭，促成政治的改革。一年後，烏克蘭的「波拉」（Pora，意為「是時候」）在選舉舞弊醜聞爆發後，動員了數千名年輕人舉行抗議。二〇〇七年，委內瑞拉的反對黨一蹶不振時，是由學生帶頭發起抗議活動，反對查維茲大幅地擴權。事實上，委內瑞拉的學生比國內其他的政治勢力更受群眾支持，連天主教會都沒這麼大的影響力。[2] 二〇〇九年，假如沒有數不清的年輕人上街抗議總統大選舞弊，伊朗的綠色革命斷然不可能形成。二〇一一年年初，數百萬年輕人湧上北非與中東的街頭，其不可抑遏的強大力量，推翻了好幾個專制政權，永遠地改寫了這個區域的歷史。

當然，年輕抗議者，就像其他反抗專制政權的抗議者一樣，常常無法達成他們的目標。從亞塞拜然到辛巴威，到處都有青年異議團體揭竿起義，但也都被殘暴地鎮壓了。縱觀這些專制國家，我們可以觀察到兩個共同點。第一，最敢言、最有創意、最有效果的抗議者往往是年輕人。第二，與執政者對抗時，大部分的年輕抗議者刻意保持政治中立，避免陷入國內長期的朝野拉鋸戰裡，不受任何一派別、政黨、組織牽絆。走遍專制國家，我與年輕反抗者對話時，確實發現一個共同的主題：他們不認為自己年輕、沒經驗是一種缺點，反而相信，正是有這些這些特質，他們才能夠另創新局、不受汙染，以政治圈外人的身分形成強大的力量，對抗緊握著權力不放的統治當局。馬赫告訴我：「我們不是一個政黨，那就是我們的力量。我們想做什麼就做什麼，想什麼時候做就什麼時候做。我們不用擔心黨部會被查封。我們的反抗方式不受局限。我們決定該做什麼事，我們就去做。埃及眾反對黨總是瞻前顧後、算計多多。」[3]

全世界的運動團體都會同意馬赫的看法。現代專制政權所創造出來的政治環境，都是精心打造、經過縝密計算的人工環境。在俄羅斯，除了共產黨以外，杜馬裡面各大反對政黨都是國家機器創造出來的，根本就是克里姆林宮的附屬品。在委內瑞拉，就是因為反對黨過去數十年的失敗，造成民生凋蔽，才讓查維茲有了崛起的土壤，這是大家都同意的事實。雖然上一代如此無能，反對黨卻還是花了十年以上的時間，才能夠剔除黨內的大老，讓新人得以出線。在埃及，世俗的諸反對黨並不關心如何才能凝聚成為強大的政治勢力，進而挑戰穆巴拉克，反而勇於內鬥。難怪這些國家的年輕人都認為，這些老派的政治人物都已經威信大減，不是跟權力者過從甚密，就是失敗太多次，難再取信於人。因此，不論是執政黨還是傳統的反對黨招募黨員，年輕人都避之唯恐不及。他們認為當前的政治環境已經被汙染、兩極化了，所以寧願待在外圍，不玩傳統的那套政治遊戲。他們以這種方式投入政治運動，也不想要為自己謀求權力，所以當權者往往覺得這些年輕人才是最大的心腹之患。道格拉斯・巴理歐斯（Douglas Barrios）是二〇〇七委內瑞拉學生運動的領袖之一，他說：「我們能夠輕易地超越政治鬥爭。因為我們不是反對黨，我們不是執政黨，我們沒有歷史包袱，我們不過是一兩千名要求改善情況的學生。」[4]

因為反對黨太過無能，阿赫美德・馬赫、道格拉斯・巴理歐斯、以及全球無數加入反抗運動的年輕人，現在變成專制政權最料想不到的新威脅。

跟麥克・泰森怎麼打？

查維茲所向無敵。二〇〇六年年底，富於群眾魅力的委內瑞拉總統，處於權力的巔峰。十二月，他以壓倒性的勝利贏得總統大選，以百分之二十六的得票差距，遙遙領先反對派的候選人曼紐艾爾・羅沙列斯（Manuel Rosales）。一年以前，反對派杯葛國會選舉，使得國會的控制權輕鬆成為落入他的手中。他的荷包也不斷進帳，石油價格當時已經一桶超過六十元美金——比起他剛當上總統時漲了三點五倍——而且還一直往上飆，沒有止歇的跡象。反對黨這次總統大選的慘敗，不過在一九九八年以來一連串的失敗多加一筆而已。在開票的那天晚上，查維茲走上總統府陽台、望向委國河山的時候，已經沒有等待征服的對手了。如果他還想要幹架的話，就必須主動找尋敵人，這也許就是他找一家電視台下手的原因。

卡拉卡斯廣播電視台（Radio Caracas Televisión），簡稱為RCTV，已經有五十三年播放的歷史。它是委內瑞拉歷史最悠久的電視台，收視率也是第一，死忠觀眾達收視人口的百分之四十。雖然它製作的電視節目絕大部分都是娛樂性質，比如一些膾炙人口的連續劇，然而它僅有的少數新聞節目卻敢批判查維茲與政府的政策。所以，在他連任成功後幾週，身穿迷彩戎裝的查維茲即宣布不再更新ＲＣＴＶ的電視台執照。二〇〇七年五月二十八日，ＲＣＴＶ的執照到期之日，就是它關台大吉之時。許多委內瑞拉人，包括總統支持者，對於總統此令大感震驚，因為ＲＣＴＶ是每個人從小看到大的電視頻道，它已經成為委國人民生活重要的一部分。民調顯示，百分之六十五到八十的民眾反對它關台。[5]然而查維茲不為所動。

巴理歐斯當時是大都會大學（Metropolitan University）經濟系四年級的學生，年紀才二十歲。像他的同學一樣，他們都是在查維茲統治期間成年的第一代委內瑞拉青年：查維茲當選總統時，他才小學六年級，所以不太記得總統不是查維茲的年代是什麼樣子。然而他確實記得二〇〇七年五月二十七日晚上，他說，那時他坐在家裡，目睹了「震撼的一刻」。[6]之前幾個月，巴理歐斯跟他的同學都在靜觀其變，他們不敢相信居然沒有人組織起來反對總統的命令。巴理歐斯說：「跟別人解釋時，我說，那就好像有人要同時關掉美國國家廣播公司（ＮＢＣ）、美國廣播公司（ＡＢＣ）、哥倫比亞廣播公司（ＣＢＳ）一樣。」而那天晚上，十二點整，ＲＣＴＶ熄燈了。電視觀眾看到的最後一幕，是記者、主播、演員、工作人員一面唱著國歌，一面揮手道別，許多人流著眼淚。「你坐在電視機前面，也許已經把客廳燈關上了，然後你看著電視畫面突然變成雜訊。它代表著我們的選擇就這樣沒了，選項就這樣消失了，多年來陪伴在我們身邊的事物突然變成雜訊。」

安德列・貝羅天主教大學（Andrés Bello Catholic University）的學生潔若汀・阿爾瓦雷斯（Geraldine Alvarez）對於那天晚上也有類似的回憶。她是傳播系四年級的學生。她從未對政治感到興趣。然而在RCTV被關台的前一天，她獲選為大學學生議會的議員。她本來認為當選後將負責組織學術討論、處理校園的議題等等學生事務，從來沒想過學生議員的身分會帶領她走上抗爭之路。然而一切在五月二十八日那天都改變了。阿爾瓦雷斯說：「那是第一次我覺得政府侵門踏戶，直接告訴我不能做某件事。那就是為什麼許多人的反應都是如此驚嚇。第二天我們就把學校關了。」[7]

一開始的時候，他們的反應是自發且不約而同的。當時挺身而出的委內瑞拉學生領袖都表示，他們沒有事先策劃過什麼計畫。他們沒有預想過將來要如何，只是非常短視地為未來幾個小時做打算。他們也沒有人料到他們的行動將匯聚成一場群眾運動。卡拉卡斯五所大學的一小群學生決定，二〇〇七年五月二十八日不可再是得過且過的一天。[8] 那天早上，百來名學生早早起了床，站在自己的學校大門口抗議，他們說昨晚在電視上看到的事情讓他們生氣。巴里歐斯說：「我們當時說，到了明天，事情不能再一成不變了，因為如果我們放任它跟其他日子一樣，說服自己這是一件正常的事情，我們就會失去一部分的自我。」

事實上，卡拉卡斯的五所大學剛好位於戰略要點：四所位在進城入口，第五所則位於城中心。所以，即使只是少數一群人把五所大學前面的馬路阻擋起來，卡拉卡斯整座城市就無法動彈，等於癱瘓了。那就是學生所幹的事。

不意外地，警察、軍隊很快就出動，開始驅趕擋在路上的學生，還對大都會大學的學生發射橡皮子彈以及催淚瓦斯。學生沒有辦法，只能撤退回校園。當他們試圖突破封鎖線時，遭警察打退。學生領袖們拒絕接受失敗，打算另闢戰場。他們打算離開學校到布里翁廣場（Plaza Brión）聚集，廣場位在城裡面治安比較好的區域，附近有一個地鐵站，當局也料不到他們會跑到那裡去。此時，令人驚訝的事情發生了：他們的人數開始增加。

其他的學生、朋友、家人聽說大學前面有學生與警察發生衝突，許多人都決定挺身而出，出面表達支持與聲援。當天早上散布於五所大學的抗議學生約只有數百人，到布里翁廣場聚集時，人數很快就增加到兩千人。人群持續湧入，有人估計，當天下午約有十萬人聚集。最後廣場容不下所有的人，許多人只好擠在附近的街道上。委國政府再度出動警察與軍隊驅散群眾。然而那天下午的集會非常鼓舞人心，使得這個議題無法再局限於一時一地。第二天，群眾再度上街抗議，而且這一次，抗議者不再局限於卡拉卡斯，其他地方的大學生也開始組織自己的擋路行動和抗議活動。瓊・郭以郭切亞（Yon Goicoechea）是安德列・貝羅天主教大學的法律系學生與學生領袖，他很快成為委內瑞拉學運的代表人物，他表示：「我們不是有計畫的一群人，但是至少我們知道第二天必須做些什麼事：我們必須引導這股自發性的熱潮。我們沒想到抗議群眾的層面會分布這麼廣。」

第二個月，學生反對RCTV關台的抗議活動，變成委內瑞拉的全國性運動，每一天都有學生舉行抗議。雖然示威活動激起火花，並且散播得很快，然而說真的，他們不可能改變什麼。查維茲已經強迫RCTV讓出播放頻道，另以國營電視台取而代之。如果只是為了挽回RCTV，那學生們已經輸了，然而這並不是他們的目的。事實上，二〇〇七年五月與六月的抗議活動，只不過是宣告學生運動將成為委內瑞拉政治一股前進的動力。郭以郭切亞承認：「我們並未達成什麼樣的具體目標，但我們身處於一個獨裁國家之中，給予希望、擊敗恐懼本身就是非常重要的目標。」[9]

學生所扮演的政治角色，事實上不乏歷史的前例。他們視自己為近代委內瑞拉第一位民主總統羅慕洛・貝坦科爾特（Rómulo Betancourt）的傳人。貝坦科爾特在一九二八年曾領導學生運動，對抗當時的獨裁者璜・比森特・戈麥斯（Juan Vicente Gómez）。當時，唯一願意站起來反抗戈麥斯的，只有一群學生，他們為了民主而奮鬥，卻遭到當局囚禁、迫害、流放三十幾年。一九五九年，貝坦科爾特才苦盡甘來地當選上總統。二〇〇七年，委內瑞拉的學生認為他們正在承續著那個傳統。郭以郭切亞告訴我，即使他們沒有達成某個明確的目標，但初夏的抗議活動是學運最重要的階段，因為他們跟委內瑞拉的民主前輩建立了承先啟後的關係。他說：「在我們的歷史中，每一次獨裁者當權時，學生都會走上街頭。學生運動的傳統中斷數十年後，終於再出現，這對於動員反對力量是非常重要的。我們的出線，代表反對查維茲的不只是政黨，而是人民渴求生活在民主的委內瑞拉。」就算沒有人要反抗查維茲，學生還是會挺身而出。

另外一個機會很快就到來。八月十五日，查維茲提出了一個憲法公投案，打算大舉擴張總統的職權。這個令人不敢置信的大膽提案，包含了六十九條憲法修正案，其中一條允許他宣布國家緊急狀態，而且由他審查所有的媒體。[10]另外一條則讓他有權創設新的行政區域，並由他親自挑選的副總統來擔任首長。還有一條則是提高罷免總統的連署門檻——因為反對黨曾在二〇〇四年嘗試過罷免他。最具爭議性的修正條文，應該是廢除總統任期的限制，這一條將為查維茲當萬年總統鋪路。而且，為爭取民眾支持此次大舉修憲，條文中也充滿了討好民眾的期約賄選方案，例如一天工時上限為六小時，保障每個人的社會福利，從街上小販到家庭主婦，都可獲得一定好處。換言之，查維茲提議的，已經不只是修憲了，他想要大幅度地改變國家與社會的關係。他所提修正案的內容之龐雜，寫滿了四十四頁單行間距的紙張。

這一次，學生們有了明確的目標：影響這次公投的結果，讓查維茲的提案過不了。委內瑞拉沒有人——甚至包括學生們自己——敢打賭學生會贏。查維茲八個月前才獲得壓倒性勝利，他看起來所向無敵。他還有國家機器在他背後撐腰，而且在他接連將大型企業收歸國有後，國家機器似乎愈來愈龐大。雖然尚有少數的批判性媒體存在，但他們在查維茲拿RCTV殺雞儆猴以後，都不敢輕舉妄動。諸反對黨則因為選舉慘敗而垂頭喪氣，似乎不打算為反對這次公投案展開積極的活動。

事實上，連在委內瑞拉校園，也沒有大批學生們積極地想要出面捍衛民主權利。在查維茲宣布舉行公投後，巴里歐斯記得，在他的大學裡召開的學生大會只有八個人來參加。學生領袖了解到，雖然他們兩個月前才成功地動員反對RCTV關台，這一次還是得從頭再來。巴里歐斯說：「那對我們是一大挑戰，先前抗議的熱潮已冷下來，我們必須要再度啟動學生自發性的反應。」

學運領袖們花了一個月的時間，才說服同學們，讓他們有足夠的意願為憲法公投而戰。第一步是教育。他們必須讓學生們明白，假如公投案通過會有什麼樣的後果，並且強迫他們注意。憲法修正案的一些條款允許政府沒收私人財產。所以學生團體包圍了校園的餐廳，用黃膠帶圍起來，說它們現在是政府財產。他們在校園的花園裡豎立了許多假墓碑，在每一個墓碑上寫上一個即將消失的政治權利。如果有新人想加入，學生領袖也會讓他們覺得有參與感。所以每個成員都有工作做，都覺得自己屬於運動的一部分，即使是最簡單的走路工，也必須凝聚他們的向心力。學運領袖們也越來越懂得實際的宣傳手法，如製作T恤、橡皮手環等。巴里歐斯說：「我們要讓大家覺得加入學生運動是很酷的一件事。如果用這些手法就能吸引數千人上街頭，那麼我們就該去做。」

學生們目光如炬，懂得必須傳達什麼樣的訊息給大眾。查維茲對付反對黨最有效的詞令，就是講起過去。委內瑞拉人都記得過去一二十年民主政府種種不良紀錄：貪腐、無能以及經營不善。只要能把反對黨與過去種種做連結——不是很難，因為反對黨的許多政治人物都在過去的政府裡任職——查維茲就有勝算。但是學生們沒有這樣的政治包袱。畢竟，在查維茲當選總統時，他們不過才是十歲或十二歲的小學生。

先前反對黨的口號是：「查維茲，馬上滾！」對學生來說，這句口號不好。這場由查維茲主動挑起的口舌之戰，造成朝野敵對、勢不兩立，他們沒有興趣推波助瀾，繼續深化。他們的目標是讓公投案不過關，不是讓查維茲下台。總統的人氣極高是既成的事實，學生們明白，將他妖魔化是必輸的策略，只會讓選民跟他們保持距離。郭以郭切亞說：「我們不是反對查維茲，也不是想趕查維茲下台。我們要傳達的訊息與眾不同，我們不想激化民眾情緒，鼓動大家反對查維茲，而是在體制內尋求改革。所以我們一開始就把焦點放在積極的價值上面。」學運領袖們對此都有強烈的共識，所以非常小心地避免提到總統。阿爾瓦雷斯回憶道：「我負責宣傳工作，所以我們根本不提『查維茲』。我們言必稱政府，我們談的是民主價值。」

就像其他國家的青年運動，委內瑞拉學生最明確的優勢就是年紀以及政治中立性。阿爾瓦雷斯說：「人們開始支持我們，因為我們年紀輕，又不是政治人物，而且我們也因為年輕，所以不會要求選民給我們什麼樣的政治回報。」這樣單純的動機，讓委國政府不得不採取防守的姿勢。查維茲故伎重施，再使用極端的語言，他說學生們是「紈褲子弟」、「美帝之子」、「法西斯黨徒」，把學生跟有錢人、美國綁在一起，然而這些抹黑言詞無法說服大眾。到了秋天，學生運動已經做到了其他人做不到的事情：查維茲現在處於守勢，不得不回應對手的政治訊息，而不是反過來。

當然，查維茲不會只滿意於口頭的攻擊。就像所有的專制領袖一樣，他以武力與恫嚇的方式來打壓學生。學生們喜歡這樣比喻：與查維茲對打，好比對上麥克・泰森。「如果你要跟泰森對打，最好不要選擇拳擊，他雖然腦筋不太正常，卻可以把你一拳打死。」巴里歐斯笑著說。「但如果你跟他下棋，也許就還有打敗他的機會。我們不打算對上查維茲的軍警，因為他們有槍砲與武器，大可殺死我們。但如果我們不加入他們的遊戲，而是讓他們跳進我們主導的遊戲，我們就可以擊敗他們。當然，你下棋贏了泰森後，他可能會腦羞成怒，打你一拳。但假如他這麼做的話，群眾都會支持你。相反地，如果你是在拳賽中被泰森痛打，每個人都會說活該，畢竟是你自己去挑戰他的。」

要如何才能讓查維茲與統治當局一直處於守勢？答案是發起具原創性、別出新裁的抗議活動。雖然上街遊行抗議很好，但學生們想避免落入上街頭、遊行、然後遭到鎮壓的窠臼。所以當年的十月與十一月，學生們一連串新穎有創意的抗議活動，讓委內瑞拉民眾大開眼界。就像一開始在校園裡面的行動一樣，學生的示威活動常常先以教育群眾為目標，向大家展示查維茲的憲法公投案對於民眾會有什麼影響。有時候他們把路擋起來，只讓那些可以說出憲法修正案其中一條的人通過。[11]他們散播扼要清楚、切中問題的漫畫。他們不帶一千人一起上街頭，而是派十人一組的小隊到一百個地鐵站去散發自己印的報紙，頭條新聞都在強調，若未來委內瑞拉政府無限擴權的話，將發生什麼悲慘的後果。

事實證明，幽默是很有威力的武器。阿爾瓦雷斯告訴我：「委內瑞拉是以生產環球小姐著名的國家，所以我們很重視我們的委內瑞拉小姐。」所以學生們畫了一張未來的委國小姐圖片，顯示的是一個不想放棄后冠的老小姐。阿爾瓦雷斯說：「每個人都希望看到每年選出新的佳麗，萬一真正的委內瑞拉小姐只想霸住后冠不放，一戴就是十五年會怎麼樣呢？」

查維茲與他的支持者也使出專制政權慣用的伎倆，開始聲稱這些學生的美國中情局派來的特務。所以學生們跑到某國營銀行的外面示威，一到那裡就大喊說，他們是美國中情局的間諜，要來提領支票。阿爾瓦雷斯回憶道：「我們在銀行外面抗議，說政府積欠我們美國中情局的錢。這舉動讓人們明白，我們的政府有多蠢。我們不跟他們對幹，而是嘲笑他們。我們能夠這麼做，因為我們是學生。」

公投的日子一天一天接近，學生們說警察變得愈來愈粗暴。學生還有家人們都開始收到死亡威脅。在遊行時，學生們被流氓暴打，警察在一旁袖手旁觀。各個學生領袖開始受沉重的壓力，其中又以郭以郭切亞的遭遇最慘。

二〇〇七年郭以郭切亞開始領導學生運動的時候，他的家庭剛好陷入危機。該年稍早，他的父親才因為殺人罪而出庭受審。他父親與家人都聲稱他是自衛殺人。不論真相如何，郭以郭切亞的父親在拘留所候審，這讓當局有了可資運用的籌碼。某一天，郭以郭切亞在街上走路的時候，委內瑞拉的副總統霍荷・羅德利格斯（Jorge Rodríguez）派保鑣把他請上車。[12] 羅德利格斯想要跟他做買賣。「委內瑞拉共和國的副總統說，如果我停止抗議活動，他就釋放我的父親。我沒有接受，所以我的父親仍然在牢裡。我們得承受後果，得犧牲。這不是件容易的事。」

我問郭以郭切亞：「副總統希望你退出學運，還是希望你破壞學運？」

郭以郭切亞毫不猶豫地說：「如果副總統當時告訴我，我一退出父親就能出獄，那我就會退出。但學運牽涉到的不只是我，我絕不能扼殺它，我對它有一份責任。我的選擇是要付出代價的，而我每天都在償付。」郭以郭切亞拒絕副總統的條件以後，為了讓他父親在牢裡蹲更久，當局起訴他父親的罪名變了，求刑不再是六年，而是二十年。靜默了幾分鐘，郭以郭切亞說：「他們恐嚇威脅，絕不手軟。」

說到底，憲法公投是否會過關，還是數字的問題。在公投即將舉辦的前夕，學生認為必須要向國人展示，有很多人支持他們，他們有把握贏。他們決定最後一場造勢活動要在卡拉卡斯市中心的波利瓦大道上舉辦。波利瓦大道並不是委國最大的公共空間，然而歷史上多場重要的政治集會都是在這裡舉行的。委國國內也有一種普遍的說法，只有查維茲總統才有辦法動員足夠的人，讓波利瓦大道擠得水泄不通，這讓學生更覺得必須在那裡辦造勢大會了。然而有權批准他們在該地辦活動的內政部，也非常了解波利瓦大道的象徵意義，所以一再地拒絕學生的申請，還說他們可以在任何地方辦，就是不准在波利瓦大道上辦。學生表示他們願意接受內政部指定的任何日期與時間，只要地點是在波利瓦大道。最後內政部指定了十一月二十九日星期四的下午兩點三十分，就在十二月二日的公投之前三天。巴里歐斯表示：「他們指定的時段最不利於辦活動。」因為想來參加的支持者必須離開工作，並且克服中午最繁忙的交通才能抵達會場。「但我們將所有的資源——物資、經費、人力——全都投入動員，想要填滿波利瓦大道，而我們做到了。」根據統計，那天約有十五萬委內瑞拉人去參加學生所主辦的造勢大會。[13]第二天，查維茲也辦了自己的公投造勢大會，波利瓦大道也一樣擠滿了人。巴里歐斯表示：「不同之處在他是總統，我們只是大學學生。許多人散會的時候都在想，這些年輕人是玩真的。我想，我們真的有機會取得勝利。」

六件防彈背心

十二月二日星期天，委內瑞拉人到投票站去投票。沒有人知道憲法案是否會過關。然而雙方互相詐唬對方、各自虛張聲勢的攻防幾乎立即就開始了。

郭以郭切亞接到一通電話，打來的是擁護查維茲的學生領袖。他說有重要的事必須與郭以郭切亞見面。「我們在一個公共場所碰面，那裡有一位情治單位的高階主管，」郭以郭切亞回憶道：「那位高官告訴我，他們獲得的情資是他們已經勝利。他願意提供我一切必要的資源——不論是什麼——避免委內瑞拉發生流血事件。當然，唯一避免流血的方式是不要上街頭。」先前當局用他父親的刑期來威脅郭以郭切亞，現在則改用行賄的手法。郭以郭切亞唯一要做的，只是說服其他的學運領袖，在選舉結果出來以後，不要舉行抗議。

郭以郭切亞知道，當局不可能知道選舉的結果，因為那時候才中午而已，投票時間還沒有結束。郭以其人之道還治其人之身，他告訴那位大官，學生掌握的情報是他們已經贏了。郭以郭切亞回道：「如果我們贏了，我們會上街捍衛選舉結果。若你不想看到流血，命令軍警不准鎮壓是你的責任，因為你是國安部門的人。」

學生們對於二〇〇七年十二月二日哪一邊會贏得選舉並沒有幻想。郭以郭切亞告訴我，在委內瑞拉要贏得選舉需要兩件事。「第一，你得贏得選票，第二，你要掌握軍隊。缺少其中任何一樣，你就輸了。如果你選輸的話，軍隊是不會支持你的。如果你選贏，軍隊卻決定不支持你，那你還是輸了。」

勝選者並不需要軍隊支持他（們）的政治計畫或目標。而是必須讓軍隊明白推翻該次選舉結果的代價太高，划不來。巴里歐斯對我說：「你必須了解，軍隊在委內瑞拉這樣的國家是怎麼運作的：如果軍隊裡面還有一定程度的專業主義，他們就會傾向盡量少動武的決定。所以我們的威脅要讓對方信服的話，我們就必須對他們說：假如你們不承認正式的選舉結果，你們就會很累了，因為人民都會站出來，而你們要出動許多軍隊才能把事情平定下來。」

那一天，學生在選戰總部陸續收到的訊息大體上是樂觀的，只是不知道確切的結果如何。他們最樂觀的估計是，即使票數領先，也可能還在誤差值內，沒有真的拉大差距。雖然如此，他們還是表現出非常樂觀的樣子。到了晚上七點左右，滿臉笑容的郭以郭切亞召開記者會，嘉勉學生與支持者的辛勤努力，並且說未來只剩下確保選舉結果而已。他的言外之意是他們已經贏了，只差選務單位尚未正式宣布結果而已。但他這番虛張聲勢完全只是在演戲，他根本不知道他們是否領先。[14]

到了半夜，選委會仍然未宣布選舉結果。學生領袖之間有一些人已經撐不住了。郭以郭切亞跟軍隊裡的熟人連絡，他告訴郭，將軍們已經連絡查維茲，勸他接受選舉結果。學生們愈來愈覺得當局打算對選舉結果上下其手。大約凌晨一點鐘，副總統羅德利斯打電給反對黨的年輕領袖里奧波多・羅佩茲，他一直支持學生運動，當時人正好跟學運領袖在一起。根據巴里歐斯的說法，副總統暗示政府打算變更投票結果，為了自己的安全，學生們最好不要輕舉妄動。巴里歐斯說：「我記得里奧波多告訴他，如果你變更投票結果，就會有成千上萬的人上街頭，我跟學生領袖將會帶頭抗議。」這場公投已變成雙方膽識的大對決，委內瑞拉的前途只繫於此，就看誰最有勇氣，誰就能夠勝出。

即使到今天，學生們都不肯說他們當時與隔天的計畫究竟是什麼。假如當局真的對選舉結果上下其手，巴里歐斯將擔任總指揮，負責帶領學生發動反擊。凌晨一點過後，政府還是不願意宣布公投的結果。學生本來希望這個時刻永遠不會出現，但現在必須站出來捍衛自己的選票了！巴里歐斯說：「這一刻我們已經準備很久了，我們要上街頭抗議。我們只有六件防彈背心，只好分配給最有頭有臉的學運領袖。我記得我沒有分配到。」

巴里歐斯要離開的時候，他先打電話給父母親。是他媽媽接的電話。

她說：「你好嗎？」

他回答：「媽，事情不好了。」

「發生什麼事？我們輸了嗎？」

「不，我們贏了，可是他們可能在作弊。」

巴里歐斯告訴我，他母親接著說了「最可愛的話」。

「別擔心，這種事有時候會發生的。我們下一次再打敗他們就好。」

巴里歐斯告訴他媽媽：「不，我們不要下一次再打敗他們。我們已經贏了，一定要堅守到底。」

他媽媽問：「那是什麼意思？你什麼時候要回家？」

「媽，我想我今天不會回去了。」

「所以你明天才回來？什麼時候？」

他回答：「我想我有一陣子都回不了家了。」他媽媽放掉電話，開始哭起來。他爸爸把電話拿起來，道格拉斯把他剛剛對他媽說的話再重覆一次，他爸爸則是問他人在哪裡。他跟父親道別的時候，聽到他爸爸一直在電話上重覆：「你在哪裡？你在哪裡？」巴里歐斯掛上電話，然後把電池從行動電話裡拿出來，放進一個口袋裡，電話放進另外一個口袋裡。他騎上摩托車，打算前往下一個已經計畫好的會合地點。就在他把車子拉出來，要離開時，突然聽見有人大叫：「道格拉斯，道格拉斯，等等！他們要宣布結果了。」

巴里歐斯跳下摩托車，跑回辦公室裡。

他們贏了。凌晨一點二十分，副總統承認輸了。查維茲還要再過好幾個小時才有辦法出來面對支持者。到今天為止，二〇〇七年十二月二日公投的最後投票數字一直都沒有公布。雖然我們沒有辦法知道真相到底如何，但是很有可能，查維茲假如沒有把RCTV關掉的話，這一切就不會發生了。

耀武揚威

那個場面看起來好像在開派對：年輕男女隨著搖滾音樂起舞，有人高聲唱歌。他們戴著橘色的帽子、圍巾、手環、絲帶，成千上萬的烏克蘭人在基輔的街頭住了三個禮拜。他們擠滿獨立廣場以及首都的其他角落，抗議選舉舞弊，聲援他們所挺的候選人。當十一月天氣變冷時，他們把自己包得緊緊的，酒喝多一點，聚在一起呼口號：「團結就是力量！我們是無敵的！」二〇〇四年年底，這一股突然爆發的「人民力量」，推翻被做了手腳的選舉結果，讓烏克蘭人重新回到投票站，用民主的方式將反對黨候選人拱上大位。

那場運動被命名為橘色革命（Orange Revolution），各方都讚譽為和平的民主起義，它也真的名副其實。但那年冬天，年輕人組織示威行動走上基輔街頭，並非毫無脈絡，無中生有。烏克蘭青年稱自己的運動為「波拉」，直接跟塞爾維亞的青年運動「歐特普」取經，後者曾在二〇〇〇年推翻暴君米洛塞維奇。他們還跟喬治亞的青年團體「喀瑪拉」交流與分享點子，「喀瑪拉」曾在二〇〇三年發動了玫瑰革命（Rose Revolution）。如果仔細觀察那年十一月基輔「帳蓬城」的一片橘海，會看到有人遠道來學習烏克蘭經驗：年輕的哈薩克人來這裡學習第一手的經驗、白俄羅斯的異議分子也在人群裡面，他們還舉起自己的國旗，表示他們支持新結交的烏克蘭友人。[15]來自前蘇聯各個共和國的年輕人都在此聚集，想要見識「顏色革命」是如何打造出來的。

年輕人還沒成群出現在莫斯科或聖彼得堡的街頭，克林姆林宮就知道它必須提防什麼。克里姆林宮觀察到，反政府的青年團體在塞爾維亞、喬治亞、特別是烏克蘭的橘色革命中扮演吃重的要角，它決定要炮製一個自己的青年運動，結果就出現了「納什」（Nashi，意為「我們的」）。這個團體一開始就高唱軍國主義、愛國主義的調子，現在它儼然成為莫斯科的主要政治工具，用來恫嚇騷擾反對黨領袖、公民團體、批判時政者等等。我在二〇一〇年四月抵達莫斯科的時候，「納什」正在慶祝成立五周年。慶祝大會上的主要演講人不是別人，正是普丁的左右手弗拉迪斯拉夫・蘇可夫（Vladislav Surkov）。在場的納什代表大約有兩千人，年紀都是二十出頭，蘇可夫的演講讓觀眾熱血沸騰。在一個高級的莫斯科會議廳裡，蘇可夫說：「我們看到吉爾吉斯所發生的事情——代表國家很需要我們，我們必須堅守崗位。」[16]他指的是剛剛在鄰國吉爾吉斯爆發的革命。「投入這場政治鬥爭的人永遠無法放鬆。」在他之後講話的，是納什的領導人以及發起人瓦希里・

亞克緬科（Vasily Yakemenko）。亞克緬科對在場的年輕群眾表示：「納什運動是為了不滿現實、義憤填膺的人而成立的，我們不向任何強權低頭，只服從梅德韋傑夫與普丁的權威。」[17]（譯按：二〇一〇年吉爾吉斯革命，又稱第二次革命，是二〇一〇年四月七日吉爾吉斯反對派推翻總統庫爾曼別克・巴基耶夫〔Kurmanbek Bakiyev〕的革命行動：反對派抗議政府貪汙腐化、財富集中在少數權貴手中、電費油費節節高漲，人民生活難過。示威者在四月六日控制了位於西邊大城塔拉斯〔Talas〕的政府辦公室，四月七日示威者與首都比什凱克〔Bishkek〕的警察之間的衝突演變為暴力事件，並迅速蔓延至全國各地。至少造成百人死亡。至四月七日晚，反對派已經成功推翻巴基耶夫政府，並組建了臨時政府，由前外長羅薩・奧坦巴耶娃〔Roza Otunbayeva〕擔任臨時總統。巴基耶夫已經通過他的私人飛機從首都逃離至南方城市奧什〔Osh〕。）

一位常常跟納什領袖見面的克里姆林宮官員對我表示，這個組織乃是一種防範性的措施，目的在於先發制人。「在橘色革命之後，所有的反對勢力都在談論如何掌控街頭，在本地發動自己的橘色革命。我們很清楚，假如發生橘色革命的話，我們國家就毀了。」[18]所以俄國政府開始到鄉下的大學與技職專科學校招攬年輕人，特別是十七歲到二十五歲的年輕人。他解釋道：「因為對這些人而言，所謂的愛國情操是很自然的一件事，他們相信美國人要毀滅我們的國家，要在我們之中發動革命，所以我們要趕快保衛國家，他們很容易就可以組織起來。」

這群年輕人的組織立刻大顯威力。二〇〇五年五月十二日，五萬多名納什的成員佔據了莫斯科街頭，以人數顯示總統普丁與俄國政府享有的廣大支持。當時絕大部分的俄國異議分子都認為政府反應過度，實在不需要害怕國內會發生顏色革命，但是那之後，所有關於橘色革命的言論都無疾而終了。被烏克蘭革命所鼓舞的人，很快就明白俄國政府要傳達的訊息：你以為街頭是你的？那可是我們的禁臠！

五年後，克里姆林宮繼續照顧這個精心培養出來的組織，讓它成為政府補助公民社團的最大受益者。二〇〇八年納什收到的經費超過五十萬美金，大概是政府對非政府組織補助預算的百分之一。[19]它有更多經費是來自私人企業：因為克里姆林宮示意公司行號大力贊助這個政府所青睞的專案。[20]這些錢有一大部分被拿去辦謝利格爾湖畔（Lake Seliger）的青年夏令營，此地位在莫斯科東北大約五個小時的車程。納什的成員在此地從事的活動跟年輕人喜愛的露營活動沒有什麼不同。每天的作息安排是獨木舟、游泳、泛舟、腳踏車越野等等。青年學員還必須參加政治課程，內容主要是頌揚普丁的領導，還被洗腦，說反對派領袖、人權團體會對祖國造成威脅。二〇〇七年，夏令營策劃人上了新聞頭條[21]，因為營區裡有一個地方被劃定為「紅燈區」，展示許多穿著清涼的女子海報，頭部卻換成反對派領袖的臉，如加里・卡斯帕羅夫（Garry Kasparov）、前總理米哈伊爾・卡西亞諾夫

（Mikhail Kasyanov），他們正忙著把大把鈔票塞進自己的內衣裡面。（納什稱這些反對派人物為「政治妓女」。）二〇一〇年的夏天，主辦單位在那裡舉辦攝影展，展出多位重要政治異議人士被梟首示眾的蒙太奇照片，如八十四歲的前蘇聯異議分子盧米拉・阿列西娃（Ludmilla Alexeeva）以及反對派政治人物的鮑里斯・涅姆佐夫。[22] 納什從來不必擔心贊助者會停止補助，經費只會越變越多而已。（譯按：加里・卡斯帕羅夫，俄羅斯國際西洋棋棋手，國際西洋棋特級大師，前國際西洋棋世界冠軍。曾在一九九九年七月達到二八五一國際棋聯國際等級分。在一九八五年至二〇〇六年間曾二十三次獲得世界排名第一。曾十一次取得國際西洋棋奧斯卡獎。退出棋壇後積極參與政治，成為俄羅斯反對派的領袖。米哈伊爾・卡西亞諾夫曾在二〇〇〇年五月至二〇〇四年二月之間擔任俄國總理，在任內推動多項經濟改革，卓然有成，二〇〇四年二月他的政府被普丁下令解散。他在二〇〇五年二月宣布打算參加二〇〇八年的總統大選。他並且於二〇〇七年三月在聖彼得堡的「異議者大遊行」〔Disenters' March〕的場子裡面，公然批評普丁的施政。二〇〇八年大選之前，選委會宣布他所收集的兩百萬連署簽名之中，有百分之十三不符合規定，失去候選人資格。他目前為俄國共和黨——人民自由黨〔The Republican Party of Russia – People's Freedom Party〕黨魁，並繼續批判普丁政權。）

對許多人來說，納什不過是蘇聯列寧共產主義青年團（Komsomol）借屍還魂而已。

對意識形態的強調，對團員忠誠度的要求，甚至使用的顏色與徽章都很像共青團。克里姆林宮還保證，加入納什就前途有保障，以此來吸引更多人加入。抗議組織「休戚與共」的伊利亞・雅辛對我說：「你聽說過共青團吧？納什差不多是一樣的。團員必須忠誠，如果你想要仕途亨通，就穿上胸前有普丁畫像的T袖，然後跟別人一起在列寧大道遊行。如果你不照辦，那麼就只能成為邊緣人。」[23]

我跟雅辛以及另一位「休戚與共」的成員在莫斯科一家波西米亞餐館見面，就在離克里姆林宮不遠處。我問雅辛關於納什的事，他的同事笑了，說：「你問對人了，他是專家。」那是因為二十八歲的雅辛常常成為納什的攻擊對象，他一開始就批判納什的活動，對方成員則騷擾他、破壞他的車子、在他演講時嗆他，以報復他的批評。他們也試圖在網路上抹黑他。在我們見面的幾週之前，納什的網站上貼了一段影片，在畫面中，雅辛似乎為了避免收到交通罰單，而拿錢賄賂警察。雅辛則表示，那個錄影帶是變造的，他根本沒有賄賂任何人。我們見面幾天後，另一段影片又出現，畫面中好幾位有名的反對派人物跟同一個女人上床。後來才知道，那個女人叫卡提亞，她色誘了一些反對派的著名人物，帶他們到同一處公寓，並且在他們不知情的狀況下拍下整個過程。雖然雅辛沒有跟卡提亞上床，但是他還是隨即承認也曾經被卡提亞引誘，並且被帶回她的公寓。他到那裡的時候，她拿出古柯鹼要給他。雅辛一下就明白這是當局所設下的美人計（而且是從蘇聯的間諜教科書直接抄襲下來的伎倆），於是立刻轉身離開。他說，卡提亞就是這整個事件的主謀，要讓他與其他人掉入陷阱。他向檢察官檢舉，控訴卡提亞侵犯他人隱私權以及故意散播色情影片。

克里姆林宮的青年組織居然製作性愛影片抹黑反對派領袖，這根本就是胡鬧、荒唐。但是納什與其他類似的青年團體確有讓人不安的其他面向。從一開始，納什就具有清楚的軍事目的，想要在裡面升級，團員必須參加軍事訓練，通過軍事考驗，並且花很多時間在射擊場練習打靶。他們還以橘色革命為假想敵進行防禦演習。另外一個性質類似的青年團體是「團結俄羅斯黨」的附屬子團體，稱之為「青年衛隊」（Young Guard），他們甚至以「帳篷城」為演習目標，也就是橘色革命時基輔市中心抗議民眾的臨時基地。[24] 演習中，年輕的突擊隊隊員使用棒球棍將帳篷一個個擊破。

唯一的問題在於，他們沒有橘色革命可以打擊。俄國政府創造出成員高達十二萬人的憤怒青年團體後，似乎不知道該拿他們怎麼辦。當局花錢花時間訓練、激勵以及政治化這些準軍事團體之後，卻未給這些人目標，也不交辦任務。當局刻意養成這樣的團體，之後卻任其自生自滅，自然會造成二〇一〇年十一月六日週六凌晨所發生的悲劇。[25]

那一天早上，三十歲的記者歐勒・卡辛（Oleg Kashin）在參加完晚宴後回到自己的公寓。在他家前面的街道上，兩個男子用鋼棍狠狠地攻擊他，把他的頭骨打碎、下顎骨的兩側還有一隻腳都被打斷。[26]行兇後，他們逕行離開，打算讓他垂死街頭。他被送到莫斯科一家醫院裡，腦部受到嚴重傷害，有好幾天的時間，醫生必須使用藥物讓他昏迷，否則小命不保。就像俄國其他遭受攻擊的記者一樣，卡辛的手被攻擊者刻意打斷，數根指頭被拉扯脫臼，其中一根傷得太重，必須切除。沒有人知道是誰犯下這個暴行，但明顯與卡辛之前著名的報導有關：他主要的報導題材便是親克里姆林宮的青年團。[27]那一年的八月，「青年衛隊」才把卡辛的照片貼在網站上，上面橫寫了幾個大字：「嚴懲不貸。」

「普丁殺死阿尼」

當然，克里姆林宮要吸引年輕人不能全靠青年團。培養出年輕忠誠的好戰團體固然有用，但俄國境內還有更多其他的年輕人，也必須贏得他們的支持，或至少讓他們對政治冷感，不想發出異議。普丁不論是形象還是言談都成功地吸引年輕人。年輕的俄國人經歷過國運走下坡的一九九〇年代，普丁想要恢復俄國的國際地位，他們一直強烈地予以支持並且引以為傲。民調也一直都顯示，俄國年輕人相當支持普丁嚴厲、咄咄逼人、國家民族至上的風格。雖然他們對於蘇聯年代的生活已經沒有什麼印象，卻渴望俄國能夠再回到共產統治時代世界矚目的強權地位。比方說，二〇〇七年的一項民調就顯示，有百分之六十三的俄國年輕人相信「蘇聯的解體是二十世紀地緣政治上最大的災難」。[28]

與烏克蘭的年輕人相比，俄羅斯年輕人的保守傾向更顯昭著。[29]在烏克蘭，三十歲以下的年輕人比起其他年齡層的人更願意加入橘色革命，其比例高出三倍。然而在俄羅斯，絕大多數的年輕人都接受普丁的說法，認為烏克蘭的革命不過是西方的陰謀，目的是削弱祖國的力量。上述在二〇〇七年所做的民調也顯示，百分之八十九的年輕人並不希望俄國發生橘色革命。[30]他們不想要政治改革，反而希望俄羅斯強大、穩定、在世界舞台上呼風喚雨。所以普丁騎著三輪的重型哈雷機車、打赤膊狩獵大型動物、或者穿著柔道黑帶的服裝將不幸的比試對手摔到地板上等等照片，就是許多年輕人希望見到的，認為足以代表俄國的形象。一言以蔽之，對他們來說，普丁很酷。二十八歲的人權運動人士迪米崔・馬卡洛夫（Dmitri Makarov）表示：「你必須承認，普丁跟他所講的話在俄羅斯是很受歡迎的。你無法否認這個事實，特別是我這一代的年輕人反而比上一代更加保守、更加愛國、也更加尊敬史達林。」[31]

俄國的年輕世代普遍對政治冷漠、對盧布比對革命還有興趣，但俄國當局要小心，避免讓他們突然對公共議題感到興趣，甚至走上激進之路。國際透明組織莫斯科辦公室的副主任伊凡・甯年科（Ivan Ninenko）表示：「如果你直接問，『住在俄國是否需要人權？』大部分的年輕人都會說不需要。他們不信任人權運動，甚至不了解你的問題是什麼。」[32]二十七歲的甯年科本人已參加多年的政治抗議活動，他認為並不是因為俄國年輕人不能動員，而是因為政府很聰明地不無故激怒年輕人。他說：「若政府明天突然為了某個愚蠢的理由而禁止自由瀏覽網路，很多年輕人就會上街頭，因為對他們來說，那是基本的東西。」

俄國當局少數一次處置失當而引發年輕人怒火的例子，發生在二〇〇八年九月月初。[33]當時莫斯科的檢調單位對於一家專播卡通的電視台「貳乘貳」（2X2）發出申誡，罪名是含糊籠統的「從事極端行為」。檢調單位實際上代表一個宗教團體採取行動，因為《南方四賤客》有一集名為「黃金先生耶誕節經典」（Mr. Hankey's Christmas Classics）的單元讓他們非常惱火。這集節目中除了原本的四位主角，阿尼、阿帕、凱子、屎蛋之外，另有特別來賓：撒旦、希特勒還有黃金先生——黃金先生是一條會唱歌並在兒童耶誕秀上表演的人類糞便。當局聲稱這一集卡通將會煽動「種族衝突以及宗教之間的仇恨」。他們也點名「貳乘貳」台的其他卡通節目，包括《辛普森家庭》、《蓋酷家族》，聲稱其中部分題材有損兒童心靈。杜馬的代表們於是建議吊銷「貳乘貳」的播放執照，改由播放愛國節目的國營電視台來經營。

俄國當局這樣的做法太超過了。莫斯科與聖彼得堡的年輕人開始組織遊行示威活動。他們舉辦免費的搖滾演唱會，希望能夠增加這個議題的能見度，另外也發起請願活動呼籲大家要保住電視台。甯年科回憶道：「那些從來不示威的年輕人上了街頭。他們舉行了莫斯科最有創意的示威活動。」他又笑著說：「他們抗議的牌子上寫『普丁殺死阿尼』。他們所保護的是言論自由，但他們不這樣講，而是說他們要保護阿尼與阿啪。一方面他們說不會為人權而戰，另一方面他們卻準備為言論自由而戰。」

政府很快就察覺自己的錯誤。幾天內，檢調單位對「貳乘貳」的指控就撤回了，電台的營業執照也獲得更新。然而該電台確實做了一個小小的讓步：它答應不播「黃金先生耶誕節經典」。為了讓阿尼活下去，這是很小的代價。

然而，年輕人也是很善變的一群人。二〇一一年十二月，成千上萬的俄羅斯人為了抗議國會選舉舞弊而上街頭時，許多年輕人也在其中。他們跟著一起喊「普丁下台」，因為普丁厚顏無恥的作票行徑讓他們感到惱火。許多觀察家相信克里姆林宮將會炮製一個新的政黨，好吸收這些對政治感到不滿的中產階級青年。不論當局做出什麼動作，都可以命令納什予以支持，「養兵千日，用在一時」，納什說不定終於可以完成其使命。不管是採取哪種做法，當局籠絡俄國年輕人的爭戰，勢必將遠遠超過卡通頻道復播。

「當時機來臨」

莫斯塔法．那嘎（Mostafa el-Naggar）是一位年紀三十歲的牙醫師。[34]他一面笑一面告訴我最近一次遭到逮捕的經過。那是兩個月前，在二〇一〇年一月發生的；那也是他第一次因為在部落格發表文章而受到逮捕。以前，他被逮捕的原因通常是因為參加穆斯林兄弟會（Muslim Brotherhood），這是一個當局明令禁止的組織。我們坐在解放廣場的一家咖啡廳裡，他告訴我，他應該很快就又要回去吃牢飯了。所以，那嘎已經跟一位同事商量好，請他照顧他的牙科診所。他的一些朋友也已經做好布條，上書標語要求當局釋放他。他不知道這次的罪名會是什麼，是因為跑去當巴拉迪競選團隊的義工，還是他寫部落格，還是他參加兄弟會，或者三者都有。他知道穆巴拉克政權很緊張：「這種街頭運動嚇死他們了。」

那嘎已經娶妻生子，他的外表看起來很和善，舉止也很穩重，即使談起一些可怕的事情時，神態還是很自若。說起被警察騷擾的經過，他臉上猶然帶著微笑；說到國家安全局打電話威脅他時，他的笑話依然源源不絕。我猜，他之所以如此，是因為他的家族富於異議及反抗當局的歷史。埃及第二任總統賈邁勒・阿卜杜・納賽爾（Gamal Abdel Nasser）將他的祖父囚禁了十年，因為他是兄弟會的成員；他的叔叔則是因為信奉馬克思主義而坐了七年牢，也是被納賽爾所囚禁。我問他，面對可能的牢獄之災，為什麼他談笑風生、神態自若？他說他別無選擇：「我必須樂觀，沒有別的選擇；另外的選項是絕望。我們只有苦中作樂才有辦法活下去。」

另外一個原因是：他相信事情很快就會有所改變。他告訴我，現在大家覺得無時不刻處於危機中，也慢慢了解害怕是沒有用的。那嘎說：「我研究了世界上所有社會運動以及革命的原因。我試圖找出背後的共同道理，一一列表出來以後，我就打勾、打勾、打勾、打勾。」他一面說，一面用手在空中比劃，彷彿在表中勾選革命發生的所有元素。「有些人說，我們埃及人很有耐心。然而新一代已經沒有耐心了。人們覺得無法呼吸，過去的五年特別讓人喘不過氣來。我認為埃及不能再等下去了，一定要有所改變。」

那嘎在解放廣場旁的小咖啡店講出這些話之後的十個月又十天，埃及的革命開始了，的確就是由年輕人打頭陣。北非與中東地區經歷幾十年政治與經濟的停滯不前以後，在幾星期之內就野火燎原、爆發革命，幾乎都是由失去耐心的年輕人打前鋒。回顧起來，此區確實蘊含許多成為火藥庫的因素。中東平均有百分之六十的人口是三十歲以下的年輕人，也是世界上青年比例最高的地區。[35]過去二十年，中東地區的青年人口大量成長，突尼西亞與利比亞增加了百分之五十，埃及增加了百分之六十五，葉門則是增加百分之一百二十五。[36]他們不只是年輕而已，而且沒有工作。年輕人口失業的比例，全區平均起來是百分之二十三，是全球平均值的兩倍。弔詭的是，有大學文憑的人，失業率反而更高，因為政府腐化以及經濟停滯所造成的結果，低學歷者才有工作機會，工程師反而找不到工作。在埃及，大學畢業生比起只唸過幾年小學的人更容易失業，人數多達十倍。[37]這些人花了很長的時間，總是找不到能夠發揮長才的工作，不然就是薪水很低，他們自然感到生氣、惱怒、怨恨。許多人既不能成家也不能立業，等了十年才存夠錢能搬出父母的家，另找房子成立自己的家庭。我在開羅遇到一位名為哈里德的年輕人，他告訴我，婚姻是他負擔不起的大事。他說：「我已經陷入愛河，然而我不敢向她求婚，我連一萬埃及鎊（譯按：約台幣四萬元左右）都存不到。」他就像百分之六十的埃及人一樣，從呱呱墜地以來就一直被穆巴拉克統治。[38]他又說：「在路上看起來對政治很冷漠的人，事實上對國家大事都瞭若指掌，因為他們長久以來目睹政府濫權。他們走在路上，卻不覺得自己像正常人。他們已經忍無可忍了。」

一定要有人身先士卒。只是沒有人知道，點燃革命火種的，是一位二十六歲的突尼西亞水果攤販。[39]二〇一〇年十二月七日，羞辱、侮辱、每天跟絕望奮鬥讓穆罕默德・布瓦吉吉（Mohamed Bouazizi）忍無可忍了。那天早上，他推著水果攤到西迪布濟德（Sidi Bouzid）的市場之時，一位女警攔下他。她自顧自地要拿走他攤子上的蘋果籃——警察騷擾攤販與小商人是常事，沒有人會說什麼——但布瓦吉吉極力抗議，因為他的母親與弟妹都靠賣這些水果的錢才能過日子。那位女警用警棍打他，還打了他一巴掌。另外兩個警察把他推倒在地，拿走他的秤。布瓦吉吉倒在地上，向警察求饒。現場的目擊者說他流著淚，一再地喊道：「你們為什麼要這樣？」稍後，布瓦吉吉站在市政廳前面，在自己身上淋了油漆稀釋液，然後點燃了火柴。十八天後，他在醫院的燒燙傷中心過世。突尼西亞的獨裁者也沒有延續太久。

位在地中海岸的突尼西亞，理論上是世界上最固若金湯的獨裁國家，也是現代化的專制國家。二十多年來，總統宰因・阿比丁・班・阿里（Zine el-Abidine Ben Ali）緊緊掐住突尼西亞，讓社會氣氛非常緊繃。在中東各個獨裁政權中，突尼西亞的政治迫害是最嚴重的，媒體受到嚴密的監控，人權運動者遭監督跟蹤，批評時政的人也都被逮捕下獄。任何獨立的人權團體運作期間不會超過十年，政府也不在法律上承認它們。（埃及的運動人士常常告訴我，他們不必生活在像突尼西亞那樣糟糕的地方，簡直是太幸運了。）雖然突國政府已經腐化得非常徹底，這個人口一千萬人的小國，比起周圍的鄰國，還算富庶。識字率大約是百分之八十，也是所有阿拉伯國家中使用網際網路人口比例最高的國家之一。布瓦吉吉絕望的動作在臉書上傳開之時，突尼西亞的現代性——特別是年輕、受過教育、使用網路的民眾——加速了政權的終結。

突國政權派出鎮暴警察以鎮壓各地蜂起的抗議潮，只讓大眾更加憤怒，愈來愈多受過教育的年輕人開始上街抗議。半島電台很快就把突尼西亞的抗議畫面傳播到阿拉伯各國，每一次鎮壓後，就有更多的當事人出現接受採訪。突尼西亞警察對公民開槍的畫面，讓一般的老百姓對當局更加憤怒，而更加支持抗議者。班・阿里的劊子手左支右絀，不能預測哪個地方什麼時候會爆發抗議或暴動。

雖然上街頭的突尼西亞青年大量增加，抗議人潮也愈來愈接近首都，卻沒有人相信突國政權會垮台。一月的第二週，緊張的班・阿里向全國致詞，答應總統任期一結束他就會交出政權，然而他已經統治了二十三年，獨裁者的承諾已經沒有任何意義。班・阿里感覺到他可能會變成一下個尼古拉・西奧賽古（Nicolae Ceaușescu）——在共產主義垮台時被草草審判並處決的羅馬尼亞暴君——於是跟著家人一起逃走了。這是有史以來第一次，一個現代阿拉伯獨裁者被自己的人民所推翻。中東各地，街頭巷尾都在熱烈討論，「突尼西亞模式」將會影響其他獨裁國家。

革命不完全是自然天成的。革命需要領導人，需要有人在前頭謀劃、推動、激勵眾人敢於冒險，做一些他們平常避之唯恐不及的事。引發埃及革命的人不止一位：阿赫美德・馬赫是其中之一。他從事政治運動大約五年，令人驚訝的是，驅策他走上政治之路的動力，源自於他對道路系統以及水泥的思考。二〇一〇年三月我們倆在開羅的街頭咖啡店，他告訴我：「我在大學就讀土木工程系，那時就開始對政治感到興趣。」[40] 任何在開羅開過車的人都知道，當地複雜曲折的交通系統與雍塞的道路，實在不像有經土木工程師規劃的樣子。那就是讓馬赫茅塞頓開的關鍵。他解釋道：「蓋馬路、橋梁以及隧道都有規則可循，那就是我們在學校所學的，然而實際上卻不被當局採用，所以交通一團混亂。我們學了這麼多，也掌握了關鍵知識，然而卻沒人重視。我終於了解到，這是一個腐化的體系，地方議會、市政府、每一個身在其中的人都是腐化的。這是一個制度性的問題。」

他很快就在街頭抗議中學習到新東西。他一開始先加入艾曼・諾爾的明日黨，然而很快就對黨內的政治與官僚作風感到不滿，所以就轉投入青年團體「喀法雅」（Kefaya，意思是「夠了」），這是一個反穆巴拉克的運動人士所組成的鬆散組織。他組織抗議活動，在街頭發傳單、表演行動劇，以傳達他的政治信念。他們最喜歡的一個抗議方式稱之為「快閃抗議」。五六個年輕人為一組，目標為人多的住宅區。他們會先派斥候去探路，確定該區沒有警察。然後派出兩個女孩子，一個站在街道的左邊，另外一個站在右邊，開始發政治傳單。另有兩個男孩子站在女孩的身後保護她們。還有一個人當小隊長在最後押隊。每一次的行動不超過二十分鐘，也是警察尚未來得及反應的時間。只要一有麻煩，女孩子就丟掉傳單閃人，男孩子則開始大吵大鬧，小隊長裝成街上的路人，開始維持秩序以轉移警察的焦點。馬赫說：「那是一個樂觀的時期，一個充滿希望的時期。國際對埃及施壓，希望它民主化，於是我們就有在街頭行動的自由了。」

然而好景不常。二〇〇五年下半年，穆斯林兄弟會的八十八位候選人當選，進入埃及國會。又過了一個多月，哈瑪斯（Hamas）在巴勒斯坦國會囊括多數席次。馬赫同意一般的說法：伊斯蘭主義派在選舉中大有斬獲，再加上美國在阿富汗與伊拉克的戰爭陷入泥淖，使得布希政府在中東地區不再像過去一樣以促進民主為務。（編按：伊斯蘭主義派

〔Islamism〕主張伊斯蘭不只是一種信仰，而是要在政治上實現的意識形態，所以又被稱為「政治化的伊斯蘭教」。）布希政府在中東地區需要穩定的政治盟友，即使是獨裁政權也行。穆巴拉克有了美國的撐腰，開始攻擊那些要求政治改革的人。馬赫回憶道：「我們在法官俱樂部前舉行靜坐活動，他們前來取締，把我們抓起來，還囚禁了兩個月。那次他們抓了很多人，許多人都不敢再上街頭了。」（編按：法官俱樂部為埃及司法界的非官方社團，宗旨是促進民主與司法獨立。）然而，所有的人並不因此就靜默以息。馬赫說：「所以部落格就如雨後春筍一樣出現，蔚為風行。我們不上街頭了，都在電腦螢幕前抒發己見。」

二〇〇八年春天剛好是埃及人普遍不滿的時期。最常聽到的抱怨都跟民生議題有關：薪水不漲，食物的價格卻一直漲；基本的民生必需品，如麵包、食用油的價格漲了兩倍以上。聯合國的世界糧食計畫署在二〇〇八年四月提出了一份報告，表示埃及家庭的平均開銷大幅增加，一月到四月之間增加了百分之五十。[41]薪水多年不調，老百姓的怒氣愈來愈高，埃及很快就變成工人運動的溫床。雖然工人示威是非法的，埃及政府還是看見工人採用靜坐、停工、罷工等活動達自己的心聲，而且一波接著一波。二〇〇二年到二〇〇三年之間，工人抗議的次數不滿一百次；二〇〇四年到二〇〇八年之間則發生了兩千次。[42]這些活動不限於一地，也不限於特定職業，而是普遍的現象。紡織工人、計程車司機、醫生、護士、清道夫、大學教授都表示要罷工。連政府自己僱用的稅捐稽徵人員也曾經舉行罷工抗議活動，希望能夠得到更好的薪水待遇。

若說工人抗議活動有一個重鎮，那應該屬於埃及北部的工業城鎮大邁哈來（El Mahalla El Kubra）。埃及最大的紡織公司就在當地，國營的「埃及紡紗織造公司」（Misr Spinning and Weaving Company）總共有兩萬七千名員工，也是中東最大的紡織公司。該廠的工人從二〇〇六年以來就陸陸續續跟廠方就薪水以及工作環境進行協商。二〇〇八年年初，工人指控廠方再一次食言而肥，於是決定在二〇〇八年四月六日進行罷工。

埃及街頭的抗議已經偃旗息鼓，部落客們自然把焦點轉到全國各地的工人抗議，常常在網站上公告罷工與政府鎮壓的消息。馬赫跟大邁哈來工會領袖有點接觸，然而並不頻繁。就跟開羅與亞歷山卓的政治運動人士一樣，他跟埃及各地的工會領袖都沒有什麼連繫，因為他無法說服工會領袖，讓他們了解，他們的經濟要求——更好的薪水、安全的工作環境、工人的權利——最好透過政治訴求來解決。雖然如此，馬赫卻感覺這是一個大好機會。他跟其他年輕運動人士討論過後，他設法想讓其他人也能夠支持罷工，不一定要是埃及紡紗織造公司的人。馬赫說：「我們想了各種點子，最後我們認為大罷工是最好的方式。我們的口號是『待在家裡』，別去學校、別去工作、別出門，待在家裡。」

這些運動人士並沒有什麼策略規劃。即使已經參與示威抗議與街頭行動多年，他們還依然在摸索。他們常常冒險一搏，然後從中記取教訓，一面行動一面試探當權者的底限。該學的事情真的很多：組織抗議、保護自己、推銷訊息、跟地方老百姓產生連繫、維持士氣、還要想辦法與警察與國安部門的人鬥法。馬赫承認：「作為一個青年組織，我們常常在犯錯，也常常在實驗。我們正在學習其他國家的非暴力運動，模仿他們的做法，想辦法套用在埃及的環境之中。我們主要是想將社會議題與政治連結在一起。」

二〇〇八年的號召大罷工是他們寶貴的第一課。想出這個點子後，他們的下一步並不是動員群眾上街頭遊行、發散傳單、舉行靜坐。馬赫轉向臉書。他跟一位朋友艾斯拉•拉席德（Esraa Rashid）在臉書上成立了一個社團，稱之為「四月六日罷工團」，以聲援所有的工人。所有註冊並且加入社團的人，都可以在社團的塗鴉牆上貼上自己的看法，表達相挺之意。出乎他們意外的是，加入「四月六日罷工團」的人數一夜之間就大爆炸了。第一天就有超過一千人加入。每一次他們更新頁面，人數就一直往上跳。幾天之內，成員就超過兩萬人，不旋踵又破三萬。馬赫與拉席德為了管理網頁，必須輪班：要表示贊同或者得刪除的留言實在是太多了。在工人舉行罷工之前幾天，他們的網頁已經有四萬六千多人加入。[43]

馬赫認為，他們的成功有一部分必須歸功於這個點子具有的威力。對於一群害怕政府報復的老百姓來說，大罷工是很有吸引力的：他們不需要攻擊軍營，也不需要面對鎮暴警察，他們不需要冒很大的個人風險，只要待在家裡就好了。然而，只要加入罷工的人數夠多，埃及政府就會受到震撼，因為社會將會停擺。這個網路上的團體不只讓埃及各地的人們有機會能夠表示他們對紡織工人的支持，也讓他們的不滿與怒火凝聚成一股強大的聲音。

但是馬赫與他的同志並不認為，罷工運動會廣為周知，全都是臉書的有效傳播所致。讓罷工運動能見度大幅增加的，其實是埃及政府本身。政府一知道有人在組織罷工，就立刻下達通令，禁止民眾參與抗議活動。另一位青年運動人士阿赫美德・沙拉（Ahmed Salah）笑著回憶道：「警察每半個小時就在電視、廣播、跑馬燈上發布很嚴厲、很霸道的警語，這正中我們的下懷。」[44]他模仿電視上低沉、嚴厲的聲音說：「內政部發表聲明：任何擅離職守、參加罷工行動的人，依法嚴懲不貸。政府絕不容許違法亂序的行為。」

埃及政府真是搬石頭砸自己的腳。支持大邁哈萊工人的輿論聲浪愈來愈高，一部分也是因為馬赫在臉書上呼籲眾人聲援，讓埃及政府大亂陣腳。二〇〇八年四月六日是星期天，也是埃及工作週的第一天，但是人們說那天的感覺像週五。（埃及大多數人口是穆斯林，所以週五休息。）開羅與亞歷山卓的街道明顯地安靜許多。市中心的車流量不多，交通非常順暢。平常總是人潮洶湧的廣場與市場上只見到警察與鎮暴部隊集結。雖然大家都說埃及人是順民、對於政治冷漠，然而那一天似乎有相當多人都不想接受內政部的上工令。沙拉表示：「政府在宣傳上真的是幫了我們大忙，不論我們再怎麼厲害，我們跟民眾的溝通方式是非常有限的。電視的普及率最高，有了它幫忙宣傳，我們的運動在四月六日大獲成功。」

然而，大邁哈萊的街道卻毫不平靜。[45]紡織工廠的罷工行動本當在早上七點開始，也是大夜班結束之時。然而前一天晚上，便衣警察就已經進入工廠，阻止任何工人集結。在工廠外面，憤怒的群眾聚集。緊繃的氛圍一下就爆開，演變成暴力場面，居民開始丟石頭、燒輪胎，警察以催淚瓦斯以及橡皮子彈反擊。群眾還扯下一幅穆巴拉克的大型看板，並火燒政府的建築物。在警民衝突之中，至少有兩個人死亡，一百五十人以上受傷。隨後警察在埃及全國逮捕了上千位民眾，罪名是組織全國性的罷工抗議。馬赫覺得自己有危險，趕快躲起來。

埃及政府用武力迫使抗議活動中止以後，開始收買人心。暴力事件的兩天後，總理艾哈邁德・納齊夫（Ahmed Nazif）率領著一隊內閣官員，前往紡織工廠探視工人。納齊夫告他們，他們將會獲得相當於三十天薪水的紅包。穆巴拉克總統更加慷慨，過了幾個禮拜，在五月一日的前夕，他宣布公務員薪水將大幅調漲，政府還要提供廉價的麵包、食用油以及其他食品。穆巴拉克說：「我們之前本來是說要調漲百分之十五的薪水，後來決定應漲百分之三十。這些錢政府會另找經費來支付。」[46]

同時，馬赫與他的同事想要趁勝追擊，於是再度呼籲大家在五月四日再度進行罷工，也就是穆巴拉克的八十歲生日當天。然而這一次，政府不再發布嚴厲的警告了。沙拉於五月四日當天上街問別人有沒有聽說當天有罷工活動。他說：「罷工？什麼罷工？沒人聽說這件事。」這次的行動完全失敗了。穆巴拉克政權已經學乖，不再上當了。

穆巴拉克當局也很清楚網路上的活動就是馬赫搞出來的。所以很有耐性地守株待兔。馬赫躲了一個月。他回憶道：「當時我手機根本不開機。要用臉書的話，我只到網路咖啡店使用，而且不超過半小時。」五月七日那天，他認為風頭過了，於是就回家了，卻立刻遭到逮捕，警察把他帶到最可怕的國家情報局總部，地點位在拉佐里（Lazoghly）廣場旁邊，所以一般人簡稱該部門為拉佐里。他一進監牢，審訊者就把他的衣服扒光、將他毒打一頓。他們威脅要以警棍雞姦他。馬赫說接下來毒打與虐待持續了十二個小時。獄卒重打他的背部與頸部，還在傷口上塗上油膏，讓瘀傷與腫脹消褪，之後再繼續打。他們的目的很簡單：他們想要馬赫的臉書密碼。他拒不吐實。在拉佐里外面，要求釋放馬赫的示威與抗議活動已經展開。國安官員知道馬赫鐵了心不吐實，而且外界要求釋放他的呼聲愈來愈高，他們只好跟他談判。馬赫回憶道：「他們說：『好吧，你要不要成立一個非政府組織？還是，你要不要成為合法反對黨的年輕黨魁？我們不是壞人。我們也很愛國。你可以跟我們一起協力合作。』」

埃及政府希望收編馬赫，讓他成為埃及政壇新成員：他跟他的組織成員都將成為最新收編的反對黨成員，他們的各項活動必須配合政府要求，也將受到限制與約束。馬赫絲毫不吃這一套，然而他想要出獄。他回憶道：「我說，我會考慮他的提案。然後我就被釋放了。我出獄的第一件事就是踢爆這件事，每遇到一個人就講一次。一位官員後來打電話給我，說：『我們當初不是這樣協議的吧？』接著他們就不再打電話給我了。我們就從那時展開另一項運動。」

接下來的兩年，對馬赫與「四六運動」的成員而言，是一段增長知識、涵養學習的日子，他們還向開羅以外的地方取經。馬赫告訴我，他研究波蘭、智利與塞爾維亞的非暴力運動，並且閱讀《從獨裁到民主》（*From Dictatorship to Democracy*），研究其中篇章。這本書的作者金恩・夏普（Gene Sharp）過去是哈佛大學的研究員，也是非暴力抗爭策略的重要理論家。他的書被翻譯成十幾種語言，世界各地的民運人士人手一本。馬赫告訴我：「我們先前遵循的是錯誤的理論。我們以為只要上街頭抗議就好了。民眾一生氣就會加入我們，然後就會有一百萬人站出來，那時就能推翻埃及政府。這個想法是錯誤的。」

「四六運動」的其他成員甚至旅行到國外去取經。二〇〇九年六月在波士頓，我第一次見到阿赫美德・沙拉，他來參加國際非暴力衝突中心（International Center on Nonviolent

Conflict）的五天講座課程。該中心乃是由美國百萬富翁彼得・艾克曼所創立，從世界各國邀請了三十位運動人士到美國來學習非暴力抗爭的策略與技巧。學員每一天都在教室裡聽演講或者進行討論，但沙拉告訴我，讓他學習到最多的，卻是跟其他運動人士交換運動的經驗，特別是兩位曾經推翻米洛塞維奇的塞爾維亞學運領袖，他們的建議特別有用。「喀法雅」青年團體早期曾經試圖組織反政府活動，然而很快就被政府的線人滲透了。沙拉現在知道，他們的組織太開放、太民主了。沙拉說：「我過去一直都很支持民主的做法，也常誇稱我們團體是民主的模範生。」但塞爾維亞前輩澄清那樣是行不通的。沙拉說：「他們告訴我，要怎樣做才能抵禦政府的破壞以及滲動。反抗團體中，領導圈子是不能講民主的，又不是在辦學生社團。領導圈子不能太過開放，例如不應該舉行開放式的選舉，也不能開放辯論。我們過去犯下了這個錯誤，所以很容易就被政府的情治人員滲動。」

民主運動中最成功的模式，並非以民主的原則進行組織運作；它應該模仿軍事演習。夏普有一個很重要的觀察，亦即非暴力的民主運動本身，都必須像軍隊一樣有策略、有紀律，才能發揮作用。塞爾維亞的青年組織「歐特普」便成功地運用這些組織經驗。然而埃及年輕人充滿了理想主義，一開始就有許多誤解。沙拉帶著新的組織觀念回到了開羅。馬赫說：「我們組織『青年求改革運動』（Youth For Change）時，每個月都舉行好幾次的聚會，然後每一次都被情治人員所滲透。沙拉跟我都是『青年求改革運動』的成員，我們在四月六日那天上了寶貴的一課。沙拉去波士頓以後終於明白：『我們不能在內部搞民主。』我們從事的是一場鬥爭，而我們的對手是埃及政府。所以我們現在比較像一個軍事組織了。」

同一個月，「四六運動」的另一個成員穆罕默德．阿戴爾（Mohamed Adel）旅行到貝爾格勒（Belgrade）參加另外一個類似的工作坊。阿戴爾告訴我，他們跟各地青年團體學習組織抗爭的經驗，其中最喜歡的是塞爾維亞。[47] 四六運動的標誌——單手握拳的輪廓——也是模仿塞爾維亞青年團的標記。他們在開羅街頭噴的標語——例如「穆巴拉克玩完了」——也都是跟「歐特普」學的。（公元兩千年，塞爾維亞青年在四處噴的標語是：「米洛塞維奇完蛋了。」）貝爾格勒工作坊的主辦單位是「非暴力行動與策略運用中心」（Centre for Applied Non Violent Action and Strategies），就是由塞爾維亞青年組織的領袖所創辦的。這個工作坊的目的乃是為了訓練運動人士如何領導非暴力運動，如何推翻他們的獨裁者。我跟阿戴爾在開羅見面時，我問他在貝爾格勒學到了什麼，他告訴我：「我們學到了抗議運動與抵抗運動是有區別的。最重要的，是我們必須利用當局所犯的錯誤。」

馬赫之前說他們遵循的是「錯誤的理論」。它之所以錯誤，是因為革命表面看起來好像是人民自動自發，然而光一次遊行是無法帶來改變的。對於四六運動而言——或對於任何在專制國家裡面工作的運動人士來說——最大的挑戰是維持運動的動能，以達成最終目標。馬赫承認，這很不容易。他們在二〇〇八年四月所達到的小小勝利，是把一個技術工具（臉書）跟非暴力抵抗的技巧（全國大罷工）結合，而這個出人意外的組合讓他們得以成功。但不意外的是，四六運動要找到下一個讓政府左支右絀的創意組合非常困難。

穆巴拉克被趕下台一個多月後，我在開羅的一家街頭咖啡館看到阿戴爾。當時的時間已是晚上快十一點，他看起來非常疲倦。自從十八天革命導致穆巴拉克逃亡以來，各種事情接連發生，讓人沒有喘息的餘地。阿戴爾現在是四六運動的資訊部主任，他們正不斷與埃及軍隊、各個政黨、還有其他的運動與青年團進行協商，接應不暇。政局數十年毫無變化後，現在的政治活動多到令人眼花繚亂，每一週感覺好像一年。我問阿戴爾，他們成功的祕訣是什麼。貧窮、政治迫害、政府濫權、個人權利缺乏真正的保障——這些現象都已經存在了好幾十年。為什麼這一刻跟以前都不一樣？

阿戴爾認為原因很多。他首先提到哈列德・薩伊德（Khaled Said）的案子，這個年輕人七個月前在一家網咖外面遭到兩位警察殘酷地殺害了。他的死亡激起許多聲援運動，特別是臉書上的「我們都是哈列德・薩伊德」（We Are All Khaled Said）專頁，極具振聾發聵的效果，不但激發公論，而且在革命前夕幫忙傳播訊息，呼籲大家都上街頭抗議。但是阿戴爾承認，這麼多年來，埃及的「哈列德・薩伊德」不只一人，每個人身旁都有曾被警察虐待、刑求甚至下場更淒慘的人。阿戴爾又指出，二〇一〇年十一月的國會選舉根本是鬧劇一場。當然，穆巴拉克的黨羽對選舉結果上下其手也不是第一次了。阿戴爾又再舉出另外一個原因：突尼西亞。阿戴爾表示：「突尼西亞革命後，眾人都說我們一定也要發動革命。因為突尼西亞的成功，民眾終於相信抗議活動確實是有用的。」

突尼西亞提供了時機，埃及的年輕人則抓住了機會，特別是幾位身經百戰的運動老將。突尼西亞人起來反抗班・阿里，這個事件成為他山之石，改變了埃及的大環境。這一次，青年團體到開羅的貧民區號召抗議，人們都從家裡走山來，左鄰牽右舍，人數大爆增。讓埃及老百姓敢怒不敢言的恐懼感，終於開始瓦解了。如果突尼西亞人可以藉抗議活動除掉暴君，埃及人應該也沒什麼做不到的吧？所以來參加抗議的、奔向解放廣場的埃及人，不再是以百計，而是以千計、以萬計了。每個人都想貢獻一己之力。阿戴爾說：「不管人們可以幫忙的是什麼樣的小事，他們都願意去做。警察開始對我們發射催淚瓦斯，婦女知道醋能夠幫助我們，所以她們從陽台上丟醋瓶子給我們。」

然而，埃及革命不只靠成千上萬老百姓見義勇為而已。多年的學習、多年的試驗與錯誤成為決策時的重要依據，抗議團體才有機會改變現狀。在過去，抗議活動通常是在開羅市中心舉行，不是在政府大樓前面，就是在記者協會前面。二〇一一年一月二十五日的遊行活動卻另闢蹊徑。運動人士將目標鎖定在埃及市十幾個地點，特別針對貧民區，特別呼籲這些社區的居民出來加入抗議。沙拉回憶道：「這麼做的目的，是為了創造好幾個抗議活動可以發動的熱點。」[48]這個策略讓人們在住家附近就可以發動革命，還有另外一個重要的優點：它讓警察與維安部隊不得不分散至不同的地點，而不是聚集在同一個地方。運動人士組成小隊，選擇特定的社區、特定的街道活動。沙拉說：「他們的工作是在這些後街小巷上來回巡行，呼籲人們加入。他們一旦聚集了足夠的人數，就轉移到大街上繼續號召。當人數累積得更多時，他們就會開始朝我們選定的中央區移動。」

二十六歲的卡美・阿拉法（Kamel Arafa）是四六運動的成員之一，他當時屬於先遣小隊，負責糾集眾人上街。他之前花了很多時間在開羅高級住宅區莫哈德辛（Mohandessin）的阿拉伯聯盟街（Arab League Street）充當斥候。阿拉法本身就住這一區，所以非常熟悉周邊環境。他的偵查工作中，有一項任務非常重要：他花好幾天的時間仔細觀察搭載鎮暴警察的國安局卡車，他想要知道它們走什麼路線，停在什麼地方。阿拉法打算到這區最狹窄的巷道糾集抗議人群，因為國安局的卡車無法在這些地方通行。他也規劃疏散路線，如果抗議者被驅趕的話，他們可以很快離開現場。一月二十五日那一天，群眾聚集的速度之快，讓阿拉法大感驚訝。他認為他的策略之所以奏效，先前的準備工作確實是關鍵。然而就像其他人一樣，他也相信，他們的成功不只靠事前規劃，時機也非常重要。阿拉法說：「突尼西亞的革命讓大夥有了希望，大家開始相信事情是可以改變的。」[49]

當街上群眾多到連鎮暴警察都沒有辦法應付時，我們可以想像埃及內政部是多麼震驚。內政部長哈比・阿德利也許會在這場讓他的部屬陣腳大亂的抗議裡面找到他昔日對手的指紋。幾年前逃出埃及的警察歐瑪爾・阿非非就是這場抗議的主謀者之一，而早在一九九五年阿德利當開羅警察局長時，就曾經當面斥喝過這位下屬。就是因為阿非非的建議，年輕人才開始利用開羅的長弄窄巷作為抗議活動的起點。[50]阿非非也運用以前當警察的知識，幫忙彙整了一本實用手冊，教導抗議者面對鎮暴部隊時該怎麼辦。這本二十六頁的小冊子充滿了各種實用的建議。它建議示威者穿上連帽夾克、戴上圍巾或者護目鏡以保護自己不受催淚瓦斯的毒害。[51]書中還有示範圖片，教大家利用隨手可得的紙板、塑膠瓶，將之改造成為護身盔甲。它也示範如何利用垃圾桶蓋子做盾牌，抵擋警棍的攻擊。它勸告抗議者最好呼喊正面的口號——例如「埃及萬歲」——並且一有機會就要跟鎮暴警察交朋友。阿戴爾說：「我們到處散發手冊，很多人都來幫忙。我發給了許多抗議者，它真的很有用，大家都很需要那些建議。它還告訴你要如何在警察射橡皮子彈時保護自己。」

解放廣場被民眾佔據以後，聲援的人不斷湧入。許多人自願提供食物、醫藥用品、甚至幫忙處理垃圾。隨著日子一天天過去，廣場上的分工也愈來愈有組織。最初，若有人需要看醫生，他得向四周大喊找人。很快地，受過醫護訓練的人就在身上貼貼紙，標示他們就是醫生。穆斯林兄弟會的成員長期被政府打壓，現在他們幫忙在廣場上設立界線，好把政府派來的搗蛋者擋在外面。他們提供的一些建議相當實用，例如教示威者把走道上的地磚挖起來，或者鬆動石頭，讓他們被流氓攻擊時可以保護自己。革命過後好幾個月，解放廣場上好幾塊地方還是一片黃土，因為地磚都被挖走了。阿拉法說：「有一度，我們的夢想只是在塔拉哈伯廣場（Talaat Harb Square）舉辦一場抗議活動。來參加的人數假如有五百人，我們就已經很滿意了。當我們在解放廣場被一百萬人所包圍的時候——沒有比這個更棒的感覺了。」

我第一次見到馬赫的時候，他是一個安靜、講話不囉嗦、非常嚴肅的年輕人。我採訪他的三個多小時裡面，他未曾笑過。他坐在椅子上，身體前靠，駝著背，手放在膝蓋上。偶爾他會將目光投向我們附近桌子人，也會將目光瞥向餐館的門口。我不覺得他緊張，只是對於周邊環境保持高度警覺，就好像一隻動物，無時不刻在注意是否有猛獸出沒，肌肉保持緊繃，隨時準備跳起來逃走。他對我說的最後一件事是：「最困難的是斬斷專制政權與其工具之間的連結。切割軍隊與國家當然很困難，幾乎是不可能的。然而我們希望有足夠多的成員、足夠強的意志力，在時機來臨時，更多軍警會決定袖手旁觀、甚或加入我們，就好像在塞爾維亞發生的情形一樣。」

時機已經來臨。二〇一一年二月十一日星期五，經過了十八天的抗議，無數的埃及人湧入街頭後，軍隊終於選擇棄穆巴拉克於不顧。

在埃及革命之後，我又見過馬赫一次，是在偶然的機會下見到他。我走在街上，過了轉角後，突然就看到他坐在一家咖啡館的外面。當時已經是開羅的子夜時分，他周圍環繞著十來位朋友，他們把好幾張小桌子併在一起坐。一群年輕朋友在週五晚上聚在一起，笑著、叫著、講述他們的故事，看起來真是再自然、再普通也不過了。如果不是我認出馬赫的臉孔，我可能根本不會多瞧第二眼。

第六章　法老王

莎米拉．伊布拉欣（Samira Ibrahim）是埃及北部某家化妝品公司的銷售部經理，她不辭勞苦，旅行了八個小時才到達解放廣場。抗議活動已經開始了。雖然她只有二十五歲，卻有豐富的抗議經驗，從小就參加示威遊行。她一抵達開羅就決定留下來。好幾天的時間，她跟民眾一起在解放廣場宿營。二月十一日穆巴拉克總統下台時，她也在廣場上跟大家一起歡欣慶祝。然而即使穆巴拉克已經下台，大部分的人也都回家，莎米拉還繼續留下來。她屬於一群大約一千人左右的團體，他們認為必須繼續在廣場上宿營，以提醒掌權的埃及將領，他們還有承諾未兌現。在她的心中，革命尚未完成。所以三月九日下午，就在穆巴拉克逃離開羅近一個月後，莎米拉人還在解放廣場。[1]

暴力攻擊是在下午三點過後沒多久開始的。一大群暴徒聚集在解放廣場上附近的圓環，對著示威者叫囂，但示威者都是像莎米拉這樣進行和平抗議的人。他們大喊：「人民要求淨空廣場！趕走他們！」這些暴徒帶著木棍與鐵管，開始包圍圓環。當他們接近地鐵站的入口時，便朝廣場正中央的示威者營地衝過去，拆除他們的營帳，痛打任何擋路的人。年方二十四歲的運動人士阿赫美德・阿默（Ahmed Amer）當時人就在廣場，他表示：「我們開始上傳救命的訊息到臉書，試圖找人來幫忙。我們的人數開始增加，新來的人開始幫忙守護帳篷。暴徒用小刀攻擊，我們就以石塊反擊。」[2]

當示威者看到軍方抵達現場時，還以為他們要來幫忙，畢竟埃及軍方才在上個月扮演解放者的角色：軍方一直密切注意廣場的動靜，到最後他們選擇跟人民站在一起，並沒有保護穆巴拉克。但這一次阿兵哥進入廣場後，莎米拉領悟到事情不對勁。士兵們並沒有動手抓暴徒，反而是逮捕示威者。即使暴徒持棍棒把人趕出廣場時，他們還在一旁袖手旁觀。

莎米拉來不及逃走。一個士兵抓住她，把她的頭巾扯下來，將她整個人摜在地上。一群士兵圍上來對她拳打腳踢。接下來，她跟其他兩百名示威者被拖到廣場北邊的開羅國家博物館（Egyptian Museum of Antiquities）裡刑求。許多埃及人義無反顧地想把獨裁者趕下台，想使埃及走上民主進程，對他們來說，三月九日星期三是個轉捩點：埃及軍隊不是他們寄望的革命守護者，他們再也無法存疑。

莎米拉一被拖進博物館的龐大建築物裡面，雙手就被銬到一面有電纜線的牆上。接下來七個小時——她告訴我，幾乎每隔五分鐘——一個士兵就會用趕牛用的電擊棒電擊她的雙腿、肩膀、肚腹，還在她身上潑水，好讓她更加痛苦。刑求者不斷地重覆著一句話：

「妳以為妳比穆巴拉克偉大嗎？說妳愛穆巴拉克！」她求士兵停手，並重覆示威者先前在解放廣場所喊的標語：「你們是我的兄弟。軍民手連手、心連心。」士兵對她冷笑，回答道：「才怪，軍方高於國家。妳痛死活該。」

直到晚上大約十一點，莎米拉跟其他十六位女士被帶到檢察官的辦公室。軍官對檢察官謊稱，他們發現這些女性示威者身上藏著刀子與製造汽油彈的材料；事實上，這些東西都是士兵栽贓，以誣陷她們的事證。接著她們被送到一個大型的軍事監獄裡。莎米拉在那裡被關了三天，期間她繼續遭到辱罵、羞辱以及恐嚇，士兵對她吐口水，她的所有東西都被偷光。（她抗議的時候，一位軍官告訴她：「不准聲張，否則我殺了妳沒有人曉得。」）她的三餐是泡過汽油的麵包。

然而最羞辱的一刻，乃是她剛進軍事監獄之後，她跟其他的女性示威者被剝光衣服，被強迫檢查她們的處女膜是否還完好無缺。軍官們告訴莎米拉，不是處女的女人就會多一項罪名，那就是賣淫。他們把她帶到一個房間；那個房間並非醫務室，她也不相信檢查她的軍官是醫生。就在她必須忍受這個毫無尊嚴的過程之前，她突然僵住。在準備檢查她的男人身後，牆上高掛著一幅穆巴拉克的照片。她問他：「你為什麼把照片掛在那裡？」

「因為我們喜歡他。」

革命還是因襲

軍隊受到埃及人普遍愛戴，因為他們保護埃及，捍衛國家。[3] 一九七三年埃及對抗以色列的戰爭中，軍人奮勇作戰的事跡還有他們無私奉獻的精神，埃及小朋友從小就耳熟能詳。埃及的歷任總統，包括納賽爾、沙達特、穆巴拉克，都曾經擔任過將軍，也都在任內大力弘揚軍隊的愛國情操，還有一九五二年推翻君主專制的英勇表現。在埃及，民政單位腐化無能，每下愈況，政府往往放任不管，讓它們變成效率不彰、發揮不了作用的爛攤子，唯有軍隊還維持一定程度的專業性質。因此一般埃及人對軍隊的信任遠超過臃腫的官僚機構以及普遍受到憎惡的警察。二〇〇八年物價高漲導致搶糧暴動時，是埃及軍方站出來，從自己的麵包廠中拿出麵包來供應給民眾。我自己在二〇〇六年也曾經親眼見證埃及軍方扮演大救星的角色。那一年，埃及擔任非洲國家盃足球賽的東道主。然而比賽的日期日益接近，政府委托的建商卻無法在期限之內將體育館建造完成。再一度，軍方介入了，即時派出了軍方的起重機、工程團隊，搶在期限前最後一刻把體育館蓋好。因此，即使是在穆巴拉克統治的晚期，反對黨的政治人物偶爾公開呼籲軍人治國也不是很奇怪的事。其中的訊息很清楚：軍隊是埃及唯一可靠的組織。

所以二〇一一年革命時，埃及軍隊再度扮演人民的救星，也符合上述的傳統。革命一開始，坦克車駛進解放廣場，埃及年輕軍官率領小隊在重要的地點設立蛇籠拒馬鐵絲網等等，其實很受到民眾歡迎。當時示威者喊出「軍民一心！」，立即引起全開羅的迴響，成為人人琅琅上口的口號。縱使軍方高層尚未決定要支持誰，人民卻毫不猶豫地接受埃及士兵就是同一陣營的盟友。抉擇的時刻到來時，埃及的將軍們了解，他們過去幫忙抬轎的獨裁者已經變得太沉重，他們不想再承擔了。於是他們拋棄了他們的統帥，悄悄地在二〇一一年二月十一日接管了政府。第二天，大約下午六點的時候，一臉嚴肅的奧馬爾•蘇萊曼（Omar Suleiman）向人民宣布了這個消息。蘇萊曼本是軍情局局長，剛剛在十三天前獲穆巴拉克破例任命為副總統。這一天他向全國廣播，說穆巴拉克已經「放棄共和國總統一職，委任最高軍事委員會（Supreme Council of the Armed Forces）處理國政」。一般人民的感覺是，軍方已經選擇跟人民站在一起。

三月九日的事件只是一連串破壞軍方形象之事故的起頭而已。軍方的形象太好，民眾信之不疑的時間太久，要讓主流民意開始意識到穿軍服的人也可能貪汙腐化、自私自利並不是很容易的一件事。一位埃及人權工作者告訴我：「民眾崇拜軍人，即使軍人濫權，他們還是會支持。人們就是拒絕相信軍人會刑求老百姓。臉書上有受害者出面作證的影片，影片中他們展示背上被刑求的傷痕，還是有人會說：『不可能！』」[4]

一開始都沒有人發出責難，指責最高軍事委員會發動政變，意圖篡奪大位。人民都以為，從穆拉巴克下台到下次選舉的短暫過渡期，陸軍元帥穆罕默德・海珊・坦塔維（Mohamed Hussein Tantawi）與另外十八位委員會的將軍只是代為治理國家，待選舉後埃及走向民主，軍隊就可以收兵回營了。然而這套劇本的唯一問題是，埃及軍人已經有數十年的時間沒有乖乖地待在軍營裡了。

嚴格地說起來，穆巴拉克的埃及並不像緬甸的軍政府一樣，可以清楚明確地歸類於軍事獨裁政府。埃及有總統，也舉行選舉，政府組織也是權力分立，民主國家有的單位埃及似乎一應俱全，而反對黨雖然弱小，尚有生存空間。但在實際運作上，軍事獨裁的確比起其他描述方式更接近真相。相較之下，中國、伊朗、俄國與委內瑞拉等國的軍隊都有很大的影響力，卻都不像埃及軍隊一樣獨佔鰲頭，無人可與之匹敵。軍方對埃及政府的影響力之深遠，遠遠超過穆巴拉克這一位前將軍。埃及大部分的省長都是前軍方將領，而穆巴拉克的資深顧問以及內閣官員出身軍旅，也是稀鬆平常的事。作為埃及最有影響力的組織，軍隊的事業早就擴展至國防以外的其他領域。今日埃及軍方最關心的帝國，是它自己的商業帝國。[5]埃及軍方出售礦泉水、承包道路工程、販售橄欖油、經營礦產、還經營連鎖酒店與渡假村。在埃及過日子，很容易就會跟軍方所經營的買賣有所接觸。掌控這麼多企業，高階將領可以分到的好處及特權也跟著多起來。因此，問題就來了，一個從現行制度得到這麼多好處的組織，會有什麼改革的動機？

穆巴拉克下台後幾週，許多埃及人都有一種不安的感覺，看來軍方心目中的民主革命跟人民所想的不一樣。軍方並沒有將平民納入決策過程。民主運動團體也相信軍方所謂的「與人民對話」只是虛晃一招，跟穆巴拉克政權故意製造人民分裂，以利統治的伎倆非常接近。軍方也拒絕廢止緊急狀態法——這是示威者最主要的訴求——所以政府依然可以沒有證據就逮人，沒有起訴就關人，並可禁止工人罷工以及集會遊行。緊急狀態法在穆巴拉克任內已經實施了三十年，也是他高壓統治的最惡劣象徵。然而在穆氏下台後，這些剝奪人民自由的法律，非但沒被鬆綁、廢除，軍隊還加上自己的壓迫工具，例如利用軍事法庭來審判平民。[6]新上台的將軍們並沒有打算廢止壓迫人民好幾十年的國家安全局，反而把它改了名字，重新掛牌上市。所以，解放廣場一位名為海亞姆・阿赫美德（Hayam Ahmed）的中年老師才會告訴我：「我們發現原來的政權沒有倒，只是成為軍方的一部分而已。」[7]

雖然如此，二〇一一年不是一九五二年的歷史重演，因為導致穆巴拉克下台的最後推動力雖然來自軍方，但與法魯克國王（King Farouk）當年遜位情況不同，這次的改朝換代並不是因為一小群將軍倒戈。二〇一一年是人民起義才造成革命。許多人總說埃及人先天對政治冷漠，但他們自己打破了這個迷思，群起要求穆巴拉克結束統治。一旦人民見識到自己團結起來所發揮的威力，他們將毫不猶豫重回到解放廣場，也是觸發埃及政治轉化的重要地點。在「最高軍事委員會」掌權後的數個月，示威者一直有辦法讓他們做出讓步。沒有人懷疑軍方一定會退居幕後，而坦塔維只是想短期充當埃及政府的門面，因為鎂光燈下是令人盲目、容易失足的陌生領域，將軍們應該不願意淌這混水。然而隨著一個月一個月過去，要主張軍方不是在想辦法維繫舊制度，變得愈來愈困難，他們確實想恢復獨裁制度，可能只是稍稍更動其名稱或形式而已。埃及人慢慢了解到，即使獨裁者下台，威權主義卻可以歷久不衰，難以改變。

無法再墨守成規

有一個笑話是這樣的：在總統大選前一天，總理晉見穆巴拉克。他告訴總統：「我很確定這個情況不會發生，不過為了以防萬一，您是否應該準備告別埃及民眾的演講詞？」

穆巴拉克回答：「為什麼？他們要去哪裡？」

這個笑話在穆巴拉克統治埃及即將滿三十年的二〇一〇年變得非常流行。（我在一週之內就聽見三個不同的人對我講同樣的笑話。）在當時，埃及民眾忙著揣測他們的總統是否終於要退出政治舞台。當然，穆巴拉克不可能說他要下台；他只是躺在德國海德堡大學的醫院裡，正從緊急手術中恢復元氣。當時，埃及人民普遍認為唯一可以擺脫獨裁者的方法，只有等他自己翹辮子。

即使埃及是個文明古國，受到法老王統治數千年，但一個執政者能掌權三十年也算是個成就。穆巴拉克是埃及六千年歷史中統治時間第三久的元首。到了二〇一一年時，他當總統的歲月，已經比共和國前三位總統在位的年份加起來還要久。三十年下來，他目睹埃及最重要的外國友邦——美國的元首來來去去：歐巴馬是在白宮接見他的第五位美國總統。

在當上總統之前，穆巴拉克是一個沒有什麼特色、也不怎麼傑出的副總統與空軍司令。[8]他之所以被扶正掌握大權，是在沙達特總統被伊斯蘭好戰分子刺殺之後。據說刺殺案發生之前，穆巴拉克曾經力勸沙達特不要參加閱兵典禮，而沙達特當時拒絕穿上防彈背心，因為那會破壞他波斯軍服的線條。[9]一九八一年十月六日，刺客對著他開槍的時候，好幾枚子彈因此輕易地打進他的身軀。他立即倒在閱兵台上，然而站在他旁邊的穆巴拉克卻毫髮無傷。八天後，他宣誓就職，成為埃及獨立後第四任總統。

穆巴拉克才能平庸，也不擅長演說。即使是他自己的朋友都承認，在他當總統的三十年裡，不論在政治上或軍事上，都沒有什麼了不起的成就。一九九二年開羅發生一次很大的地震，導致數百人死亡，數千人受傷。首先趕到現場援救，分發食物、飲水、毛毯的，不是埃及政府，而是勢力龐大的伊斯蘭主義反對派——穆斯林兄弟會。除了最後五六年埃及的經濟稍見成長外，埃及在穆巴拉克治下過得並不好：百分之四十四的埃及人每天生活的預算低於兩元美金[10]、享有公共下水道系統的住宅不到一半[11]、百分之三十的成年人是文盲。[12]聯合國二〇一〇年所做的人類發展指數報告中，埃及在一百六十九個國家中排名第一百零一名，遠遠不如哈薩克、土庫曼、甚至飽受內戰凌虐的斯里蘭卡。（編按：人類發展指數〔Human Develop Index〕，以預期壽命、教育程度和生活水平來衡量一國的社經發展。）

當然，如同其他的中東獨裁者一樣，穆巴拉克能夠統治這麼久，一部分靠的是人心中的恐懼。埃及內政部掌握埃及的警察與情治系統，員工人數超過一百五十萬，年度預算超過十億美元。[13]然而穆巴拉克的統治術不光依賴這樣的專制象徵而已。他主要的政治工具其實是恐嚇，也就是利用人民怕亂的心理。穆巴拉克與他所屬的執政黨國家民主黨（National Democratic Party）常常提醒埃及人，假如沒有他這樣英明睿智的總統，埃及早就深陷中東地區的風暴火海，或者被伊斯蘭基本教義派荼毒。也就是說，他把他的統治正當性建立在一套想像的歷史之上：那些未曾發生過，但他堅持他不在其位就會發生的事件。因此穆巴拉克的政治論述，強調的是一種令人害怕的未知數，他堅信一定會發生，還活靈活現地渲染描繪。執政黨年度黨代表大會的中心主題就是這樣的訊息。[14]舉例來說，在二〇〇九年的大會上，在穆巴拉克即將上台演講之前十分鐘，執政黨準備了一部短片宴請代表們一同欣賞。眾人在大螢幕上看到中東各地暴力畫面的大雜燴——爆炸、機關槍掃射、備受內戰摧殘的社區以及街道，還有一個眾人耳熟能詳的主題：沒有穆巴拉克，這些就是埃及社區與街道的景象。

然而，十年過去，另一個十年又開始，穆巴拉克政權越來越無法靠同樣的政治論述與宣傳手法來維持政權，即使這些手法在過去非常有效。任何政權，即使是獨裁政權，都必須想辦法推陳出新，使公民肯定它的統治正當性。例如普丁必須把總統寶座讓出，降格當總理（即使只是暫時性的），才能維持民主的假相。時局困難的時候，查維茲也得破口痛罵北邊的「美帝」。中國則是有有高速的經濟成長作靠山。世易時移，埃及的現代法老王也得面對新時代的壓力。至少這是埃及執政黨的一位資深成員對我做出的解釋：「穆巴拉克知道今非昔比，不能再墨守成規，以過去的方式統治下去了。」[15]

講出這話的人是阿里・艾丁・希拉爾（Ali Eddin Hilal），也是執政黨的公關主任與發言人。希拉爾已經在穆巴拉克的政府服務多年。他在二〇〇一年獲得提拔，被賦予相當重要的職務。穆巴拉克任命他還有自己的兒子賈邁勒・穆巴拉克（Gamal Mubarak）為祕書處執行委員，這是總管執政黨日常行政事務的核心單位。希拉爾過去所學的就是政治學，他於一九七〇年代畢業於加拿大蒙特婁的麥克基爾大學（McGill University），也曾經在加州大學洛杉磯分校、普林斯頓大學擔任過客座教授，並長期在開羅大學任教。雖然他年紀已經大到足以擔任埃及政府的老臣，卻因為手段圓融、精明幹練、舌粲蓮花而深受年輕一代的歡迎，特別是賈邁勒周遭的企業界人物與技術官僚。好幾個我採訪過的人提到希拉爾時都說，他是「賈邁勒的教練」——負責訓練王子，好讓他將來能承接王位。我跟他見面的時候，是穆巴拉克政權壽終正寢前十個月，地點在他兒子的法律事務所，裝潢極為時髦高級，跟紐約曼哈頓區的建築事務所不遑多讓。

希拉爾說，穆巴拉克自己也知道必須改變統治的方式，這一點讓我頗為吃驚。一位獨裁者的發言人對記者表示，總統之所以改弦更張，與時事變動遠遠超過政府所能掌控有關，這是相當罕見的說法。因為我通常聽到的說詞都是「為了人民福祉而謹慎地選擇」之類味同嚼蠟的空話，其目的是為了讓外界搞不清楚施政方向改變、或者政策大轉彎的真正理由。

最大的問題是，穆巴拉克當了總統這麼多年，為什麼會突然覺得不能再墨守成規下去？是什麼原因造成這樣的改變？

希拉爾解釋道：「（上位者）一旦知道民主浪潮正在蔓延，就必須加速民主化改革。」

他繼續說：「更進一步的因素，可能是全球的環境改變了。這是一個衛星時代，現在有了半島電視台，有了網際網路。上位者就會想：『不能再跟從前一樣了。已經沒有壟斷資訊的能力了。』上位者開始了解資訊透明化的重要性。這並不必然是因為上位者的心胸開闊，而是為了要保持大位。只是為了實際、務實的理由，不得不如此。」

之前的十年對於埃及政府來說是多事之秋。[16]以色列轟炸約旦河西岸、美國在伊拉克境內的戰爭等等事件，引發了政治性的示威抗議，首先在開羅街道展開，但抗議的焦點很快就轉移，變成反埃及政府的抗議活動。這些街頭遊行以及頻頻發生的罷工事件，都由半島電台之類的有線電視新聞網廣播到全世界。部落格寫手把訊息散播得更遠，也常常把政府鎮壓民眾的畫面上傳到網路，影響了國外的輿論。有一段時期，外國政府常常出言批評埃及，特別是美國與歐盟。埃及政府不得不開放一小塊言論自由的空間，反對政府的報紙立刻抓住機會，大力批判穆巴拉克的作為。希拉爾解釋，穆巴拉克政權為了回應各方的壓力，開始想新的辦法來維繫政權，畢竟適者才能生存。希拉爾說：「統治階級也很聰明，過一段時間後，他們也看到事情不妙的徵兆。」他所指的，乃是國內外敦促埃及自由化的壓力。「一旦統治階級看到事情不妙的跡象越來越明顯，就會啟動改革程序。上位者開始注意反對派的口號，拒絕成為被改革的對象，他們開始跟改革派合作，甚至開始主導改革。」

換句話說，穆巴拉克政權試圖收編所有可能威脅當局的新勢力，避免新動亂，以繼續主導自己的命運。希拉爾隨即指出，外界必須了解，每件事都經過精心策畫。他說：「改革是由統治階級所啟動、精心策畫、仔細規範過的，特別是總統本人扮演重要的角色。」

穆巴拉克不可能放任局勢自行變化，他想試圖掌握這些新力量，趕在它們前頭，並主導它們的發展方向。

至少理論上是這樣。

埃及不像某些國家擁有大量的石油蘊藏：它不像俄羅斯與委內瑞拉，可以賣石油與天然氣，用豐厚的收入來討好民眾、收買人心。埃及政府也沒有在尼羅河河岸創造出經濟奇績：不像中國，沒有人希望跟隨「埃及模式」來讓人民脫離貧困、翻新全國的基礎建設或者創造持續的經濟成長。然而，如同希拉爾的分析觀察，外來的壓力愈來愈大，穆巴拉克政權試圖修練另一種現代獨裁者的生存技巧：適度地讓出有限的政治空間以維持政權。

在穆巴拉克統治的最後幾年，觀察家如果把眼睛閉上，只聽埃及官員的公開發言與政策宣示，很容易就會相信埃及的政治常常在變化，政策與行政法常常被「改革」、「更動」、「現代化」、「強化」、「發展」。然而在枝節上修修補補，或把改革掛在口中，只是要遮掩一項事實：什麼事都沒有變。事實上，穆巴拉克政權真正擅長的事情，是不斷重新界定政治的禁忌，重畫基本自由的紅線（譯按：紅線在英文中指的是禁忌、禁區），它試圖建造一個安全閥來減輕壓力，卻又不會動搖其權力的根本。埃及政府的難題是，如何創造出自由的假象，卻又不會在無意之中給了人民真正的自由，讓他們得以挑戰其統治的正當性。

舉個例子來說，言論自由的基本要素之一，就是有權利能公開批評總統。[17]在一九八〇與一九九〇年代，埃及沒有人敢上街頭批評穆巴拉克，所有的人都知道這樣做會被警察抓去關。事實上，這個不成文的禁忌深入人心，埃及人甚至不敢直呼穆巴拉克名諱，而是以「總統府」來代稱——雖然憲法中其實沒有這個權力機構。連大名都不敢提，那麼坦白而公開地抒發對總統的不滿，更是沒有人敢輕易跨越的紅線。

但這條紅線後來就被穆巴拉克政權放棄了。近幾年，只要有人在開羅的街頭抗議，就可以聽到「穆巴拉克下台！」的口號。這個現象應該是在二〇〇二年開始的，當時以色列軍隊佔領了約旦河西岸的傑寧（Jenin）等城市，學生與運動人士一開始上街頭抗議以色列，後來就把矛頭轉向自己的政府，有人說這就是反對穆巴拉克的口號迴響街頭的第一次。二〇〇四年十二月，鬆散的反對團體「喀法雅」組織了第一個以反對穆巴拉克為主的示威活動，也是阿赫美德・馬赫後來加入的團體。

二〇〇五年以後，輿論大肆批評穆巴拉克已不再是罕見的現象了，包括指責他的妻兒驕奢腐化。顯然穆巴拉克政權已經盤算過了，繼續禁止人民批評總統，代價太高，收益太低。埃及政府的想法是，就算幾百人高喊「穆巴拉克一定要下台！」那又怎樣？弄到最後，就算他們喊破喉嚨也無關痛癢。事實上，埃及官員相當得意，人民在廣場上公開咀咒總統，剛好可以拿來證明埃及社會已經朝著自由化的方向移動了。人權運動者噶薩・阿代

—拉扎克（Gasser Abdel-Razek）在二〇一〇年年初告訴我：「今日的紅線已經不再是過去的那一條了。可是這不代表穆巴拉克不會在某天早上起床時說：『那個混球應該坐牢。』那個混球當然很快會被抓去關。但是他們已經演進了。」[18]

埃及政府改變策略，最明顯的證據就是它的措詞。不久之前，穆巴拉克政府一遇到批評就會反擊，不是矢口否認就是辱罵對方。如果人權團體發表報告，說埃及警察局普遍使用酷刑，政府的反應通常是一概予以否認，說這些指控毫無憑據、無的放矢。「公元兩千年時，埃及的非政府組織若受邀在聯合國的人權理事會發表報告，埃及的外交官員不是迴避，就是指控這些非政府組織叛國，為外國政府工作。」[19]以開羅為基地的「埃及人權組織」（Egyptian Initiative for Personal Rights）創辦人霍珊・巴噶特（Hossam Bahgat）這樣告訴我。

幾年以後，現年三十歲的巴噶特的經驗就大不相同了。他所領導的組織是一個國際上普遍敬重的非政府組織，宗旨在捍衛基本權利與自由，也因此很自然成為最敢批判穆巴拉克政權的機構之一。聯合國人權理事會每年都會審查會員國的人權紀錄，二〇一〇年，巴噶特前去日內瓦與會。他之所以出席，是要報告埃及境內人權遭到大規模踐踏、就在當下還在發生的犯行。意外的是，他這次收到駐日內瓦埃及大使的晚宴邀請。更令人驚訝的是，大使還跟他說，他們將來應該共同合作，一同完成來年的人權紀錄審查報告。現代的埃及政權至少知道要在口頭上讓步，明白與其痛罵所有的批評者說謊、叛國，不如承認政府的舉措確實有未盡完美之處，這樣做的好處多於壞處。巴噶特在二〇一〇年的三月對我說：「如果你現在跟外交部的人談起政府違反人權的犯行，他們就會說：『是的，沒錯，我們有許多嚴重的問題，要面臨許多挑戰。我們正在努力改善中。我們已經走在改革的路上，但也許走得不夠快，應該加快速度。』當然，這些話裡面所暗示的是，政府裡面有些保守的人還在抗拒改革，但假如我們有一個比較年輕、在西方受教育、力圖改革的總統的話……」一個比較年輕的總統，例如賈邁勒・穆巴拉克。

西裝革履的法老王

埃及政權想為獨裁統治化妝打扮，讓它穿上一襲現代化的新衣（雖然往往畫虎不成反類犬），這跟「太子」賈邁勒・穆巴拉克在政治上崛起，兩者密不可分。公元兩千年，賈邁勒辭掉他在倫敦銀行界的工作，回到開羅當執政黨的大官。這位四十六歲充滿魅力的總統之子，在對媒體發言時，大談執政黨必須引進新血，為施政注入活力，服務埃及人民。他琅琅上口的政治口號諸如「改革」、「進程」、「共識」——對於一個只是想在老邁獨裁者之後接班的人來說，算是滿特別的。

從他回到埃及的那一天起，賈邁勒的各種政治活動就普遍被視為是為了接班而鋪路，只是為了增加他的個人聲望，好讓他成為一個埃及人民可以接受的統治者。賈邁勒幾乎立刻就成為執政黨舉足輕重的人物了：他父親任命他做祕書處執委，與聞執政黨的大小事務。他又在新成立的、類似執政黨智庫的「政策委員會」裡面擔任主席。[20]而「政策委員會」成立的目的，就是讓賈邁勒有一個將年輕一代官員引進政府的平台。埃及老一輩的政治人物都是在沙達特時代從政，在政壇打滾多年，他們深諳權貴政治之道，但是賈邁勒身邊的人則看起來比較像是麥肯錫管理諮詢公司的顧問，而不是坦慕尼協會的老闆。（譯按：坦慕尼會〔Tammany Hall〕，十八世紀成立的美國政治機構，後來成為民主黨的政治機器，於一九三四年解散。）就像賈邁勒一樣，他們年紀輕、在西方受教育而且會講流利的英語。他們大約只有三十、四十多歲，曾經在美國東岸某家大學拿過博士或企管碩士學位。有些人曾經在華爾街工作過，因此知道如何吸引外資。他們被找進政策委員會，負責出點子、想計畫、發展新政策，以改進埃及多年來因循守舊、死氣沉沉的社會主義政策與做法。

在經濟上，這些技術官僚確實帶來進步，從二〇〇五年到二〇〇八年，埃及的經濟成長每年超過百分之七點二，雖然絕大多數埃及人並不因此而受益。[21]世界銀行連續三年誇獎埃及，說它是中東地區經濟改革最有進展的國家。所以外資在二〇〇九年大量湧入，金額高達七十億美金，是五年前的三倍以上。全球金融風暴爆發時，出乎很多人的意料之外，埃及並沒有受到太大的衝擊。然而賈邁勒的政治計畫——把執政黨現代化——卻毫無進展。它並沒有變成具有理想的政黨，還是只關心要如何繼續掌握大權，更缺乏任何願景。說穿了，它根本稱不上一個政黨，只不過是一個龐大的、讓當權者繼續累積榮華富貴的機器而已。

有一個人不肯接受上述的講法，那就是穆罕默德．卡馬爾（Mohamed Kamal），他是賈邁勒的政治顧問，也是負責振興執政黨的政策委員會委員。他大約四十多歲，學的是政治學，在美國約翰霍普金斯大學高等國際研究所（Johns Hopkins School of Advanced International Studies）獲得博士學位，精通美國政治以及政治運動，他對於華府市中心之熟稔程度就像他對開羅一樣熟悉。卡馬爾可以輕鬆地討論美國的選舉人團制度，也可以一下子就把話題切換成複雜的埃及政治細節。他甚至曾經在美國國會山莊工作，為一位俄亥俄州的參議員服務。我第一次見到他是二〇〇六年在開羅，我問他喜歡讀哪些報紙，我還以為他會舉出埃及的在地媒體。沒想到他回答：「大概跟你差不多吧。我早上喜歡看的兩份報紙是《華盛頓郵報》以及《紐約時報》。然後我再看看麻薩諸塞大道上的智庫有什麼新的報告。」[22]這是很高明的諷刺，因為我當時受僱的華府智庫就是位在麻薩諸塞大道上。

我最近一次採訪他，是在他服務的政權垮台之前幾個月，訪談中他仍然為執政黨辯解。他說，雖然表面上這個政黨看起來死氣沉沉，但它確實很有活力、很有能力。可惜他的說法毫無說服力。他告訴我：「國家民主黨有能力自我改革，它不但有人材也有理念。」[23]毫無證據可以顯示他的說法為真。然而他有一點說得沒錯，穆巴拉克政府曾經做出讓步，的確是「過去七年最重要的政治發展」——也就是決定舉行二〇〇五年的總統大選。那一年是穆巴拉克第一次在全國舉辦選舉造勢活動，懇請埃及人將票投給他。（之前的二十四年，他只請選民在諮詢性公投中，投票贊成或反對他當總統。）結果是，全中東最老的獨裁者必須到選舉造勢會場發表演講，跟民眾與支持者握手。卡馬爾當時擔任公關部主任，他為穆巴拉克成立了極為先進的競選總部，恐怕連柯林頓總統的選舉策士詹姆士・卡威爾（James Carville）都會說讚。在這個競選總部裡，年輕的工作人員忙著分析選民的人口資料，還有工作小隊下鄉到各地的投票站，統計選民的投票率。所費不貲、製作精美的各種選舉廣告，把年老的穆巴拉克包裝成為一個銳意改革的候選人。卡馬爾告訴我他的靈感來自於美國總統選戰，特別是柯林頓勝選的一九九二年總統選舉。

這些都代表著有史以來第一次穆巴拉克有了競選對手。他就是艾曼・諾爾，他是一位律師，也曾經擔任過國會議員。他利用選戰造勢的機會，痛批政府腐化以及濫用緊急狀態法等種種弊端。沒有人認為諾爾的得票數會高過穆巴拉克，就算總統華麗的選戰機器無法贏得選票，他還是可以透過選舉舞弊以及作票來勝選。然而諾爾參選總統這個動作已經很有意義，比他得票多少還重要。即使穆巴拉克只想辦一場假的選舉，至少代表他又做出重大的讓步：埃及政府再也沒有辦法不透過投票來選出一個讓人民信服的領袖了。另一條紅線又被重畫了。

希拉爾先前告訴我，穆巴拉克了解到他不能再墨守成規，而他的策略就是製造出政治自由化的表象，以確保他的政權不會被真正的自由勢力取代。如果讓國家機器來負責塑造所有的自由與改革進程，它起碼擁有主導權。穆巴拉克既可以放鬆套在埃及脖子上的繩子，也可以再收緊，可能最後又決定放鬆，然而繩子是由誰來掌控是不容置疑的。

這樣的策略不可能沒有代價。當人民嚐到了自由的滋味，要再收回來，通常會遭遇到相當的困難。穆巴拉克政府一旦消除了一條紅線之後，就會企圖限制新自由的範疇與運作空間。學術界裡面曾經討論過，像埃及這樣的假政治開放，是否到某個程度就不再是政權的臨時性自保措施，而成為長期不變、介乎獨裁與真正民主政治之間的一種僵局。這是個未獲解答的問題。穆巴拉克政權的一位官員告訴我，即使是政府的官員都懷疑他們是否能夠「永遠這樣玩下去」。[24]我向希拉爾提出這個質疑，他直言不諱地回答我：「埃及是否可以永遠這樣下去？答案當然是不能。」

他的回答讓我想起法國史學家托克維爾（Alexis de Tocqueville）的警語：「對一個腐化的政權而言，最危險的時刻是它試圖自我革新的時候。」穆巴拉克政權的危險果然接踵而至：開放人民批評總統，結果抗議事件不減反增，反穆巴拉克的政治活動更是方興未艾，這些都是埃及多年來前所未見的現象。埃及政府有時候只好再進行打壓，然而我所遇到的數十位政治運動人士都認為，二〇〇五年到二〇一〇年是他們培養政治反對技巧的重要年代。相同地，開放二〇〇五年總統大選之後，穆巴拉克政權繼續千方百計阻撓、限制、迫害其他想挑戰政府權力的人。（它很快就把艾曼．諾爾當作殺雞儆猴的對象，以莫虛有的罪名把他關在牢裡四年。）但是，從此以後，意想不到的人物也有可能出線，變成角逐總統寶座的候選人，對於一個很討厭意外的政權來說，現在情勢會怎麼變化，已經超出他們的掌握了——雖然不確定性已經被控制到最低，但畢竟還是存在了。肯定的是，二〇〇五年時，沒有人能夠預料到四年後埃及人民能公開討論總統候選人的話題，亦即國際原子能總署總幹事、諾貝爾和平獎得主穆罕默德．巴拉迪是否想要出來競選埃及總統。卡馬爾在二〇一〇年對我說起「巴拉迪現象」時，頗為嗤之以鼻，雖然許多巴拉迪的支持者也私下懷疑他是否有當政治人物的毅力，但一個新的臉孔就能讓富有政治意識的埃及人重燃希望，並且開啟反對專制政府的新攻勢。

也許最讓人民感到痛恨並激起最大反抗意志的，莫過於穆巴拉克政府企圖私相授受，為了保障賈邁勒能夠接班，不遺餘力地為他抬轎的種種做法。穆巴拉克雖然緊握大權，但是總統寶座是否父死子繼，從來不是毫無疑義的事情。但這種可能性，隨著每一年過去，變得越來越真實。這大大違反了埃及的政治傳統，因為不論埃及歷任政府有多專制，它絕非一個父死子繼的王朝。除了穆巴拉克的後代之外，沒有其他人選適合統治埃及，這種論調違反的是埃及政府與人民之間僅存的一點社會契約。

而且這種憤怒並不只存在於人民心目中而已。埃及軍方也極為怨恨太子黨——指的是賈邁勒與弟弟阿拉亞（Alaa Mubarak）身邊的一群人——因為他們很快就利用自己跟賈邁勒的密切關係發了大財，與軍方的利益起衝突。毫無疑義的是，假如賈邁勒真的變成埃及總統，他就會繼續推動國營企業的私有化，而均霑利益的人，將是那些跟他有密切關係的人，而不是軍方自己的商業帝國。不論賈邁勒穿起倫敦薩維爾街（Savile Row）的手工西裝看起來有多英挺、多稱頭，他唯一沒有穿過的衣服就是軍隊的制服。埃及每一位總統都從軍隊裡磨練出來的，賈邁勒的履歷表上缺乏任何軍旅經驗，埃及的將領們是否會同意讓他繼承父親的總統寶座，還是會堅持推一個自己人出來操持大局，一直都沒有明確的答案。

現在，我們永遠不可能知道了。當埃及人民在二〇一一年一月二十五日起義反對穆巴拉克時，他們也拒絕讓他有機會把兒子拱上大位。這個問題曾經困擾埃及政治長達十年，現在成為歷史懸案。只有一件事是不令人意外的：胡斯尼・穆巴拉克一下台，軍方就把太子黨人的資產一一沒收。

「埃及人感到自由」

每個獨裁政權都有一些代表人物，他們最能體現該政權驕奢腐化、專擅特權的一面。在埃及革命前夕，除了獨裁者本人以外，此人非阿赫美德·埃茲（Ahmed Ezz）莫屬了。他不但是億萬富豪，還是埃茲鋼鐵（EzzSteel）的總裁。各方普遍認為他是執政黨最有影響力的年輕領袖。他也是太子黨人，藉著跟賈邁勒·穆巴拉克的關係而發財。在二〇一〇年，你隨便問個普通的埃及百姓，誰因為跟總統的兒子有交情而獲得榮華富貴，所有的人都會異口同聲地說：「埃茲」。大家都相信，他藉著跟賈邁勒的私人交情，把原本表現平平的家族企業轉變成中東地區最大的鋼鐵公司。埃茲的財產據估計大約有二十億美金，絕大多數都是他在公元兩千年當上國會議員之後才賺到的。[25] 縱然他的財富來自政府的利益輸送與內線交易，但埃茲不只是權貴資本主義的既得利益者而已，他還負有重要的政治任務：他必須裝扮一個年華老去的獨裁政權，讓它外表看起來像是個民主大姑娘。一個執政黨的官員告訴我：「我們需要一個計畫。埃茲就是那個有計畫的人。」[26]

簡單地說，埃茲的工作就是贏得選舉。在二〇一〇年國會選舉之前好幾年，國家民主黨就要求埃茲負責選務組織與選戰策略，好贏得席次。當然，執政黨在國會選戰中一向是穩贏不輸。（自一九七六年以後，總統穆巴拉克所屬的政黨已經連續在九次國會選舉中取得絕大多數席次。）問題在於，作為一個執政黨，它贏得多數的方式極為混亂。從候選人的競選方式，就可以看出執政黨的招牌多麼不靈光。[27]許多人都以無黨籍的方式參選，靠他們個人或家族的關係網路，請地方上的選民支持他們。當選後，他們才宣布加入國家民主黨，因為只有黨員才能夠獲得政府支持、享受到特權與各種好處。事實上，國家民主黨三百三十一位國會議員中，絕大多數都是以無黨派候選人身分參選，選上以後才入黨。埃茲的任務是要想辦法施以紀律，讓議員表現出比較專業的樣子。好幾位官員告訴我，埃茲鑽研過英國前首相布萊爾如何領導新工黨，打算在埃及實行那些方法。[28]二〇一〇年四月，埃茲向我的朋友、前《華盛頓郵報》記者珍寧・扎卡里亞（Janine Zacharia）表示：「我所做的是較組織化的工作：如何讓選民出來投票，如何過濾候選人、如何幫助黨內高層選擇候選人，如何組織選戰。」[29]

就像埃茲所說的許多事一樣，這些話聽起來都很好聽。他誇誇其談，說選舉該如何動員、如何規劃現代化的選戰文宣或是專業的組織方法等。說歸說，在二〇一〇年十一月的國會選舉中，執政黨到頭來還是靠著選舉舞弊才勝選。回顧起來，埃及政府當時之所以一概拒絕讓外國人接近投票站，原因非常明顯。埃茲作為黨的組織祕書，他所主持的選舉卻是埃及近代史上舞弊最嚴重者之一：國家民主黨贏得了百分之九十以上的席次。[30]上一次二〇〇五年的國會大選，穆斯兄弟會曾經贏得了八十八個席位，卻在二〇一〇年莫名其妙地全盤輸掉，一個席次也沒有拿到。穆巴拉克政權無恥地操弄選舉，即使是在埃及這種高壓式的政治氣候之中，也算是相當不要臉的。

在投票之前幾個月，埃茲最喜歡強調埃及比起五年前已經自由很多了。他說，如果情況真有這麼糟，為什麼埃及人卻一副事不關己的樣子？根據埃茲的說法，埃及人最關心的事情是工作、便宜的食物以及乾淨的水——而不是政府是否具備正當性等重大政治問題。埃茲問道：「人民為什麼不造反？為什麼反對派在討論政治自由時，沒有百萬人站出來？」他自問自答：「為什麼？因為埃及人民覺得很自由。他們想要的自由已經在這裡了。言論的自由、參加政黨的自由。還有另一種自由，我們可以把公認很有影響力的阿赫美德・埃茲找來，訊問他各種問題，必要的話還可送他入地獄……埃及人覺得很自由。」

沒有人能回答，執政黨究竟為什麼非得使用下三濫的舞弊手段來勝選。也許執政黨已經積弱不振太久，即使找來埃茲幫忙，也無法讓黨員聽話。然而這個黨之所以這樣肆無忌憚，肯定是因為它謊話說久了，連自己都相信了。只有這樣才能解釋，開放媒體批評、允許反對聲音出現之後，穆巴拉克政權仍然覺得作票是一件無所謂的事情，還相信自己可以在選舉中任意上下其手，不必擔心任何不良的後果；這顯示它完全無視於民意的妄尊自大。為了創造出現代化的專制政權，穆巴拉克政權已經想了許多辦法，也擁有許多工具——可吸收民怨的反對黨，可獎勵或者處罰忠臣的定期選舉，還有一個反映公意的國會

——然而到最後，這些工具都被甩在一邊。這些民主裝飾品，事到臨頭，連門面都還不如。設立門面的用意乃是要把難看的地方遮掩起來，但前提是還要有人把門面當成一回事才行。在選舉之後，反對派有人打算成立一個比現存國會更具有代表性的「影子國會」。穆巴拉克總統的反應是嗤之以鼻，他說：「隨他們自己搞，高興就好。」[31]

上行下效，於是其他的政府大官也懶得再把門面當真了。一個好例子是國家人權理事會（National Council for Human Rights）。穆巴拉克在二〇〇三年成立這個理事會，目的是要確保埃及全國上下「尊重人權」。可是警察依然會刑求人民，因此大部分的人權運動者對這個理事會感到懷疑與不信任。表面上看起來，這個機構似乎只是裝飾性質，大部分的時間裡，它也確實沒任何實際作為。一位駐華府的埃及大使館職員洋洋自得地告訴我，他們是如何利用聯合國祕書長布特羅斯・布特羅斯—蓋里（Boutros Boutros-Ghali）的虛榮心，請他來當理事會的主席。[32]

然而該理事會的二十五位成員之中，確實有人認真維護人權。（我訪談了好幾位理事，他們異口同聲告訴我，在同事之中，有八到十位認真在執行人權工作，其他人不是投機客，就是政權的忠實擁護者。[33]）最受敬重的，是檯面上的領導人——副主席阿赫美德・卡馬爾・阿布爾・馬德（Ahmed Kamal Aboul Magd）。他不但是一位憲法學者，也是一位律師，是埃及最為珍貴稀少的一類人物：他對人權的維護與堅持不但真心誠意，連政府也對他尊敬有加。阿布爾・馬德在沙達特擔任總統時擔任過部會首長。如典型的法學家一樣，他行事小心謹慎、深思熟慮，然而二〇一〇年二月卻突然無預警地被解除國家人權理事會的職務。

在他被開除一個月之後，我到他吉薩市（Giza）的家裡去拜訪他，此地離著名的埃及金字塔只有一段短短的距離。他說，他先前到科威特去公幹，一回埃及，就有一封信等著他，寄件人是總統穆巴拉克本人。信中表示對他多年奉公的謝忱，然而現在該是他任務結束的時候了。我問他，他覺得自己被開除的原因是什麼。阿布爾・馬德回答：「他們為什麼炒我魷魚？有人說，可能是他們打算要做一些不適合我處理的事情。所以最好的方法是先把我開除，以免我壞了他們的好事。」[34] 與他無故遭免職相比，更讓人跌破眼鏡的是當局所建議的替代人選。名單上的首選，是擔任過警察的某位前內政部官員——埃及內政部實際上就是施用酷刑與違反人權的部會。因此這個人選名單一出，很快就造成輿論大譁，當局不得不收回成命。雖然如此，名單上的其他人選還是讓阿布爾・馬德非常不安。他說：「他們都不是什麼好人，我無法把這些人列入人權守護者的名單上。這些人所傳達的是錯誤的訊息。」

讓阿布爾・馬德不安的，不只是政府選用可靠的乖乖牌來填充此一根本無效能的政府部會而已。他認為，穆巴拉克與他的密友們已經對於自己國家的民意充耳不聞。他無法講出具體的實例，只能對於埃及即將進入的階段表示憂心。阿布爾・馬德告訴我：「我聽到的，只有寂靜。我很憂心，因為那不是真正的安靜。」

阿布爾・馬德的意思是，穆巴拉克政權自信滿滿，已經到了傲慢不可一世的程度，穆巴拉克顯然認為這個獨裁體系固若金湯。然而這個時刻，對於任何專制政權而言，都是最危險的時刻。對埃及而言，它的發展方向特別危險：絕大多數埃及人的生活水準並沒有提升，政治迫害無所不在。然而為了舒緩高壓體制中的緊張氣氛，穆巴克政權開放了一點點言論空間，也有限地開放政治運動。雖然政府開始容忍一定程度的言論自由，它還是繼續操弄選舉，大舉逮捕抗議者，而最不明智的舉動，也許是它開始為王朝接班做準備。民眾持續發出不滿的訊息與徵兆，但埃及政府開始失去興趣，認為民眾所擔心的問題不會危及到它繼續掌權。反對黨領袖艾曼・諾爾的資深顧問埃勒・納瓦拉（Wael Nawara）在革命發生一個月後告訴我，在穆巴拉克倒台之前五年，政府與人民已經走上了注定會發生衝突的道路。他在辦公室裡面告訴我：「兩方是一定會相撞的。我記得，當年十一月的國會選舉之後，我在部落格上寫道，穆氏政權已經搭上即將駛向終點站的火車，終點站之前沒有停靠站，即使它想下車，也沒有辦法了。我認為給它致命一擊的是一本手冊：如何開始革命，如何驅逐獨裁者。那就是突尼西亞。」[35]

埃茲說不定早有預感。二〇一〇年四月我採訪他的最後幾分鐘，他大吹大擂，說埃及街頭變得愈來愈民主，每兩三個月，埃及大學與其他地方就會發生示威抗議，埃及政治充滿了生機與新的主張。他反駁當局利用緊急狀態法限制反對者活動的說法。然後他暫停了一下，說道：「但我坦白說，如果解放廣場發生示威活動，我會很不舒服。」

九個月後，埃及人民佔領了解放廣場。在抗議進入第五天的一月二十九日，埃茲辭去執政黨內的職務。又過了幾天，他的銀行戶頭遭到凍結，被禁止出國。穆巴拉克很清楚埃茲深受民眾的憎惡，很快就把他當成祭品，獻祭給示威者。這只是日薄西山的穆氏政權力挽狂瀾、企圖亡羊補牢的第一步。二月十七日，穆巴拉克自己也被趕下台一週後，最高軍事委員會下令逮捕埃茲。二〇一一年九月，埃及的刑事法庭以貪汙罪判他十年有期徒刑。現在他成為一個沒有自由的人。

最後一道紅線

廣場上的人早就被警告了。[36]任何抗議——即使是和平的抗議活動——都不准。當局早就告訴旁觀者，留在現場的人，不是打算摧毀埃及的「煽動者」，就是「外國間諜」。緊張情勢不斷升高。因此當催淚瓦斯彈開始落在群眾頭上時，大家並不感到意外。穿著制服與便衣的人開始衝向示威者。內政部派出的鎮暴部隊手上拿著刀子與鐵鍊，有些人拿著警棍。只要有示威者在攻擊之中被迫脫隊，離開群體的保護，就會被狂打一頓，直到不省人事為止。解放廣場周圍的建築物頂樓，似乎已經安排了狙擊手，他們對群眾發射橡皮子彈。爆炸聲響也處處可聞。一團混亂之中，有一位示威者在臉書上發了一個簡訊：「我聞到催淚瓦斯的味道！幫助我們對抗軍方！」

此刻已經不是二〇一一年一月，而是六月底了。那天晚上在解放廣場之內、周邊攻擊示威者的維安部隊也不是代表穆巴拉克政權，他早已經被趕下台，關在沙茅樹（Sharm el-Sheikh）的一家醫院裡等候審判。命令維安部隊開始趕人的，是埃及最高軍事委員會。

這一次也不是偶發事件。三月九日軍方攻擊解放廣場、俘虜莎米拉・伊布拉欣後，它與示威者之間的衝突就變得愈來愈頻繁，到了夏天時已經是每週都在發生。在穆巴拉克下台後幾個月裡，軍事委員會越來越違反自己的承諾，其所做所為根本不是要把埃及引領到民主大道。雖然將軍們表示過要打算廢除緊急狀態法，卻食言而肥，緊急法還是一樣八風不動。人民所憎惡恐懼的國家安全調查局（State Security Investigation Service）也沒有被解散，只是換了名字，以國家安全局（National Security Agency）繼續掛牌營業。

他們還起用穆巴拉克的屬下擔任內政部長。埃及軍方也絲毫沒有意願要跟平民所領導的過渡組織合作，反而大權獨攬，無所不管。最高軍事委員會非但不鼓勵與民主運動人士合作，反而發布公告，誣指四六運動——也就是發動人民起義的青年領袖們——曾經在塞爾維亞受過軍事訓練。埃及的將軍們下令禁止外國觀察團前來監督即將舉行的總統大選，還指控國內對大選有類似興趣的非政府組織從事叛亂行為。林林總總加起來，這些動作顯示最高軍事委員會對於打造埃及的民主未來一點興趣也沒有，他們只想保住舊政權尚未被毀掉的東西，特別是他們自己的商業帝國。軍方做出讓步、同意示威者的要求，並不是為了拆除穆巴拉克建立的專制系統，只是想讓它換牌後再重新上路。二十五歲的運動人士卡梅・阿拉法（Kamel Arafa）告訴我：「我不再相信軍事委員會了，它根本是隻巨獸，將大家操弄於股掌之上。」[37]

沒有人知道埃及軍隊的勢力究竟有多大，事實上，根本沒人清楚相關的各種資訊與細節。[38]有人估計，它的人數大約在三十萬人到四十萬人之間，但是精確的統計數字從未公布過，最高將領的名冊也從未公開過。籠罩埃及軍方的迷霧，幾乎涵蓋了所有跟它有關的事務。過去三十年內它曾經得到美國四百億美金的援助款項，然而從埃及國家預算中分到多少經費卻是不宣之祕。即使埃及國會都不曉得軍方的預算情況，因為軍方拒絕公布財政資料。

在穆巴拉克治下，雖然政府有些部門漸漸變得很有權力——比如內政部所管轄的情治與警察單位、以及跟賈邁勒有關係的新企業菁英——軍方卻還是埃及政府的中樞。為了保護埃及這個最有權力的單位，對軍方或相關企業的批評一直是穆巴拉克政權最後一道不准逾越的紅線。如果連國會都不准知道軍事預算的來龍去脈，那麼人民可以知道的——或可以議論的——就更少了。埃及人權組織領導人，霍桑・巴噶特在二〇一〇年時告訴我：「我們唯一不能討論的事情是軍隊。那是不准人民議論的最後一道紅線。」他接下來問我：「你聽過那個二十歲部落客的事情吧？」[39]

巴噶特指的是阿赫美德・穆斯塔法（Ahmed Mustafa）。[40]他是來自埃及北部的工程系學生，在二〇一〇年二月因為一年多前寫的一篇部落格文章而遭到逮捕。在那篇文章裡，他批評埃及軍事院校講關係靠人情的現象太過嚴重。他具體指出有一個學生被迫從某家軍校退學，只因為另外一個關係更好、後台更硬的學生想要入學。穆斯塔法的部落格不是很有名，我所遇到的人裡面沒有人是他的忠實讀者，在他被逮捕之前，也沒有人讀過他的文章。我懷疑軍方在文章貼出一年多才逮捕他，可能也是因為他們根本沒聽說過他的部落格。

雖然如此，當局並不在乎穆斯塔法的讀者有多少。他被控以「毀謗」軍方的罪名，並且在軍事法庭上遭到起訴。因為他的案件旋即在國外引發輿論關注，要求釋放的呼聲此起彼落，這些指控後來就被撤消了，然而埃及政府要傳達的訊息是很清楚的：不准批評軍隊。

不只是年輕的部落客而已，人人都要遵守這個禁忌。埃及政府在二〇〇六年非常迅速地逮捕、開庭、判刑了國會議員塔拉・沙達特（Talaat Sadat）一事，就可以充分說明這一點。塔拉・沙達特是前任總統艾爾・沙達特的姪子。二〇〇六年十月四日，沙達特在電視訪談裡面提到，相關單位從未徹底調查他伯父被刺殺的案子，很明顯是因為刺殺事件背後的陰謀，牽涉到埃及軍隊的派系鬥爭。第二天，五十二歲的沙達特的議員免責特權就被剝奪了。六天後，軍事法庭就開庭審理他的案子。十月底，他就被判毀謗國軍罪，被判有期徒刑一年兼強迫勞動。一年後，得到教訓的沙達特獲得釋放，並獲准繼續擔任國會議員。巴噶特說：「他會被判刑，因為這是一條不准跨越的紅線，對軍方事務半認真地揣測、開玩笑都是不可以的。提都別想提。」[41]

即使現在穆巴拉克已經下台，軍方仍然沒有意思要解除這些禁忌。我在開羅訪談過的埃及記者告訴我，他們承受了很大的壓力，軍方刑求抗議者或者在獄中檢查處女膜的事情，通通不准報導。如果他們真的寫了這樣的報導，也過不了編輯那一關。最高軍事委員會還下條子給媒體，警告他們在播出、刊出軍方的報導之前，必須三思後行。二〇一一年七月，一位有名的埃及電視主持人在晨間節目上訪談了一位退休的空軍將領後，就被炒了魷魚。[42]她的錯誤是，她詢問該位將軍是否有證據可以支持他之前的說法，也就是兩位可能的總統候選人支持美國對埃及的政策。在軍權至上的埃及，記者居然膽敢要求一位將軍拿出證據，這是保證丟飯碗的大不逆之舉。

軍方完全容不下任何批評的聲音，在另外一個年輕部落客的案例裡面更加明白，更是戲劇化。麥凱．那必爾（Maikel Nabil）對於埃及軍隊有很多批評，他曾經領導過反徵兵運動，並大力譴責軍隊檢查女性民眾的處女膜。[43]在部落格上，他寫道：「埃及的革命已經除去了獨裁者，然而獨裁制度卻依然如故。」就因為這句話，這位二十五歲的年輕人在三月底在家中被逮捕，罪名是「侮辱軍隊」、「散播不實謠言」。不久後，軍事法庭就判他三年有期徒刑。

軍事法庭很快變成軍隊剝奪埃及公民基本權利最方便的工具。[44]在軍方掌權後不到一個月，軍事法庭就開始審判平民，有時候甚至在一天內審判上百人。根據人權組織的說法，示威者、運動者甚至只是路人，都有可能被掃進軍事搜捕的大網裡。人們不分青紅皂白地遭到逮捕，隨即被帶到軍事檢察官辦公室，然後就是軍事法庭，定罪判刑後，就押入大牢。（反諷的是，許多人被控以暴徒罪，然而跟前朝的做法一樣，埃及軍方自己才是僱用許多便衣暴徒的一方，他們使出最殘暴的手段攻擊解放廣場的示威者。）一個人可能在短短五個小時之內就被判處五年的有期徒刑。這些被告沒有律師為他們辯護，沒有辦法查閱卷宗，也無法調閱起訴的證據。二〇一一年夏天，人權運動者估計軍事法庭已經審判了約十萬名埃及平民——比起穆巴拉克掌權的三十年加總起來都還要多。（譯按：暴徒罪〔baltagiya〕是埃及阿拉伯語，指涉的範圍很廣，可能是警察的線民、無業遊民、流氓幫派、或只是想賺點外快的窮人等等，他們的共同點是他們都接受政府的僱用，用暴力打壓政治異見者，在穆巴拉克統治時期，此類人物估計有兩百萬人之譜。因為他們有半官方身分，在二〇一一年的埃及革命時間，曾被解放廣場上民眾指稱為警察，但當局矢口否認。當時西方媒體的報導，可參考維基百科：http://en.wikipedia.org/wiki/Baltagiya。）

讓人權運動人士特別感到困擾的，是軍方的濫權他們很難對付。如果前朝的內政部好比一個黑盒子，軍方則更是深不見底。有名的人權運動者噶薩・阿代—拉扎克告訴我：「在舊制度裡，雖然也有刑訊逼供，我們卻很清楚司法系統如何運作。現在，我們的律師甚至不能夠接近軍事檢察官的辦公室。有人在晚上十點被軍事法庭判五年有期徒刑，沒有律師在場。這比穆巴拉克時期最惡劣的情況還要惡劣，當他用軍法審判平民時，至少還准律師出庭為被告辯護。」[45]

埃及的軍頭們對二〇一一年打算要怎麼收尾？許多人都不認為坦塔維想取代穆巴拉克的位置，成為埃及下一任總統。事實上，在政治運動者密切地關注最高軍事委員會的一舉一動之際，任何一位埃及將領想要卸下戎裝、穿上西裝打好領帶、宣布自己是總統候選人，將是十分困難的事。這樣的動作無疑會被埃及的自由派與宗教保守人士看穿，群起撻伐反對。大部分運動人士認為，世界上大權獨攬的軍頭已經很少了，埃及的將軍們沒有興趣再成為另外一個。他們的野心不大，其實只是想保存前朝的制度，特別是他們曾經享受的特權。

前朝的制度是早在一九五二年就奠下基礎了，當時賈邁勒・納賽爾與自由軍官團發動革命，驅逐了法魯克國王。當時他們所做的，不只是革掉了一個國王而已，他們還移除了權力有限的國會制度，以及僅存的一點多元政治根基。取而代之的，是強勢總統制的共和國，並由他們自己的人馬充任政府高職。所以，不意外地，在穆巴拉克下台後，埃及的將軍們很快就採取動作，以鞏固原有的總統制度。他們在三月底提出憲法修正案，並且在國會投票時贏得壓倒性的支持。這麼一來，總統的大權不但完全沒被削減，也使得民主人士強化立法權，削弱行政權的希望完全破滅。（如果埃及的將軍們對前蘇聯國家的情況有所掌握的話，就會明白每一個選擇採取強勢總統制的前共產國家後來都變成獨裁政體。）埃及的將軍們甚至建議，未來在草擬憲法時，應該遵循一套「基本原則宣言」。輿論普遍認為軍方所謂的基本原則，不過是要保護他們的既得利益，不准外人過問而已。果不其然，二〇一一年十月，軍方任命的政府內閣提出了一個憲法草案，不但讓軍隊免於國會的監督，還給予軍方否決權，任何與軍隊有關的立法都得經它認可。[46]這個草案還點名埃及軍隊就是「憲政合法性」的捍衛者——這個不明所指的用語，被外界普遍詮釋為軍隊想確保自己擔任埃及政治最高仲裁者的一種措詞。在享受了六十年神聖不可侵犯的地位之後，埃及的將軍們沒有意思要在未來的政治安排之中放棄原有的角色。謝里夫・米卡維（Sheif Mickawi）是退役的空軍軍官，後來變成政治運動人士，他表示：「他們已經知道要怎麼玩這個遊戲了。風暴來時，要先避風頭，風暴走後，就可以再站起來。他們不想失去他們在一九五二年就取得的權柄。」[47]

支持革命軍官團

沙里夫・歐斯曼（Sherif Osman）中尉在穆巴拉克統治的埃及過著很舒服的生活。他出身中上階級，受過優良的教育，畢業於埃及軍事學院，當的是空軍通訊官，可以說是前途大好。他在西開羅空軍基地（Cairo West Air Force Base）服務，一口流利的英語讓他獲得長官的賞識。他的母親是一位軍醫，退役時官拜一星將軍。另外，他家族中還有好幾個人都在軍隊裡服務。雖然歐斯曼算不上家財萬貫，仍屬於往來無白丁的特權階級，特別是在埃及這個講關係的社會裡，歐斯曼可以算得上左右逢源，認識不少高層人士。他告訴我：「我的人際關係網路真不得了。連我最喜歡去的夜總會——開羅爵士俱樂部，老闆都跟我很熟。」[48]他住在開羅的精華區馬阿地（Maadi）一區，也是許多西方人居住的高級住宅區。歐斯曼說：「馬阿地美女如雲，有很多來自各國的佳麗，還有一個壘球隊，我過的是十足西化的生活。」

然而歐斯曼並不覺得心滿意足。回顧起來，軍旅生涯並不適合他。他自己承認，他講話太過直爽，不懂得婉轉陳詞。他還有點叛逆的傾向，往往會觸怒長官。他說，他很早就明白，自己最多只能幹到上校，就沒辦法再晉升了。因為升到上校後，軍方就會開始嚴格篩選，決定誰能晉級高階將領。讓他感到不安的，不只是他花了好幾年的時間擔任低階軍官，卻發現自己不適合當軍人，他還另有其他理由。軍旅生涯打開了他的眼睛，讓他清楚認識了埃及國家機器的真面目。他從中尉升到上尉時，他跟高階軍官有更多接觸，也開始知道更多軍隊貪汙腐化的事情。他先前以為軍隊與埃及的腐蝕式政治保持距離，不受拖累，但這種錯誤的看法很快就被他的所見所聞攻破。歐斯曼說：「我要從中尉升少校時，我明白我不過是獨裁體制的一小部分。過去六十年，是軍隊在治理埃及。埃及是個軍事獨裁國家，只是表面上披了一件平民的外衣而已。」

最早讓他茅塞頓開的事件發生在二〇〇二年。一天下午，歐斯曼無事可做，於是去找一位少校朋友。他知道朋友可能要加班，所以想打個招呼就走人。歐斯曼走進朋友辦公室時，他的朋友正在跟一位高階將官講電話，還一邊研究一張攤在桌子上的彩色地圖。從他朋友在電話中的應答，歐斯曼推論將官正在指示他地圖上哪些地方需要修正，例如補上數個不同的地點與記號。歐斯曼於是好奇地看了地圖，上頭寫著「戰略要地防禦圖」，涵蓋開羅全區。開羅市的重要路段以及地標——橋梁、高速公路、政府建築、總統府、旅館區——都用不同的顏色標示出來。那是空軍戍守開羅的防禦圖。

他的朋友掛上電話。歐斯曼研究地圖後說：「這張圖笨死了！以色列不可能把軍隊開進開羅的，這樣一來就是在自殺。我的意思是，他們可能會派飛機轟炸，可是他們不可能佔領開羅。」

他的朋友說：「這跟以色列有什麼關係？」

歐斯曼反問：「你是什麼意思？」

他的朋友回答：「你覺得呢？」

歐斯曼於是瞪了地圖好幾秒。然後他抬起頭來看著他的朋友。「你的意思是說，這是防埃及人的開羅防禦圖？這是防人民革命的地圖？」

他的朋友也回瞪他，嘲笑他太天真了，彷彿是說：「當然囉！不然你想怎樣？」歐斯曼告訴我，他當時覺得他自己真是太嫩了。他說：「從那時候起，我眼睛就打開了。」

也因為他打開了眼睛，讓他再難對周遭各種行賄、腐化、自肥等不法行為睜一隻眼閉一隻眼了。歐斯曼有一陣子擔任六六〇機動通訊小隊的指揮官，他屬下的士兵跑來告訴他，有一位一星准將在黑市裡面從事副業，專賣軍車零件與引擎。而他所經營的不法零件拆解廠，剛好就位在歐斯曼與他部隊駐地的隔壁。歐斯曼把這件事向幾位長官報告，卻被警告他的軍階「太低」，沒資格過問此等事情。歐斯曼告訴我：「我當時舉發了那位一星將領，結果好心沒好報，反而倒楣。」他不久後就被調到西開羅空軍基地任職。

西開羅空軍基地，簡稱西開，是美國在中東的軍事基地之一。一九六〇年代，穆巴拉克是基地總指揮。今日，美國與埃及每隔兩年就會在此地舉行聯合軍事演習，稱之為「明星演習」（Operation Bright Star）。歐斯曼對於此次調職充滿期待，他認為可以在西開跟美國軍官合作，藉機練習他的英文。然而在西開，他對自己的上屬長官感到越來越失望、鄙夷。他目擊多位將軍經營自肥事業，對合法的企業抽取傭金回扣。一個例子是西開早期曾經允許民間公司在基地採取沙石，當民間公司的卡車來到基地時，就會有一位基地指揮官的部下跟民間公司的代表索取賄款。歐斯曼跟基地總指揮的一位幕僚提起這件事。「他的反應是：『啊，你知道，如果基地總指揮想要錢，我們就必須拿錢給他。』」歐斯曼說，這條潛規則適用於各式各樣的「西開基地產業」，利益則分給軍方的高階將領，人人有份。歐斯曼告訴我：「一大份會流入基地總指揮的口袋，另外一份則分給空軍司令，更多的則讓坦塔維拿走。原則上是這樣。根本是黑手黨。」

歐斯曼說，他親眼目睹的大部分貪汙行為都只是小規模的收賄，只是中飽私囊，而不是送往外國銀行帳戶的大偷。然而隨著時間過去，他開始從位階比較高的軍官——如少校與中校——那裡聽見究竟是哪些將軍在賺大錢。歐斯曼說，其中一位最為惡名昭彰的，是哈珊・魯旺尼將軍（General Hassan al-Ruwaini），他在二〇一一年是開羅總司令，也是最高軍事委員會的成員之一。在穆巴拉克治下，魯旺尼擔任北埃及總司令，據說靠炒地皮、買賣房地產賺了不少錢。軍官們說，他當時負責開發亞歷山卓港以西到利比亞邊界的地中海海岸。結果，在短短的十五年時間裡，這一段海岸線就大興土木，別墅群、高級住宅區、海邊渡假村如雨後春筍般出現。然後穆巴拉克把魯旺尼調回開羅總司令部，繼續為軍隊炒地皮。歐斯曼告訴我：「穆氏政權不喜歡任用新人。何必再僱用另外一位一樣會中飽私囊的腐化將領？人不如舊，不如讓已經很有經驗的老手繼續勝任，況且他已經很成功了。我們來把他從甲地調到乙地，讓他繼續幹下去。」

歐斯曼也打定主意，他不能再這樣下去，必須有所改變。這不是很容易的決定，他認為自己的英文能力可能就是讓他得以脫離埃及軍隊的門票。埃及軍隊會定期挑選一些軍官，送他們到美國接受六個月的高階英語訓練，他們上完課後，就會成為埃及空軍的英文教官。歐斯曼通過考試，成為獲選到美國受訓的軍官，但他另有生涯規劃。二〇〇五年他在德克薩斯州聖安東尼奧的拉克蘭空軍基地（Lackland Air Force Base）上課時，也在測試自己有沒有能耐住在美國——永久定居。他想要知道他究竟有沒有可能在美國自立並安居樂業，結論是他可以。所以，訓練的最後一天，也是他們預定返回埃及的那一天，歐斯曼當了逃兵，從埃及軍隊叛逃了。

六年後，歐斯曼過著相當一般的美國式生活，他結了婚，有一份翻譯員的穩定工作，還是住在聖安東尼奧。二〇一一年的一月二月埃及發生革命的時候，歐斯曼黏在電視機前面，看著穆巴拉克政權土崩瓦解。穆巴拉克一下台，他就想要打聽開羅朋友的情況，特別是他從前在軍隊中的同僚。他花了很多時間講越洋電話，跟所有還在當埃及軍官的朋友聊天。他們告訴他，情況已經大大改變了，埃及軍人太神氣了，不但都加了薪，人民還期待他們成為建國先鋒。「我跟多位埃及軍官朋友講了電話。他們說：『他們（最高軍事委員會）很照顧我們。我們走到哪裡都受尊敬，人民都把我們當英雄。』」

有一兩週的時間，歐斯曼不知道情況是否真已大大改變。如果軍事將領們真的想領導埃及走上民主道路，那就意謂著軍隊與政府的關係將起根本的變化。他直覺認為這是不可能的事，然而他願意相信他的朋友所言，因為這樣一來就代表著他可以重返埃及。「雖然我內心深處非常懷疑，但我有一種想法，我認為坦塔維跟他所領導的最高軍事委員會，擁有一個千載難逢的歷史良機可以成為歷史的偉人。他們有機會成為一個現代國家的開國元勛。我們將見證另一個美國獨立紀念日——只是地點在埃及。」

他的憧憬與希望在二月二十五日就幻滅了。那一天，軍隊與暴徒攻擊解放廣場上數千名示威者。軍方後來對這次士兵與民眾首度發生的嚴重衝突事件表達歉意。然而歐斯曼知道他已經看夠了，不必再觀察下去了。「我看到一張照片，在解放廣場上，軍隊的卡車載來拿棍棒的便衣暴徒。那一刻，我就百分之一百二十確定，坦塔維根本沒有變。他過去是穆巴拉克的傀儡，現在也是一樣。」歐斯曼說。

所以，三月一日那一天，歐斯曼決定做一件後來幾乎所有挑戰埃及當權者的人都會做的事：他成立了一個臉書的粉絲頁。在詢問過多位埃及現任軍官以後，他成立了「支持革命軍官團」的專頁。很多軍官朋友一開始並不願意幫忙，他覺得一點也不奇怪，因為假如被發現批評軍隊長官的話，他們就倒大楣了。歐斯曼表示：「他們都對我說：『你說的很對──坦塔維是很腐化──然而現在不是批評他的時機。』」結果他找到五位軍官願意加入，立刻就成立了專頁。

他一開始就有明確的目標。歐斯曼說：「我的目的是要喚醒民眾，軍事委員會不可信任。專頁的宗旨，一方面讓民眾知道，軍事委員會不值得擁護支持，反而應該防著它。另一方面，我們也希望透過專頁尋找有志一同、勇敢直言的軍官。」在專頁上，歐斯曼自嘲說這是一個「壞心、無禮、刻薄」的網站，並且大力批評埃及軍隊、挑戰它神聖不可侵犯的地位。他想要訴求的對象，是擁有政治意識、卻對不透明的軍隊所知有限的埃及民眾，他在專頁上提供自己以前從軍的經驗，以及現役軍官所透露的情報與資訊，好讓民眾可以更加了解埃及軍方所使用的方法與手段。

如果他的粉絲專頁要發揮影響力的話，他需要大量的人加入──不只是一般的讀者，也需要願意當他的眼睛與耳朵的現役軍官。但歐斯曼說他從來不擔心，因為埃及軍方一定會自掘墳墓，幫忙他增加讀者與軍官的人數。他說：「坦塔維愈是亂搞，就會有愈多人來加入我的專頁。」

果不其然。一開始的時候，臉書上的埃及人非常痛恨「支持革命軍官團」網頁。他們在塗鴉牆留言，表示成立這個專頁的人一定是「叛徒」、「奸細」。但是三月九日軍警襲擊解放廣場，把示威者拖到開羅國家博物館折磨虐待，專頁上的讀者反應就開始改變了。歐斯曼告訴我：「三月九日以後，事情開始變了。人數開始增加了。」不只是加入的人數而已，歐斯曼說有越來越多軍官也挺身而出，分享他們所知道的軍隊策略與思維。歐斯曼成立專頁後，短短幾個月內，粉絲人數就成長為兩萬五千人。歐斯曼估計，主動支持的軍官人數從原來的五人成長到一兩百人之譜。

一位馬阿地的舊識打電話給他，歐斯曼知道他的專頁一定已經讓埃及軍方如坐針氈了。當時網頁粉絲人數不過四千人，一個「相當熟、相當熟」的朋友突然在Skype上打電話給他。

他的朋友說：「喂，軍方有一個提案。」

歐斯曼說：「什麼提案？」

「要你關閉臉書專頁的提案。」

歐斯曼欣喜不已，這表示網頁的影響力已經傳播到埃及將領那裡了。他的朋友卻不像他一樣高興。

「兄弟，這不是開玩笑。搞情報的打電話給我，要我傳話，問你想要什麼，他說他可以說服坦塔維接受你的條件。」

歐斯曼說：「哇！他們打算撤消我的三年刑期。」歐斯曼六年前叛逃時，穆氏政權在他未出庭的情況下，宣判他三年有期徒刑。

他的朋友說：「應該是。」

歐斯曼說：「我是不會關閉網頁的。」

他的朋友回答說：「你自己動手，不然他們就要在一兩天內自行把它關閉。」「你是說，埃及政府權力大到可以關閉一個在德州聖安東尼奧製作的臉書專頁，就因為上面有些他們不喜歡看到的東西？」

「對，他們這樣講。」

歐斯曼回答：「假如他們真的有辦法強行關閉我的專頁，就不需要提供我什麼交換條件。他們只是想在醜事傳千里以前，叫我閉嘴而已。」

就這樣，每一天，歐斯曼與臉書上的軍官網友們，都在向埃及最權有勢的將領宣戰。「知識、知識、知識，」歐斯曼說：「我告訴所有的人，如果真想幫助革命的話，只有靠知識才能克勝最高軍事委員會。」

我最後一次跟歐斯曼通電話的時候，他才剛剛在專頁上踢爆一則內幕，軍事委員會想要瞞天過海，把一位身分可疑的官員送入內閣。「今天他們宣布他們要任命政府的新閣員。口袋名單的人選之一應該是空軍的第二把交椅、前空軍司令。他們宣布時卻稱他的抬頭是某某先生。」歐斯曼一面笑著告訴我。「我的反應是：『真是見了大頭鬼』，這一號人物曾獲穆巴拉克遴選擔任空軍副司令，但是他們不稱他是某某將軍，因為人民會說：『搞什麼，另一個軍人！』如果某人當過將軍，他到死都是將軍，不會變成某某先生。」

像歐斯曼的臉書頁面這類的人民力量，就是讓埃及軍隊不想再待在檯面上，想要把統治權交給其他人接手，自己留在幕後當藏鏡人的主要理由。對於一個注重隱私的機關來說，有歐斯曼這樣的人在臉書上批評它一舉一動，只是有百害而無一利。但是，埃及的將領們做出選擇，他們出面取代了穆巴拉克，即使是只暫時性的。既然已經拋頭露面，掌握國家權柄，人民拿從前對付獨裁者的工具掉過頭來批評他們，他們就不應該感到太驚訝。

法老王的遺產

有好幾年，埃及人喜歡談「革命」。他們所談的，不是未來，不是遙遠的某一天，他們終於可以翻身、擺脫數十年的獨裁統治。他們談的，是他們的過去，他們回憶一九五二年自由軍官運動，在那場革命中，一群軍官在賈邁勒・納塞爾的領導下強迫法魯克國王退位。不論他們使用的方法是和平還是血腥，他們為埃及開啟了政治的新頁，一個與過去徹底決裂的政治現實。十八與十九世紀，世界上不乏被進步思潮灼傷的專制王朝，甚至就此垮台。近年比較和平的革命——例如一九九八年的印尼、二〇〇〇年的塞爾維亞——以新的方式開啟了新時代，如軍人不干政的文人領導、多黨民主政治、逐步漸進地廢除前朝的腐化制度等等。過程中有一件事放諸四海皆準：假如要帶來真正的變革，人民的參與是革命運動不可少的成分。（譯按：「文人領導」的原文是civilian leadership，或稱civilian control of the military，指的是西方政治學的一種學說，認為國家最高的戰略決策權，應該由民主選出的政治領導人來掌握，而不是職業軍人。粗略地說，即由文官指揮武官，禁止軍人干政。著名的政治學者山繆爾・杭廷頓曾以一九五七年的著述*The Soldier and the State: The Theory and Politics of Civil-Military Relations*奠定現代國家的文武關係理論。雖然這種制度大部分出現於民主國家，但是中國毛澤東的名言：「黨指揮槍而決不容許槍指揮黨」，也被西方學者被歸類於同一範疇，因此與此名詞的一般翻譯「軍隊國家化」（即「軍隊非黨化」）的意義仍有分殊。）

一九五二年的埃及革命卻是沒有人民參與的。到最後，人民並沒有屠殺他們的王室成員，也沒有把國王送上法庭審判。相反地，埃及軍隊為王室舉行了一個告別宴會，以二十一響的禮砲送走他們。七月二十六日傍晚，在軍官掌權後第三天，法魯克國王登上了自己的遊艇，航向義大利海岸，就此在卡普里島（Capri）安渡餘生。埃及人稱乎它為革命，然而它事實上是世界上最和平、最有禮貌的軍事政變。更重要的是埃及人民沒有參與。

在這個面向上，一九五二年的革命與二〇一一年的革命可說是天差地遠。埃及人民並沒有默默地等著看賈邁勒．穆巴拉克是否比他的父親更公正、更仁慈。他們也沒有默默等待軍方起來幫他們趕走一個病入膏肓的政權，如同埃及軍方在一九五二年所做的。相反地，他們自己挺身而出，成為促成改變的一股獨立力量，百萬人湧入解放廣場，打死不退，徹底粉碎了穆巴拉克政權尚有正當性的假象。不論革命的頭十八天是如何戲劇化，這次人民革命運動的後續衝擊，將會遠遠超過最初促成人民上街頭的驚人勇氣。因為埃及的革命是人民主動發起，由人民自己培養、維持、保護，自然會覺得跟它密不可分。

二〇一一年，埃及的政治活力突然從長眠之中覺醒。我親眼目睹，在穆巴拉克下台後一個月，在軍方提出憲法修正案的公投前夕，埃及政治熱鬧滾滾。投票前夕，輿論各界相當熱烈地辯論修正案內容，但在某種意義上，各種不同的分歧意見，並不比投票本身來得重要。第一次，數百萬埃及人終於有機會在投票站外面排隊，這一次他們可以有絕對的信心，投下的票真的會被算入計票結果之中。在公投前一天晚上，我走過開羅市中心的露天咖啡館，所有人談論的唯一話題是第二天的公投。三五成群的朋友們辯論著修正案的某一條款。家族成員七嘴八舌，想要說服別人投下贊成或反對的一票。就在午夜之前，通向解放廣場的街道上，還有人舉著牌子或海報在做最後的民意調查。兩天前，軍方荒唐地發布了一道禁令，禁止媒體登載或者播出任何可能會影響民眾對憲法修正案看法的文章或節目。然而埃及民眾不需要新聞記者，他們自己可以辯論埃及未來的政治發展。就像一個運動人士告訴我的：「現在每個人都是憲法專家。」[49]

今日的埃及介於獨裁與民主之間。雖然我們很難想像埃及會走回頭路，再度變成穆巴拉克式的獨裁國家，但是埃及究竟會變成什麼樣的國家卻是一個未知數，因為埃及軍方會繼續在政治上扮演舉足輕重的角色，外界也自然會對它的民主前景感到懷疑。埃及說不定會漸漸發展出民主制度的粗略輪廓——比較乾淨的選舉、眾聲喧嘩的反對黨、甚至偶爾會發生的領袖更迭——卻在同時保留許多違反自由民主的制度。四十年前，在民主浪潮於一九七二年開始之前，民主與獨裁的區別是比較清楚的。那時候，只有五六個專制國家用民主的表相來掩蓋自己的本質。今日，數十個國家——就是許多一度被認為正在朝民主制度發展的國家——只是調整獨裁的手段，比起過去專制統治的時期稍微開明一點而已。亞洲、非洲、中亞充斥著許多形式上民主、實質上卻一點都不民主的政權。對這些專制政權而言，假民主並不只是一種可能性而已；它根本就是現實。

幸運的是，有很多埃及人不需要別人來提醒這些事。他們被政府欺騙多年，已經培養出積極的懷疑精神。當年大家也看不出來穆巴拉克會變成中東地區臉皮最厚、掌權最久的獨裁者之一。那時他看起來似乎與前任總統沙達特完全不同。他似乎決心要逆轉沙達特嚴苛的多項政策。在被刺殺之前一個月，沙達特下令逮捕了一千五百多名政治犯，許多人是埃及重要的菁英，如學者、記者、律師、政治家、政府官員，他們被關進多拉監獄，但唯一的罪只是不同意沙達特的看法而已。沙達特被刺殺，穆巴拉克宣誓就職之後，他幾乎立刻就釋放了這一批人。當時的穆巴拉克宣稱「民主是我們未來的最佳保障」，還說他「絕對不會大權獨攬」。各個反對黨得到允許可以恢復運作，再度印刷出版自己的報紙。非政府組織與公民社團大量出現。穆巴拉克改變了沙達特任內擘劃的選舉規則，一開始也真的有利反對黨發展。穆巴拉克出國的時候，還邀請反對派人士跟他一起。穆巴拉克當年甚至表示同一個人的總統任期最好不要超過兩任。

雖然他誇誇其談，表示要給埃及「慢慢注入民主元素」，然而他另有政治目的，線索也開始一一浮現。穆巴拉克並沒有提名副總統，因為他之前的每一任埃及總統最後都被副總統取而代之。可能就是因為這樣的前車之鑑，穆巴拉克從來沒有指定自己的繼承人——他指定歐瑪爾・蘇萊曼為副總統，是在解放廣場示威者大量出現，他即將垮台前夕才倉促宣布。沙達特遇刺後實施的國家緊急狀態法，在他統治的三十年內未曾鬆綁過一天。埃及政府中唯一權柄越來越大、影響力也與日俱增的機關，就是總統府。人權運動人士噶薩・阿代–拉扎克告訴我：「我們的獨裁制度之建構，是在他宣誓就職那一天就開始了，然而大家當時決定不要給他太大壓力。」[50]

回顧起來，那是一大錯誤。當時的穆巴拉克在政治上很生嫩，也很孱弱。沙達特為什麼會選他擔任副總統，正是因為他唯唯諾諾、謹小慎微，看起來毫無成為下一任總統的野心。在刺殺案發生、埃及政府陷入危機之際，穆巴拉克需要收買民心。埃及的許多公共知識分子，包括一九八一年從開羅各大監獄獲釋的多位政治菁英，接受了穆巴拉克所提的小型而漸進式的改革，以換來自己的自由。他們給了穆巴拉克他所需要的時間，讓他慢慢琢磨出離間反對黨的策略，讓他們以別的反對黨為敵手，而不以對抗執政黨為目的；他也慢慢懂得利用人民對激進伊斯蘭的恐懼來合理化自己的萬年統治。在穆巴拉克終於被迫下台之前一年，阿代－拉扎克告訴我：「當年那些出獄的人一而再、再而三選擇相信他可能會變好，他們集體的錯誤，就是我們今天在付出的代價。他們給了他機會，讓他可以發展出特殊的策略與技巧，好持續統治埃及三十年。」

二〇一一年七月，埃及最高軍事委員會派出一個軍事將領代表團到美國華府訪問。在一個非公開會議上，他們與美國的埃及專家座談時，也表達了類似的訊息。薩伊德·阿薩爾少將（Major General Said el-Assar）在會議上表示：「請相信我們，我們不是前朝的延續。我們絕對會致力保障人權，我們認為埃及人民有權利過著有尊嚴的生活。請相信我們。」[51]

埃及人民已經不是第一回聽到這種話了。他們也知道自己是唯一能夠阻止歷史再度重覆的人。他們對當權者不信任與懷疑，也是可以理解的：他們比任何人都更清楚，對所有真心追求民主制度的人來說，給予專制政權的遺緒與繼承者越多時間，就對他們自己越不利。他們在未來的歲月裡所保持的警覺心，將是最後決定二〇一一年是否真能成為革命年的唯一關鍵。

第七章　專業人士

工作坊的地點位在一個離飛機場大約五分鐘的舊濱海旅館裡面。旅館外面，度假客躺在海灘上的塑膠椅上，假茅草做成的遮陽傘為他們擋住夏天的太陽，他們喝著深色瓶裝的啤酒，眼望著地中海。這個海灘離機場太近，等於位在班機航道的正下方，每隔二十分鐘孩童們就會對著接近的客機喊叫並且揮手。除了幾棵棕櫚樹外，這裡談不上有什麼風景。通往市中心的濱海公路旁邊點綴著幾家海鮮餐廳，幾家舊旅館，雖然評價有兩星級，但顯然太過抬舉了。建築物之間有許多空地，不是無人聞問就是相當凌亂。旅館隔壁的粉紅色建築物上有一塊告示，寫著：「海灘公寓」，但是唯一的房客似乎只有野貓跟成群住在陽台上的鴿子。這個小島確實擁有豪華度假勝地跟細沙海灘，但是那些地方都不位在這裡。此區是當地居民跟少數歐洲背包客度假的地點，福多爾（Fodor）出版的旅遊指南上根本沒有提到這裡。

我們在旅館的三樓聚會。來參加者共有二十個人——十三男七女——他們進入會議室後，在排成馬蹄形的小桌子旁自行找位置坐下來。他們的年齡大約從二十幾歲到四十出頭不等，但他們都打扮得像學生。一個講師對他們演講，不時指著身後牆上的PowerPoint投影片。

這個旅館的三樓為會議與宴會專用，透過一些隔板與隔間，好幾場不同的會議同時可以舉行。那天下午，一個類似美國「體重管理者」（Weight Watchers）的減肥團體也在隔壁聚會。我們經過他們的會議室，對著一群三、四十歲壯碩的女士們點頭，才到達我們的工作坊。

每過幾分鐘，我們就會聽到隔壁的女士們報告自己瘦了幾公斤，接著傳來一陣陣驚呼與拍手的聲音。甚至有一度，隔壁的噪音實在太大，我們的演講者必須要提高聲音，把說過的話再重覆一遍。他說：「如果運動成長得太過快速，危險反而加大。因為組織架構付諸闕如、尚未到位，組織內部也會缺乏紀律，反而容易發生危險，像利比亞。」他指的是穆阿邁爾・格達費（Muammar Gaddafi）幾個月前大舉屠殺示威者。他身後的投影片上列出支撐專制政權的「支柱」有哪些。

隔壁傳來模糊的聲音，我們聽到一位女士說：「九公斤！」接著是一輪鼓掌的聲音。

在一個不起眼的地中海小島上，在這家破落的旅館裡，二十位運動人士來這裡參加革命祕密會議，或者更精確地說：如何展開革命。這套課程為時七天，指導他們的講師是塞爾維亞「歐特普」青年團體的成員，這個團體在公元兩千年成功推翻獨裁者米洛塞維奇。

今日，他們是為了另一個組織工作，其全名是「非暴力行動與策略運用中心」（Center for Applied NonViolent Action and Strategies），簡稱為「堪凡斯」（CANVAS），總部位在貝爾格勒，裡面的工作人員都是來自世界各國民主運動的老將，如塞爾維亞、喬治亞、黎巴嫩、菲律賓、南非等國。「堪凡斯」已成為訓練全世界民主人士的頂尖組織之一。過去九年以來，這個組織已經為五十幾個國家的民主運動提供忠告。那個名單讀起來彷彿獨裁與民主相抗的教戰手冊：白俄羅斯、波利維亞、緬甸、埃及、喬治亞、瓜地馬拉、伊朗、馬爾地夫、圖伯特、委內瑞拉、越南、西沙哈拉、辛巴威。本週課程所請來的兩位教練屬於堪凡斯最老經驗的講師；他們倆總共在二十幾個國家舉辦過七十次以上的工作坊。

此次來參與工作坊的二十位學員都來自中東某國，屬於同一個民主運動團體的成員。（我獲准參加工作坊的一個重要條件，就是必須遵守一些基本規則，以保障成員的安全。例如，我不能透露這次聚會的地點、運動人士所出身的國家或者與會者的真實姓名。）他們帶來很多自己的問題，比如要如何贏得民眾的支持？要如何應付越來越心狠手辣的政權？什麼樣的抗議運動可以讓人民不再冷漠？他們想成為一個更有效率的組織，好從抗議團體升級為反抗運動。然而經過十八個月之後，他們覺得陷入瓶頸。他們害怕自己已變成一個只知被動回應、無法主動出擊、策略一成不變的團體。「我們老是覺得自己隨時處於危機狀態。這讓我們無法思考，」一位學員這樣說：「我們一直做著我們已經知道該怎麼做的事情。」[1]

對於這個團體的幹部們來說，來這個工作坊不只是學新的策略與方法而已，還是調整運動方向、做出重大決定的轉捩點。這個團體已經有能耐動員數百人上街頭，成長的速度比任何人預期都來得快，而它成長的主因，乃在於多位採取直接行動運動人士為了共同的目標而攜手合作。（譯按：「直接行動」，Direct Action簡稱ＤＡ，指的是團體或個人採取立竿見影的行動，以突顯社會問題、提出自己的訴求、或彰顯可能的解決方案。直接行動可分非暴力方式如罷工、靜坐，暴力則如破壞公物、攻擊等等。直接行動的反義詞為間接行動，例如選舉投票、政治交涉。這個名詞首先出現在二十世紀初年的美國，在歷史上有許多著名的例子，如英國婦女爭取參政權運動、聖雄甘地所領導的印度獨立運動、美國民權運動、切・格瓦拉的革命行動等等。）但它的核心幹部不過六個人，他們希望將組織升級，使團體變得更專業、更有計算、也更以策略性為導向。問題在於，他們很清楚，第二層的幹部（人數大約二十人到三十人）對於運動的最終目標有不同的想法。雖然有些人贊同走向專業化，但是也有人太享受抗議的過程，變成只是為了抗議而抗議。後者很容易認為，如果採取比較務實的手段與策略，就會背叛原來的革命理想。核心領導小組已經有心理準備，打算面對組織內部的嫌隙與不合，並希望能夠把問題攤開來討論。雖然這樣的動作可能會讓他們的人數暫時減少，不過他們認為，假如想要獲得成功，並且成為一股成熟而穩健的政治勢力，就必須先統合眾人的目標。他們來到堪凡斯，一部分也是為了引發這場討論，爭取一些成員的認同，也同時讓另一些成員明白他們的觀點屬於邊緣意見。「對於行動要獲得什麼成果，我們沒有思考得很透徹。全員必須有清楚的目標，需要形成共識。」其中一位幹部告訴我。「如果這樣會導致我們人數減少，或至少暫時流失部分成員，那也無所謂。」[2]

民主運動中會產生這樣的問題，堪凡斯的教練們早已司空見慣。他們一方面也很高興，研討會因此能成為激發討論的場合，另一方面，他們也希望本次的課程能夠讓成員「產生必要的距離，審視他們自己的抗爭計畫」——一位講師跟我解釋道[3]。講師們絕對不會做的事情，是越俎代庖，為他們構思出驅逐獨裁者的計畫或藍圖。他們有兩個簡單但嚴格恪守的規則：他們只跟過去從來沒有使用過暴力的團體一起合作，而且絕對不會告訴學員該做什麼事情。一位塞爾維亞講師說：「我不想負起那樣的責任，我不是在他們國家中出生長大的，不能為他們做決定。」

講師會做的，是教他們進行策略性思考。他們會提供一些訣竅。他們會指出一般常犯的錯誤與其他團體曾經跌入的陷阱。至於如何轉移警察的效忠對象、如何減低獨裁統治者的權威、如何讓獨裁政權作繭自縛，他們會引用自身的經驗。「我們沒有什麼武林祕笈，可以告訴你們做這個，做那個，」一位塞爾維亞籍的講師在工作坊開幕時表示：「這是一場鬥爭，其過程好比戰爭，只是不用槍桿子，而是使用非暴力的方法來進行。」

學習革命

當人民起來反對獨裁者的時候，全世界都在看。另有一群人對於人民起義的結局特別感興趣：那就是各國的獨裁者。一九八九年羅馬尼亞共產政權垮台之後沒多久，耶誕節當天，羅馬尼亞人快速地處決了西奧賽古總統與他的夫人。據說薩伊共和國的獨夫蒙博托・塞塞・塞科（Mobutu Sese Seko）在CNN上面看到他羅馬尼亞友人的屍體大感驚駭。[4] 同時，在遙遠北京，中國領導班子也開始調動首都的公安警力，以防止任何人從布加勒斯特（譯按：羅馬尼亞首都）的事件獲得靈感，決定有樣學樣。[5] 二〇〇五年的民主浪潮推翻了喬治亞、烏克蘭與吉爾吉斯的專制政權後，據說普丁與胡錦濤在一次多國高峰會舉行時，躲在旁邊密商，評估「顏色革命」的危險性。[6] 超過二十年的時間，風雨無阻地，阿拉伯國家的內政部長們——一群負責迫害異議人士的人——每一年都開會討論鎮壓的方法。[7]

毫無疑問的，阿拉伯之春的起因與後續，讓所有的專制政權心驚膽懾。中國共產黨很快地採取行動，禁止人民上網時使用關鍵字如「穆巴拉克」、「班・阿里」、「茉莉花」等等來搜尋相關文章。接著中共再祭出大搜捕，對象是異見領袖、批評政府的人、人權運動者等等，許多人認為中共想先發制人，以防止中國也發生政治動亂。突尼西亞的宰因・阿比丁・班・阿里（Zine el-Abidine Ben Ali）與埃及的穆巴拉克突然一下子就垮台，肯定也讓其他阿拉伯獨裁者感到害怕，利比亞、葉門與敘利亞政權以更血腥的手法來對付反對者。此區的獨裁者顯然都認為不能坐等麻煩出現在自己的國境內，沙烏地阿拉伯決定派自己的軍隊到巴林去幫忙鎮壓抗議者，後來更撥出四十億美金援助埃及的軍事委員會，好讓平定抗議者的工作更為容易。[8]

然而，從別國抗爭中學習教訓與取得靈感的人，不只獨裁者而已。在二十一世紀，民主運動團體也越來越懂得向他國取經，學習革命成功與失敗的教訓。在委內瑞拉，各個反對團體仔細研究智利反對派人士如何成功驅逐奧古斯圖・皮諾契特（Augusto Pinochet）。在埃及，穆巴拉克倒台前一年，反對人士早就開始向伊朗的綠色革命取經。我走訪的每一個國家，所有挑戰專制政權的人都很熟悉華勒沙一九八〇年代在波蘭領導的團結工聯運動。

在這個全球化的世界裡，學習之所以發生，有時候只是因為資訊變得非常容易取得。例如蘇丹的非暴力民主團體「吉里夫納」（Girifna），其目標是終結奧馬爾・巴希爾（Omar al-Bashir）的暴政。[9]這個組織的名字——義譯的話，就是「我們受夠了」——與喬治亞、烏克蘭以及埃及的民主運動團體的名字非常像，都取「受夠了」的涵義。吉里夫納也學著「顏色革命」的各國前輩組織，選了一個顏色（橘色）來標識自己。

最近，蘇丹的這個運動組織還製作了一支假的肥皂廣告，影片顯示一個年輕人用一塊標識著「吉里夫納」的肥皂清洗一件印有巴希爾面孔的T恤。[10]年輕人一面用手洗衣服，旁白就說：「如果你覺得很噁心，別擔心，這是吉里夫納肥皂。在二十年毫無任何政治變化後，事情當然不會很容易。你必須一刷再刷……一揉再揉……但成果會讓你心滿意足。」年輕人接著就把T恤秀在鏡頭前面，巴希爾的臉已經消失，成為一件雪白如新的T恤。

這支廣告片特別引人矚目的原因，不只是因為它的內容，還因為它其實是模仿十年前塞爾維亞「歐特普」曾經製作過的一支廣告片。影片中，塞爾維亞的家庭主婦把一件印著米洛塞維奇面孔的T恤丟到洗衣機裡面，製造出同樣的結果。她說：「我花了十年的時間想要把這塊汙漬洗掉。」（暗指米洛塞維奇），接著說：「相信我，我什麼方法都試過了。」我問「歐特普」的一個成員，他們是否曾經幫忙吉里夫納製作廣告。他告訴我：「我們完全不知情。蘇丹的那個團體應該是在網路上看到我們的廣告片，然後製作出他們自己的版本。」[11]

此類資訊的需求度越來越高，網際網路、YouTube已經無法滿足。各國的運動組織，不只想要抄襲成功民主運動的文宣訴求與運動符號而已，他們還想知道背後的策略、技巧究竟是什麼。所以，為了回應這種需求，為了幫助各國正在反抗獨裁者與專制政權的組織，前運動組織已經串連成一個網路，許多受過高度訓練的個人也挺身而出。塞爾維亞「歐特普」的一位領袖斯爾賈・帕波維奇（Srdja Popovic）向我解釋，「堪凡斯」就是因此而創立。

二〇〇三年，反對羅伯・穆加比（Robert Mugabe）的辛巴威運動人士主動找上帕波維奇，尋求他的幫助，於是他前往南非開普敦與他們見面。帕波維奇發現辛巴威團體已經對「歐特普」過去推翻米洛塞維奇的經驗知之甚詳，讓他大感驚訝。他們自稱為「茲瓦卡那」（Zwakana，意思是：夠了就是夠了），並採用了「歐特普」的一些口號標語。之前，白俄羅斯的一個團體曾經主動跟「堪凡斯」的另外一個創辦人斯洛博丹・迪諾維奇（Slobodan Djinovic）聯絡，他也是「歐特普」的領袖之一。更此之前，還有喬治亞與烏克蘭的運動團體提出請求。但是，南非之行對於帕波維奇來說，是一趟啟蒙之旅。他說：「對我來說，眼界大開。老天！如果連辛巴威的鄉下人都對於我們在貝爾格勒所做的事情感到振奮，這個需求一定大到超出我們的想像之外。市場已經打開，大家都想要吸收更多的理念。有趣的是，市場不斷來找我們。」[12]

當我們看到國外的抗爭場景，看到成千上萬的人走上首都的街道要求自由、呼籲專制政權下台時，我們就很容易一廂情願認為，當下見證的是一種自發行動，而人們湧上街頭控訴自己的權利長期被剝奪，促發其革命的火花是隱藏的，也是沒有人能預料的。然而事實往往不是如此。革命如果想要成功的話，需要鉅細靡遺的策劃、周全的準備、還要掌握詳實的資訊，了解專制政權會採取什麼方式鎮壓，又要如何智取，才能克勝一個為延續政權可以不擇手段的政府。確實，形勢改變時，革命浪潮襲捲全國，一下子變天。但是其中往往有一個組織或運動團體，已經不厭其煩地默默從事危險工作好幾年，一步一腳印地努力，才促成這一天的誕生。堪凡斯與其他機構所做的事情，就是打破一般人對於革命的迷思。「沒有自發性革命這種東西。自發性只會讓你丟掉小命，」帕波維奇表示：「你計畫得愈周全，成功的機率就愈大。」[13]

這些團體所教授的，只有一種革命，那就是策略性非暴力。這不是說這些運動成員都是和平主義者，非也。倒不如說，對這些老經驗的民主運動戰士而言，和平的民主運動才是最務實的，他們看見其中的邏輯，認為贏的機率這樣才比較大。根據最近的一項研究顯示，一九九〇年到二〇〇六年之間，非暴力運動有一半以上取得勝利，比較起來，使用槍桿子奪權的運動，只有百分之二十五成功。[14]所以，要使用子彈還是選票推翻獨裁者？面對這兩個選項時，民主運動戰士認為非暴力的成功機率比較高。他們知道，使用武力乃是獨裁者的專長，與其在獨裁者已經佔上風的領域上與之相爭，不如轉移戰場，改到其他規模、力量、智巧旗鼓相當、甚至可以反將一軍的地方。參與這場戰鬥的人，不保證一定會取得勝利。但如果他們四處尋找，將會發現有人可以幫他們（與他們的革命）一把。

上校與教授

羅伯・赫維上校（Colonel Robert Helvey）無事可做。時序為一九八七年，他正準備從美國陸軍退休，結束近三十年的軍旅生涯。軍方為了報答他，特別送他到哈佛大學做博士後研究，參加專門為美軍將官所設計的一年課程。這代表他有一年時間暫別軍職，到大學去深造學習。赫維很不適應大學的環境。雖然他曾經在海戰學院（Naval War College）當過教官，也曾經在美國國防情報軍校（U.S. Army Defense Intelligence School）當過院長，但是哈佛校園的生活步調，卻是他不熟悉的。比起他所習慣的軍中生活，這裡太過悠閒了。所以他在校園走路時，常常一面注意看有什麼事情可做——例如演講、講座、學術討論——什麼事都好。

有一天，他看到一個門上貼著小海報，上面寫著：「非暴力制裁課程（Program on Nonviolent Sanctions）——下午兩點」。赫維並不確定「非暴力制裁」究竟是什麼意思，只有一個模糊的概念而已：和平主義者、反戰人士。「我從來沒有上過（那門課程），但我當時知道我一定不會喜歡的，因為我自己的越南經驗，」赫維說：「那些長頭髮、戴鼻環的混球，唐突無禮得要命，講的話都是放屁。」[15]

赫維是個性情坦率的軍人，來自西維吉尼亞州，一九六〇年代早期即在越南擔任軍事顧問，一九六七年時他再隨美軍第一騎兵師（First Cavalry Division）返回越南，親眼目睹雙方最慘烈的戰爭。他擔任騎兵師第十二團第二營A連的上尉時，展現了領導才能以及過人的勇氣，拯救了百位袍澤。[16]跟他一起服役的五位軍官中，有人描述他是「天生的軍人」。[17]美國陸軍並頒贈第二等榮耀的「傑出服務十字勳章」（Distinguished Service Cross）肯定他在越戰中的表現。（得獎的證書上描述他的英勇：在北越敵軍人數較多、火力較優的情況下，他在重重的砲火中帶領士兵通過「敵人的防線，擊退近在咫尺的北越士兵」。即使他的腿被子彈擊中，他也拒絕接受治療，一直等到所有的士兵都抵達安全地帶為止。[18]）所以他對於那些不了解美國軍隊卻又喜歡批評的人，其實很不耐煩。但那一天他有點好奇，所以他決定去旁聽。他對我說：「我當時想，這是一個大好機會，可以證實我從前的偏見正確無誤。」

然而那一天的機遇，改變了這位職業軍人的想法。他記得在討論會的現場坐下來後：「有個矮個頭的傢伙站起來，很小聲地說：『大家好，我的名字是金恩・夏普（Gene Sharp），我今天想談的主題是非暴力制裁。我要談的就是權力，如何否定別人的權力，或者自己攫取權力。那就是我們今天要談的主題。』」

「我立刻就被吸引了。因為那就是我的專業，」赫維回憶道：「政府想要完成某事，就會請軍隊幫忙，我們就會出馬達成任務，辦不到的話，我們就試圖阻止別人先馳得點。」

下課後，赫維走上前去，向夏普自我介紹，不久後他們就一起去哈佛的教職員俱樂部吃中飯。「我們穩固的友誼就是這樣開始的，」赫維說：「他說的話讓我受益良多，我想他也有興趣聽我談我自己的經驗。」

對赫維來說，這是嶄新的領域，他從此開始學習非暴力衝突的策略。夏普是一位鮮為人知的學者，他花了大半輩子的時間研究人們如何透過非暴力運動「否定」獨裁者的權力，或者從獨裁者手中「攫取」權力。他最早研究的是聖雄甘地的天才策略，看他如何採用公民抵抗運動（Civil Resistance）來反對英國的殖民統治。夏普最有創見的作品《非暴力行動政治學》（*The Politics of Nonviolent Action*）是一套三巨冊的著作，頁數長達一千頁，內容是對非暴力策略的全面檢視。之後他還寫作了幾本書。赫維開始研讀夏普的所有作品。他說：「我閒著沒事，就把金恩寫的書全部讀完了。」一面研讀的過程中，他會跟夏普一起吃中餐，往往選在教職員俱樂部裡，結果用餐時間變成他倆研討非暴力策略的一對一教學課程。

赫維對於獨裁政權特別感到興趣，原因之一是他來到哈佛校園之前的最後一個海外任務。他以美國陸軍武官的身分在緬甸派駐了兩年，當地的風土民情讓他留下了強烈的印象。「我接近緬甸人想跟他們講話的時候，他們會用手把嘴巴遮起來，這樣若有人在附近監視，就無法從他們的唇形判斷他們在講什麼。有時候他們根本拒絕跟我講話，以免事後還要被人質問，跟一個美國佬講什麼講。」赫維回憶道。「我認為那樣的氣氛太過恐怖了。每個人都意識到有人在監視自己。政府的監視系統無所不在。」赫維於是很好奇，緬甸的軍事政府如何利用恐懼來操縱人民。「人民為什麼會對一個迫害他們的腐化政權言聽計從，百依百順？想了解這個問題，金恩的書很有幫助，因為他研究過人為什麼會甘心當順民。」

赫維上校在一九九二年從美國陸軍退伍，幾個月後，他就回到緬甸。回緬甸之前，他在華盛頓特區做了一場非暴力策略的演講，克倫民主聯盟（Karen National Union）也到場聆聽，那是一個緬甸親民主的反政府團體。他們在會後邀請赫維到緬甸，把演講內容再一次呈現給緬甸反對黨的傳奇領袖波米亞（Bo Mya）。赫維研究與吸收夏普的理念多年之後，很希望能夠把這些想法付諸實際行動，於是欣然接受了。波米亞將軍聽完他的演講之後，覺得言之有理，於是請赫維設立一個試驗性的課程，以三天的時間，密集訓練反對黨的幹部。

赫維設定好訓練計畫之後，就邀請夏普來緬甸評估課程內容。對夏普而言，這是個嶄新的體驗；自己的理念實施後的情況會是如何，他自己也很好奇。於是他飛到曼谷，赫維已經派人到機場迎接。他們接著坐卡車旅行到泰緬邊界的美索鎮（Mae Sot），溜進緬甸國境，再至湄河（Moei River）。反對黨派了一艘快艇前來迎接，把他祕密載到克倫民族聯盟的策略基地馬內普勞（Manerplaw）。「我在馬內普勞時，無線電響了，」赫維回憶道：「我們剛剛收到報告。有一艘船朝這個方向來了，船上有個白人，還有一個大行李箱。」

赫維到河邊去。一艘船繞過河灣，可以見到船上坐的是夏普教授。船靠岸，夏普教授也上岸。赫維開玩笑說：「我猜你就是夏普博士吧。」

那段在緬甸叢林裡的日子讓赫維充滿美好的回憶，他認為夏普也度過了相當充實的時光。訓練計畫讓他印象深刻。另外，夏普還很驚訝地發現緬甸反抗團體中有成員能夠一字不漏地引述他的作品。特別是其中一位大學教授，這位反對黨成員一直希望能與夏普會面。赫維說：「我想金恩簡直樂不思蜀了。在這個叢林野地中，他居然碰到一個不但讀過他的書，而且還能提出許多具體問題的人，真是人生一大樂事。兩個教授在叢林小路上散步，聊了好幾個小時。金恩在緬甸叢林成了大紅人，於是他開始寫作《從獨裁到民主》一書。」

夏普花了許多年的時間研究二十世紀的極權政治制度，也寫了數部大部頭的著作，討論非暴力的策略，以及如何利用獨裁者的弱點。但是他最為人所熟知的作品，卻是一本薄薄的、只有七十九頁的論集，也是他在東南亞的叢林裡才開始寫的作品。緬甸人告訴他，雖然他的洞見非常寶貴，他們需要的卻是一本能將他的智慧濃縮的小冊子，讓他們方便分享與散發。《從獨裁到民主》於焉誕生。這本書後來被翻譯成二十五種不同的語言，並且在網路上供人免費下載，次數已高達數十萬次。[19] 夏普這本書的特色是就事論事、直截了當。他的文章從來不針對某一特定的政權，只提供一般性的分析，討論如何推翻獨裁者的方法，好比一本給人民運用的孫子兵法。

在論集開頭，夏普首先直指兩點核心。第一，暴力幾乎總是利於獨裁者。「不論暴力方法有什麼樣的優點……有一點是非常清楚的，」他寫道：「若相信只有暴力手段才會帶來勝利，你就選擇了一種總是由壓迫者佔上風的抗爭方式。」[20] 第二，人民自己的力量是非常巨大的。「獨裁者事實上很需要被統治者的協助。」[21] 夏普寫道。換言之，人民假如不服從的話，統治者就沒辦法統治。任何統治者，即使是獨裁者，都是透過人民的同意才能落實統治。只要有足夠多的人收回他們的同意，獨裁者就不能繼續掌權。他又解釋獨裁制度的權力來源何在、這種政權的共同弱點為何，接著告訴讀者要利用這些弱點，以非暴力的策略來取消這個政府的正當性、增加它垮台的可能性。雖然他的分析是概略與廣泛性的，但有時候論點卻明確清晰得使人吃驚。例如，夏普確切地指出了獨裁制度七大弱點，包括制度僵化無彈性；下級官員怕上級怪罪，努力隱瞞壞消息；意識形態失去吸引力，思想霸權遭腐蝕；官僚系統愈來愈笨拙、沒有效率。許多人以為非暴力運動大概就只有罷工或示威遊行，夏普則具體提出一百九十八種非暴力抗議方式，包括抬棺抗議、以飛機雲在天空噴字、以及眾人一起到銀行把存款提出結清。從頭到尾，他強調準備與計畫的重要性，從風險較低、能建立自信、目標較小的行動，到更加大膽的抗爭。對許多運動人士而言，《從獨裁到民主》好比聖經，在我為本書進行採訪的過程中，與委內瑞拉、伊朗、圖伯特、埃及等人士碰面，當中許多人都把這本書讀得滾瓜爛熟，還能夠整章整段地加以引述。

二〇一〇年二月，在一個寒冷的冬天早晨，我到夏普教授在東波士頓區（East Boston）的府邸去拜訪。他住在一棟很簡單的透天厝房子裡，除了住家之外，還兼作阿爾伯特・愛因斯坦研究所（Albert Einstein Institution）的辦公室。夏普教授在一九八三年創立這個研究所，主要目的是推行他的志業，但它其實不過是一樓兩個連在一起的小房間而已，工作人員只有夏普本人以及一位助理。夏普從一九六八年以來就一直住在這裡，當時他發現這棟屋子沒有人要，所以用一百五十元美金把它買下來。[22]雖然這棟房子外表看來年久失修，但是夏普表示現在已經比起當年他剛買的時候好很多了。「當時這房子根本是廢墟，」夏普告訴我：「下雨的時候，雨水會滲過後牆的磚頭，三樓的地板就會變成水池。沒有暖氣、沒有廁所。」[23]目前他住在二樓，三樓出租給房客，四樓則為蒔花養草的溫室，以「幫助清醒頭腦」。

一樓的辦公室相當晦暗。唯一的光源只有兩盞桌燈照耀著他周遭工作的空間。房間本身堆滿了東西，人根本沒辦法走動，地上堆著一疊疊書、箱子還有一個看起來像是已經不再使用的水族箱。牆上除了幾幅東方畫作外，唯一的一幅肖像是甘地的相片。我們談話時，偶爾會有一隻棕色的小狗跑進來讓教授拍背，然後就消失在書堆後面——「她的名字叫做莎莉，但我叫她好女孩。」這隻小狗是大丹狗凱撒去世後，夏普教授到波士頓北郊的動物救援中心抱回來收養的。

這樣的夏普教授很難想像是個危險人物。他已經八十二歲，有點駝背，講話很小聲，走路必須用枴杖。但對於世界上的許多獨裁者來說，他彷彿頭號大惡棍，是一大威脅，必得嚴正指責與厲聲辱罵才能稍解心頭之恨。緬甸的軍頭稱他為「美國間諜」，專門從事「骯髒與邪惡的心理戰爭」。[24]查維茲也認為這位八十多歲的老頭子跟美國中情局沆瀣一氣，正試圖推翻他的政府。[25]伊朗政府對夏普不敢掉以輕心，甚至打電話來索取他的著作。（「我們把書寄過去了。」他說。）據說伊朗政府還設立一個單位，專門負責鎖定非暴力組織、瓦解非暴力策略。白俄羅斯、中國、俄國、越南等國都譴責他，禁止他的書流通。夏普認為這些批評與指控都是正面的，包括陰謀論在內，說美國政府才是背後的藏鏡人。「這是個好兆頭，」他說：「這代表著他們已經明白，這類的抗爭知識可是一種利器。這對我的工作是一種肯定。」

奇怪的是，夏普在世界上最不自由的地方名氣最為響亮，在自由世界反而沒沒無聞。我去拜訪的那一天，他的助理潔米拉・拉吉布（Jamila Raqib）告訴我，她才剛剛收到委內瑞拉來的請求。有人想要在委內瑞拉某地小規模印刷夏普的作品。絕大多數的人是從愛因斯坦研究所的網站上下載夏普的作品。她告訴我，她跟教授常常不知道跟他們連絡、要求寄書或者授權印刷的人誰。「跟我們直接連繫的人，通常不會告訴我們大名。畢竟索書然後在家研讀是一碼子事，跟美國的某知名機構連絡則是另外一回事——此機構不但遭到當局厲聲譴責，據說還跟白宮有關連，甚至涉及其他狗屁倒灶的事，」她說：「大家都很聰明。他們知道什麼樣的風險可以冒，什麼事不能做。」[26]

就拉吉普所知，夏普的作品在她的家鄉阿富汗非常受到歡迎。（在她五歲時，蘇聯入侵她的國家，父母帶她一起逃出來。）她說：「（阿富汗人）覺得，我們真能掌握自己前途，這種觀念非常具有吸引力。我們可以自己靠自己，不必等外面的人來幫忙。因為外來者只會造成傷害，我們只能靠自己。而採用暴力的手段，並未產生好的結果。」

尋求協助、詢問訊息的人來自四面八方，但是有一句話是他們一再聽到的。「『這本書是為我們寫的。』這句話我們聽了蠻多次，」拉吉普說：「證明本書的分析很能切中要點。」

夏普本人也很樂觀。他認為獨裁者越來越難當，更重要的是，挑戰獨裁政權的人也越來越聰明。「我們學會了更多抗爭的方法，而且懂得有技巧地運用它們，也知道要避免哪些事情。」雖然如此，從事這種危險工作的人，有時候還是不能做到策略性思考，而且人數還不少，這讓夏普教授感到憂心。「政治自由的倡議者還是太不用大腦了，這樣非常危險，」夏普說：「（非暴力策略）是非常有力的工具，只要用心學習就能加以掌握。但是他們一定要先做好功課。」

有時候，他們也需要老師的教導。

戰爭故事

西維吉尼亞州的南查爾斯頓（South Charleston）大雨滂沱。我坐在羅伯・赫維家的後陽台，這裡位在一個密集的住宅區裡，俯看著卡諾瓦河（Kanawha River）。我們喝著第二杯咖啡，他一面告訴我他教授非暴力衝突策略的經驗。他的咖啡杯稍稍透露了他的經驗，上面寫著「緬甸民主領袖」，還印著諾貝爾和平獎得主、緬甸民主運動領袖翁山蘇姬的照片。去過緬甸之後，赫維繼續到白俄羅斯、委內瑞拉、奈及利亞、伊拉克、巴勒斯坦、辛巴威等等國家訓練民主運動人士。他說，這麼多不同的團體都請他去的原因，他認為，可能是一個職業軍人居然大談非暴力策略，讓大家感到好奇。赫維說：「我想我的軍旅經驗反而讓我獲得這些機會。大家都在想：『這個騎兵隊軍官怎麼會在這裡教這個東西？我們最好聽聽他怎麼說。也許他根本是瘋子，但我們最好聽聽看。』」

他們聽到的，是一個策略專家把三十年的軍旅經驗運用在非暴力原則上，教大家以此推翻獨裁者。他教他們策略性思考的基本原則，甚至小到他們該如何看待街坊與鄰居。赫維說：「人是習慣的動物，因此模式分析乃是掌握所有情況的基礎。要做任何規劃，都必須先建立模式分析的習慣，因為每個有生命的東西都依照特定的模式生活。我們必須先搞清楚那個模式是什麼，所以模式改變的時候，第一個問題就是要問：『為什麼？』」

「一個年輕警察從一個美麗少女的身旁走開，朝著一個老醜婦人走過去，我想知道為什麼。也許她是個線民？也許她是個毒販？我想知道為什麼，」赫維繼續說：「那就是我強調的其中一課：學員必須無時不刻地注意機會在哪裡，如此就可以建立出一份機會清單，隨時掌握良機，因為你已經做好了模式分析。」

他教他們如何做策略評估，以建立起民主運動的目標與宗旨。他引述普魯士軍事理論家克勞塞維茲（Carl Von Clausewitz）與英國戰略專家李德・哈特（Liddell Hart）的理論，以教導學員如何分析獨裁政權的權力來源，以了解到它的能力與意圖有所不同。他也提供過去的衝突中萃取而來的智慧。（例如，招攬將軍或警官的兒子加入我方陣營，裨益極大。他說：「將軍們看到自己的兒子就站在遊行隊伍的最前端，通常不敢狠心下令攻擊。」）

上赫維的課，最大的收獲之一，也許是他讓學員明白文宣的力量有多大。因為你手無寸鐵，所以在這場鬥爭之中，你的訊息就是成敗的關鍵。「我們希望他們怎麼看待我們這個運動？」赫維問：「我們希望能夠感化他們，讓他們相信民主化對各種不同的社群都是無害的，特別是軍人。」反對團體的文宣往往就是它對政權正當性的第一波攻擊，而你的終極目標，就是摧毀它的正當性。「我個人的看法，文宣才是最偉大的武器，」赫維說：「許多人不喜歡這個名詞，認為它聽起來太廉價。他們喜歡說『媒體關係』或者『公共關係』，但說穿了都是文宣。」

赫維以查維茲的委內瑞拉為例。表面上看起來，委內瑞拉的文宣戰非常難打。查維茲政府比起其他專制國家更有理由聲稱自己具有統治正當性，因為查維茲每次選舉都贏很多票，雖然他的勝選是靠金錢與選舉奧步一手打造出來的。但是赫維相信，對一個好的文宣家來說，查維茲政權還是有許多點可以攻擊。第一個就是查維茲非常依賴外國政府，特別是古巴的卡斯楚。「這些天殺的外國佬究竟是誰？為什麼我國無法訓練出自己的醫生？我們買許多俄國噴射機、俄國導彈、俄國客機，為什麼不用這些錢來訓練我們自己的醫生？為什麼我們不訓練委內瑞拉自己人來當警察與安全人員？為什麼我們要靠西半球唯一共產國家的人來當我們的公務員？哇，這真是太精采了，」赫維一面說，一面搓著雙手：「告訴文宣人員：『緊盯著查維茲不放！絕對不可以便宜他。每一次發生什麼事情，就怪政府裡的那些笨官。如果某處發生洪水，那不是天意，而是人謀不臧，換言之，就是政府的錯。』」

赫維訓練他的學生必須嚴守紀律，特別是關於他們想要傳達的訊息。「民主運動的發言人或者代表不能講任何人的壞話，不要用仇恨的語言。不要恨警察，不要恨情報人員，要讓民主運動壯大，我們應該把這些人拉進我們的陣營裡，不能四面樹敵，」他說：「我們必須有多數人的支持才能贏。策略性的非暴力運動不是個小圈圈的運動。如果我們一定要恨某個人，攻擊範圍越狹窄越好，最好只有一個人：那就是穆加比。如果你想要恨某個人，不要恨政府裡的每個人，恨穆加比就行了。」

赫維也一直跟學生強調另一個重點：耐心。赫維說：「教導策略性非暴力衝突時，我喜歡用一個詞，就是『還沒』——我們還沒贏。用這個詞代表著抗爭仍在持續進行。跟任何持久戰一樣，有時候你的運氣很好，有時候卻事事不順心。反對運動在做的事情，基本上就是反政府的革命，最重要的，是你自己認輸才算輸了，之前都不算。我們來決定什麼時候認輸，不是讓政府來決定。這是我們自己的決定，不是別人可以越俎代庖的。如果能讓人民了解這個道理，它本身就是一個強烈而有力量的訊息：是人民自己決定什麼時候才算玩完了。」

我們聊了三個小時，大雨還是沒有止歇的意思。雨水沖下山坡，把他房子一邊的排水溝都淹滿了。坐在赫維的後陽台上，我問他，他所訓練的團體中，哪一個特別突出？哪個組織特別令人印象深刻？他回答：「塞爾維亞人。他們還沒開口，看起來就很精明能幹了。他們上課很專心，目光只放在我身上，非常注意我講的話，偶爾會對旁人低聲說一兩個字。」

二〇〇〇年春天，赫維旅行到布達佩斯跟塞爾維亞的青年團體「歐特普」見面。他們已經成功地撼動米洛塞維奇政權，但是他們害怕自己已達到瓶頸，不能繼續維持他們的動能與節奏。在研討會開始之前，赫維要求與其中幾位成員見面，想要當面了解他們的想法，以及團體的運作狀態如何。「我請他們對我大略說明組織架構是什麼。」赫維回憶道。

其中一位回答：「我們沒有架構。」

「你們的領袖是誰？」

另外一位回答：「我們沒有領袖。」

赫維說：「等等，我可不是三歲小孩子，你們發起一個全國性的運動，米洛塞維奇政權的幾大支柱正在土崩瓦解，很多事情都在發生，全國都在舉行抗議活動，事先也都經過協調組織。你卻在這裡告訴我你們沒有組織架構，沒有人經營指揮這些事？」

年輕的塞爾維亞人微微笑了：「我們就是這樣告訴每個人的。」

赫維立刻明白他根本不需要教他們非暴力抗爭的技巧。他們不但已經想出極具創意的做法，行事風格也彷彿軍事團體，非常謹慎並嚴守紀律。他說，塞爾維亞人已經掌握了所有的拼圖碎片，只是不知道要怎麼把它們拼湊在一起。還有一個問題，政權已漸漸窮途末路，他們的卻還沒有想出最後的計畫。但赫維非常確定，研討會結束後，這些年輕人一定會取得成功。赫維說：「他們心靈就像海棉一樣，若取得勝利，應該沒有人會驚訝。這些小夥子敢冒險，也掌握了成功的要素。他們從不休息，是非常可怕的敵人，我絕不希望變成他們的對手。」

其中有一個人特別突出，他年方二十七歲，名叫斯爾賈・帕波維奇。赫維說：「我一看到他，就知道這傢伙是這群人的領袖。他最好學深思。」斯爾賈是個有創意、聰明的策略家，也是創辦「歐特普」的十一位元老之一。他高高瘦瘦，臉上掛著神祕而促狹的笑容。帕波維奇自詡為「歐特普」的政治委員。（編按：在共黨國家中，政治委員的主要工作是在軍隊進行思想教育。）他個人的魅力與活力很自然讓他成為招攬與訓練新成員的主力幹部；新成員都是塞國的年輕人。斯爾賈就像其他我見過的「歐特普」成員一樣，散發著自信，還具有街頭運動老將的精明幹練。[27]

赫維相信斯爾賈與他的同伴會獲得勝利，真是一點也沒看錯。幾個月後，二〇〇〇年十月五日，這一小群年輕人領導了一場全國運動，把塞爾維亞殘暴的二十世紀暴君給推翻了。垮台之前的最後一刻，米洛塞維奇下令鎮暴部隊用各種必要手段驅散民眾，大開殺戒也在所不惜。結果警察決定抗令，他們放下槍械，任憑民眾穿越防線攻佔國會。米洛塞維奇不知道的是，一年多來，帕波維奇與他的同志們如何費心爭取警察與鎮暴部隊的支持。之前，沒有人預言過米洛塞維奇會垮台，更別說他會因一場不流血的民主政變而一敗塗地。

就在此時，一隻灰色的虎斑貓從屋裡走上後陽台，跳到桌子上，走到赫維面前，小貓把頭低下來，希望赫維抓他的脖子。「事實上，我的貓就取名為斯爾賈，」赫維微笑著說：「小貓斯爾賈能殺死任何跟牠一樣大或比他小的東西。」

不在於推翻另一個獨裁者而已

赫維其實不必跟我描述帕波維奇是誰，我早在前一年就已經跟他見過面了，當時為二〇〇九年六月，場合在「國際非暴力衝突中心」（International Center on Nonviolent Conflict）所舉辦的五天研討會。本中心由前投資銀行家彼得・艾克曼創立並提供經費，每年都會在波士頓舉辦年度聚會，邀請全世界各地的民主運動人士前來與會。那一年，與會的四十位運動人士來自三十四個不同的國家，包括埃及、馬拉威、奈及利亞、圖伯特與突尼西亞等等。他們都來此地聽專家、學者、非暴力運動的老將分享他們的見解與經驗。對許多親身從事民主抗爭的人來說，帕波維奇的演講乃是最引人入勝的。正如一位奈及利亞的與會者所言，他們許多人之所以前來，是因為「想要聽帕波維奇的成功經驗，看看是否能夠用在我們的國家」。[28]

在他舉行演講的前一天，斯爾賈跟我在塔夫茨大學（Tufts University）校園附近大衛廣場的酒吧見面。當時，有好幾天的時間，全世界都把注意力放在德黑蘭街頭，因為成千上萬的伊朗人，特別是年輕人，走上街頭譴責總統大選的舞弊與作票。斯爾賈在二〇〇三年跟同志一同創辦了堪凡斯，他現在每年花一百多天的時間在世界各地舉辦工作坊或者對民主團體演講。堪凡斯已經在伊朗訓練了七個反對團體。為了了解斯爾賈第二天的演講內容，我問他，他對於伊朗起義——現在被稱之為綠色革命——的看法如何。

帕波維奇搖搖頭，回答道：「會流血。」[29]當時揣測後果委實太早，但是他已經擔心伊朗的反對團體即將犯下嚴重的策略錯誤。廣大的群眾上街頭，讓伊朗政權大受震撼以後，他認為，抗議團體應該要「從德黑蘭的公共廣場撤退，化整為零，前往伊朗二十個大城市，採取高能見度、低危險性的策略」，如牆上塗鴉、守夜、杯葛等等運動。他們既已證明運動有廣大的群眾基礎，下一步就必須證明德黑蘭不是他們唯一的活動範圍。更重要的，他們得讓伊朗政權搞不清楚他們將採取什麼步驟。帕波維奇相信，民主運動最大的危險，莫過於被敵人看穿。民主運動一旦取得初期成果，讓當局感到如履薄冰，這時最重要的事情就是率先出招，讓政府無法靜下心來計畫下一步要怎麼回應。如果要爭取政府內關鍵部門的支持，就必須維持領先一步的優勢，讓支持政府的人自我懷疑，並能增加示威者與公眾的信心。他猜想，堪凡斯訓練過的一些伊朗年輕人已經知道該怎麼做，但是無法貫徹執行，因為當地太多的反對團體仍然由自以為經驗老到的中年人所主導。帕波維奇過去在貝爾格勒大學主修生物學，他很喜歡用動物來打比方。他解釋道：「民主運動就好像鯊魚，必須不斷游動才能維持生命。如果鯊魚停下來，鯊魚就死亡了。鯊魚只能朝一個方向游動——往前。我們的運動（塞爾維亞）之所以成功，是因為我們維持攻勢，不斷地移動，並且總是保持在政權的前面一步。」

第二天早上，帕波維奇走上講台對全球來的民主運動人士講話。他的魅力與幽默感讓他成為成千上萬塞爾維亞年輕人的領袖（百分之三十的「歐特普」成員都是青少年，所有成員平均年紀只有二十一歲），這些特質立刻顯露出來，風靡了台下的觀眾，讓他們聚精會神聽他說的每一句話。他一開頭就說：「我們組織的成員都認為，民主與獨裁的鬥爭就是一場戰爭。」他強調民主運動需要團結、規劃與非暴力的紀律。接著他談到招募新進成員的注意事項，包括一定要開誠布公。他說：「你必須清楚地告訴他們，可能會有人受傷或死亡。一開始就講清楚，這樣才公平：他們可能會被毒打，可能會被逮捕，親戚朋友可能會遭到報復，甚至還可能被惡意傳染愛滋病。像在馬爾地夫，政府就故意讓異議人士染上毒癮。」

但不論專制政權做得再怎麼過分，都不是民主運動可以改採暴力手段的藉口。「歐特普」在招募新進成員時特別強調非暴力的宗旨。他們還設計入會儀式以幫助建立紀律，儀式結尾時，學員一定會聽到的名言是：「暴力乃是弱者最後的庇護所。」（Violence is the last sanctuary of the weak. 編按：這句名言出自阿根廷作家波赫士。）若組織成員訴諸暴力行動，就會讓專制政權有藉口大舉彈壓，這是他們永遠必須提防的危險。還有，當民主運動一旦變成暴力抗爭，它首先激怒與疏離的對象，就是專制政府裡面同情他們的人，也是它希望爭取過來的對象。帕波維奇警告大家：「要注意自己團體中有哪些個人或群體可能採用暴力手段。要指認他們，孤立他們，跟他們溝通，請他們提出解釋，不然只好將他們掃地出門。」

斯爾賈待在座談會的一天半內，各地來的運動人士問了他許多問題。他們會在走廊上包圍著他，陪他在戶外抽煙，或者喝酒聊到深夜，盡可能從斯爾賈身上榨出更多的洞見與經驗。他們想知道領導幹部集體行動的程度要降到多低。（「最核心的十一位成員從來不同時在同一個地方聚會。」）塞爾維亞政府收集到多少「歐特普」的情報資料？（「革命後我們看到政府的情資檔案，才知道每個成員被蒐證的資料累積達兩百頁以上，他們早就知道我們的組織。但是他們沒有加以分析，所以就算資料很多，又有什麼用？」）假如政府從國內其他地方調來強硬的鎮暴部隊主導鎮壓行動，該怎麼辦？（「你必須跟當地的警察建立更好的關係。我們跟地方警察建立了不錯的交情，所以他們會警告我們，哪一條街道不要去。每一個專制國家的鎮暴部隊數量有限。」）

接下來兩年，帕波維奇跟我保持連繫。每隔幾個月，我們就會互通電子郵件，或者在電話上聊天，討論其他專制國家所發生的事件。班・阿里與穆巴拉克下台後沒多久，在阿拉伯之春的最高潮，我們在華盛頓特區碰面，一起吃早餐。突尼西亞與埃及所發生的事件，對於堪凡斯很有幫助。美國與歐洲的媒體登出好幾篇相關的文章，強調堪凡斯促進民主居功厥偉，特別是在埃及。見報率愈高，全世界各地要求堪凡斯舉辦工作坊的需求也跟著提高。

然而阿拉伯之春不只讓堪凡斯的行事曆上寫滿了未來工作坊的行程而已。帕波維奇認為，比起之前任何一場民主革命，阿拉伯之春更能破除關於非暴力抗爭的許多迷思。首先，它終於證明了阿拉伯人也渴求民主。外界一向認為中東只能由獨裁者統治，而且出於某種理由，中東地方的人命中注定要被世界的民主浪潮遺棄。這兩個普遍的看法皆已證明為錯誤。最早被推翻的兩位獨裁者，分屬突尼西亞與埃及，也是美利堅合眾國在中東最堅定的盟友，這個事實駁斥了非暴力革命必須靠美國中情局與美國政府的幫助才能傳播的迷思。帕波維奇表示，堪凡斯也許曾經在一些地方伸出援手，提出忠告，但是這些國家的革命之所以獲得成功，主要還是因為它們是本土的民主運動。「那些埃及年輕人誇大了我們的功勞。我認為，這樣的成就，他們的努力佔了百分之一百，」他說：「一百萬埃及人不可能聽了一個塞爾維亞人的話之後就決定上街頭抗議，不管這個塞爾維亞人帶著多炫的行李箱或者筆記型電腦。」

假如帕波維奇看到眼前有機會，卻不懂得把握的話，那他就不是一個很好的策略家。「塑造世界的歷史現象就在我們的眼前發生，現在在中東，之前在東歐，明天也許就在非洲或者亞洲形成浪潮。」帕波維奇表示。他認為目前這一刻可能就是歷史性的轉捩點，這個良機千載難逢。他繼續說：「我的目的不在於推翻下一個獨裁者。我想要改變的是更多人的觀念。這是把我們的知識發揮到極限的好機會。」

於是帕波維奇決定，堪凡斯必須調整，以參與塑造未來的工作。他正在建構一套策略性非暴力抗爭的課程，好跟美國與歐洲的大學合作，在校園推廣教學。他說他的第一步，就是邀請埃及的民主運動人士來當新講師。「這些年輕人真的非常聰明，」他微笑著說：「他們的經驗應該可以給其他阿拉伯國家帶來啟發。」

訓練營

工作坊一開始進行時，總是不會太順利。民主運動人士也許心裡著急，想快點掌握反制獨裁政權的新辦法，卻不願意相信之前進行活動的方式有誤。會場所在的旅館二樓可以俯看地中海，但現場卻瀰漫著緊繃的氣氛。

講師於是要求二十位中東志士進行分組，堪凡斯的講師提出一份作業稱為「明日願景」，要每個小組描繪在他們心目中，民主運動應該創造出什麼樣的變局，他們的願景是什麼。這是很簡單的作業，只是把運動的主要任務勾勒出來。但是兩位塞爾維亞籍的講師卻將此基本功課稍做變化，他們要求與會學員勾勒願景時，要思考怎樣才能吸引社會上五大團體，也就是能夠同時吸引商人、宗教學者、老師、學生、媒體工作者。講師亞歷山大（作者按：講師的名字都是化名）是一個魁梧的塞爾維亞漢子，具有組織的長才，他向我表示：「歐特普變成為一個具公信力的團體之後，支持的人數就不斷成長。人數當然越多越好，這是我們一直追求的目標。」

結果，每個學員都覺得這個作業很難。發表報告的時候，大部分人都沒辦法找出能夠吸引五大不同團體的公分母。因此，他們的報告就離題了，都在解釋為什麼在他們國家無法找到可以吸引這麼多團體的共同理想。一位年紀比較長的運動人士表示：「我們的國家跟其他國家不太一樣。」接著學員們開始解釋各群體的人利益有所衝突、意見分殊、道不同不相為謀等等。講師們緘默不語，只是聆聽他們陳述理由，彷彿早就預期會有這些藉口。最後，一位女性學員顯然對這個作業感到挫折，脫口而出：「這是不可能的。」

金髮美女的講師崔甘娜不動聲色地表示：「如果你們繼續當少數，就沒辦法促成改變。就是這麼簡單。」

一位手臂上刺滿刺青的運動人士說：「我想妳根本不懂。我們怎麼能夠把我們的政治訊息降格，只為了擴大我們的抗爭規模？」

亞歷山大回答：「為什麼你會認為這是一種降格呢？這是個開始。沒有人民，政權就沒辦法統治國家。所以你需要人民的支持。」

這些運動人士對此作業的反應，並非罕見，講師們早有心理準備。帕波維奇有一次告訴我，幾乎每一個運動團體都認為自己的處境獨一無二、與眾不同。來參加工作坊的學員會很快就指出，塞爾維亞的例子無法適用於他們的政治環境，或者他們所對抗的政權太過殘暴、太聰明、太狡詐。烏克蘭人會說，他們的政府有莫斯科幫襯，所以他們必須擔心俄國的介入與干擾。埃及的運動人士則推託說穆巴拉克有美國當靠山。他們還會提到獨裁政權編列的警察維安預算年年增加，街上遍布警察、告密者、線民等等。帕波維奇立刻承認，世界上沒有兩個獨裁國家是完全相同的。如果獨裁國家都長得一模一樣，那麼塞爾維亞的講師們就不必麻煩，直接要求學生按部就班、照本宣科，事情就解決了。但是，帕波維奇堅持，獨裁政權的基石是一樣的，這個原則跟金恩・夏普在《從獨裁到民主》一書裡面所說的一樣。最重要的，反抗者必須了解支撐獨裁政府的建構板塊有哪些，以訂定反擊的計畫。

這一點要被大夥充分了解和吸收需要時間。學員們在工作坊一開始時即承認，他們在國內面臨的最大問題之一，就是絕大多數民眾並不同情他們。他們也知道自己有訊息的問題。塞爾維亞講師承認，要創造出一個共同的願景，能夠吸引到足夠的關鍵群體，確實不是一件容易的事情。「歐特普」過去的經驗是，他們會派遣成員到全國不同的角落採訪不同的人，了解民間需求之所在。他們花了不少時間找出最受人民敬重的是哪些人。在某些鄉村地區，人們最尊敬的是醫生，其他地方則是老師。不論是誰，「歐特普」的想法是，如果他們可以爭取到這些人的支持，那麼其他的人也會跟著加入。最後，與會的一位中東志士，也是房間裡面最年輕的學員，終於說出了顯而易見的事實：「呃，設定策略、爭取群眾的支持，我們可能沒有想得很清楚。」

「好不容易。」崔甘娜低聲說。這是個起點。

塞爾維亞講師現在把話題轉到運動人士所對抗的目標。他們要求與會的團體指出支撐獨裁統治的幾大支柱——例如，軍隊、警察、官僚、教育系統、宗教組織——這些也是獨裁政權力量的泉源。下一步，講師要求學員畫出他們稱之為「權力圖」的圖表。這是由堪凡斯創辦人斯洛博丹・迪諾維奇所發展出來的一種分析工具。亞歷山大說：「透過這個圖表，我們就能甄別出哪些人支持我們、反對我們，就可以知道要如何影響他們。」

學員們再度分組以繪製曲線圖，把過去十年以來，不同政府機構如何因應國內重大政治事件、抗議活動、民主運動——他們的反應是正面、負面或是中立等等畫成時間表。帕波維奇告訴我，練習畫權力曲線圖，一向是工作坊的重頭大戲，這個圖表對於學員們真的非常重要。他們分別檢視政府的權力支柱後就會發現，這些機構對政府的態度與忠誠度往往與時俱變。例如，某些教育單位曾經同情他們過去的一些活動，即使只是因為他們自己的學生曾經參與。在其他的抗爭事件中，媒體也曾對政府採取比較批判的態度，即使只是點到為止。以這種方式看待他們的政府，民主運動人士立刻就了解兩件事：他們的政府並不是鐵板一塊；忠誠其實是可以形塑的。崔甘娜說：「忠誠不是刻在石頭上不會變的東西。它是會變的。忠誠是可以轉移的。」

塞爾維亞講師們強調，如果攻擊政權的某一部分，政權的其他部分自然會團結起來保護被攻擊的地方。因為他們認為自己的利益跟遭到攻擊的政權是一致的，跟你的運動不一致。亞歷山大說：「我們的目標，是用說服的方法拉攏這些支柱，而不是用攻擊的方式將它們推倒。」

某些支柱顯然比起其他支柱更容易接受說服。通常軍隊與警察是最不容易感化的。再一度，民主運動並不需要軍警的支持，只需要他們的猶豫不決。而且，如同塞爾維亞人所解釋的，即使最殘暴的警察都可以被中和掉。

在塞爾維亞的民主運動之中，他們曾經遇到一個特別殘暴的警察局長。在他管轄的小城裡面，他彷彿國王一樣濫用權力、肆無忌憚。崔甘娜嫌惡地抿著嘴巴：「他特別享受毒打、刑求他人的樂趣。人越不成形他越樂。」所以歐特普認為可能沒辦法說服他，至少無法直接跟他講理。

於是他們拍下他毒打「歐特普」年輕成員的照片，製作成海報，上面公開他的姓名與行動電話。然後他們把這些海報貼在他太太會去購物的商場，還貼在他小孩去幼稚園上學的路上。海報上要求市民打電話給他，問他為什麼毒打我們的小孩。他的太太非常震驚，全家人也很快就成為全城的拒絕往來戶。崔甘娜說：「我們不攻擊穿制服的他。我們透過他太太，攻擊在家裡的他。我們才不讓那個惡棍可以躲在制度或者警徽之後。」

這個例子引起了很大的迴響。一位運動人士表示：「就是有這些令人髮指的人物，他們躲在政權的庇蔭下。他們就是暴政的具體象徵。」在場的人都點頭表示同意。

每一天的課程結束後，學員們會舉行小組聚會，以消化當天的課程以及分析，並且討論其中的意義。很明顯地，某些學員所問的問題，剛好就是核心幹部希望他們能夠提出來討論的問題。其中一位核心成員告訴我：「有人深受震憾，他們面面相覷地說：哇，這是說我們做的事情沒有一樣對囉？」但是絕大多數的學員都覺得很有收穫，並想繼續學習。

對任何政權來說，權力的主要來源之一是權威。當局擁有權威——以及害怕忤逆其權威——這樣的認知與情緒就是絕大多數人俯首聽話的原因。所以一個運動若想鼓勵人民收回他們對政府的認可，阻斷他們對於政權的服從，那麼破壞政權的權威乃是一個非常重要的目標。對於「歐特普」來說，唯一的解答是笑聲。「幽默將會破壞對手的權威。幽默也是治療恐懼的最佳藥石，必須盡可能地加以利用，」亞歷山大說：「要攻敵人之不備。盡量將各種行動結合在一起，越多種越好。這就是我們最強力的建議。」

事實上，幽默應該是「歐特普」最厲害的獨門絕活，成員們想出各種方式，用幽默與嘲笑的手法來減低政權的權威感。有一個例子涉及到火雞。米洛塞維奇的太太米爾佳娜（Mirjana）喜歡在頭上戴一朵白花，「歐特普」認為這是一個好機會。他們想辦法弄來好幾隻火雞，在牠們頭上別上白色的康乃馨，然後放生在貝爾格勒城中心，火雞立刻在街道上走來走去。所有的人看到頭上戴著白色康乃馨的火雞，立刻就明白這是在嘲諷米洛塞維奇的太太。（崔甘娜笑著說：「在塞爾維亞，罵一個女人是火雞，是很大的汙辱。」）結果警察不得不上街抓火雞。歐特普的成員早就等在一旁，將警察追著火雞團團轉的場面拍攝下來。好不容易，警察把所有的火雞都抓住了，送到一個分局裡面。「歐特普」早預料他們會這麼做，立刻發表聲明，要求警察釋放火雞，並表示警察違法逮捕火雞，他們有理由擔心火雞的安危。[30]

堪凡斯的講師稱上述的技巧為兩難行動。如果操作正確的話，這種行動的風險很低，還可以把焦點轉到對手身上：他們的任何後續動作或不作為，都將成為動見觀瞻的事件。「這種行動的目的，乃是製造出讓敵人左右為難的局面，」亞歷山大對學員們解釋：「這種行動讓警察左右為難。他們不能放任火雞繼續在大街上亂跑，那樣會侮辱總統夫人。但是他們也知道，警察在街上追著火雞跑，實在很像一群笨蛋。」奉令不得不在市中心追著火雞跑的警察，當然無法為政權贏得民眾的尊敬。而一國的警察居然必須在街上驅趕家禽，獨裁政權似乎也就不再那麼令人害怕了。「那個時候，我們沒有辦法竊聽到他們的通訊，」亞歷山大笑著說：「但我很想知道他們在警察總部是怎麼稱呼此次行動的。」

中東籍的學員們接著離開教室，去發想他們自己的兩難行動。我於是跟崔甘娜聊起她擔任堪凡斯講師的經驗。她告訴我，她參與過四十個工作坊，有一個波利維亞的團體讓她印象最為深刻。他們學得很快——也許學得太快了。「第四天，我們進教室上課的時候，他們已經把當天的報紙放在椅子上了。頭版就是在報導他們前天晚上從事的一個行動——就在工作坊下課後！我一進教室，他們就洋洋得意地說：『看我們做了什麼事！』」她回憶：「有好幾次（在工作坊下課後），我才發現他們之前做了什麼事，我不禁驚呼：『我的老天爺！他們早就在計畫做這些事了！』」

有時候民主團體也會弄巧反拙。崔甘娜告訴我一個伊朗團體的故事，他們最大的敗筆就是思考不周延，沒有考慮後續結果。當時伊朗汽油短缺，加油站加不到油，該團體於是認為這是一個他們可以利用的議題。她回憶道：「這些人想在各個加油站進行沉默的抗議，打算讓每個人帶著空的油罐到加油站去排隊。他們沒有料到會引起很大的反響，路人很快就加入他們的抗議活動。某個加油站一個小時之內就有兩百名路人加入，人數不斷增加，演變成暴動。到最後，他們燒毀了六十個加油站。」這次行動最大的問題在於擴張的速度太快，許多不屬於團體一員的人都跑來湊熱鬧，導致幹部無法維持行動該遵守的非暴力紀律。後來，崔甘娜聽到伊朗流亡團體的人表示，他們對那起事件的結果很是滿意。她嚇死了。「不對，不對，」她說：「我沒有教他們做這種事。縱火燒加油站不會幫助民主理念的達成。」

當然，有些團體是堪凡斯根本拒絕合作的。有一個例子發生在約翰尼斯堡。某位英國領事館的官員跟堪凡斯連絡，希望能夠跟堪凡斯簽約，委託他們在史瓦濟蘭王國從事民主運動。史瓦濟蘭王國已經被同一個腐化的家族統治數十年之久。問題在於，這樣一來，堪凡斯就不是跟史瓦濟蘭本土的運動組織合作，它就會變成外國人所主導的非暴力抗爭。「他說錢不是問題，」崔甘娜笑著回憶道：「哇，真好。可是這不是我們運作的方式。我們不是傭兵。」

接下來，課程的焦點轉移，到了該對學員的運動進行成果評估的時候了。與會的民主志士已經獲取了相當豐碩的成果。憑著百折不撓的毅力，他們終於可以在某些地區號召活動，這是十八個月以前無法想像的事情。他們還贏得好幾位德高望重的學者的支持，願意慷慨出借自己的名字與聲譽來為運動背書。他們還建立了組織的品牌形象，人數也不斷增加。然而，聽完講師的話後，學員了解到自己所犯的一個錯誤。他們一直如驚弓之鳥，覺得四面楚歌，危機重重，以致忘記宣布他們曾經贏取的勝利。宣布勝利的功用，不只是提升團體的士氣而已。它也是一個非常重要的機會，可以藉此與公眾溝通，也可以建立民主運動的公信力。「我們被民眾認可以後，我們從未公布結果，也沒有宣稱勝利，」一位運動人士告訴我：「我們沒有用一個大V字顯示我們已經得勝。那真是個錯誤。」

塞爾維亞人稱宣示勝利為「後製工作」。亞歷山大表示：「你們做的每件事都必須充分地拿來宣傳與利用。首先，宣布你們已經取得的成果。然後，確定那些有興趣的旁觀者或潛在的支持者知道你們已經有所成就。每一週你們都需要一個勝利，即使是一個小勝利也很重要。如果你們發現自己處於被動狀態，你們就輸了。」

亞歷山大繼續說：「你們每一步都必須走在敵人前面，也必須想好萬一發生不測，有什麼樣的應變計畫。」他還強調事先規劃的重要性，也是本週課程中像唸經一樣一再被強調的重點。「事先要做功課，選擇一個目標，建立起常勝的紀錄。」

在研討會結束後，塞爾維亞講師們決定多待幾天，享受這裡的太陽與沙灘。他們早就想在島嶼另外一邊的豪華渡假村渡假，那裡跟召開工作坊的破旅館有著天壤之別。

然而中東的民主運動人士必須回家。他們搭上計程車，很快就到離旅館不遠的機場，搭上最後一班飛機回到自己的國家。幾週後，他們的國家就傳出街頭抗議與示威的報導，那是十年來當地所僅見的最大抗議活動。

第八章　技術官僚

集會的時間是下午兩點，沒有人知道召集人是誰。他們自稱「中國茉莉花集會組織者」，在美國的中文網站「博訊」上發文，呼籲「每一個有夢想的中國人」每個星期天下午兩點到中國十三個城市的市中心集會，請大家以散步，或旁觀，或假裝路過的方式參與。[1]文章還說，每一個出現的人都將使中國政府明白，如果不是真心誠意地反腐敗，並接受人民的監督，中國老百姓將不會有耐心再等下去。中國應該發起「茉莉花革命」，這個呼聲與名號是仿效一個月前突尼西亞剛剛發生的革命，它也很快在網路上散播開來。這個組織指定北京、上海、天津等十三個城市裡的某些地點，作為眾人「散步」的地方。

北京的指定地點是王府井的麥當勞，是一棟兩層樓的建築物，位於距紫禁城與天安門不遠的一處高檔商業區裡。在抗議活動舉行的第二個週日，我跟一個朋友提早一個小時抵達了指定的麥當勞。中東的革命讓中國當局大為緊張，如果有人還不這麼認為，只要在那天下午來到王府井，就會豁然明白。王府井到處都是公安與武警。方圓只有幾百公尺的地方，布署了數百名穿著藍色制服的公安，有些人在街道上來回巡邏，有些站在人行道旁、或站在店門口，監視著每一個路過的人。另外還有臂上繫著紅臂章的治安巡防志願隊，大大地擴充了執法的人數。雖然這些維安人力已經頗為可觀，當局還是不放心，再派便衣警官混在人群裡面。便衣的人數是壓倒性的，幾乎每三個民眾就有一個便衣盯哨，這些警察很容易指認，他們通常帶著耳機，器材線從上衣下襬裡露出來。

我們躲入麥當勞裡面。這家餐廳平時生意就很好，隨時都有很多顧客。十幾二十年前在中國旅行的外國人，往往有被中國人好奇盯著瞧的經驗。然而今日的北京華洋雜處，早已不再是這樣的一個地方。但是那一天，我跟朋友一走進餐廳，大部分的顧客都把頭抬起來，視線越過他們盤子上的食物，聚在我們身上。這些人多數理著平頭，戴著耳機。

我們拿著漢堡與薯條到二樓去殺時間。就在我們坐下來的幾分鐘後，兩位壯碩、看起來很兇的男人在我們旁邊的桌子坐下來。他們並沒有穿制服，也沒有戴耳機，但明顯是公安局的人。他們穿的靴子是軍隊的配給，而且默默地吃著漢堡，不發一語。

我們盡量慢慢吃，好待在原位上。我們吃完餐以後，就不想繼續坐在兩位公安旁邊，免得氣氛變得詭異，加上時間已經接近下午兩點，所以我們決定回到街上。就在快要走到樓梯間時，我注意到樓梯口一桌坐著五位看起來像流氓的大漢，正面無表情地監看著整個餐廳。下樓到一半，我停下來，抬頭往上看。其中一個男子已拿出一架小型錄像攝影機，紀錄著我們離開餐聽的情景。我抓到他的偷拍行為，他也發現了，但只是對我微微一笑。

外面的街道上，群眾的人數越來越多。他們在街道上來回走動，究竟是為了前來抗議，還是週日出來購物，我們無法確知。這就是組織者非常高明的策略。在政治禁忌頗多的中國，帶著標語與大聲公到街頭上挑戰當局，是無法持續太久的。當局從不能容忍民眾正面批評中國共產黨；抗議者都被警察拖走，關到牢裡「再教育」，或者就此失去音訊，下落不明。相形之下，呼喚人們「星期天下午出來散個步」，拿捏得很好，不但讓當局緊張，人們也不必冒無必要的危險。其實，此策略頗有來頭。一九八〇年，波蘭團結工聯將於某日在格但斯克造船廠舉行罷工活動，但成員得到情報，知道波共當局打算用武力鎮壓。[2]為了避免剛萌芽的運動夭折，所以他們決定放棄刺激警察的策略，改採比較低調的方法，轉而發動人群在公共廣場上散步。中國的情況很像波蘭，中共當局被迫採取被動的態勢，以防止一場根本還未發生的示威活動。

那天下午的場面變得越來越詭異：人群不斷增加，並開始在麥當勞附近的街道上慢慢地繞圈子。這些人竟是什麼樣的人？相當難以形容。絕大多數散步者並非年輕人，也不是非常老，沒人特別顯眼突出，有些人穿得時髦些，其他人則看起來像是普通的北京人。人數最多的團體，乃是當局派來的公安警察與便衣。人數第二的團體，屬於來此地觀看是否會發生事情的外國媒體記者。有許多人甚至不知道這裡就是仿效中東革命而發起的抗議活動地點。他們也許感到好奇，為什麼此高檔購物區會出現這麼多公安警察？而且，只要一有人停下來注視，就會吸引更多人跟著停下來加入圍觀。

到了下午兩點半，中國當局開始展現他們高超的群眾控制技巧。他們一開始就在麥當勞前面設立起木製的路障，上面寫著「街道整修」（當然，這裡根本沒有整修工程），以縮小公共空間的範圍。公安也不准任何人停下來觀望太久，他們指揮人群往某一方向疏散，再引導另一群人朝不同方向離開。一輛大型的清潔車輛開始以高壓水柱噴灑街道；它不斷在同一區域裡來回，清理著同一角落，使得沒有人可以待在原地不動。公安帶著兇猛的警犬，讓人們不敢越人行道一步。四周圍通向這裡的馬路都被擋起來，以防止其他人加入我們。麥當勞附近一家商場的入口也關門大吉。我跟著人群在同一段路上面繞圈：我走完了這一邊的街道，過馬路，再從另外一邊的人行道走回來，我一直重覆看到人群裡同樣的面孔。公安警察指揮我們行進的方向，彷彿在指揮舞步複雜的芭蕾舞劇。據說同樣的場景也在上海跟其他城市發生，而且出動的警察人數也一樣驚人。而多事的新疆省首府烏魯木齊，據說抗議地點被全面封鎖，沒有人可以靠近。

中國當局之所以全面戒備，顯示它擔心在中東與北非所發生的抗議活動搞不好也會在中國國境內發生。二〇一一年二月的中國並沒有任何革命的跡象，然而中國的領導人卻不打算冒險。在第一次週日散步發起之前，當局已經派公安逮捕了多位異議人士與人權律師，先發制人地全部拘留起來。[3]有些人被軟禁，有些人則失蹤了幾個星期。國家主席胡錦濤在北京的中央黨校跟各省書記、政府部長、軍隊將領一起開會，研究如何調整各種統治工具，好來進行「社會管理」。[4]所有的政治局常委——中國最有權力的九個男人——也都到場聆聽胡錦濤訓示，他在演講中強調，領導人必須加強對資訊的控制。中國的網路已經屏障了「茉莉花」三個中文字。手機傳群組簡訊的功能也被暫時取消。博訊網站遭到攻擊，不得不暫時關站。總理溫家寶則扮演白臉，他在週日早上與網民對談，答應黨會懲處腐化的官員，壓低通貨膨脹率，還保證更平均地分配中國經濟成長的果實。

但一個專制政權感到緊張不安時，通常會把本來就有的禁令加以延伸。二〇一一〇年一月的中國也不外。匿名的抗議發起者高明之處在於，他們使用了「茉莉花革命」的名號，讓人聯想到突尼西亞人民推翻獨裁者的反抗運動。但是在中國文化中，茉莉花也不是陌生的形象，它常常出現在古代的畫作之中，還有一首耳熟能詳的歌曲在歌詠它。不過這首〈茉莉花〉馬上從網路上消失，甚至連胡錦濤與江澤明高唱這首歌的錄影畫面也都不見。[5]（事實上，二〇〇八年北京奧運的頒獎儀式採用這條歌作為配樂，二〇一〇年上海博覽會的開幕式裡也出現了這首歌。）花店甚至被告知，如果有人對這種花表現出特別的興趣，就必須向當局舉報。在這個政治高壓的環境裡，「茉莉花」三個字成了洪水猛獸，一提就會惹上麻煩。我跟幾位黨官員訪談時，沒有人敢說出這三個字，只說「那種花」。

在中國之外，有許多人認為它是個經濟強國。這樣的看法並沒有錯：自從一九七八年改革開始以來，中國政府的經濟操作令人咋舌，每年的經濟成長率平均高達百分九以上。[6]以這個速度，中國的經濟規模每八年就成長一倍，到了二〇一〇年，它已經超越日本，成為全世界第二大經濟體，而這個寶座本來由日本獨霸了四十年。[7]大部分的經濟學家都認為，中國會在未來的十五到二十年內超越美國，成為全世界最大的經濟體。鄧小平改革開放之初，中國經濟的規模本來不到美國的百分之八。

這種驚人的經濟成長率，對於中國人民而言，具有立竿見影的致富效果：超過三億的中國公民——等同於美國的總人口數——在這段時間裡脫離了貧困。今日的中國也產生了充滿活力的中產階級，他們以繁華的大城市為家。除此之外，中國還有億萬富翁跟超級有錢的權貴階級。二〇一〇年，中國股市裡首次公開募股的股票值，比起紐約股市的同樣股票價值高出三倍以上。[8]中國的百萬富翁高達八十萬人，億萬富翁高達六十五人，僅次於美國。二〇一一年夏天，標準普爾（Standard and Poor's）調降了美國政府的信用評等，中國共產黨領導人——經過一番幸災樂禍之後——還是展現出他們對於美國資本主義的信心。畢竟，中國是美國最大的債權國，自然希望保護它的投資。（當時，美國政府欠每一位中國公民九百美元的債款，這個數字目前還在上升之中。[9]）當然，中國經濟也不乏風險跟弱點，包括通貨膨脹率高漲、房市泡沫以及制度性的貪汙腐化。雖然如此，對於一個具有十三億人口的國家來說，中國共產黨達成的經濟成就，不只是我們這個世代最令人刮目相看的成就，也可說是所有世代裡最驚人的成就。

雖然有這些讚美以及成就，中國卻很少表現出充滿自信、泱泱大國的氣度。它現代經濟強國的形象，往往遮掩了它的真面目。它也是一個相當無安全感的政權，它覺得有許多力量會導致國家土崩瓦解，所以總是不斷在壓制它們。確實，我們可以說世界上沒有一個政權像中國共產黨一樣，無時不刻在思考亡黨亡國的可能性。從中國領導人的行動、政策方向以及發表的談話來判斷，他們對於貫穿整個中國政治體系的弱點從來不敢或忘。這種不安全感，在某些時候只在芝麻小事上表現出來，有時候卻是以極為可怕的方式表現。在國際的舞台上，不論是G20高峰會，世界銀行、達佛斯論壇（Davos，亦即世界經濟論壇，World Economic Forum），中國的代表往往是會場中最重要的人物。然而在國內，只因外國網站上有人要中國公民「出去散散步」，這個政權就緊張到動員數萬的員警到街上執勤。

所以，我的結論有兩點。中國共產黨是今日世界上最龐大、最富裕、最有權力的政治機構。但只要一朵花就可以讓它嚇得要死。

「如果今天比昨天好……」

米哈伊爾・戈巴契夫的飛機在一九八九年五月十五日降落北京。[10]蘇聯的領導人與鄧小平此次的高峰會，早就規劃多時，旨在癒合這兩個共產國家之間擾動數十年的敵意與嫌隙。兩位領導人都打算要藉著排演多時的外交禮儀，來各自宣稱達成外交上的重大勝利。然而這個時機卻再糟糕不過了。戈巴契夫抵達的時間，鄧小平與中國領導階層剛好正面臨一九四九年建國以來最大的人民反抗浪潮。作為人民共和國心臟的天安門廣場已經被和平示威者佔據。一個本來只要求改革、降低通膨率、終止貪汙腐化的運動，很快就升溫；學生、工人、退休老人、僧侶、計程車司機、商販、學童都在廣場上呼喊口號，還拉出布條要鄧小平辭職。人們甚至擊碎玻璃瓶，以作為「小平」的隱喻。在廣場中央的臨時帳蓬區裡，三千名學生開始絕食，要求民主改革。

人民的抗議行動打亂了三天的中蘇高峰會。歡迎戈巴契夫的典禮匆匆地從天安門廣場臨時轉移到機場舉行。中共當局心慌意亂，甚至連迎接戈巴契夫的紅地毯都忘了鋪。本來計畫好的紫禁城與天壇之旅都被取消。戈巴契夫被偷偷地送到人民大會堂，還必須走側門才能跟主席楊尚昆見面。而戈巴契夫人在北京，似乎讓抗議者更為理直氣壯、聲勢更旺，畢竟戈巴契夫為蘇聯引入政治與思想自由，外界普遍都認為他是一位改革者。某些抗議者高舉牌子，上書「在蘇聯，他們有戈巴契夫。我們有什麼？」到了高峰會的最後一天，聚集在廣上的中國民眾已經高達一百萬人。

接下來發生的事情已經廣為人知。六月三日晚上九點，坦克與裝載武裝軍事人員的卡車開動了。在鄧小平的命令下，全副武裝、身經百戰、效忠最高領導人的二十七軍士兵開始攻擊自己的同胞。他們在北京市中心殺出一條血路，碾碎抗議者用巴士、廢棄物與計程車疊成的壁壘，不分青紅皂白地展開屠殺：拿著AK47衝鋒槍的士兵對民眾進行近距離掃射；有些人甚至被士兵用刺刀刺死。解放軍不但拿槍掃射人群，在經過公寓建築物時，也對窗戶裡旁觀的民眾開槍射擊。死者跟傷患馬上讓北京的醫院應接不暇。到了六月四日凌晨，北京殯儀館的屍體已經成堆，絕大多數的死者都是年輕的男子。凌晨兩點三十分，軍隊把天安門廣場的三邊完全封鎖，鎮暴部隊攻入廣場，驅離最後殘餘的抗議群眾，最後一批留下來的學生也不得不四散奔逃。解放軍拆毀了學生寄居了數星期的帳蓬，也推倒了身長十米、以塑膠與石膏灌製的民主女神雕像。黎明之前，人民解放軍已經重新佔領了廣場。解放軍坦克車開過；通往天安門廣場的長安街，處處可以看見鮮血染紅的汙漬。

這是駭人聽聞、令人髮指的暴行。抗議活動顯然讓中國共產黨及領導人驚懼不已。六四之後，中國政府開始清理門戶，整肅所有同情示威學生的官員，包括鄧小平自己的人馬。但是天安門廣場的抗議活動，並不是中共在一九八九年所經歷的唯一恐懼。同一年夏天，蘇維埃帝國也開始解體。就在鄧小平出動軍隊屠殺中國百姓的那一天，波蘭舉行大選，波蘭人民以選票將波蘭共產黨趕下台。五個月後，柏林圍牆倒塌。一九九一年十二月二十五日，戈巴契夫簽署辭呈，成為蘇聯共產黨最後一任總書記。

這兩件大事——天安門廣場示威以及蘇聯解體——震醒了中國政權。這一年中共黨國經歷兩次瀕臨死亡的經驗，致使中國統治者重新擬定與人民的社會契約。接下來的幾年，北京的對策並不是鎖國、變成一個警察國家或者切斷與外界的連繫。相反地，中共開始努力研究共產主義的缺點，並且開始改變它自己掌握權柄的方式。[11] 他們派研究人員到俄羅斯，東歐與中亞諸國，研究前共產政權為什麼垮台、了解它們的執政經驗，並鉅細靡遺地分析它們犯的錯誤。天安門事件後，中共了解到戈巴契夫的失敗也可能變成中國統治階級的失敗。

蘇聯所犯下的錯誤罄竹難書：經濟政策故步自封、生活水準又落後西方甚多——這早已是公開的祕密了。但莫斯科面對自己的弱點，反而更加專橫、更緊抱共產主義意識形態不放。黨中央總是缺乏應變能力，下面的人也有樣學樣，基層官僚與黨機器都受到感染，愈亦僵化、頭重腳輕，與民眾的生活漸行漸遠。簡而言之，蘇聯癌症的病灶就是極權主義的僵化與無效率。在這樣虛弱的狀態中，戈巴契夫早期從事的政治改革實驗，不啻縱放猛虎出柙。這遠遠超過他的掌控能力，反而加速了蘇聯體制的滅亡。回顧起來，中國的這個北邊鄰國，為中國提供了活生生的例子，照那種統治方式，保證可以搞垮共產獨裁制度。

蘇聯垮台時，中國的改革開放已經進行了十年，這個事件讓鄧小平更加堅定、更努力追求經濟自由化——而不是政治改革。但是中國的改革開放，已經遠遠超過經濟領域。而統治階級跟人民所簽定社會契約，也起了重大的變化。比起從前，大部分的中國人現在自由多了，遷徙與婚配的自由都比從前高出許多。從前黨國對於個人生活方式的限制幾乎完全消失了。二十年內，兩億以上的人民從鄉下搬到中國的新都會地區。他們可以擁有財產、買車、選擇自己的職業。一個世代以前，中國的旅遊團罕見於歐洲或夏威夷。到了二〇一〇年，到國外旅遊的中國觀光客就高達五千五百萬人，是五年前的兩倍以上。

即使不屬於中產階級的中國百姓，也可以得到比從前更多、更好的資訊。中國媒體的商業化，使得新聞與文娛環境熱鬧起來，報紙、雜誌、電視台競相打破成規，以爭取讀者觀眾的青睞。只要記者不踰越一定的政治界線，當局的檢查員往往睜一隻眼閉一隻眼。同樣地，許多個人通訊的工具，如智慧手機、微博也成為日常生活的一部分。中國人可以上網瀏覽最喜歡的網站、在網路購物、玩電動遊戲。此外，最受到人民歡迎的，應該是中國共產黨不再有興趣控制人民的私生活了。中共已經跟二十年前不一樣了，不再要求人民保持「社會主義的純正」。

當然，這些都只是相對的、而不是完全的自由開放。集會結社的自由仍然屬於禁忌，一有逾越就會給個人帶來極大的災難。當局仍會嚴密檢查媒體的報導，不准它們讓政府難看或尷尬。黨的決策過程依然不透明，幾乎都是黑箱作業。人民也不許成立反對黨或獨立的工會。少數民族經常受到政治迫害，特別是藏族與新疆的穆斯林。畢竟中華人民共和國政權是根植於共產主義，對絕大多數漢人的個人限制雖然放寬了，廣泛的政治參與權卻依舊受到限制。但是一般來說，有個準則是放諸四海皆準的：只要不威脅到黨的專制權力，一般人就可以追求自己的事業，甚至還可能發家致富。

中國共產黨一心一意想要維持權力，對這個獨裁政權而言，只要有什麼靈方妙藥可以維繫政權，它一定都會嘗試看看。[12]除了學習他國共產主義的失敗之處外，它還研究民主國家的經驗，並且抄襲它們成功的做法。中國也實施了一連串的改革——包括任期限制、村莊選舉、公開聽證會、參與式預算——這些做法都是試圖讓人民更能接受中共的統治。當然，中共所採用的這些民主程序很少是全面性的，而是篩選過的，既要能符合它的需求、又不會危害其統治的正當性。一位黨高層的顧問告訴我：「我們不浪費時間討論什麼才是資本主義，什麼是社會主義。如果今天能比昨天好，這樣的政策就深得我心。」[13]

擺脫了共產主義意識形態的束縛後，中共了解到它的正當性來自它的治理能力——特別是要讓經濟風生水起、工廠不停運轉。於是中共不再將私人資本家視為黨的一大威脅，甚至開始與專業人士與企業鉅子合作。一個本來為了工人與農民而創立的政黨，現在的主要成員卻是政府官僚、產經學人與社會菁英。許多本來極可能與政權互相扞格的團體——知識分子、學生、中產階級的專業人士——現在都成為中共的盟友。北京的一位學者最近告訴我：「大家比起一九八九年更保守了。現代人不可能再立民主女神像了。」[14]

中共雖然採取自由化的策略，卻不是為了達成自由化，這從來就不是它的目的。中國領導人從戈巴契夫與蘇聯解體所學到的另一重要教訓，那就是跟民主改革眉來眼去可能會惹禍上身。天安門屠殺後，上海市委書記江澤民被提拔為鄧小平的接班人。他之所以得到提拔，理由之一是他曾經很有效率地鎮壓了上海市大規模的學生示威活動。第二年，江澤民與季辛吉見面的時候，他警告：「要找中國的戈巴契夫，那是白費力氣。」[15]沒錯，黨內任何有民主改革傾向的人都已經被開除。一九九二年四月，鄧小平宣布中國將進一步進行經濟改革，他也表示這條路不應該被誤解為政治開放。《人民日報》引述他的話：「搞自由化，搞動亂，破壞了穩定。」[16]他還說：「當動亂因素一經出現，就不惜採取任何手段盡快消除，可以採取戒嚴或比戒嚴更加嚴厲的手段，使我們不受任何外來干擾。」自此以後，中國共產黨就一直奉上述原則為圭臬，未敢偏離。

中國茉莉花革命的召集令發出幾個月後，一些二月時被抓、被綁架的律師與運動人士慢慢獲得釋放了。這些維權律師非常團結，不輕易就被黨恐嚇。過去他們都曾經被非法拘留、被毒打甚至被刑求，但這些折磨都未能讓他們噤聲，一旦獲得自由，就經常會公開談論當局如何對待他們。然而這一次情況似乎有所不同。[17]大多數敢於批評政權的人卻一片沉寂，似乎不願多講什麼，這讓外界不禁懷疑，不知道他們在拘留期間遭受了什麼壓力或者酷刑。有名的維權律師黎雄兵被拘留兩天後即獲釋，他卻在推特上寫道：「現在我真的好害怕；求你們不要追捕我了，好嗎？」天安門事件以後，中國的政治迫害還是一樣真實，一樣殘暴，同時也更加巧妙，更懂得掩飾。

談論革命

在群眾早就離開王府井的當天晚上，我搭計程車到北京朝陽區工人體育場東邊的茉莉餐廳。稍早，一位經過抗議現場的朋友告訴我，他看到人們在茉莉餐廳前面放置鮮花，並且用粉筆寫下聲援抗議活動的句子。這件事，當然也有人去告訴了當局。所以我抵達茉莉餐廳的時候，所有的花都已經不見，粉筆字也被擦乾淨了。雖然如此，我還是推門入餐廳找經理談話，他顯然已經筋疲力竭，他大概也不敢相信自己居然這麼倒楣，餐廳的名字居然跟民主革命有所關連。他否認有人在餐廳前面放花，也沒有人留言。然而公安局的人已經來找過他了，說假如有人想要做什麼事的話，要他跟公安局報告。他明顯對於我的問題感到很不安，看到我終於離開，大大鬆了一口氣。

二〇一一年二月，一些中國共產黨員顯然尚未能夠掌握中東民主革命的重要性。穆巴拉克被趕下台後十天，我訪問了一位著名的中國教授。因為時機敏感，他要求談話前後不留下任何紀錄，也最好不要在他大學的辦公室相見，因此我們約在北京一家購物商場的咖啡廳裡見面。

他一開始就說，埃及所發生的事件與中國的情況毫無相似之處。穆巴拉克政府對於人民起義完全沒有準備。埃及的抗議活動受到經濟因素的驅策，然而中國的經濟表現頂呱呱。「第三點，這也跟文化背景有關。你必須了解，中國文化有悠久的歷史……」[18]我打斷他的話：「不好意思，那埃及怎麼說？埃及文化不也有悠久的歷史？」

但在我還沒開口之前，他的臉就紅了。他話一說出口，自己就恍然大悟，最後一點是講不通的。那是老生常談的藉口，說中國文化太悠久，早就習慣各種變動，所以必能化解民主改革的力量——這個說法顯然在狀況外，在法老王的國度，人民正群起要求政府實行民主代議制度。這只是他未經思索的反射性回答。他把眼睛閉起來，似乎在心裡面默記，下次討論埃及時，別再以中國文化悠久作為無法民主化的理由。

我接著說，中國政府似乎很焦慮，彷彿如臨大敵。它看來相當緊張，為了以防萬一，先下手為強，把維權律師與人權運動者一一逮捕。中國媒體報導北非與中東所發生的事件時，刻意渲染亂局與動盪所帶來的危險，對於背後的原因卻很少著墨——人民要求民主，才會公然反抗政府。如果這些事件不會讓中共憂心，那又何以避重就輕？他卻對揣測政府的想法沒有興趣，只簡短地回答：「是。」

他所害怕的，不是動亂可能會威脅到當局的統治，而是政府是否有回應的能力。他回答：「這個世代的領導人從來沒有面對過危機。他們比布里茲涅夫、穆巴拉克都更懂得改革，但他們是技術官僚，只會用程序來思考問題，只會做一些小修小補。」

他的看法也是許多一般平民百姓的看法，他們對於中國過去偉大的領導人充滿著浪漫的懷舊之情，當然多少也會同意那些大人物不無缺點。他認為，中國目前的領導人也許拿來對付通貨膨脹、房市泡沫剛剛好，可是假如遇到亡黨亡國的重大危機時，沒有人知道他們會做出什麼反應。他繼續說：「比起鄧小平，他們有更多經濟資源、更多錢可以應付危機。但他們不像鄧小平一樣強硬，他們比較自私，缺乏策略與願景。現下所做的每件事都會改變未來的發展。」

不論一般人對於中國過去與現代的領導人有什麼看法，無可爭議的是，與過去的元老相比，目前這一代沒有什麼持色，又相當乏味。現代中國史上只有兩個領袖——毛澤東與鄧小平——擁有革命打天下與雄霸中國的豪氣。毛澤東雖然讓中國老百姓受盡痛苦折磨，卻是中華人民共和國的創建者，也是二十世紀最有領袖魅力的人物之一，只有他的死亡才能結束他的紅色王朝。鄧小平跟毛澤東一樣，曾經抗日、長征、領導軍隊打內戰，逼著蔣介石與國民黨不得不逃到台灣。鄧小平是個強悍、我行我素、主見很強的四川人，甚至當著其他世界領袖的面照樣吐痰不誤，這些事蹟廣為民間所傳誦。鄧小平最了不起的成就，也許不是國共內戰的功業，而是被毛澤東打倒後還能再站起來。偉大的舵手發動各式各樣的群眾運動，呼籲人民「不斷革命」，但卻往往以黨內高層為鬥爭對象，因此折損了多位大員。毛澤東兩次革除鄧小平的權力，兩次都獲得平反。一九七六年毛澤東去世後，不到一年的時間，鄧小平東山再起，奪回了所有的權位。兩年後，他就發動經濟改革，讓中國回到世界舞台中央。

其他的中國領導人都比不上這兩位人物。[19]他們只是唯唯諾諾的官僚、黨員，不是革命家，也不是游擊戰士。即使位高權重者如國家主席胡錦濤，也必須先建立黨內共識，才能領導國家。結果是，黨內沒有一個人可以高於他所服務的共產黨。目前中國靠的是集體領導，不是靠強人統治。對於多數的中國人而言，這樣的改變，看起來比較像是進步。他們領教過文化大革命，對於個人隨口下令、全國就不得不跟進的做法非常感冒，因此偏好比較有制度的政治體系。鄧小平在一九九七年去世後，中國共產黨實施了新的領導人接班辦法。兩位主要的領導人——國家主席與總理——現在每一任當五年，可當兩任，期滿後即把棒子交給下一代的領導人，後者靠檯面下的黨內鬥爭脫穎而出。因此，胡錦濤與溫家寶在二〇一二年將棒子交給罕為人知的習近平與李克強。

與我對談的這位教授也是外交政策專家，他認為，這個體系製造不出國家迫切需要的資深領導人；這就是最大的危險。從這種的官僚工廠脫穎而出的人物，行事風格都是小心謹慎、不敢冒險。他們深諳為官之道，也知道要出頭，靠的不是聰明與雄才大略，而是避免威脅或激怒任何派系，以免他們阻礙升遷之道。打著紅色領帶、染黑頭髮的保守技術官僚也許是優秀的財務經理人材，但是假如真碰上亡黨亡國的危機時，他們有能力為回應嗎？「我們經歷過許多偉大的王朝。開頭的五十年到八十年，都是明君聖王在位。然後，慢慢地，他們……」教授的聲音越來越小聲，突然就停下來不講了。

我訪談的另一個黨員就比較樂觀。他是中共的中東專家，過去二十五年也經常旅行到埃及去。他密切地注意埃及的事件發展，甚至能夠指出埃及將軍們到解放廣場安撫群眾的次數、日期與時間。我走進北京北辰洲際酒店時，他已經坐在酒店的餐廳裡等我了。他一根接一根地抽雙喜牌香煙，他承認自己相當疲倦，因為數週以來他開了一個又一個會。每一位黨內高層都想知道阿拉伯世界發生革命的深層原因，紛紛要求他做簡報。他告訴我：「我們大感吃驚，不論規模、人數都讓人感到很意外。我們甚至不知道要怎麼稱呼它。有些人說它是民主運動，有些人說是青年運動。有些人則說它訴求的是更好的生活。我們很關心，也一直在密切的觀察。」[20]

既然他是專家，我向他請教：為什麼革命會在這個時間爆發？他回答：「一個國家的人口，有百分之六十是不到三十歲的年輕人，好像漂流不定的浮木，你不知道它會朝哪裡去。」

「我個人認為原因很多：三十年的專制統治、人口結構、高失業率、經濟問題。但是，一個非常重要的因素是電腦、臉書、推特。」他繼續說：「現在是二十一世紀！人們很清楚民主跟自由是什麼。這些因素加總起來讓當局難以掌控每件事。本來不可能的事情，突然一下子變得有可能了。」

他認為，中國共產黨已經掌握了準確控制人民的各種手法，可以有效地處理不穩定的局面，不讓事態擴大。不像埃及或其他阿拉伯獨裁國家，中國共產黨了解，定期更換檯面上的領導人是一個重要的手段（在我們談話中，中東專家提到穆巴拉克的統治風格，不禁失笑。「三十年都是讓同一個人領導？這年代還有誰這樣做？」）阿拉伯抗議者利用網路組織抗議活動，有了這個前車之鑑，中國嚴密監控網路無疑是非常明智的舉動。他說：黨正在努力改善人民的生活，也會盡快回應社會的要求。即使網路上出現呼聲，要在中國發動茉莉花革命，他也不擔心。他說：「我們已經看到一些效果了。有些人認為他們在中國可以使用同樣的方法。但我們沒有臉書，那就是我們的優勢。」

關於中國政府是否有能耐維持穩定、應付各種挑戰，他說：「它需要很高超的技巧。我總是告訴領導人說，發展本身並不意謂著穩定。目前中國的做法是最好的。它並不完美，卻是最好的。然而這並不代表這整個體系本身不需要改善。」

「民主是個好東西」

在我到北京中央編譯局辦公室訪問俞可平之前沒多久，他發表了一篇文章，主張中國共產黨領袖應該崇奉憲法與法治，不再以黨為天。他的成名著作是二〇〇六年的論文《民主是個好東西》，裡面有句話這麼說：「即使有最好的衣食住行，如果沒有民主的權利，人類的人格就是不完整的。」

但俞可平可不是什麼異議知識分子。[21]不，絕對不是。他是共產黨黨員，官拜中共中央編譯局副局長，據說有專線直達天聽——國家主席胡錦濤。過去中共中央編譯局的主要工作是翻譯中國領導人的著作，或者翻譯馬克斯主義的經典如《資本論》、《共產主義宣言》等等。今日，此局室的內部裝潢雖然看起來一樣死板，名字也聽起來一樣無趣，卻已經成為中共的思想彈藥庫。俞可平坐在滿是書架與書籍的辦公室裡，開門見山就說，他所定義的民主跟西方的民主不一樣。他說，他遇到的西方人都對中國的政治改革沒有太高的評價，因為他們認為民主就是多黨制度以及總統直接民選。他說，這些人都錯了。俞可平告訴我：「我們跟西方人的看法大不相同。中國不只是經濟上開始改革，政治情況也大不相同。」[22]

俞可平認為集體領導、任期限制都是進步的跡象，但是這些都不是他想強調的政治變化。他所想的變化來自最底層，是發生在全中國的鄉村與縣鎮。他說：「在我心目中，有幾件事情大不相同了：我們的選舉方式有鉅大的變化。數千年來第一次，中國有了農村選舉。它並不是直選，但是村民可以推薦人選、出馬角逐公職。我們還有行政聽證會制度。

第一次，法治被寫進了中國憲法中。在許多地方，地方人民可以控告政府，這些都是中國數千年歷史上史無前例的。近年來，中國還修了行政法。這些都是重大的里程碑。」

俞氏所說的民主程序——選舉、聽證會、控告政府的權利等等——確實都落實了，卻都是在當局的嚴密掌控下部分實施，或者只在最底層舉辦，以免威脅一黨獨大的現存體制。然而俞氏認為理應如此。「在這個資訊時代，政府的首要工作是改善政治溝通的效率。從一黨專政變成多黨運作會造成混亂，那就不好了。」他相信中共正要朝統治的新階段邁進，從「為人民服務」只是口號的舊時代，邁向一個更重要的新時代。「中華人民共和國第一個三十年是政治鬥爭。第二個三十年是經濟發展。下一個三十年，我預測將是慢慢地從經濟改革過渡到政治與社會改革。我認為我們的目標就是良政。」

俞氏還試圖推動從下而上的改革。他在中央編譯局中主持「中國地方政府改革創新研究與獎勵計畫」。自從這個計畫從公元兩千年開始實施以來，已收到地方黨政機關一千七百多件的創新方案，每兩年他會挑選十個創新方案，頒贈「中國地方政府創新獎」。二〇一〇年，俞氏頒獎給青島市委市政府的「多樣化民考官機制」，以電話民調、獨立第三方、人大代表委員等三種方式來評估施政表現。另外一個獲獎的是杭州市「公開式決策」計畫，市政府把政府會議以及聽證會放在網路上廣播，以鼓勵公眾參與；第一年實施以後，居民對地方政府的抱怨就減少了百分之十二。其他還包括福建省廈門市的「市民健康信息系統建設」，它成功地將病人的資料電腦化。另外還有陝西省石泉縣委政府特別設立托育中心（正式名稱是「關愛留守兒童長效機制建設」），以照顧父母出外打工、無人照顧的兒童。這些地方政府的計畫皆獲得中央的認可。俞氏的目的乃是鼓勵地方政府創新，並且改善它們的各種基礎服務。

激發俞氏改革的動力，一部分可能是因為在中國跟他持同樣看法的人並不多。「如果黨不照顧人民的話，人民有權利從黨那裡取回權力，」他告訴我：「我們的統治權力不會永遠存在。」中東各國的革命導致阿拉伯獨裁者倒台，因此他更加相信，他所做的工作絕對有必要。「我們從中東亂局中學到教訓：我們需要更好的公共服務、更好的人民參與——透明、問責、社會正義。」

另外一位中央編譯局的副主任是賴海榕（譯按：這位屬於「馬列主義文獻信息部」。），他也同意中國基層的政治運作需要更符合民主的形式。他在布達佩斯的中歐大學獲得博士學位，因此他非常熟悉舊蘇聯帝國所犯的錯誤。賴海榕也是中國農村選舉實驗的專家，他頭腦清楚，對於最近某些政治事件，也敢於說出不同於官方的見解。（例如在討論「顏色革命」的時候，賴氏告訴我：「在我看來，推動那些革命的力量很明顯是來自內部，而不是外來的影響。」[23]）雖然中共在實施經濟改革上已有卓越的表現，他卻認為黨內的改革尚未完成。他認為黨「結構太過由上而下，階級太過鮮明」。他也深信，人民渴望參與治理的過程：現在資訊唾手可得了，他們也想要共謀政事。因此地方政府的創新方案非常重要，尤其是俞可平與他的同事每兩年選拔出來的那些典範。「透過這些計畫，人民便能夠循序地參與政治運作的過程，因此政府的治理權是基於人民的共識，而不是權力。」賴海榕表示。「問題不在於這個機制是否會落實運作？只有什麼時候、用什麼方式實施的問題而已。過程是否為漸進、和平、進步？也可能產生了許多亂糟糟的事情。但我們非做不可。」

這些「改革」、「創新」、「程序」共有一個相當突出的特色，那就是它們都是符合民主常態。在絕大多數的創新方案中，地方政府所引進、改良、實施的方法或程序，都是全世界民主國家慣常見到的措施。俞氏與賴氏兩人還向我解釋，他們的目的並不是發展出全面的中國式民主，而是使政府施政更加能夠反映人民的需求、改善社會服務並且贏得公眾的信任，以延長中國共產黨的統治。這些改革是否會導致政治革命，則完全不在考量之中。當然，對中共來說，革命是危險的，必須小心疏導並誘之以利，比如說，當人民與政府取得更大的共識後，社會就可以獲得穩定與和平。總之，這些民主創新的措施，都只是為了鞏固中國的專制統治而已。

引進與中國政治傳統相扞格的成分，以救中國，這並不是什麼革新的創見。在十九世紀晚年，當清朝國勢走下坡時，改革心切的官員自詡為「自強派」，為了振衰起弊，他們建立一套理論架構，也就是「體用說」。[24] 官員們遊說清朝皇帝，希望他採用外國的專業知識與實用技術，以保存儒家政體之精髓。他們認為，朝廷不妨採用外國科技領域方面的知識——如煉鋼、造船、組裝軍事武器等等，以延續王朝之國祚，同時將外國的影響力局限於小範圍內，使之不能汙染中國政治傳統中獨特的成分。這個策略的目的是為了讓王朝能夠吸收新東西，同時保留舊政體。有一段時間「中學為體，西學為用」也真發揮了作用。馬克思早在一八五〇年代晚期即預言清朝即將崩潰，但清朝卻掙扎地往前邁進，一直到一九一一年才滅亡。

在我們的訪談即將結束時，我問俞可平，清末與現代是否可類比？當然，清朝國力比不上西方的大國，並且面臨重大的財務危機，跟現在的中華人民共和國大不同。但就政治與治理之道兩件事來說，難道中國不是再度向西方學習，引進外國的創新想法，以撐起自己的政治制度？他搖搖頭。中國現在做的事情，比起前清官吏的做法來得有野心多了。

「我不認同你的看法，」俞氏表示：「關鍵就在於『體』。中國現在在走自己的路。這條路跟蘇聯不同，跟美國、新加坡或其他亞洲國家都不一樣。我們正在改變的就是『體』。」

回學校充電

如果俞可平是對的，那麼要改變中國治理人民的「本質」，也必須改變中國官員的想法。於是中國共產黨進行一項極有野心的計畫：派官員留洋，希望他們能取得各種行政與管理的專業技巧與知識，增進政府解決問題的能力，以應付日益複雜的情況。於是他們派黨內的明日之星到國外頂尖的學府去研修，參與為他們量身訂做的課程。十幾年前，第一批黨內的明日之星被送到哈佛。今日，此留洋計畫已擴而大之，地點包括史丹福、牛津、劍橋、東京大學等等學府。負責此計畫的人，是中國發展研究基金會祕書長盧邁：「我們已經外派超過四千位官員，沒有任何國家超過這個數字。」[25]

今年六十四歲的盧邁也許是主持此留洋計畫的不二人選。文革爆發時，他剛好是高三的學生。毛澤東的上山下鄉運動逼得他離開北京，在鄉下做了六年勞力工作。之後，他在北京的一家工廠做了四年工，地點離我們見面的中國發展研究基金會不遠。一九七七年，他通過大學入學考試，成為回到學校讀書的第一批學生。他的主修科目是經濟。一九八〇年代，他跟趙紫陽手下的一批人一起研究農村發展。一九八九年五月底，就在天安門廣場的抗議人群逐漸增加的時候，他離開中國前往美國，首先在科羅拉多大學唸了一年書，後來再到哈佛唸了幾年書，最後從約翰甘迺迪政治學院（John Kennedy School of

Government）獲得碩士學位。趙紫陽當時同情天安門廣場的學生，立刻就被開除了。我問盧邁，一九八九年政局的混亂，是否就是促成他當時離開中國的原因。他不置可否，只說他到美國去讀書，早在抗議發生前幾個月就計畫好了。就算是他離開中國只是巧合，在天安門鎮壓事件後，有改革傾向的學者與官員，只要跟趙紫陽有一丁點關係，都難免會憂心起來。盧邁在美國待了六年後返國，立即當成為研究發展基金會的祕書長。

哈佛為中國官員規劃的課程表，彷彿是為了讓打拚多年的CEO再充電，其內容涵蓋各種領域，包括領導技巧、策略分析、公共管理。[26]課程偏重個案研究與實際案例，特別聚焦於特定的專題，如美國政策與機構、美國媒體如何思考與運作、協商策略、甚至社會媒體。除了在課堂上討論之外，學生還有實習課程，必須前往各相關機構參觀訪問，包括波士頓都市更新局（Boston Redevelopment Authority）、麻薩諸塞州議會大廈、道富銀行（State Street Bank），甚至更大型的機構如世界銀行、國際貨幣基金會以及聯合國等。除了本來就有的領導人材培育計畫之外，哈佛還為中國官員規劃特別的課程，例如危機管理或是專為上海市政府量身打造的課程。盧邁說：「我們的目標是幫助中國政府在全球化的環境裡面運作，跟上世界潮流。」

中國共產黨派出國的人都是經過精挑細選的，有心者也得擠破頭才爭取的到放洋的機會。中共中央組織部層層把關，負責篩選適合的人材。（中組部是中國共產黨最重要、最機密又極受信任的機構。它是黨的核心，讓黨組織符合列寧的組織原則。它控制中國千萬黨員的任命，並編製詳細而機密的報告，以利黨選出未來的領導人。）獲選出國的官員各色各樣，從市級官員、市長、省長一直到中央政府的副部長都有。在中國這樣一個人口眾多的國家裡，即使是低階官吏的工作都可能影響到數百萬老百姓的生活。這些官員的唯一共同點是：他們都是政壇的明日之星。盧邁告訴我，被送到哈佛去深造的官員，一半以上的人在回國後都升了官。他說：「我們不知道是否因為哈佛的訓練，還是因為他們本來就很優秀。但是，我們喜歡說，這都是因為哈佛教的好。」

確實，這個與哈佛合作的官員培訓班已經辦了相當一段時間，也建立起一份可觀的校友名單。比方說，中國第一家投資銀行——中國國際金融有限公司（中金公司），其董事長李劍閣就是哈佛訓練出來的校友。另外還有陝西省省長趙永正、中國商務部部長陳德明。官位最高的是李源潮，他是中共政治局第一位到哈佛去受訓練的政委，也是中央組織部部長——中組部部長皆大有來頭，著名人物有曾慶紅、胡耀邦與鄧小平等等。在二〇一二年領導班子重新洗牌時，李源潮成為政治局常委，使他成為中國最有權力的九人之一。

但是，只為一些菁英官員提供特殊的訓練，無法滿足中國龐大行政體系的需求。如果中國想要避免被傳染到蘇聯與其衛星國的各種病毒，它就必須不斷排除黨內腐化的成分。

在黨的最高層——中央委員會、政治局、政治局常委——中共似乎已經成功了。雖然他們的策略與願景還是令人不放心，但就客觀的標準來說，中共高層的表現令人刮目相看。他們是中共建國以來各代領導班子中最有學識的一群人。他們前輩的專業背景大多是工程、農業或馬克思思想，新一代的領導人則是財經、經濟學與法律的老將。近百分二十的政府部長與副部長都曾經留洋一年或以上，而且不像絕大多數的專制政權，金字塔頂端的領導人也不准永遠佔著權位不放。[27]在二〇〇二年與二〇〇七年舉行的人大會議中，領導班子汰換的比率相當驚人。中央委員會、政治局、政治局常委有一半以上的領導人被輪替下台。[28]漢學家沈大偉（David Shambaugh）表示，除了史達林時代的大整肅以外，沒有哪一個國家的共產黨高層有這麼多下台或者退休的領導人。甚至在絕大多數的民主國家中，政治菁英的輪替也比不上中共高層的汰換速度。

當然，絕大多數的老百姓跟黨高層毫無接觸的機會。就老百姓的日常生活來說，地方官吏才是最重要的，而他們是否專業與能幹，才是最為切身的問題。雖然中國太大，各地官箴無法一概而論，但是從各種社會現象看來，中共也知道情況不理想。絕大多數的抗議、示威、暴動都是因為地方官員的腐化與惡搞惹出來的。一份十年的調查報告顯示，中國公民對政府官員的滿意度，越到底層就越往下掉。[29]換言之，越與老百姓日常生活息息相關的行政單位首長，工作的表現愈是糟糕。這個結論剛好跟美國的情況相反，美國公民最有怨言的，通常是聯邦政府，而不是地方政府。雖然中共當局想盡辦法要讓國家現代化，但假如老百姓無法認為官員專業、有紀律、值得尊敬，這一切努力就很難有什麼成果。

中國共產黨大約有八千多萬的黨員——大概跟埃及的總人口相當——所以剔除不符資格的人員，同時提高黨員的素質，乃是鉅大的工程。就此事上，中共中央組織部扮演了重要的角色。[30]在考核幹部、甄別人材方面，中共還是使用古老封建時期的方法。例如，官員通常會被輪調到全國各地、負責不一樣的業務，以測試他們施政能力與專業。他們通常不是靠身世背景獲得升遷，而是靠表現與競爭，這就跟許多專制政權大相逕庭。近幾年，中共還制定了多項標準，以提高公務人員的整體素質。大部分的黨官現在都必須接受一年一度的工作考核。組織部利用許多方法來評量官員的表現，包括面談、調查、抽查、考試。二〇〇五年中共還展開為期十八個月的評量過程，所有的黨員都必須接受忠誠度與效能的評量（當時的中共黨員有七千多萬人）。結果大約有四萬五千位黨員被開除黨籍。如果你的考績被評為有問題或者在及格邊緣，就得到學校重新受訓。根據黨中央的新命令，每一位黨員至少每五年就要受訓三個月。但許多人受訓的時間更長。

他們受訓的地點分散在全國兩千八百間幹部學校裡。全國的幹部學校建立起連繫網路，這點非常重要，讓它可以統一掌握幹部的動態、灌輸一致的意識形態並訓練他們必要的技能。除了灌輸意識形態，幹部學校還規劃實際的課程，例如掌控記者會流程、監控社交網站或者如何在天災發生的第一時間做出回應。某些幹部學校收到的補助較多，也因此負有特殊任務。例如，北京中央黨校被認為是孕育改革人才的搖籃，使幹部有能力規劃政策、提出解決方案。校園建築最令人驚豔的黨校就是浦東幹部學院（講英文的外國人比較熟悉另外一個名字：China Executive Leadership Academy Pudong，中國浦東行政領袖學院，官員認為這個名字更容易讓外國人能夠接受。）。浦東幹校位在上海市的高級地段，周邊林立著高級餐廳、咖啡店、高級住宅區，其建築物與上海未來主義式的地景非常搭配。本校佔地超過十六公頃，主體建物非常巨大，紅色的長型屋頂模仿的是明朝學者的書桌。浦東幹校的課程表看起來好像是為了培養企管碩士，而不是中共幹部。馬克思仍然名列課堂書單上，但許多課程都是由外國講師擔任。校方還聘任許多客座講師，請全球大企業的主管，如高盛銀行、花旗銀行、寶鹼公司的CEO來本校講談。本校無疑就是培養黨內明日之星的搖籃。

小地震

不是每個人都認為只有靠借鑑西方，中國才有未來。北京大學國際關係學院的潘維教授，他對於所謂民主創新以及政治多元主義的優點，抱持著頗不以為然的態度，甚至直言不諱地表示不贊同。在我們訪談的頭五分鐘，他就說那些希望中國在鄉村層級進行自治的人，只是為了合理化他們的既得利益。多數原則並沒有什麼正當性，選舉跟西方民主國家的成功也沒有什麼太大關係。他指出，俄國引進民主的結果，只是「幫助統治者欺騙與誤導老百姓」。[31]但我認為民主制度最基本的好處在於，政府透過它可以得知公眾所關切的事情，也有助於官員負起應有的責任。但他說這兩者都不適用於中國。每兩年或四年一次的選舉，速度太慢了。潘維表示：「中國變化太快。」

潘維只是批評民主缺點的眾多中國知識分子之一。一般說起來，中國批評西方民主的人，都會把重點放在文化背景不同，他們認為政治多元化並不適合中國社會。現在，像潘維這樣的批評者，漸漸也不多囉嗦，只會以各個民主國家所發生的事情為例，證明他們的論點絕對可以成立。這些例子包括選民冷漠，或者兩黨彼此掣肘、無法和衷共濟，造成政府運作停擺，如美國、歐洲、印度、日本。他們還指出，單憑波士頓茶黨這樣的民粹運動，就可以讓美國政府施政時綁手綁腳；這不但荒謬，也是相當危險的事情。此外，共和民主兩黨對於聯邦政府舉債上限的看法南轅北轍，標準普爾因此調降美國政府的信用評等；這對北京政府來說，根本是完全無法想像的。列寧主義下的政治運作好處多多，其中之一就是讓共產黨有辦法將大量的資源投入一個特定的目標。不論這個目標是什麼，經濟成長也好、救災也行，甚至鎮壓政治反對運動，或者推行某個環保政策，不管是為了哪種目標，中國的政治體系都可以有效動員、指派人力，並且快速地展開行動。金融專家喬治・索羅斯同時也是慈善家，他花費相當可觀的個人財富推動專制社會走向開放社會，但就連他也承認「中國政府的運作效能比美國好」。[32]潘維同意上述說法。他認為，一個政治體系無論如何開放與自由，當它的效能不斷下降時，其優點幾乎等於零。

我跟他在北京大學的辦公室裡見面的那天，全球視聽的焦點放在利比亞剛萌芽的革命。但是潘維所密切注意的卻是另一場運動——在美國威斯康辛州，民主黨州議員為了阻止共和黨通過預算案，因此跨越州際線跑到別州，好讓共和黨議員無法湊足法定人數來開會。當時還只是兩黨拉鋸戰的第一週，僵局後來持續了一個月。「每個體系都有缺點——」潘維的臉橫過一絲竊笑之意：「也都有反對的聲音。威斯康辛州目前就是如此。看來這種制度也運作得不是很順暢啊！」

當話題轉到中共現在的治國體系時，這位民主批評者立刻搖身變成毫不害臊的擁護者。「西方與中國的政治文化，最大不同點在於西方政府強調問責（accountability），中國政府強調責任（responsibility）。」潘維以流利的英文說，這大概是他在美國柏克萊大學攻讀博士學位時學來的。「所以，什麼是責任？其意義在於平衡三種利益。第一就是部分利益／整體制益。第二就是當下利益／未來利益，例如當下人們要經濟成長，但要如何取得平衡，以維持自然環境的長遠發展？第三點，就是要調和那些要求改革與想要社會穩定的人。一個政府必須平衡這三種利益，這就是責任。而我認為責任政治比起問責政治，更加成熟圓融。」

潘維的方程式，就是中國聖賢治國的觀念，國家由一群聰明、能幹、有道德的公僕來治理。這種政治體系的現代實例就是新加坡與香港，這兩地的行政機關都成功、順暢、有效率，它們也強調法治，以取代容易吵鬧失序的選舉與政黨政治。當然，中國廣土眾民、情勢複雜，它所面臨的挑戰遠遠超過小型的城市國家如新加坡，但潘維相信，中國官員的水準不斷在提升中——考試、評量、輪調、回學校受訓等等——代表中國已走上正確的道路。潘維說：「中國的統治集團是全世界最年輕的。」他指的是中國嚴格的任期限制以及年齡一到就得退休的硬規定（譯按：副部長級六十歲退休，正部長級六十五歲退休），因此官員的替換速度很快。「一個人要如何在馬齒徒長之前就爬到高位？那是一場競爭。」

有德鴻儒善用才智治理天下、照顧生民，這是一種傳統。但中國有另一種政治典型一樣古老，就是魚肉百姓的地方官員。天高皇帝遠，中央鞭長不及，地方官員於是我行我素，尸位素餐。自古官吏貪贓枉法的故事，就是許多偉大文學作品的基本素材，在詩歌、戲曲、小說中處處可見。（中國四大古典小說就有三部描寫過腐化的官吏，情節生動寫實——《西遊記》、《水滸傳》、《紅樓夢》。）中共知道吏治腐化、官箴失墜就是所有專制政權之病。從古到今，專制政權因腐化而倒台比比皆是，突尼西亞、埃及、利比亞只是最近加入的新國家而已。

但是潘維卻認為問題不嚴重。他說：「有人說中國官員貪汙腐化非常嚴重，不對，這不是實情。南美洲與中美洲，沒有一個國家的政府——除了波多黎各與智利外——比得上中國政府的廉潔。整個非洲大陸，沒有一個國家的清廉指數比中國更高。中亞各國也都比不上中國。就歐洲來說，我認為中國政府的廉潔度好過一些國家，卻比一些國家差；也許跟法國差不多，但絕對比義大利好！」

他省略不提的事實是，他所提到的許多國家，特別民主國家，當官員的腐化情事遭到揭發時，人民有辦法讓官員為他們所做的錯事負起責任。在中國，負責糾舉官員不法的，還是共產黨自己。中國近年來也努力地肅貪，是因為中共了解到貪汙問題不解決，政權的正當性很快會遭到腐蝕。在一九九七年到二〇〇二年之間，負責糾舉不法黨員的最高組織——中共中央紀律檢查委員會——懲罰了近八十五萬名黨員，開除了十三萬七千名黨員。[33]近年來，中央紀律委員會再建立「舉報中心」讓人民可以匿名申訴，還建立保密專線，歡迎民眾檢舉不法官員。據說在二〇〇五年全中國就有十一萬五千名黨員被懲處。二〇一〇年的數字大約是十四萬六千人。

這些數字雖然看起來可觀，但是大多數只是被中央記申誡一次，不痛不癢。尤有甚者，真正被調查的人也只佔中紀委所有舉報案中非常小的比例而已。研究中國政治的學者裴敏欣就曾經計算過，一位貪汙官員被處罰而坐牢的機率，最高也不過百分之三而已。34以上這些都顯示，那些下場很慘的官員，不是政治鬥爭的犧牲品，就是貪贓枉法的情節太過嚴重，使得黨中央無法再視若無睹。不論當局出於哪一種理由整肅官箴，貪汙腐化還是一樣猖獗普遍。「國家預防腐敗局」在二〇〇七年設立一個讓人民舉報貪腐的網站，不到幾個小時就因為人數太多而關站了。

潘維對於中國的政治體制充滿了信心，因此一點也不擔心橫掃中東的革命浪潮，認為不會影響到中國。「政府害怕這個花的運動。所以花錢監督。」他告訴我。他認為，這些阿拉伯政權所犯的錯誤「在中國是常識」，所以中東人民起義，頂多只是讓美國未來的外交政策變得更複雜，對中國並不會有負面的影響。他說得也許不錯，但美國可不需要花時間、精力、金錢審查與篩選中東來的消息。失去阿拉伯盟友可能迫使美國不得不調整外交政策，但是數千里外的獨裁者垮台，並不影響美國政府的正當性。潘維承認，中國也許會發生一些「騷亂」，但是這樣也有好處。「許多小地震總比一個大地震好。」他說。

我們訪談結束時，就在我準備離開之際，潘維最後還提出一個見解：「我認為中國共產黨不過是一個新朝代而已。」

鑑於中國朝代更迭不斷，我問：「你認為現在是開朝沒多久？還是已經到了朝代中期？」

他回答：「我認為現在是早期。中國重要朝代的國祚大約是兩百七十年。」所以，以他的想法，中共政權大概還有兩百多年的統治歲月。但是對於一些人來說，兩百多年顯然太長，他們等不下去了。

維護穩定

要到北京政府辦公大樓，最快的捷徑是穿越一連串的胡同與後巷。昨晚下了雪，所以一大清早，胡同巷弄的陰影處，都殘存著尚未溶化的冰雪，我小心翼翼地在曲折的巷道中行走，避免滑倒，同時也見到一群農夫瑟縮於寒風中，人數大約有四十到五十人。這些人一眼就可認出來是農民，他們年紀都不小了，大多數是中年人，有人年紀更大些，他們面有憂色，飽經風霜，穿的衣服暗沉而破爛。我一開始不明白為什麼他們選擇站在這裡，後來才注意到這裡是國土資源部信訪辦公室門口。

這一群農夫都是來自山東省某一個村莊，千里迢迢到北京來向中央政府陳訴他們的委屈，實踐古老的上訪傳統。他們告訴我，地方官員沒收了他們的土地，積欠他們的款項超過一百萬人民幣。一個穿著短大衣的婦女擠到前面，向我說明他們從三年前就開始上訪，但是官員把他們從一個部會趕到另外一個部會。國土資源部的官員叫他們回山東去跟地方政府打交道。那已經是一個禮拜前的事了，但他們決定還是要每天早上來這裡陳冤。一個戴小帽、穿著皮衣的老人冷笑道：「我們的地方政府跟合法的黑社會沒什麼兩樣。」[35]一週後我再經過同一個地點，同一群山東農民還站在原地。

不幸的是，這一群人不是個案。中國政府的信訪制度早就不堪負荷，信件、電話與上北京走訪的人實在太多了。有人統計，中國的信訪案件數量隨時都維持在一千萬以上。[36]雖然這種制度歷史久遠，在過去，老百姓為了尋求正義，會攔路向大官或者皇帝伸訴冤情。雖然這種方式很古老，但是動機卻是不變的：絕大多數的民眾不相信中國的人民法院，也不敢表達不滿，害怕地方官吏會變本加厲地處罰他們。所以民眾越過地方政府的層級，直接到中央去跟官員求情，雖然往往徒勞無功。

中國最近有研究統計，每一千件上訪的請願案件，大約只有兩件獲得解決。[37]更糟的是，上訪者回家後，通常會遭遇不幸的後果。村民被毒打、被關押的事件所在多有，他們唯一的錯，只在於到中央去投訴地方上的問題。沒有一個市長或省長願意惹上麻煩，引來中央政府關愛的眼神，只因為有一群村民跑到北京去宣說他們的委屈。不意外地，阻止上訪者順利到達北京，就成了熱門生意。地方政府派官員到北京去攔截上訪者，在他們見到任何人之前，就把他們送上回鄉的火車。也有地方政府把這樣的工作發包給保全公司去做。安元鼎保全公司據說跟十九個不同的省級政府單位簽下了「截訪合同」，每抓到、遣返一個上訪者，就有一定的報酬，以人頭計算，攔的人數愈多，報酬愈高。[38]

中央政府已經好幾次想要改革信訪制度——甚至試圖保護上訪者不受到報復——卻徒勞無功。二〇一一年一月，溫家寶成為第一位視察國家信訪局的中共領導人，他期勉信訪局的同仁仔細而迅速地處理人民的陳情案。許多專家都呼籲取消信訪系統，但都遭到忽略，大概是因為中國政府知道，司法系統無法吸收這些案件，若廢除信訪制度，也許還會引發抗議浪潮，這是中國極力避免要面對的情況。

這麼多公民在政府部會外面等待陳情，對中共政權而言，唯一值得安慰的地方，就是它表示人民對於中國政治體系還是有最起碼的信任。當人民對一切都失去信心的時候——地方政府、法院、信訪、領導人——他們就很有可能上街頭抗議，這就是近年來中共所見到的現象。中國公安部統計，一九九三年全中國的「群體事件」大概有八千七百件（「群體事件」指的是罷工、示威、遊行、靜坐等等）。[39]到了二〇〇五年，這個數字已經大幅增加了十倍，成為八萬七千件。[40]五年後的二〇一〇年，抗議事件已經升高到十八萬件——每天大約五百件。抗議的原因很多：貪汙腐化、土地徵收不公、強迫拆遷、警察暴力以及環境汙染。引發抗議的因素太多，要找到簡單的解決之道來緩和眾怒與民怨，已經不再是容易的一件事了。

在這樣的氣氛下，中國官僚最掛心的事情只有一件，那就是官方稱之為「維護穩定」的工作。近幾年來，中共加倍努力壓制社會騷動，各級政府都投入重金，提高各種措施的規模，讓中國老百姓不敢輕舉妄動。「顏色革命」發生之後，中共為了避免二〇〇八年奧運有什麼騷動，公安部門的經費倍數成長。西藏與新疆二〇〇九年發生民族騷動，全中國各地的「群體事件」也層出不窮，更使得政府覺得維穩是最重要的工作。到了二〇一〇年，中國花在維穩工作上的錢已經比國防還多了。[41] 到二〇一一年也依然不變，政府公布的預算顯示，安全部門與監視通報系統預算就佔了九百五十億美金，佔總預算的百分之十四，而人民解放軍的預算不過九百一十五億美金。[42]（許多人認為真正的數據應該還要高。）某些地方政府的維穩預算也大符增加。在新疆發生十年來最嚴重的種族衝突事件後，二〇一〇年新疆自治區政府為公安部門所編的預算大幅增加了百分之八十八。[43] 遼寧省則有百分之十五的省預算是用在「維護穩定」。[44]

中共用這些錢買來等級更高的、更密不透風的安全措施。政府砸了大筆錢在資訊的控管，比如加強控制網路上流通的資訊，或是到處張貼官方立場的言論訊息。宣傳部門小心翼翼地監督新聞報導，它下達各種詳細的指令，針對敏感故事的報導口徑一致，而且往往都是用手機簡訊下令。（二〇一一年七月溫州發生高速鐵路追撞事故後，中宣部給各大媒體下達了一連串指令：「報導頻度不要太密」、「要多報導感人事跡，如義務獻血和出租車司機不收錢等等」、「不要做反思和評論」。）另一大幅增加維穩經費的地方是地方層級，也就是抗議與示威活動萌芽的所在地。全國各地有成千上萬的維穩辦公室開張，僱用三十萬政府人員。[45]這些人再收買鄰里線民，請他們提供情報，好在騷亂發生之前防患未然。最有效率化解群眾怒火的地方幹部，還可以得到中央政府獎金。如果整年都沒有群體事件發生，獎金更高。

中國人常常以「收」、「放」來形容政治季節的循環。眾人一致公認，在二〇一一年阿拉伯之春開始之際，中國已經處於政治緊收期一段時間了。有些人說，早在二〇〇八奧運舉辦之前政府就開始緊張了，祭出各種手段以確保奧運會辦得一帆風順。其他人則說，應該是從更早的「顏色革命」時就開始。不論是哪一種，中共確實都對公民社會上了更緊的緊箍咒。許多非政府組織，特別是獲得外國資金贊助的，此時皆受到稅務局與其他官方單位的壓力。一些從前沒有被政府找過碴的團體，例如協助家暴婦女、反對職場歧視的北京大學法學院婦女法律研究與服務中心，就失去了國外的援助與經濟支持。一位跟中國非政府組織有多年合作經驗的西方專家告訴我：「過去二十年，中共一直都不喜歡黨裡的自由派。但我從來沒有見過黨像現在疑心這麼重，這麼高壓。用騷擾這個詞來形容，還太過禮貌了。」[46]

二〇一一年二月，穆巴拉克下台之後，中國也有網民在呼籲要發起中國的茉莉花革命，中共隨即開始打壓異議分子，規模可以說是從天安門屠殺以來最大的。[47]雖然這次的打壓的對象比較有選擇性、有針對性，但迫害的程度還是一樣。上一次中共行動如此迅速，是一九九九年鎮壓法輪功的時候。當年四月，法輪功聚集了一萬信徒在中國領導人居住的中南海外面進行無聲的抗議，震動了中共高層。不到幾個月內，中共就打斷了法輪功的背脊，大規模入侵民宅搜捕信徒，還把成千上萬信徒送到牢裡去折磨。二〇一一年唯一不同的地方，是中共先發制人，搜捕各個組織底下大大小小的團體。中共抓捕的對象是那些為別人仗義直言的人，包括律師與其他公眾人物，他們敢為民喉舌、反對中國共產黨的倒行逆施。中國政府也許認為，要撲滅剛萌芽的茉莉花運動，最有效率的方式就是讓這些人噤聲，而且這麼一來還可以提醒人民哪些政治禁忌是不能碰的。不論中共的考量是什麼，他們越來越常使用祕密逮捕、關押與綁架等手段，讓批評者無端失蹤。而且短時間看來，中共似乎沒有意思要放棄這種策略。中國政府最近甚至提議要修改刑法程序，讓非法綁架得以合法化。[48]

中共無疑對壓制的成效感到很欣慰。沒錯，中共的公安部門、維穩機器確實防止了全國性的抗議運動發生，連一點萌芽的機會都不給。法輪功除外，它就在中共跟前茁壯成長。法輪功之所以這麼具有威脅性，因為它創造出一種高於黨的信仰，信徒不論身分背景，都能跨越廣大的地域而產生連結。今日，雖然抗議與示威頻頻發生，卻都屬於地方性的事件。中共需要的是社會如同一盤散沙，而到目前為止它也如願以償。但是毫無疑問地，這個體系現在所承受的壓力極大，已到達了臨界點。中共用盡一切力氣，砸下大筆經費，都無法逆轉這些潮流。中國經濟也許繼續成長，但對現況不滿的人數也在繼續成長。浦志強說：「中國共產黨的意識形態與正當性早就消失了。現在只剩下赤裸的利益。口號是沒有用的，他們只能設法收買人心。」[49]

到目前為止，這個方法還有效，然而「維持穩定」的代價也越來越高。有一個問題在遠方等著：假如技術官僚應付不了危機的時候，會發生什麼事？在統治正當性比手段正確還來得重要的時候，會發生什麼事？

第二次天安門

我走過一個又一個專制國家，過程中，每一個人都會問我關於中國的問題。中國從一個經濟落後的國家搖身變成經濟大國，眾人無不羨慕、嫉妒與敬畏。在委內瑞拉，查維茲的死忠支持者談到中國共產黨時，特地壓低聲音，表現出近乎崇拜的態度。克里姆林宮附近的執政黨總部，普丁的同志們感覺到，中國的成功等於是間接證明俄國執政失當，於是他們急於辯稱兩國的情況不能相提並論。在開羅，與賈邁勒·穆巴拉克有密切關係的埃及官員都認為，賈邁勒即接掌他父親的總統寶座，埃及接下來必須以中國為榜樣，以經濟改革為優先，政治改革次之。每一個專制國家的人權運動者都認為，他們運氣還不錯，至少不必對付像北京這麼狡滑又殘暴的政權。但是不論什麼樣的觀點與立場，每個人都會討論一下中國，可說是最熱門的話題。

對於世界上所有專制政權來說，中國是一個可望而不可及的模範。一九八九年的當時，沒有人想得到中國共產黨可能在二十年後變得更為強大。抗議聲浪已經把它逼到邊緣，黨內出現重大分歧，蘇聯解體後它又失去許多盟友，但中共卻從谷底反彈，開啟了創黨以來最強大的統治局面。許多專家以為經濟自由化一定會導向政治自由化，中共證明他們都錯了，因為專家們都沒有預料到中共還有一道獨門配方，把國家資本主義、政治壓迫與開放市場緊密結合起來。獨裁國家常見的惡疾，中共都沒有染上，國家體質反而超乎預期地強健。對於所有一黨專政、只在乎如何保持權位的政府來說，中共的獨門處方是非常誘人的。中華人民共和國為世界上所有的專制國家提供了一個非西方、非民主、值得仿效的模範。對於它們而言，中國就是它們未來的樣貌。

雖然中國領導人看起來已經很成功了，但是隨著時代改變，他們的挑戰也變得越來越嚴峻。對中共來說，也許黨得面對新時代的問題，技術官僚總會有黔驢技窮的那一天。比方二〇〇五年十一月三日所發生的事故。那一天，吉林省的一家化學工廠發生爆炸，一百噸有毒的苯外洩到松花江裡。這條河是數千萬中國人的飲用水來源，包括黑龍江省哈爾濱市的一千萬居民。一開始的時候，吉林省當局拒不吐實，甚至發表聲明說爆炸不但不會造成空氣汙染，流入松花江的也不是什麼劇毒物質。長達五十英哩的汙染帶開始延著江水往下游移動時，有好幾天的時間，吉林省官員拒絕透露任何相關訊息。在爆炸接近一週後，吉林當局才告知黑龍江當局汙染物質正在向他們那裡流過去。中共中央究竟什麼時候得知這個環保大災難，外界不得而知。哈爾濱市的官員雖然得知河水汙染，卻拒絕向民眾坦誠以告，反而宣稱因為自來水管線進行維修，全市立即停水。哈爾濱市政府這種怪異而且前所未有的公告，讓民眾大感恐慌，許多居民以為即將發生大地震或者有恐怖分子投毒。到了十一月二十一日這一天，中國當局才告訴人民，說松花江水「可能」已經遭到汙染。環保人員才開始亡羊補牢，徒勞地想要清理已經汙染江水至少一個禮拜的有毒物質。中國接下來向俄國政府表示歉意，因為有毒的汙染帶很快就要抵達下游的西伯利亞城市。

這次環保災難以及當局種種欲蓋彌彰的作為，顯示出中共的政治運作還是不夠靈活、反應不夠敏捷。雖然中共想盡辦法要改變列寧式的運作機制，想讓它變得更有反應，更能夠回應人民的需求，但是卻沒有變法更改列寧主義的本質。中華人民共和國，追根究底，還是一個由上而下的政治體系，下層官員也因此習於報喜不報憂。地方官員的治理權來自中央授權，缺乏其他獨立的正當性來源，對於自己犯下的錯誤，他們有千百個理由隱匿不報，當作沒這回事。中國的領導人也很清楚，這些謊言會帶來嚴重的後果，然而其解藥——更開放、更大的問責性、更深化的民主改革——將會危及一黨獨大的權柄。中共高幹雖然也喝洋墨水，也具備一流的專業訓練，但是這些弊病與生俱來，難以根除。中共確有足夠的智慧，知道改革才有生機，但因為黨的結構有重大矛盾，往往改革才開始進行沒多久，就急踩煞車，不了了之。從中央編譯局副主任賴海榕的談話裡面，我們可以些許捕捉到這種緊張關係。他說：「在中國，不是YES或NO，而是如何做到兩害相權取其輕，是程度的問題。所以形容中國是民主國家、獨裁國家，都不對。中國有些事情是相對專制，有些則是相對民主。」[50]

中共是否永遠有能力找到恰當的平衡點，顯然越來越不樂觀，因為中國的環境正在變遷。中產階級——那些理論上被黨收編、保守、心滿意足的人——越來越關心日常生活，也認為自己有權參與重大的政治決策過程。人們開始想維護自己的權利，也越來越敢挺身而出。二〇一一年年底，許多平民站出來爭取各級人民代表大會的席次，也透過微博等社交網站建立奧援與支持。[51]二〇一一年八月，大連市有一萬兩千位市民聚集在廣場上，抗議化學工廠的興建，因為他們認為它很容易受到颱風與其他天災的侵襲，有害民眾健康。在過去，當局要阻止人民發起這樣的示威相當容易，然而現在抗議活動的召集令在微博上傳播得太快，當局措手不及。北京政權用盡各種手段要讓社會與人民像一盤散沙一樣，但這些伎倆越來越沒效。二〇〇九年新疆爆發多年來僅見的大規模族群衝突，在這場維吾爾人與漢人的衝突中，據說有兩百人死亡。烏魯木齊的暴動之所以發生，起因是千里之外的廣東省有謠言，說新疆來的穆斯林工人遭到謀殺，而這個謠言立刻在網路上傳開。今日，中國某個角落官員犯下了錯誤，可能會引起另一地的騷動或動亂。[52] 雖然中共從天安門廣場學會很多教訓，但是離一九八九年越遠，當時所學會的教訓也會變得越來越不切實際。

毛澤東曾經警告：「星星之火足以燎原。」今日，中共必須撲滅的星星之火廣布於四面八方。環保災難、火車追撞、黑心食品、禽流感引發的公共衛生危機、說得太久的謊言——這些都可能引發難以控制的連鎖效應。中共政權的正當性來自於它的治理表現，所以任何一次危機——以及黨如何應付——都會提醒眾人想起那個最根本的問題：黨是否具有統治的正當性？在這種時刻，黨培植再多的技術官僚，也是毫無意義的。這不再是小修小補或者改變施政方向的問題。屆時，人民也許不再尋求正確的解答，而使開始質疑黨國治理是否有資格可以這樣一錯再錯。

另外，如同阿拉伯之春所昭示的，中國領導人無法再只關注國內的動盪，把它當成唯一要煩惱的事。世界其他專制國家所發生的事情也可能發生在中國，他們得防患未然，不讓自己的人民有樣學樣。當然，中國共產黨內部應該有人看到埃及解放廣場上的某個標語：「穆巴拉克下台」——還是用中文寫的。就在穆巴拉克辭去職務沒多久，有一個中國人寫道：「儘管我們看到的是埃及人，聽到的是他們的聲音和訴求，但我們的耳邊卻響起歷史的回聲：德國人推倒柏林牆、印尼學生走上街頭、甘地領導人民走上正義之路的訴求在共同迴盪著。」[53]

我問一位中共黨員，中國共產黨在看突尼西亞、開羅、班加西的事件時，是否心有戚戚焉？會感到憂慮嗎？他的回答是肯定的。中共雖然化解了天安門危機，但假如發生第二次，沒有人認為黨可以倖免於難。哪一位領導人有足夠的權威，可以再下令拿槍桿子對付人民？他說：「如果再讓那麼多人聚集在廣場上，他們鐵定就輸了。」[54]

後記

二〇一一年七月，我跟斯賈爾・帕波維奇在華府的一家餐館裡會面，討論全世界各地所發生的革命與人民起義行動。二〇一一年是非比尋常的一年，世界各地、不同專制國家的人民起來挑戰獨裁者所領導的政權。斯賈爾笑著說：「對壞人來說，今年真不是什麼好年啊。六個月前，沒有人料到班・阿里與穆巴拉克會下台一鞠躬，格達費、沙雷（Ali Abdullah Saleh，葉門前總統，執政長達三十四年）灰頭土臉，巴沙爾・阿薩德（Bashar Assad）也受到嚴峻的挑戰。如果你號稱在水晶球裡面預見到這些事情，還在電視上宣布，那一定會有醫生護士來把你帶走。」[1]

但這些都不是幻想。幾週後，利比亞的格達費在叛軍的進逼下，被迫逃出首都的黎波里，在自己的老家蘇爾特（Sirte）街道上遭到追捕，後來狼狽躲藏在一截廢棄水管之中，不久即被叛軍抓到。格達費是阿拉伯世界九個月以來第三個倒台的獨裁者。雖然阿拉伯世界是革命風暴的中心，但是騷動不只局限於中東或北非，到了二〇一一年年底，許多國家的獨裁者——遠至白俄羅斯、中國、馬來西亞、俄國、甚至史瓦濟蘭——都面臨了人民要求民主的壓力。這個現象甚至讓美國《時代》雜誌宣布二〇一一年的風雲人物就是「抗議者」（Protester）。

百萬人站出來向獨裁者要求民主改革，獨裁者又要如何回應？這些獨夫感到壓力時，對於深思熟慮的策略較不感到興趣。例如二〇一一年十二月俄國國會選舉前夕，執政黨擔心可能會輸得很難看，因為民調顯示執政黨候選人的支持率很低。所以普丁的團結俄羅斯黨無恥地宣布，他們在政治迫害最深的車臣贏得了百分之九十九的選票，這種舉動彷彿蘇聯時代復辟。[2]當外界批評選舉不公時，普丁第一時間所做的回應，乃是把過錯推給美國，說美國企圖顛覆俄國——這跟班・阿里、穆巴拉克與格達費等人狗急跳牆、日薄西山時所發表的陰謀論一模一樣。

現代專制政權處心積慮建構民主化的假象，意在防止人們到廣場上聚集。獨裁者也在學著更新他們的統治術，試圖讓專制制度更有彈性、更靈活、甚至更有效率。他們有一個根本的目標，那就是讓人民保持冷漠，不想參與政治。但若統治無方、人民開始串連集會時，獨裁者往往會露出真面目，放棄之前的政治騙術，改採嚴厲的做法。二〇一一年三月，穆巴拉克下台後一個月，埃及執政黨的官員私下向我的朋友表達後悔之意。眼見其他阿拉伯國家用武力鎮壓人民，他說：「我們真的太笨了。葉門比我們聰明，他們把情勢控制住了。巴林比我們聰明，也把局勢壓下來了。利比亞比我們聰明，先把道德撇在一邊，先『處理問題』再說。」[3]

「處理」的意思，當然是暗指要進行暴力鎮壓。在利比亞，格達費開頭就表明，他要以一九八九年天安門鎮壓為榜樣，還強調為了保住權位，他已經豁出去了，使用暴力在所不惜。[4]在葉門，沙雷的軍隊一而再再而三對街頭抗議者開火；巴林王室則僱用巴基斯坦傭兵攻擊自己的老百姓。然而暴力手段救不了格達費，而且一旦獨裁政權開始使用暴力，很快就會失去他們自詡的統治正當性。他們也許還可以再強撐一段時間（伊朗的強硬派在二〇〇九年綠色革命後撐了好幾個月），但再也不能以為能輕鬆唬弄人民。因為人民對政府將更加感到反感、憤怒、更加離心離德。

敘利亞的巴沙爾‧阿薩德是另一個以屠殺為鎮壓手段的統治者。連月以來，每天都有人死亡，人數不斷累積。聯合國統計，到了二〇一一年年底，已死了五千多名和平抗議的敘利亞人，當中有男有女，還有在街頭被槍彈打死的孩童。[8]越來越多人投入反抗運動，還有一些軍人前來投誠，加入反對陣營以對抗政府。城市成為戰場，政府軍與叛軍互相攻擊，將敘利亞推向內戰邊緣。多年以來，阿拉伯國家聯盟都在外交上縱容區域內的獨裁政權，但阿薩德政權的殘暴做法就連阿盟也看不下去，一致發出譴責。二〇一一年十一月，阿拉伯國家聯盟決定撤銷大馬士革的會員資格，還對敘利亞祭出制裁措施，顯示阿拉伯世界已準備迎接一個沒有阿薩德的敘利亞。敘利亞政府愈亦愈孤立，統治正當性蕩然無存，隨著時間過去，也越來越無法抵禦叛軍的反攻。面對二十一世紀的革命，阿薩德選擇二十世紀的老派作風，打死不退、強撐下去。

當然，即使二〇一一年的政局如此吵擾紛亂，專制政權還是有別的選擇，不一定要對民主人士讓步，或者只能用武力鎮壓他們。有些專制政權一開始措手不及，卻很快就站穩腳步，繼續走熟悉的中間道路。例如，沙烏地阿拉伯大手筆收買人心，二〇一一年三月，阿卜杜勒國王（Abdullah bin Abdulaziz Al Saud）宣布公部門增加六萬個職缺，公務人員一律加薪，失業補助金也將提高。這些措施加起來使得國家的支出多出九百三十億美金以上。但沙烏地阿拉伯的做法是特例。沙國富於石油，國庫深不見底，其他國家沒這種本錢，只能動頭腦想出應對的辦法，無法掏荷包散財來恢復穩定。

一個顯著的例子是約旦。約旦政府也趕快增加公務人員薪水、退休金，並且增加食物以及電費油錢的補助。但是阿卜杜拉二世（Abdullah II ibn Al-Hussein）了解這些經濟的手段是不夠的。在開除不符眾望的政府首長、任命新首相後，他展開修憲大業。六個月後，他批准了四十二條新的憲法增修案，包括成立憲政法院、限縮國內安全法庭的權力，增設中立的選舉監督人。自然，這些改革都不會限制阿卜杜拉二世本人的權力。他宣稱，這些改革措施只是要證明約旦有辦法「自立革新」。

二〇一一年二月，在我拜訪馬來西亞之前沒多久，阿拉伯之春的人民起義還在初期階段，首相納吉的反應卻是急著鞏固自己的權位。他警告嚮往政治改革的人士，馬來西亞不是埃及。「別認為那裡發生的事情也會發生在馬來西亞，」他生氣地說：「我們不會允許它發生的。」到了七月，數十萬馬來西亞人受到中東抗議者的鼓舞，也上街頭要求淨化選風。示威過後，納吉故作鎮定，答應政府會進行改革。然而到了十一月，執政黨卻做了完全相反的事，它在國會通過一項法案，禁止街頭示威活動。當記者詢問納吉首相關於夏天的示威活動，他卻說那是「成熟民主政治的表徵」。這句話就是現代專制政權最典型的推託之詞。

最令人驚訝的例子應該是緬甸。到二〇一一年年底，這個長期被排擠抵制的國家，希望能再回到國際社會之中。自從一九六二年由軍人掌權後，緬甸經過了五十年暴戾的統治，現在當局卻出人意表地開始進行廣泛的改革。它解除了網際網路的限制，不再屏蔽國外媒體的網站。國內報社更能自由地報導時事，著名的異議人士、諾貝爾獎得主翁山蘇姬女士的照片出現在各大報紙的頭版。數百名政治犯獲釋。此外，緬甸軍政權還答應後續會有更多改革。是什麼促成這樣的改變？難道是緬甸政府急切地希望國際解除經濟制裁，所以才願意進行漸進式的政治與經濟自由化實驗？還是仰光當局被全球的民主浪潮嚇到，在深思之後，決定以自己的方式正面回應這股改革力量？緬甸的統治者總不可能只是一覺睡醒後，就突然認為民主很可貴。可想而知，他們應該認為這種先發制人的改革有助於延續政權的壽命，因此決定孤注一擲，努力學習新的專制之道，成為新一代的獨裁政權。

緬甸政權的豪賭，將是重大的考驗。完成國家自由化之後，統治階級若還能把持政權，也很快發現會自己進退維谷，重蹈其他獨裁國家的覆轍：改革的速度太快，可能會變成另一個蘇聯；改革慢慢來，就可能變成穆巴拉克第二。時間與經驗都不會讓這份工作變得更容易。這些政權一心只想苟延殘喘，對那些長壽的獨裁政權來說，漫長的執政時期反倒成為一大弱點。

中國這個現代專制政權具有悠久的獨裁歷史，最容易出現這種弱點，足以作為警惕。中國共產黨掌權的時間越久，各種政治敏感的紀念日就累積得愈多。中國的年曆上充滿了各種周年日，提醒人們當局所犯下罪愆，例如三月十日（藏民族一九五九年挺身抗暴反對中國統治）、五月四日（一九一九年北京學生發動五四運動）、六月四日（一九八九年天安門廣場屠殺）、七月五日（二〇〇九年中共鎮壓新疆穆斯林）、七月二十二日（一九九九年中共鎮壓法輪功）、十月一日（中華人民共和國成立）。這些日子都很敏感，當局必須特別提防是否有人想要糾集眾人抗議，以反對中共統治。中共甚至害怕到在二〇〇九年成立了「六五二一行動」特別任務小組，以因應這些重大的周年紀念日。[9]（包括中華人民共和國成立六十周年、藏族起義五十周年、天安門屠殺二十周年、鎮壓法輪功十周年。）

為了編寫這本書，我親身到中國去體驗某些時節具有的敏感性。我本來想在政治氣候相對鬆弛的時機到中國去，因此計畫在二〇一〇年十二月前往。沒想到諾貝爾基金會在十二月初把和平獎頒給異議劉曉波。我不得不取消行程，改到二〇一一年二月，因為除了農曆新年外，二月通常沒什麼大事會發生。當然，那是在中東的人民起義發生之前，也是網路上有人召喚中國發起茉莉花革命之前。現在中國又多了一個新的敏感周年紀念日，毫無安全感的中共政權又要再度焦慮地監控大街小巷跟網路訊息了。

「民主一定會戰勝獨裁，只是時間問題而已。」——這種信念當然錯得離譜。歷史並不遵循著某一種固定的軌道前進。二十世紀的極權主義——起碼導致一億人死亡——是人類前所未有、最糟糕的政治體制。由此可證，每一個時代並不見得會比前一個時代更加自由、更能包容異己。

政治自由也不是一定會發生。誠如山謬爾・杭廷頓教授所指出，一九七四年從葡萄牙開始的民主浪潮，確實在政治與經濟自由相當罕見的角落，帶來極大的變化。但一樣真確的是，過去四十年也發展出許多新的專制統治形式，模糊了我們原本對於民主與獨裁的區別與定義。雖然我們為二〇一一年獨裁者紛紛倒台而欣喜，但我們也不該太過一廂情願，畢竟這些國家即將面臨更為艱鉅的挑戰。俄國人民第一次的民主實驗不但短暫，也帶來普丁的專制獨裁。委內瑞拉在查維茲就職總統之前，已經實行了五十年的民主制度。可以預期的是，穆巴拉克下台後有很長的一段時間，埃及人民得繼續掙扎，為了建設民主新國家而奮鬥。二〇一一年是政局劇烈變動的一年，但它是否是一個轉捩點，象徵民主自由即將戰勝獨裁專制，這仍必須由今後所發生的事情來決定。

就我個人來說，在這些專制國家旅行越久，我對民主化的前景越感到樂觀。這並非基於我對民主的信賴與信念，也不是因為這些專制國家的根基不穩、搖搖欲墜。獨裁政權即使有再多嚴重的缺點，還是都有辦法打擊與消滅最公義、最開放寬容的政治多元主義。我會感到樂觀，乃是因為，那些坐下來接受我訪談的自由鬥士都不是盲目的理想主義者。他們都是百折不撓、身經百戰的運動者，懂得發揮創意、善用科技，以步步為營的態度積極爭取政治自由。他們是高明的策略家、宣傳家以及政治分析家。雖然不是傳播學、政治學科班出身，但他們透過實驗，從失敗中記取教訓，快速地學會對抗政府的技巧——有時候則是模仿民主運動前輩的做法。

我沒有料到的是，他們會在這麼短的時間之內有這麼大的成就。我採訪過的運動者，很多本來只是默默無聞的平民，到了二〇一一年年底卻已成為國內知名人士。例如俄國的伊芙吉尼亞・契瑞可娃，她本來只是一個環保人士、兩個孩子的母親，後來卻搖身一變成為運動領袖，數萬名湧入莫斯科街頭抗議大選舞弊的俄國民眾，都來聆聽她的演講。她現在常常被媒體稱之為俄國新一代反對派領袖中的代表人物。例如埃及的莎米拉・伊布拉欣，她本是軍隊「處女膜檢查」的受害者，卻不畏萬難，勇敢挺身揭露埃及軍隊所犯下的罪行，她甚至一狀告上法院，控告埃及最高軍事委員會，二〇一一年十二月，埃及法院出乎意外地判她勝訴，命令埃及軍方必須停止他們不法行為，不准再羞辱女性抗議者。在馬來西亞，安華遭到執政黨羅織肛交與貪汙的罪名，二〇一二年一月這場爭議終於以無罪釋放收場。在法院宣判後，安華立刻在推特上寫道：「這個腐化的政府將會從權力的高台上倒下來。」在中國，中國共產黨還在繼續應付層出不窮的民眾騷亂事件，二〇一一年十二月，廣東烏坎的村民甚至把所有的公安與村民代表趕走。在委內瑞拉，反對團體之團結、之有紀律，乃查維茲上台以來所僅見。昂里克・卡普利雷斯、里奧波多・羅佩茲、瑪莉亞・馬查多都投入反對黨的初選，也參與了數十年來第一次舉行的總統大選辯論，而這場大辯論是在委內瑞拉學生組織的堅持下才產生的。二〇一二年二月，卡普利雷斯贏得黨內初選，成為二〇一二年秋天挑戰查維茲的總統候選人。

這幾年來，在每一場獨裁者與被統治者相抗頡的戰役之中，獨夫的即刻反應是一致的：否認抗議活動的正當性。在突尼西亞，班・阿里聲稱，街頭上的年輕人是「戴著面具的流氓」，從事的是「恐怖分子」的勾當。在巴林，國王表示，人民聚眾抗議乃是伊朗間諜煽動的結果。在埃及，將軍們學穆巴拉克，責怪解放廣場上的示威群眾乃是被「外來勢力」影響。格達費還曾聲稱利比亞的反政府人士都是「嗑藥成癮的毒蟲」。這些都是獨裁者末路窮途之際所撒的謊言。真相是，二〇一一年的抗議浪潮之所以威力鉅大，因為那是來自人民的力量。說到底，只有人民才是獨裁政權是否能夠延續下去的唯一關鍵。而對獨裁者來說，沒有什麼比此一事實更讓他們膽寒心驚了。

感謝詞

九萬三千兩百六十八英哩：那是過去兩年多，我為編寫這本書所旅行的里程數。每一站的旅程總是不感到遙遠，因為我並不孤單。寫作的過程中，有無數的人挺身而出，為我指引方向、提供建議，分享他們的智慧，有時甚至還提供地方讓我過夜。我最深的尊敬與欽佩，獻給每個專制國家的民主鬥士，他們犧牲一切，只為了實現我們認為理所當然的民主理念。他們沒有必要花時間——有時候甚至冒著不必要的危險——來跟一位筆記本上寫滿問題的記者談話，但他們依然打開家門，告訴我他們的故事，並且把家人、朋友、鄰居介紹給我認識。有些人依然身處危險，因此在本書中必須隱姓埋名。對我來說，他們不啻是英雄，也是自由的燈塔，引領著眾人走向未來。

這趟旅程，假如沒有我在紐約雙日出版社（Doubleday）的眾多支持者就不可能成行。最重要的啦啦隊長，是我的編輯克莉斯汀・普歐波羅（Kristine Puopolo），她從一開始就了解這本書的重要性，並且全力予以支持。她從來不要求我縮短行程，而是很有耐心地等待我從國外送回的報導與章節。我也感謝她的同事威廉・湯馬士（William Thomas）

的支持，以及史蒂芬妮‧鮑文（Stephanie Bowen）女士的辛勞，假如沒有她盯緊時間進度，筆者可能無法依進度完成本書。

本書誕生最關鍵的一刻，是我跟我的經紀人威爾‧利平科特（Will Lippincott）見面的時候（雖然我當時渾然不覺）。他變成我的支持者、軍師、朋友。本書的每一個階段，他都扮演著不可或缺的角色。他的熱忱與樂觀感染了我，讓我在氣餒時還能夠繼續向前。這本書沒有他就不可能誕生。

過去幾年，我很幸運地得到好幾個機構的支持。卡內基國際和平基金會（Carnegie Endowment for International Peace）在本書寫作的頭十二個月裡，提供給我許多資料與想法，我特別感激潔西卡‧馬修（Jessica Mathews）以及保羅‧巴拉仁（Paul Balaran），他們的支持促使本書邁出關鍵的步伐。史丹福大學的胡佛研究所即時提供了一個給媒體工作者的獎學金，讓我有機會做進一步的研究，我感謝大衛‧布雷迪（David Brady）以及曼迪‧麥卡拉（Mandy MacCalla）為我安排校園聚會以及工作坊，讓我收穫良多。在阿拉伯之春的高潮，《華盛頓郵報》專欄版的編輯弗來德‧海雅特（Fred Hiatt）提供我一個絕佳的機會，讓我能在該報的「後黨派部落格」（PostPartisan blog）上為中東所發生的戲劇性變化提出每日分析。另外，《華郵》的「展望」（Outlook）欄編輯卡洛斯‧洛扎達（Carlos Lozada）也向我約稿，讓我能夠就二〇一一年每個獨裁政權的關鍵時刻發表分析。我特別感謝弗來德與卡洛斯指定評論的主題，逼我在混亂的局勢中澄清思路。

在我開始研究專制政權之優缺的好幾年前，我幸運地能跟許多本行最優秀的編輯與記者合作。他們並不知道自己對我有潛移默化之恩。我從他們身上學習很多，有了長足的進步。第一位我最感謝的人物，就是法瑞德・札卡瑞亞（Fareed Zakaria）。在法瑞德的手下工作——首先是在《外交事務》（*Foreign Affairs*），後來則在《國際新聞週刊》（*Newsweek International*）——是一個快速學習的好機會，我特別感謝他的友誼與中肯建議。在《新聞週刊國際版》工作時，我周圍的編輯都是敏銳而有才華的人，他們幾乎每一週都在創下奇績，他們的名字是尼西德・哈加里（Nisid Hajari）、傑弗瑞・巴斯勒（Jeffrey Bartholet）、麥克・麥亞（Michael Meyer）、佛萊德・古特羅（Fred Guterl）、馬克斯・馬布瑞（Marcus Mabry）。在《外交政策》雜誌社，我則有幸能夠跟一群有創意、聰明、熱情的團隊一起工作，他們是：崔維斯・道伯（Travis Daub）、凱特・帕爾莫（Kate Palmer）、凱洛琳・歐哈拉（Carolyn O'Hara）、傑弗瑞・馬恩（Jeffrey Marn）、布萊克・豪歇爾（Blake Hounshell）、賈・辛（Jia Singh）、詹姆士・弗塞斯（James Forsyth）、大衛・博斯科（David Bosco）、麥克・波以耳（Mark Boyer）、克莉斯汀・陳（Christine Chen）、賈許・基汀（Josh Keating）、普納・曼卡德（Prerna Mankad）、普理提・阿潤（Preeti Aroon ）、莎拉・舒瑪克（Sarah Schumacher）、貝絲・格拉撒諾斯（Beth

Glassanos）。

為了編寫這本書，我長時間在國外工作。旅途之中給我莫大幫助的是一群了不起的翻譯與導遊；他們對我的幫助遠超過翻譯與交通安排。在俄羅斯，我跟盧米拉·梅科提切娃（Ludmila Mekertycheva）一起旅行，她無所不能，沒有辦不到的事，我們常常在晚上一邊飲著伏特加，一邊聽她談起她在達恰（dacha，俄國風味的鄉間小屋）養狐狸的種種軼事。在埃及，我的導遊娜格娃·哈珊（Nagwa Hassan）不但認識每一個人，還比其他計程車司機更加熟門熟路，她帶著微笑、點著一根香煙，在埃及混亂的車陣裡穿梭自如。阿荷美德·沙拉（Ahmed Salah）把我介紹給解放廣場上的每一位抗議者認識。在中國，年輕的記者楊大衛（David Yang）不知疲憊為何物，事事總是比我快半拍。在委內瑞拉，我很幸運擁有法蘭西斯科·馬奎茲（Francisco Márquez）為伴，他曾是委內瑞拉學生運動的老將，目前正在哈佛大學甘迺迪政治學院唸博士班，並打算在學成後回國。就是因為有像他這樣的人，我才對委內瑞拉的未來充滿希望。

在我旅行的過程之中，許多好友也給了我寶貴的幫助。維諾德·薩卡（Vinod Sekhar）早說服我吉隆坡是個適合居住的城市，他與他賢慧妻子維妮對我賓至如歸的招待、溫暖的友誼確實讓它成為我的第二個家。艾德華·康寧漢（Edward Cunningham）一向多才多藝，在中國，他有兩項本領特別突出：他知道菜單上哪一道菜最好吃，他還人面熟、有門路，有他幫忙，實在是我的好運氣。而沒有人比我的老友塔瑞克・馬索（Tarek Masoud）更懂得埃及政治。二〇〇六年他到開羅國際機場來接我，接受我第一次採訪後，他不斷提供與埃及相關的各種資訊，從不感到倦怠。他給我的幫助遠遠超過其他人，教我欣賞與了解這個了不起的文明古國，他給我的幫助遠遠超過其他人，我將永遠銘感在心。

在委內瑞拉，好心幫助我的不只是個人，還有家族。首先，我非常感激瑪魯哈・達雷（Maruja Tarre）、伊莎貝・拉荷（Isabel Lara）與她們的家人，她們的親切慷慨讓我第一次到卡拉卡斯就彷彿像回到老家一樣。我也特別感謝卡拉・瓦拉茲奎茲（Karla Valazquez）以及阿華羅・帕底達斯（Alvaro Partidas）在每一個細節上對我的忠告。阿勒汗卓・達雷（Alejandro Tarre）是一位委內瑞拉記者，還是一位敏銳的政治分析師，不但給了我很有用的建議，還變成我的摯友。每一次到委內瑞拉，里卡多・馬奎茲（Ricardo Márquez）、瑪莉亞・馬奎茲（Maria Lara Márquez）都讓我覺得好像他們家裡的一分子，我希望將來有一天能夠回報他們的友誼與善意。

假如沒有這麼多人願意坐下來與我長談，甚至多次接受採訪，這本書就不可能完成。這些人包括教授、律師、政治人物、商人、作家、學生、知識分子、部落客、軍人與自由鬥士。雖然這份名單太長，我不可能在此一一列舉，但有一些人我謹致特別的謝忱：安華・伊布拉欣（Anwar Ibrahim）、努魯・伊扎（Nurul Izzah）、彼得・艾克曼（Peter Ackerman）、金恩・夏普（Gene Sharp）、傑米拉・拉吉布（Jamila Raqib）、羅伯・赫維（Robert Helvey）、斯爾賈・帕波維奇（Srdja Popvic）、堪凡斯團體的全部成員、派屈克・麥爾（Patrick Meier）、卡林・薩加普爾（Karim Sadjadpour）、歐米・默馬里安（Omid Memarian）、哈贊・哈拉克（Hazem Hallak）、莫森・薩澤格拉（Mohsen Sazegara）、沙巴・瓦塞飛（Saba Vasefi）、艾美莉・賈科比（Emily Jacobi）、馬克・貝林斯基（Mark Belinsky）、丹多・多傑（Tendor Dorjee）。我感謝委內瑞拉的阿飛多・克羅斯（Alfredo Croes）、道格拉斯・巴理歐斯（Douglas Barriors）、卡洛斯・凡奇歐（Carlos Vecchio）、昂里克・卡普利雷斯（Henrique Capriles）、里奧波多・羅佩茲（Leopolo López）、瑪莉亞・馬查多（María Corina Machodo）、梅達（Magalli Meda）、伊斯梅爾・賈西亞（Ismael García）、安德列斯・卡寧扎列斯（Andrés Cañizález）、列翁（Luis Vincente León）、馬丁涅茲（Eugenio Martínez）、鐵奧多羅・沛可夫（Teodoro Petkoff）、維吉尼亞・利維諾（Virginia Rivero）、瑪利亞・阿菲尤妮法官（Judge María Afuni）、勞爾・巴都埃爾（Raúl Baduel）、安東尼歐・列德茲馬（Antonio Ledezma）、阿爾卡雷（Milos Alcalay）、卡羅斯・歐卡里茲（Carlos Ocariz）、羅伯托・帕汀紐（Roberto Patiño）、尼扎・法奇（Nizar El Fakih）、瓊・郭以郭切亞（Yon Goicoechea）、傑若丁・阿爾瓦雷斯（Geraldine Alvarez）、大衛・莫蘭斯基（David Smolansky）、菲爾・剛森

（Phil Gunson）、羅伯・瑟拉（Robert Serra）、卡利斯托・歐特加（Calixto Ortega）、伊里斯・瓦雷拉（Iris Varela）。

在埃及，教我的人有霍珊・巴噶特（Hossam Bahgat）、噶薩・阿代—拉扎克（Gasser Abdel-Razek）、莫斯塔法・那嘎（Mostafa el-Naggar）、沙德・艾丁・伊布拉欣（Saad Eddin Ibrahim）、丁娜・吉爾吉斯（Dina Guirguis）、賈邁勒・艾德（Gamal Eid）、阿赫美德・馬赫（Ahmed Maher）、穆罕默德・阿戴爾（Mohamed Adel）、艾珊・艾理安（Essam el-Erian）、阿赫美德・卡馬爾・阿布爾・馬德（Ahmed Kamal Aboul Magd）、阿赫美德・沙拉（Ahmed Salah）、阿赫美德・阿默（Ahmed Amer）、伊布拉欣・穆罕默德（Ibrahim Mohamed）、阿赫美德・梅多（Ahmed Mamdoh）、卡梅・阿拉法（Kamel Arafa）、莎米拉・伊布拉欣（Samira Ibrahim）、謝里夫・羅比（Sherif el Robi）、謝里夫・米卡維（Sherif Mickawi）、哈菲茲・阿布・沙也達（Hafez Abu Saeda）、沙里夫・歐斯曼（Sherif Osman）、歐馬爾・阿非非（Omar Afifi）、艾斯拉・拉席德（Esraa Rashid）、艾伊達・塞夫・達瓦拉（Aida Seif al Dawla）、葛達・夏班得（Ghada Shahbender）、荷珊・哈曼威（Hossam el-Hamalawy）、希珊・卡森（Hisham Kassem）、穆罕默德・瓦基得（Mohamed Waked）、謝迪・塔拉特（Shady Talaat）、艾曼・諾爾（Ayman Nour）、埃勒・納瓦拉（Wael Nawara）、達里亞・齊阿達（Dalia Ziada）、

阿里・艾丁・希拉爾（Ali Eddin Hilal）、穆罕默德・卡馬爾（Mohmed Kamal）、格哈・阿由達（Gehad Auda）、阿里亞・馬迪（Alia el Mahdi）、穆罕默德・卡迪・薩伊德（Mohamed Kadry Said）、米雪・鄧恩（Michele Dunne）、默哈伯・扎基（Moheb Zaki）。

我感謝俄羅斯的阿西尼・羅金斯基（Arseny Roginsky）、亞歷山大・維科夫斯基（Alesander Verkhovsky）、鮑里斯・涅姆佐夫（Boris Nemtsov）、伊利亞・雅辛（Ilya Yashin）、弗拉底米爾・米洛夫（Vladimir Milov）、塞爾傑・米措金（Sergei Mitrokhin）、歐葛・拉達耶娃（Olga Radayeva）、迪米崔・馬卡洛夫（Dmitri Makarov），伊凡・甯年科（Ivan Ninenko）、卡里娜・莫斯卡蓮科（Karinna Moskalenko）、盧米拉・阿列西娃（Ludmilla Alexeeva），譚亞・洛克希娜（Tanya Lokshina），伊芙吉尼亞・契瑞可娃（Yevgenia Chirikova）、米開爾・科提亞科夫（Mikhail Khotyakov）、雅羅斯拉夫・尼基天科（Yaroslav Nikitenko）、伊凡・斯米諾夫（Ivan Smirnov）、伊潔妮・恭特克（Evgeny Gontmkher）、格列哥里・許維多夫（Grigory Shvedov）、蓋博・帕夫羅夫斯基（Geb Pavlovsky）、伊果・明圖佐夫（Igor Mintusov）、瑪莉亞・李普曼（Maria Lipman）、尼可萊・佩卓夫（Nikolay Petrov）、塞爾蓋・馬可夫（Sergei Markov）、爾維・波波夫（Servei Popov）、亞歷山大・布洛德（Alesander Brod）、艾蓮娜・澤林斯卡亞（Elena

Zelinskaya）。伊芙·康南（Eve Conant）、傑弗瑞·泰勒（Jeffrey Tayler）與莎拉·曼道森（Sarah Mendelson）幫我引介莫斯科的採訪對象。在中國，有多位人物是我希望將來有一天能夠指名道姓，以表謝忱。目前我只能感謝浦志強、張兢兢、房寧（Fang Ning，音譯）、馮悅（Fen Yue，音譯）、周曙光（Zhou Shuguang，音譯）、俞可平、賴海榕、盧邁、潘維、楊繼繩（Yang Jishen，音譯）、王維芝（Wang Weizhi，音譯）、毛香林（Mao Xianglin，音譯）、王學東（Wang Xuedong，音譯），楊建利。斯瓦斯托普洛（Demetri Sevastopulo）是一位好同事，幫我引介了北京多位人物。我也感謝裴敏欣與沈大偉（David Shambaugh），他們對中國的研究給了我諸多啟發，也願意花時間跟我討論。

我也極其幸運，許多朋友與同事多年來一直支持我。我的指導教授艾莉森·史坦格（Allison Stanger）也是我的好友，自從我在一九九二年走進「美國總統制研究」的課堂到現在，她一直在教導啟迪我。馬克·喬登（Mark Jordan）、羅伯·崔格（Robert Trager）、羅尼·羅斯曼（Rodney Rothman）、約翰·歐伯迪克（John Oberdiek）、阿歷山大·歐克里爾（Alexander Okuliar）都是我老友，讓我不忘本。我特別感謝幾位朋友願意花時間閱讀部分章節的草稿，並且提出批評以及訂正。他們是凱特·帕爾莫、凱洛琳·歐哈拉、史黛西·亞伯蘭（Stacey Abrams）、塔瑞克·馬索、艾德華·康寧漢、瑪莉亞·李普曼、阿勒汗卓·達雷、法蘭西斯科·馬奎茲以及無與倫比的珍寧·扎卡里亞（Janine

Zacharia）。

史黛西・亞伯蘭一直是我的顧問，也是我最真誠的好友。她對本書的貢獻絕對不止於她花費時間閱讀草稿，她也讓我了解書中的要點有哪些。

透過長途電話與餐桌上的討論，我的家族一直鼎力支持我。舅舅威廉・喬伊斯（William Joyce）與舅媽凱・布希（Gay Bush）從開始就一直支持我，還不厭其煩地跟我討論到深夜。法蘭西斯・科爾（Frances Cole）、崔西・科爾（Tracy Cole）、巴克（Barker）家族：理查（Richard）、艾莉森（Allison）和梅根（Megan）在我出門旅行時，支持、幫助了我的家人。西岸的柯爾家族——每一位都是世界的旅行者——常常關心我的進度，以言語鼓勵我。我的父親喬爾・道布森（W. Joel Dobson）、我的岳父巴利・科爾（Barry G. Cole）都英年早逝，未能見到這本書的出版，但我相信他們一定都會喜歡這本書。

我的母親芭芭拉・喬伊斯・道布森（Babara Joyce Dobson）是我的第一位老師，也是我一生的恩師。她不但養育了我，也成就了今天的我。尤其幸運的是，她還一位英文良師。我小的時候，她會坐在書桌旁，指導我寫作，一篇接著一篇。她有無限的耐心、愛心，我一有進步，總不吝給予讚美。她最大的希望是給予我最好的機會，我的人生也因為她的堅強與耐性有了驚人的轉折。我每天都對她感念不已。

在這樣的旅程中，家人付出的辛勞不亞於工作者，他們總是無怨無悔地予以支持。我最深的感激呈獻給我的妻子凱莉・柯爾（Kelly Cole）。這本書的每一頁，都有她的陪伴與支持。她必須忍受丈夫離家遠行、專心寫作造成的種種不便。在最關鍵的時刻，凱莉澄清我的思路，指點我的方向。對我來說，她就是愛與幽默、堅強與決心的化身。更了不起的是，她不但要成就這些事，還必須應付家裡面的新變化：最初是我們女兒凱特（Kate）誕生，兩年後我們又迎接了兒子連恩（Liam）的降臨。對我來說，最美好的事物莫過於生活一成不變了，因為，雖然我家總是吵吵鬧鬧，世界上卻沒有比這裡更好的地方了。

Wall Street Journal, March 24, 2011.

7 Tobias Buck, "Jordan: Rifts in the Valley," *Financial Times,* August 15, 2011.

8 John Lee, "Egypt's Fate Could Yet Be Malaysia's Future," *Australian,* February 25, 2011.

9 Michael Wines, "China Sees a Calendar Full of Trouble," *New York Times,* March 10, 2009.

44 Andrew Jacobs and Jonathan Ansfield, "Well-Oiled Security Apparatus in China Stifles Calls for Change," *New York Times,* February 28, 2011.

45 Ibid.

46 訪談中國非政府組織的西方專家，二〇一一年二月，北京。

47 一九九九年中共殘酷鎮壓法輪功時，我人就住在中國。二〇一一年，與我會面的許多中國人都知道當局逮捕人權律師與運動人士。但一九九九年當時，我完全不知道任何抗爭行動，等到離開中國我才得知相關消息。

48 Michael Wines, "More Chinese Dissidents Appear to Disappear," *New York Times,* September 2, 2011.

49 訪談浦志強，二〇一一年二月，北京。

50 訪談賴海榕。

51 Keith B. Richburg, "China Sees Surge of Independent Candidates," *Washington Post,* September 9, 2011.

52 Hugo Restall, "The Urumqi Effect," *Asian Wall Street Journal,* July 10, 2009.

53 這篇留言可參見chinaelectionsblog.net/?p=12468（編按：此文已被移除。）

54 訪談中共黨員，二〇一一年二月，北京。

後記

1 訪談帕波維奇，二〇一一年七月，華盛頓特區。二〇一一年十一月，帕波維奇在波蘭克拉科夫（Krakow）的TEDx講座上，也以這句話「對壞人來說，今年真不是什麼好年啊」（a bad year for bad guys）為演講題目，請見www.youtube.com/watch?v=Z3Cd-oEvEog.

2 Thomas Grove, "Analysis: Chechnya: How Did Putin's Party Win 99 Percent?," Reuters, December 21, 2011.

3 訪談埃及執政黨官員，二〇一一年三月，開羅。

4 二〇一一年二月二十二日，格達費說：「如果發生類似天安門的抗議活動，我就會派出坦克處理這些人。這絕不是玩笑話。我會不擇手段確保國家不會掉入他人手中，詳見Fang Lizhi's "The Real Deng," *New York Review of Books,* November 10, 2011.。

5 Wright Bryan, "Death Toll Rises in Syria, Adding to U.N. Estimate of 5,000 Killed So Far," National Public Radio, December 13, 2011.

6 Angus McDowall and Summer Said, "Saudis Raise Pay and Plan Polls, but Woes Linger,"

26 電話訪談哈佛大學教授塞奇（Anthony Saich），二〇一一年十月。

27 Edward S. Steinfeld, "China's Other Revolution," *Boston Review,* July/August 2011.

28 Shambaugh, *China's Communist Party,* p. 36.

29 特別感謝康寧漢（Edward Cunningham）的研究引起我關注這領域，參考Anthony Saich and Edward Cunningham, "Satisfaction with Government Performance: Public Opinion in Rural and Urban China," unpublished manuscript。另見Anthony Saich, "Citizen's Perception on Governance in Rural and Urban China, *Journal of Chinese Political Science* 12, no. 1 (Spring 2007).

30 這些數字來自沈大偉的著作*China's Communist Party.*。若要了解中共中央組織部，請見Richard McGregor's *Party: The Secret World of China's Communist Rulers* (New York: HarperCollins, 2010).

31 訪談潘維，二〇一一年二月，北京。

32 Tamsin McMahon, Billionaire Soros Wins CIC Globalist of the Year Award," *National Post,* November 16, 2010.

33 Shambaugh, *China's Communist Party,* p. 133.

34 特別感謝裴敏欣。當我們一同在卡內基和平基金會共事時，他跟我特別解釋，中共黨內的改革是有限度的。這些數據都是來自他的研究，參見Minxin Pei, "Corruption Threatens China's Future," Carnegie Endowment Policy Brief, no. 55, October 2007.

35 訪談上訪的農夫，二〇一一年二月，北京。

36 Minxin Pei, *China's Trapped Transition: The Limits of Developmental Autocracy* (Cambridge, Mass.: Harvard University Press, 2006), p. 202.

37 Ibid.

38 Xu Kai and Li Weiao, "The Machinery of Stability Preservation," www.duihuahrjournal.org/2011/06/translation-machinery-of-stability.html

39 Leonard, *What Does China Think?,* p. 72.

40 Michael Forsyth, "180,000 Protests in 2010," *Bloomberg News,* March 6, 2011.

41 Ibid.

42 Chris Buckley, "China Internal Security Spending Jumps Past Army Budget," Reuters, March 5, 2011.

43 Edward Wong, "China Nearly Doubles Security Budget for Western Region," *New York Times,* January 13, 2010.

August 15, 2010.

8 Niall Ferguson, "Gloating China, Hidden Problems," *Daily Beast,* August 14, 2011.

9 Fareed Zakaria, "China's Not Dot Doing Us a Favor," *Global Public Square* (blog), CNN, August 14, 2011.

10 關於天安門屠殺事件及此前的政治事件，我的參考資料來自於Orville Schell, *Mandate of Heaven: The Legacy of Tiananmen Square and the Next Generation of China's Leaders* (New York: Touchstone, 1994).

11 特別感謝沈大偉（David Shambaugh），對於中共如何面對蘇聯解體，他有詳盡的研究。若想要了解在這個關鍵點上中共有什麼轉變，一定要閱讀沈大偉的著作*China's Communist Party: Atrophy and Adaptation* (Berkeley: University of California Press, 2008)。二〇一一年年初，在一次午餐聚會中，沈教授針對中共近年的發展也提供些許看法。

12 若要了解中共當局嘗試了哪些縝密的治理方針，請見 John L. Thornton, "Long Time Coming," *Foreign Affairs* 87, no. 1 (January/February 2008).

13 訪談黨高層顧問，二〇一一年二月，北京。

14 訪談北京學者，二〇一一年二月，北京。

15 Henry Kissinger, *On China* (New York: Penguin Press, 2011), p. 457.

16 Schell, *Mandate of Heaven,* p. 415.

17 Paul Mooney, "Silence of the Dissidents," *South China Morning Post,* July 4, 2011.

18 訪談某位著名中國教授，二〇一一年二月，北京。

19 馬若德（Roderick MacFarquhar）教授是研究中共統治菁英如毛澤東、鄧小平等人的專家。我強烈推薦大家閱讀他的著作。他在文化大革命領域有傑出的學術成就，但對於一般讀者，我推薦*The Politics of China: The Eras of Mao and Deng* (Cambridge, U.K.: Cambridge University Press, 1997).

20 訪談中共的中東專家，二〇一一年二月，北京。

21 要清楚了解俞可平的想法，請見Mark Leonard, *What Does China Think?* (New York: Public Affairs, 2008).

22 訪談俞可平，二〇一一年二月，北京。

23 訪談賴海榕，二〇一一年二月，北京。

24 要完整地了解體用說與後繼的學者，可參見Jonathan Spence, *The Search for Modern China* (New York: Norton, 1990).

25 訪談盧邁，二〇一一年二月，北京。

p. 4.

21 Ibid., p. 16.

22 訪談夏普教授，二〇一〇年二月，波士頓。

23 Ibid.

24 Gene Sharp, "Burmese Dictatorship Attacks Nonviolent Struggle and Its Advocates, February–July 1995," unpublished report of the Albert Einstein Institution, p. 2.

25 Simon Romero, "Students Emerge as a Leading Force Against Chávez," *New York Times,* November 10, 2007.。夏普教授公開回應查維茲二〇〇七年六月三日的指控，請見www.aeinstein.org/Chavez.pdf.

26 訪談拉吉布（Jamila Raqib），二〇一〇年二月，波士頓。

27 想要了解「歐特普」在塞爾維亞的抗爭運動與其領導人物，詳見Tina Rosenberg, *Join the Club: How Peer Pressure Can Transform the World* (New York: W. W. Norton, 2011).

28 訪談奈及利亞運動人士，二〇〇九年六月，波士頓。

29 訪談帕波維奇，二〇〇九年六月。

30 「歐特普」在塞爾維亞的第四大城克拉古耶瓦茨（Kragujevac）發動這次讓警方兩難的抗議活動。據信應該沒有火雞受到傷害。

第八章　專業技術官僚

1 這則號召通告已備分至www.hrichina.org/content/4895

2 要深入了解波蘭團結工聯的起源，請參見Timothy Garten Ash's *Polish Revolution: Solidarity* (New Haven, Conn.: Yale University Press, 2002).

3 Andrew Jacobs, "Chinese Government Responds to Call for Protests," *New York Times,* February 20, 2011; and Ian Johnson, "Calls for a 'Jasmine Revolution' in China Persist," *New York Times,* February 23, 2011.

4 Minnie Chan, "Hu Lecture on Harmony as Protests Roil Mideast," *South China Morning Post,* February 20, 2011.

5 Andrew Jacobs and Jonathan Ansfield, "A Revolution's Namesake Is Contraband in China," *New York Times,* May 10, 2011.

6 要全面認識中國的經濟情況，請見Barry Naughton's *Chinese Economy: Transitions and Growth* (Cambridge, Mass.: MIT Press, 2006).

7 David Barboza, "China Passes Japan as Second-Largest Economy," *New York Times,*

(Norman: University of Oklahoma Press, 1991), p. 288.

5 David Shambaugh, *China's Communist Party: Atrophy and Adaptation* (Berkeley: University of California Press, 2009), p. 47.

6 Ibid., p. 91.

7 訪談阿拉伯人權資訊網執行總監艾德，二〇一〇年三月，開羅。

8 Neil MacFarquhar, "Saudi Arabia Scrambles to Limit Region's Upheaval," *New York Times,* May 27, 2011.

9 William J. Dobson, "Learning How to Topple a Tyrant," *PostPartisan* (blog), *Washington Post,* March 31, 2011, www.washingtonpost.com/blogs/post-partisan/post/learning-how-to-topple-a-tyrant/2011/03/31/AFw76pBC_blog.html

10 這兩部肥皂廣告在網路上都找得到。蘇丹運動組織的廣告在www.youtube.com/watch?v=lE4FbdhLpUo。塞爾維亞的原始版本則在www.youtube.com/watch?v=hEZYdGDkkV4。

11 訪談帕波維奇，二〇一一年三月，華盛頓特區。

12 除特別說明外，帕波維奇的所有談話都出自於作者於二〇一一年七月的訪談內容。

13 訪談帕波維奇，二〇〇九年六月，波士頓。

14 Erica Chenoweth, "Give Peaceful Resistance a Chance," *New York Times,* March 10, 2011.。歷史上有許多有效的非暴力抗爭，要了解它們的成功要訣，請參考Erica Chenoweth and Maria J. Stephan, *Why Civil Resistance Works* (New York: Columbia University Press, 2011).

15 赫維（Robert Helvey）所有談話內容，都來自於作者於二〇一〇年七月在西維吉尼亞州南查爾頓的訪談。

16 Charles A. Krohn, *The Lost Battalion of TET: The Breakout of 2/12th Cavalry at Hue* (Annapolis, Md.: Naval Institute Press, 2008), p. 18.

17 Ibid., p. 12.

18 赫維關於「傑出服務十字動章」的故事，可見www.1stcavmedic.com/DSCs-CAV/Helvey.htm

19 夏普的著作《從獨裁到民主》，在網路上有二十六種語言版本可下載，包括阿姆哈語（Amharic）、亞塞拜然語（Azeri）、提格利尼亞語（Tigrigna）以及緬甸的四種方言，下載網站為www.aeinstein.org

20 Gene Sharp, *From Dictatorship to Democracy* (Boston: Albert Einstein Institution, 1993),

Cook, *Ruling but Not Governing: The Military and Political Developments in Egypt, Algeria, and Turkey* (Baltimore: Johns Hopkins University Press, 2007).

39 訪談霍珊・巴噶特。

40 特別感謝阿拉伯人權資訊網（Arabic Network for Human Rights Information）的執行總監艾德（Gamal Eid）。二〇一〇三月我於開羅訪問他時，他詳盡地幫我解說這事件的來龍去脈。

41 訪談巴噶特。

42 Zeinab El Gundy, "Famous Egyptian TV Host Sacked After Challenging Ex-army Officer on Air," *Ahram Online,* July 25, 2011.

43 Frederick Kunkle, "Egyptian Tribunal Sentences Blogger to Three Years for Criticizing Military," *Washington Post,* April 11, 2011.

44 訪談巴噶特與阿代－拉扎克，二〇一一年三月，開羅。另見Human Rights Watch, "Egypt: Retry for Free 12,000 After Unfair Military Trials."

45 訪談阿代－拉扎克，二〇一一年三月，開羅。

46 David D. Kilpatrick, "Egypt Military Aims to Cement a Muscular Role in Government," *New York Times,* July 16, 2011; David D. Kilpatrick, "Egypt's Military Expands Power, Raising Alarms," *New York Times,* October 14, 2011; and Matt Bradley, "Egyptians Bristle at Military's Plan," *Wall Street Journal,* November 3, 2011. 接下來的幾個月內，最高軍事委員會的說法卻反反覆覆，說下一屆國會的任務就是要起草新憲法。但這還是不免令人懷疑，軍方沒打算鬆手，只想保住自己的地位。

47 訪談米卡維（Sherif Mickawi）克，二〇一一年三月，開羅。

48 關於歐斯曼（Sherif Osman）的經歷，分別來自二〇一一年七月的三次訪談。

49 訪談運動人士，二〇一一年三月，開羅。

50 訪談阿代－拉扎克，二〇一〇年三月，開羅。

51 特別感謝哈佛大學的馬索教授。二〇一一年七月二十五我於華盛頓訪問他時，他提供埃及最高軍事委員會代表團訪美的會議紀錄。

第七章　專業反抗人士

1 作者個人訪談，二〇一一年夏天。

2 作者個人訪談，二〇一一年夏天。

3 所有塞爾維亞講師的談話，都來自於二〇一一年夏天「堪凡斯」工作坊。

4 Samuel P. Huntington, *The Third Wave: Democratization in the Late Twentieth Century*

他提供了這方面的觀察資料。

18 訪談阿代－拉扎克，二〇一〇年三月，開羅。

19 訪談巴噶特（Hossam Bahgat），二〇一〇年三月，開羅。

20 訪談執政黨官員，二〇一〇年三月，開羅。

21 Youssef Boutros-Ghali, "Egypt: Trendsetter in the Mideast," *Washington Post,* April 9, 2011.

22 訪談卡馬爾（Mohamed Kamal），二〇〇六年一月。

23 訪談卡馬爾，二〇一〇年三月，開羅。

24 訪談執政黨官員，二〇一〇年三月，開羅。

25 Richard Leiby, "The Rise and Fall of Egypt's Most Despised Billionaire, Ahmed Ezz," *Washington Post,* April 9, 2011.

26 訪談執政黨官員，二〇一〇年三月，開羅。

27 感謝哈佛大學甘迺迪政治學院馬索（Tarek Masoud）教授提供的觀點。關於埃及執政黨的選舉策略與操作手法，請見"Why Islam Wins: Electoral Ecologies and Economies of Political Islam in Contemporary Egypt" (Ph.D. diss., Yale University, 2009).

28 訪談卡馬爾、希拉爾等官員，二〇一〇年三月，開羅。

29 特別感謝前《華盛頓郵報》記者扎卡里亞（Janine Zacharia）。她於二〇一〇年四月訪問埃茲，並把這份未公開的訪問稿給我參考。

30 Amr Hamzawy, "Egypt Faces a Legitimacy Crisis Following Flawed Elections," *Daily Star,* December 14, 2010; and Robert F. Worth and Mona El-Naggar, "Egyptian Election Shuts Out Islamist," *New York Times,* November 30, 2010.

31 Mohamed Abdel-Baky, "Shadow Play," *Al-Ahram Weekly,* December 23–29, 2010.

32 訪談埃及大使館職員，二〇〇五年十二月，華盛頓特區。

33 訪談諸位前理事會的成員，包括Hafez Abu Saeda、Ahmed Kamal Aboul Magd、Bahey el-din Hassan，二〇一〇年三月，開羅。

34 訪談馬德（Ahmed Kamal Aboul Magd），二〇一〇年三月，吉薩。

35 訪談納瓦拉（Wael Nawara），二〇一一年三月，開羅。

36 關於這次鎮壓事件，請見Sharif Abdel Kouddous, "Five Months of Waiting," *Foreign Policy,* July 15, 2011.

37 訪談阿拉法（Kamel Arafa），二〇一一年三月，開羅。

38 Cambanis, "Stiff Test," September 11, 2010.。要深入認識埃及軍方，請參考Steven

2 訪談阿默（Ahmed Amer），二〇一一年三月，開羅。

3 美國海軍研究院教授史普林伯是研究埃及軍方首屈一指的專家，他在著作中絕妙地分析了埃及軍方與政權的關係，請見Robert Springborg and Clement M. Henry, "Army Guys," *American Interest* 6, no. 5 (May/June 2011). Ellis Goldberg, "Mubarakism Without Mubarak: Why Egypt's Military Will Not Embrace Democracy," *Foreign Affairs,* February 2, 2011.

4 訪談人權運動者，二〇一一年三月，開羅。

5 David Kilpatrick, "Egypt's Military Discourages Economic Change," *New York Times,* February 17, 2011; Thanassis Cambanis, "Succession Gives Army a Stiff Test in Egypt," *New York Times,* September 11, 2010.

6 William J. Dobson, "Worse Than Our Worst Nightmare During Mubarak," *PostPartisan* (blog), *Washington Post,* March 17, 2011.。另見Human Rights Watch, "Egypt: Retry or Free 12,000 After Unfair Military Trails," September 10, 2011.

7 訪談海亞姆・阿赫美德（Hayam Ahmed）二〇一一年三月，開羅。

8 穆巴拉克還是副總統時，一直活在沙達特的陰影下。美國國務卿季辛吉會晤沙達特時，還誤以為穆巴拉克是總統的助理，參見Mary Anne Weaver, *A Portrait of Egypt* (New York: Farrar, Straus and Giroux, 1999), p. 36.

9 關於沙達特的暗殺事件，見前引書p. 61.

10 Joel Beinin, "Egyptian Workers Demand a Living Wage," *Foreign Policy,* May 12, 2010.

11 Max Rodenbeck, "No Paradise," *Economist,* July 15, 2010.

12 Ibid.

13 Jason Brownlee, "Egypt's Incomplete Revolution: The Challenge of Post-Mubarak Authoritarianism," *Jadaliyya,* July 5, 2011, www.jadaliyya.com/pages/index/2059/egypts-incomplete-revolution_the-challenge-of-post.。Brownlee是研究埃及與極權主義的優秀學者，我極力推薦大家閱讀他的著作*Authoritarianism in an Age of Democratization* (Cambridge, U.K.: Cambridge University Press, 2007).

14 訪談國家民主黨黨員，二〇一〇年三月，開羅。另見Heba Saleh and Roula Khalaf, "Regime Faces an Uncertain Future," *Financial Times,* December 16, 2009.

15 訪談希拉爾（Ali Eddin Hilal），二〇一〇年三月，開羅。

16 特別感謝部落客Hossam el-Hamalawy。二〇一〇年三月我於開羅訪問他時，他為我解說埃及部落格這幾年的發展。

17 特別感謝阿代－拉扎克（Gasser Abdel-Razek）。二〇一〇年三月我訪問他時，

32 訪談甯年科（Ivan Ninenko），二〇一〇年四月，莫斯科。

33 Ibid.; Cathy Young, “Kenny Will Live,” *Reason,* October 10, 2008.

34 訪談莫斯塔法・那嘎（Mostafa el-Naggar），二〇一〇年三月，開羅。

35 Pew Forums on Religion & Public Life, *The Future of the Global Muslim Population* (Washington, D.C.: Pew Forum on Religion & Public Life, 2011).

36 Jack A. Goldstone, “Understanding the Revolutions of 2011,” *Foreign Affairs,* May/June 2011, p. 12.

37 Ibid.

38 訪談哈里德，二〇一〇年三月，開羅。

39 Marc Fisher, “In Tunisia, Act of One Fruit Vendor Unleashes Wave of Revolution Through Arab World,” *Washington Post,* March 26, 2011, p. 1.

40 訪談美赫，二〇一〇年三月，開羅。

41 “Soaring Food Prices Anger Egyptians,” *Al Jazeera,* March 18, 2008.

42 特別感謝經濟與社會權利研究中心埃及分部（Egyptian Center for Economic and Social Rights）的阿里（Khaled Ali）提供這些數據。二〇〇一年三月，我訪問阿里時，他非常有耐心地花時間跟我解釋這些數據與近來的勞工運動。

43 訪談拉席德（Esraa Rashid），二〇一〇年三月，華盛頓特區。另見Samantha M. Shapiro, “Revolution, Facebook-Style,” *New York Times Magazine,* January 22, 2009, p. 37.

44 訪談沙拉（Ahmed Salah），二〇一〇年三月，開羅。

45 “Egypt Police Clash with Protesters After Foiled Strike,” Agence France-Presse, April 6, 2008; and Nasser Nouri, “Clashes in Nile Delta After Strike Aborted,” Reuters, April 7, 2008.

46 “Egypt to Raise Wages After Unrest,” *New York Times,* May 1, 2008.

47 訪談阿戴爾（Mohamed Adel），二〇一一年三月，開羅。

48 訪談沙拉。

49 訪談阿拉法（Kamel Arafa），二〇一一年三月，開羅。

50 訪談沙拉。訪談阿非非，二〇一一年七月，福爾斯徹奇。

51 訪談阿戴爾。訪談阿非非。

第六章　法老王

1 訪談伊布拉欣（Samira Ibrahim），二〇一一年三月，開羅。

12 訪談巴理歐斯。

13 訪談巴理歐斯等學生領袖。

14 訪談郭以郭切亞。

15 Adrian Karatnycky, "Ukraine's Orange Revolution," *Foreign Affairs,* March/April 2005.

16 Alexander Bratersky, "Nashi Celebrates Fifth Year with Kremlin Support," *Moscow Times,* April 2010.

17 Ibid.

18 訪談克里姆林宮官員，二〇一〇年四月，莫斯科。

19 Human Rights Watch, *An Uncivil Approach to Civil Society: Continuing State Curbs on Independent NGOs and Activists in Russia* (New York: Human Rights Watch, 2009), p. 21.

20 Steven Lee Myers, "Youth Groups Created by Kremlin Serve Putin's Cause," *New York Times,* July 8, 2007.

21 Neil Buckley, "Cadre's Campfire Song to Russia," *Financial Times,* July 18, 2007.

22 Anna Arutunyan, "Nashi Seen Behind Pamfilova's Ouster," *Moscow News,* August 2, 2010.

23 訪談雅辛，二〇一〇年四月，莫斯科。

24 Owen Mathews and Anna Nemtsova, "Young Russia Rises," *Newsweek,* May 27, 2007.

25 Ellen Barry, "Russian Journalist Beaten in Moscow," *New York Times,* November 6, 2010.

26 卡辛公寓外頭的監視器有錄到他慘遭兩名歹徒毒打的畫面，請見www.youtube.com/watch?v=ow-YhStbTkc.（編按：youtube已停播這段影片。）

27 卡辛接受《紐約時報》訪問時，已猜出誰是幕後黑手，詳見Oleg Kashin, "A Beating on My Beat," *New York Times,* December 12, 2010.

28 Sarah E. Mendelson and Theodore P. Gerber, "The Putin Generation: The Political Views of Russian Youth" (presentation, CSIS, July 25, 2007), csis.org/images/stories/mendelson_carnegie_moscow_corrected.pdf.

29 Taras Kuzio, "Ukraine Is Not Russia: Comparing Youth Political Activism," *SAIS Review* 26, no. 2 (2006), p. 74.

30 Sarah E. Mendelson and Theodore P. Gerber, "Soviet Nostalgia: An Impediment to Russian Democratization," *Washington Quarterly* 29, no. 1 (Winter 2005–6), p. 85.

31 訪談馬卡洛夫（Dmitri Makarov），二〇一〇年二月，華盛頓特區。

22 Stephanie Rice, "Ayman Nour Speaks About Disqualification from Egyptian Presidential Election," *Global Post,* October 17, 2011.

23 訪談安華，二〇一一年二月，檳城。

24 要綜觀馬哈地二十一年來統治的情況，請見Barry Wain's *Malaysian Maverick: Mahathir Mohamad in Turbulent Times* (New York: Palgrave Macmillan, 2010).

25 訪談安華，二〇〇八年四月，吉隆坡。

26 訪談馬來西亞企業家，二〇一一年二月，吉隆坡。

27 Thomas Fuller, "Malaysians Go to Taiwan Amid Strife," *New York Times,* September 8, 2008, p. 10.

28 訪談安華，二〇一一年二月，吉隆坡。

29 Ibid.

30 訪談安華，二〇〇八年四月。

31 Ibid.

第五章　年輕人

1 關於二〇一〇年二月十六發生的事件，引自與馬赫（Ahmed Maher）的訪談，二〇一〇年三月，開羅。

2 訪談學生領袖Roberto Patińo，二〇〇九年十一月，卡拉卡斯。

3 訪談馬赫。

4 訪談巴理歐斯（Douglas Barrios），二〇一〇年十二月，卡拉卡斯。

5 Juan Forero, "Protests in Venezuela Reinvigorate Opposition," *Washington Post,* June 2, 2007.

6 訪談巴理歐斯。

7 訪談阿爾瓦雷斯（Geraldine Alvarez），二〇一〇年，十二月，卡拉卡斯。

8 關於二〇〇八年五月二十八日發生的事件，我的描述都來自學生領袖的說法，包括阿爾瓦雷斯、巴理歐斯、郭以郭切亞等人。

9 訪談郭以郭切亞，二〇一〇年十二月，卡拉卡斯。

10 Simon Romero, "Students Emerge as a Leading Force Against Chávez," *New York Times,* November 10, 2007; Simon Romero, "Venezuela Vote Sets Roadblocks on Chávez Path," *New York Times,* December 4, 2007; and Tim Padgett, "Chávez Tastes Defeat over Reforms," *Time,* December 3, 2007.

11 訪談阿爾瓦雷斯。

第四章　反對黨

1 訪談卡普利雷斯（Henrique Capriles），二〇〇九年十一月，佩德羅瓜爾。
2 訪談米洛夫（Vladimir Milov），二〇一〇年四月，莫斯科。
3 Jackson Diehl, "In Venezuela, Locking Up the Vote," *Washington Post,* April 10, 2006.
4 訪談約凡尼的居民，二〇一〇年七月，卡拉卡斯。
5 訪談歐卡里茲（Carlos Ocariz），二〇〇九年十一月，卡拉卡斯。
6 訪談歐卡里茲。部落客Juan Cristóbal Nagel 對於歐卡里茲的計畫提出相當優異的分析，請見caracaschronicles.com/2011/01/13/red-with-envy/.
7 訪談羅佩茲（Leopoldo López），二〇〇九年十一月，卡拉卡斯。
8 Ezequiel Minaya, "If Chavez Loses Venezuelan Election, Transition May Be Rocky," *Wall Street Journal,* September 12, 2011.
9 Christoper Toothaker, "Chávez Opponents Say Charges Trumped Up to Bar Them from Running," Associated Press, May 24, 2008.。魯西昂的褫奪公權名單後來減到二百七十人。
10 Girish Gupta, "Venezuela's Exclusion of Anti-Chávez Candidates Faces a Challenge," *Time,* March 13, 2011.
11 查維茲的演講片段可見記錄片*Banned! Political Discrimination in Venezuela* (Ciudadania Activa, 2009)，或見www.youtube.com/view_play_list?p=46572AE8BBE93290.
12 羅佩茲在法庭的談話見前述影片。
13 Gupta, "Venezuela's Exclusion."
14 Juan Forero, "Venezuela's Chávez Sets Up Obstacles for Opponents Who Won in Fall Elections," *Washington Post,* February 12, 2009.
15 Simon Romero and María Eugenia Díaz, "A Bolívar Ready to Fight Against the Bolivarian State," *New York Times,* October 21, 2011.
16 訪談薩伊德（Rifaat El-Said），二〇〇六年一月，開羅。
17 訪談薩伊德的親戚，二〇一〇年，三月，開羅。
18 訪談諾爾（Ayman Nour），二〇一〇年三月，開羅。
19 Ibid.
20 訪談易卜拉辛（Saad Eddin Ibrahim），二〇一〇年三月，華盛頓特區。
21 Matt Bradley, "Egypt Court Bars Opposition Hopeful," *Wall Street Journal,* October 17, 2011.

委內瑞拉與少數幾個加勒比海國家的經濟呈現萎縮。請見：國際貨幣基金會網站：http://www.imf.org/external/pubs/ft/weo/2011/02/weodata/index.aspx

53 Kejal Vyas, "Venezuela Inflation Highest Among Top Emerging Economies," *Wall Street Journal,* December 29, 2010; and Daniel Cancel and Charlie Devereux, "Venezuela's Inflation Rate Rises at Fastest Pace in 7 Months," *Bloomberg Businessweek,* November 4, 2011.

54 Victor Salmerón, "Foreign Direct Investment Plunges $1.4 Billion in Venezuela," *El Universal,* May 5, 2011.

55 訪談匿名肉販，二〇一〇年七月，卡拉卡斯。

56 Committee to Protect Journalists, "Attacks on the Press 2010," February 2011, www.cpj.org/attacks/.

57 訪談卡尼扎列茲（Andrés Cañizález），二〇〇九年十一月，卡拉卡斯。

58 Juan Forero, "'Aló Presidente,' Are You Still Talking?" *Washington Post,* May 30, 2009.

59 我必須感謝安德列・貝羅天主教大學（Andrés Bello Catholic University）的安德列・卡尼扎列茲（André Cañizález）教授，也是委內瑞拉頂尖的媒體策略專家，教我這些有關於委國媒體的背景知識。

60 Francisco Toro, "Welcome to Censorship in the 21st century," *New Republic,* August 5, 2010.

61 訪談卡尼扎列茲。

62 Richard Allen Greene, "Critics of Venezuela's New Media Laws Fear 'Dangerous' Crackdown," CNN, December 22, 2010.

63 訪談沛可夫，二〇〇九年十一月，卡拉卡斯。

64 訪談克羅斯，二〇〇九年十一月，卡拉卡斯。

65 訪談列翁，二〇〇九年十一月，卡拉卡斯。

66 Rachel Jones, "Hugo Chávez Gives Himself a Big Christmas Gift," *Time,* December 29, 2010.

67 William J. Dobson, "Chávez's Easter Gift—to Himself," *PostPartisan* (blog), *Washington Post,* April 26, 2011, www.washingtonpost.com/blogs/post-partisan/post/chavezs-easter-gift—to-himself/2011/04/26/AFVs4gqE_blog.html.

68 Samuel P. Huntington, *The Third Wave: Democratization in the Late Twentieth Century* (Norman: University of Oklahoma Press, 1991), p. 259.

38 訪談馬查多（María Corina Machado），二〇一〇年七月，卡拉卡斯。

39 馬查多後來順利當選國會議員，其後並更上一層樓，參加反對黨的總統候選人初選。

40 訪談梅達（Magalli Meda），二〇一〇年七月，卡拉卡斯。

41 訪談達雷。

42 作者的個人經歷，二〇一〇年七月，洛斯特克斯。

43 Simon Romero, "Criticism of Chávez Stifled by Arrests," *New York Times,* April 3, 2010.

44 訪談阿菲尤妮（María Afiuni），二〇一〇年七月，洛斯特克斯。

45 Juan Forero, "Venezuelan Judge Is Jailed After Ruling Angers President Hugo Chávez," *Washington Post,* April 25, 2010, p. A16.

46 查維茲譴責阿菲尤妮法官的新聞畫面請見，www.youtube.com/watch?v=WXtibicptRA.

47 Human Rights Watch, *Decade Under Chávez,* p. 48.

48 我第一次看到這些統計數字，是由非政府組織「安全委內瑞拉」（Secure Venezuela）的主任——馬可斯・達雷・布里塞紐（Marcos Tarre Briceño）——所提出的報告而得。後來官方的統計數字在二〇一〇年八月外洩，部落客法蘭西斯科・多羅（Francisco Toro）在「卡拉卡斯大事記」（Caracas Chronicles）部落格上也做出類似的比較數據，這個部落格對於委內拉政治有非常原創性的敏銳觀察。他的文章〈不必靠自殺炸彈就有這麼多人死於非命〉出現在二〇一〇年八月二十一日。可參見：http://caracaschronicles.com/2010/08/21/and-all-that-without-the-suicide-bombings/。另參考Simon Romero, "Venezuela, More Deadly Than Iraq, Wonders Why," *New York Times,* August 22, 2010.

49 "Shooting Gallery," *Economist,* August 19, 2010.

50 根據安全專家布里塞紐的估計，謀殺案的未破案率高達百分之九十三。而委內瑞拉的《環球報》則估計百分之九十一。委國政府拒絕公布這些數據，所以不知道官方的統計數字究竟是多少。鑑於上述兩個獨立評估值相距不遠，所以我採用比較保守的估計值，但即使如此，這個數字還是高得令人咋舌。參見Pedro Pablo Peñaloza, "Experts Complain That 91 Percent of Murders Go Unpunished in Venezuela," *El Universal,* September 2, 2010.。

51 作者的個人經歷，二〇〇九年十一月，洛斯特克斯。

52 根據國際貨幣基金會世界經濟展望資料庫（International Monetary Fund's World Economic Outlook Database），二〇一〇年在中南美洲與加勒比海地區，只有

17 就我所知，第一個提出這個觀點的是Ivan Krastev，詳見 “Democracy's Doubles,” *Journal of Democracy* 17, no. 2 (April 2006), p. 52.

18 訪談沛可夫（Teodoro Petkoff），二〇〇九年十一月，卡拉卡斯。

19 訪談利維諾（Virginia Rivero），二〇〇九年十一月，卡拉卡斯。

20 訪談達雷（Maruja Tarre）二〇一一年六月，華盛頓特區。

21 Corrales and Penfold, *Dragon in the Tropics,* p. 19.

22 訪談列翁（Luis Vicente León），二〇〇九年十一月。

23 訪談馬丁涅茲（Eugenio Martínez）。

24 訪談前國家選委會官員，二〇〇九年十一月，卡拉卡斯。

25 訪談馬丁涅茲。

26 感謝馬丁涅茲提供這些數據。

27 感謝馬查多提供這些選舉資料。

28 委內瑞拉的選舉規則非常複雜，若要詳細了解，請讀者參考Alejandro Tarre, “Venezuela's Legislative Elections: Arm Wrestling with Hugo Chávez,” *Fletcher Forum of World Affairs* 35, no. 1 (Winter 2011), p. 139.

29 訪談馬丁涅茲。

30 Tarre, “Venezuela's Legislative Elections,” pp. 137–44.。本書精確地分析委內瑞拉二〇一〇年九月的國會議員選舉。

31 訪談Carlos Vecchio，二〇〇九年十一月，卡拉卡斯。

32 查維茲對波利瓦遺體開棺驗屍的完整過程，請見Thor Halvorssen, “Behind Exhumation of Simón Bolívar Is Hugo Chávez's Warped Obsession,” *Washington Post,* July 25, 2010.

33 訪談瑟拉（Robert Serra），二〇一〇年七月，卡拉卡斯。

34 Javier Corrales, “For Chávez, Still More Discontent,” *Current History,* February 2009, p. 81.

35 關於塔斯孔名單與麥森塔資料庫，完整的說明請見Human Rights Watch, *A Decade Under Chávez: Political Intolerance and Lost Opportunities for Advancing Human Rights in Venezuela* (New York: Human Rights Watch, 2008), pp. 15–25.

36 Chang-Tai Hsieh, Edward Miguel, Daniel Ortega, and Francisco Rodríguez, “The Price of Political Opposition: Evidence from Venezuela's *Maisanta,*” *American Economic Journal: Applied Economics* 3, no. 2 (April 2011), pp. 196–214.

37 Human Rights Watch, *Decade Under Chávez,* p. 128.

2 訪談巴都埃爾（Raúl Baduel），二〇一〇年七月，洛斯特克斯。

3 要了解巴都埃爾的政變，以及營救查維茲戲劇化的過程，請見Brian A. Nelson's *The Silence and the Scorpion: The Coup Against Chávez and the Making of Modern Venezuela* (New York: Nation Books, 2009).

4 Raúl Baduel, "Why I Parted with Chávez," *New York Times,* December 1, 2007.

5 Juan Forero, "Chávez Ally-Turned-Critic Is Detained by Venezuelan Military," *Washington Post,* October 4, 2008; and Simon Romero, "Chávez Seeks Tighter Grip on Military," *New York Times,* May 30, 2009.

6 Ricardo Hausmann and Francisco Rodríguez, eds., *Venezuela: Anatomy of a Collapse* (University Park: Penn State University Press, forthcoming).

7 Nelson, *The Silence and the Scorpion,* p. 3.

8 Ibid.

9 Benn Eifert, Alan Gelb, and Nils Borje Tallroth, "Managing Oil Wealth," *Finance and Development* 40, no. 1 (March 2003).

10 Gustavo Márquez Mosconi and Carola Alvarez, "Poverty and the Labor Market in Venezuela, 1982–1995," Inter-American Development Bank paper, December 1996, p. 1, idbdocs.iadb.org/wsdocs/getdocument.aspx?docnum=815518.

11 Stephen Haber, "Latin America's Quiet Revolution," *Wall Street Journal,* January 31, 2009.

12 Nelson, *The Silence and the Scorpion,* p. 4.

13 Javier Corrales and Michael Penfold, *Dragon in the Tropics* (Washington, D.C.: Brookings Institution, 2011), p. 17.。此書的兩位作者都是委內瑞拉局勢的權威觀察家。若要了解查維茲如何拿下委國政權，我強烈建議讀者閱讀Javier Corrales's "Hugo Boss," *Foreign Policy,* no. 152 (January/February 2006), p. 32.

14 Kenneth Roberts, "Social Polarization and the Populist Resurgence in Venezuela," in *Venezuelan Politics in the Chávez Era: Class, Polarization, and Conflict,* ed. Daniel Hellinger and Steve Ellner (Boulder, Colo.: Lynne Rienner, 2004), p. 65.

15 關於這些資料，我要特別感謝列翁（Luis Vicente Leon）在二〇〇九年十一月在卡拉卡斯接受我訪問。他是委國首屈一指的民調專家，主掌民調公司「資料分析」（Datanálisis）。透過他的研究觀察，我才得以了解委國人民的社會與經濟分級，以及每個階層的投票行為。

16 訪談克羅斯（Alfredo Croes）二〇〇九年十一月，卡拉卡斯。

Radio, October 13, 2009, www.npr.org/templates/story/story.php?storyId=113763047.
9 World Economic Forum, *The Global Enabling Trade Report 2010* (Geneva: World Economic Forum, 2010), p. 233.
10 俄羅斯航空稍後在二〇一一年六月免除勒維廷的總裁職務，因為總統梅德韋傑夫宣布政府的部會首長不得同時兼任國營企業的董事。請見Henry Meyer, "Medvedev Bid to Oust Officials is Small Revolution," Bloomberg Businessweek, April 3, 2011.
11 Clifford J. Levy, "Russian Journalists, Fighting Graft, Pay in Blood," *New York Times,* May 17, 2010, p. 1.
12 Committee to Protect Journalists, *Anatomy of Injustice: The Unsolved Killings of Journalists in Russia* (New York: Committee to Protect Journalists, 2009).
13 Committee to Protect Journalists, *Getting Away with Murder: 2011 Impunity Index* (New York: Committee to Protect Journalists, 2011).
14 關於格羅莫夫在阿富汗的過往，請參閱Michael Dobbs, *Down with Big Brother: The Fall of the Soviet Empire* (New York: Alfred A. Knopf, 1997).
15 Claire Bigg, "Fate of Russia's Khimki Forest Uncertain After Ecologists Attacked, Detained," Radio Free Europe/Radio Liberty, July 23, 2011.
16 訪談契瑞可娃，二〇一一年一月，莫斯科。
17 Ibid.
18 訪談契瑞可娃，二〇一一年一月，莫斯科。另見Ashley Cleek and Aleksandra Saenko, "Russian Government OKs Controversial Highway Through Khimki Forest," Radio Free Europe/Radio Liberty, December 14, 2010.
19 Michael Schwirtz, "Kremlin Relents, for Now, to Foes of Russia Highway," *New York Times,* August 26, 2010, p. 4.
20 伊芙吉妮亞打電話給房地產開發公司的錄音，請見www.youtube.com/watch?v=oygFt-xgg34.（編按：影片已被youtube禁播。）
21 訪問涅姆佐夫，二〇一〇年四月，莫斯科。
22 阿非非的所有談話都引自作者的訪談，二〇〇九年七月，華盛頓。
23 訪談阿非非，二〇一一年七月，福爾斯徹奇。

第三章　總司令

1 作者的個人經歷，二〇一〇年七月，洛斯特克斯。

2010.
64 Michael Bohm, "Dmitry Gets No Respect," *Moscow Times,* March 26, 2010.
65 Treisman, *Return,* p. 144.
66 訪談施維多夫（Grigory Shvedov），二〇一〇年四月，莫斯科。
67 Anna Nemtsova, "Beset by a Million Bureaucrats," *Newsweek,* February 21, 2010.
68 Ellen Barry, "Research Group's Report Urges Radical Changes in Russia," *New York Times,* February 4, 2010.
69 訪談剛特馬克（Evgeny Gontmakher），二〇一〇年四月，莫斯科。
70 "Vladimir Putin's Valdai Vision," *Economist,* September 7, 2010.
71 Amy Knight, "The Concealed Battle to Run Russia," *New York Review of Books,* January 13, 2011.
72 Neil Buckley, Charles Clover, and John Thornhill, "Medvedev Rules Out Poll Tussle with Putin," *Financial Times,* June 19, 2011.
73 訪談涅姆佐夫。
74 "Russia's Putin Set to Return as President in 2012," BBC, September 24, 2011.
75 A video clip of Putin's remarks is available at www.youtube.com/watch?v=3ynB2CjtXhQ.
76 "Time to Shove Off," *Economist,* September 10, 2011.

第二章　國家的眼中釘

1 浦志強的所有談話都引自作者的訪談，二〇一一年二月，北京。
2 Perry Link, "The Secret Politburo Meeting Behind China's New Democracy Crackdown," *NYR* (blog), *New York Review of Books,* February 20, 2011, www.nybooks.com/blogs/nyrblog/2011/feb/20/secret-politburo-meeting-behind-chinas-crackdown/.
3 訪談張競競，二〇一一年二月，北京。
4 訪談契瑞可娃（Yevgenia Chirikova）二〇一〇年四月，莫斯科。
5 Philip P. Pan, "In China, Turning the Law into the People's Protector," *Washington Post,* December 28, 2004, p. 1. 要了解浦志強與這件官司，我推薦讀者閱讀 Philip P. Pan's *Out of Mao's Shadow: The Struggle for the Soul of a New China* (New York: Simon & Schuster, 2008).
6 Pan, "In China, Turning the Law."
7 契瑞可娃的所有談話都引自作者的訪談，二〇一〇年四月，莫斯科與希姆基。
8 Anne Garrels, "Anti-graft Crusade a Dangerous Business in Russia," National Public

the Russian Federation, www.gks.ru/bgd/regl/b09_12/IssWWW.exe/stg/d02/26-08.htm.
44 Tianlun Jian, "Priority of Privatization in Economic Reforms: China and Taiwan Compared with Russia" (paper at the Harvard Institute for International Development), www.cid.harvard.edu/hiid/566.pdf.
45 Carsten Sprenger, "State-Owned Enterprises in Russia" (presentation at the OECD Roundtable on Corporate Governance of SOEs, October 27, 2008), www.oecd.org/dataoecd/23/31/42576825.pdf.
46 *Education at a Glance 2007,* OECD report, September 18, 2007, p. 173, www.oecd.org/document/30/0,3343,en_2649_39263238_39251550_1_1_1_1,00.html#data.
47 Ira Iosebashvili and William Mauldin, "Russia's Economic Czar Tackles Deficit, Bureaucracy," *Wall Street Journal,* June 23, 2010.
48 "Forbes List Sees Russian Billionaire Numbers Double," BBC, April 16, 2010.
49 Paul Abelsky, "Russian GDP May Grow 4.5% in Bumpy Recovery, World Bank Says," *Bloomberg Businessweek,* June 16, 2010.
50 訪談帕夫洛夫斯基（Gleb Pavlovsky），二〇一〇年四月，莫斯科。
51 關於帕夫洛夫斯基這個人，可參考Andrew Wilson, *Virtual Politics: Faking Democracy in the Post-Soviet Wold* (New Haven, Conn.: Yale University Press, 2005).
52 訪談馬可夫。
53 Wilson, *Virtual Politics,* p. 50.
54 訪談明圖索夫（Igor Mintusov），二〇一〇年四月，華盛頓特區。
55 訪談米特羅欣（Sergei Mitrokhin），二〇一〇年四月，莫斯科。
56 Clifford J. Levy, "President Pick Would Name Putin Premier," *New York Times,* December 12, 2007.
57 訪談涅姆佐夫。
58 訪談梅德韋傑夫的顧問，二〇一〇年四月，莫斯科。
59 Clifford J. Levy, "Putin Protégé Secures Election Victory," *New York Times,* March 3, 2008.
60 訪談羅金斯基（Arseny Roginsky），二〇一〇年四月，莫斯科。
61 Vidya Ram, "Medvedev's Mea Culpa," *Forbes,* September 11, 2009.
62 Daniel Treisman, *The Return: Russia's Journey from Gorbachev to Medvedev* (New York: Free Press, 2011), p. 141.
63 "Most Russians Expect No Results from Medvedev's Reforms," *Ria Novosti,* May 2,

23 Human Rights Watch, *An Uncivil Approach to Civil Society: Continuing State Curbs on Independent NGOs and Activists in Russia* (New York: Human Rights Watch, 2009), p. 32.

24 Chivers, "Kremlin Puts Foreign NGO's on Notices." 當時，我受雇於卡內基和平基金會（Carnegie Endowment for International Peace），它在莫斯科也有固定的辦公室。雖然它也被莫斯科當局嚴密審查，但沒有被查禁。

25 Human Rights Watch, *Uncivil Approach,* p. 16.

26 Ibid., p. 27.

27 訪談波波夫。

28 Robertson, "Managing Society," p. 541.

29 訪談洛克希娜（Tanya Lokshina），二〇一〇年四月，莫斯科。

30 Paul Goble, "United Russia Revives Another CPSU Tradition—Watching Officials in the Regions for Moscow," *Window on Eurasia* (blog), July 31, 2010.

31 訪談莫斯科的運動人士，二〇一〇年四月，莫斯科。

32 訪談莫斯科的運動人士，二〇一〇年四月，莫斯科，另見Human Rights Watch, *Uncivil Approach,* p. 56.

33 Human Rights Watch, *Uncivil Approach,* p. 56.

34 訪談國務院官員，二〇一〇年一月，華盛頓特區。

35 訪談洛克希娜。

36 訪談布洛德，二〇一〇年四月，莫斯科。

37 Committee to Protect Journalists, *Getting Away with Murder: 2011 Impunity Index* (New York: Committee to Protect Journalists, 2011).

38 Tanya Lokshina, "Another Voice Silenced in Russia," *Washington Post,* July 17, 2009.

39 Robert Coalson, "Behind the Estonia Cyberattacks," Radio Free Europe/Radio Liberty, March 6, 2009.

40 訪談馬可夫（Sergei Markov），二〇一〇年四月，莫斯科。

41 Joseph T. Siegle, Michael M. Weinstein, and Morton H. Halperin, "Why Democracies Excel," *Foreign Affairs,* September/October 2004, p. 59.

42 Yun-Hwan Kim, "The Role of Government in Export Expansion in the Republic of Korea: A Revisit," Asian Development Bank, EDRC Series, February 1994, www.adb.org/Documents/EDRC/Reports/rs61.pdf.

43 Russian Federation Federal State Statistics Service, Commodity Structure of Exports of

6 Charles S. Maier, *Dissolution: The Crisis of Communism and the End of East Germany* (Princeton, N.J.: Princeton University Press, 1997), p. 106.

7 Meyer, *Year That Changed the World,* p. 165.

8 Ibid., p. 124.。若要得知更多當時德勒斯登高漲的抗議場面，請見Maier, *Dissolution,* p. 145.

9 Pierre Hassner, "Russia's Transition to Autocracy," *Journal of Democracy* 19, no. 2 (April 2008), p. 11.

10 Clifford G. Gaddy and Andrew C. Kuchins, "Putin's Plan," *Washington Quarterly* (Spring 2008), p. 121.

11 要了解俄羅斯重要的商業巨賈，最具權威性的著作為David Hoffman, *The Oligarchs: Wealth and Power in the New Russia* (New York: Public Affairs, 2002).

12 要了解媒體如何成為克里姆林宮的統治工具，最全面的參考資料為Maria Lipman, "Media Manipulation and Political Control," Chatham House paper, January 2009.

13 Fraser Cameron, "Dead-End Russia," *New York Times,* February 11, 2010. 我們很難用精確的數據去說明克里姆林宮控制媒體的程度。舉例來說，莫斯科的電台「莫斯科回聲」（Ekho Moskvy）會對政治與社會議題發表評論，但它歸屬於國營企業「俄羅斯天然氣公司」（Grazprom）旗下的媒體事業。

14 Mikhail Fishman and Konstantin Gaaze, *Russian Newsweek,* August 4, 2008.

15 進一步了解克里姆林宮如何創造反對黨，請見"Managing Opposition in a Hybrid Regime: Just Russia and Parastatal Opposition," *Slavic Review* 68, no. 3 (Fall 2009).

16 Gaddy and Kuchins, "Putin's Plan," p. 121.

17 Nikolay Petrov, Maria Lipman, and Henry E. Hale, "Overmanaged Democracy in Russia: Governance Implications of Hybrid Regimes," Carnegie Paper, no. 106, February 2010, p. 26.

18 訪談涅姆佐夫（Boris Nemtsov）二〇一〇年四月，莫斯科。

19 訪談雅辛（Ilya Yashin），二〇一〇年四月，莫斯科。

20 訪談福克霍夫斯基，二〇一〇年四月，莫斯科。

21 訪談波波夫（Sergei Popov）二〇一〇年四月，莫斯科。

22 C. J. Chivers, "Kremlin Puts Foreign NGO's on Notice," *New York Times,* October 20, 2006. 更多的細節分析，參見Graeme B. Robertson, "Managing Society: Protest, Civil Society, and Regime in Putin's Russia," *Slavic Review* 68, no. 3 (Fall 2009), p. 540.

Democracy, Washington, D.C.: Freedom House, 2011）

11 訪談委內瑞拉的運動人士，二〇〇九年十一月，卡拉卡斯。這句話原出於巴西前總統瓦加斯（Getúlio Vargas），他分別在一九三〇至一九四五年以及一九五一至一九五四年兩段時期擔任巴西總統，前一段獨裁統治，後一段經由民主選舉而出任該職。

12 Richard McGregor, *The Party: The Secret World of China's Communist Rulers* (New York: HarperCollins, 2010), p. 4.

13 訪談帕提達斯（Alvaro Partidas），二〇〇九年九月，華盛頓特區。

14 Daniel Treisman, *The Return: Russia's Journey from Gorbachev to Medvedev* (New York: Free Press, 2011).

15 訪談阿列西娃（Ludmilla Alexeeva），二〇一〇年四月，莫斯科。

16 我跟阿列西娃第一次碰面時，她就指出這一點。二〇一〇年十月十九日，在第七屆利普塞特民主講座中（Seymour Martin Lipset Lecture on Democracy），克拉斯鐵（Ivan Krastev）更進一步詳述這個觀念。克拉斯鐵是《外交雜誌》保加利亞版的總編輯，對於獨裁政權也有精準地觀察，可參見他的文章 "Paradoxes of the New Authoritarianism," *Journal of Democracy* 22, no. 2 (April 2011).

17 訪談艾克曼。

第一章　沙皇

1 David Hoffman, "Putin's Career Rooted in Russia's KGB," *Washington Post,* January 30, 2000.

2 Michael Meyer, *The Year That Changed the World: The Untold Story Behind the Fall of the Berlin Wall* (New York: Scribner, 2009), p. 25.

3 Hoffman, "Putin's Career."

4 Meyer, *Year That Changed the World,* p. 25.

5 普丁回顧他在德勒斯登的生活、以及對於蘇聯帝國崩潰的追憶，收錄於普丁，《第一人稱：俄國總統的驚人自白》（Vladimir Putin, *First Person: An Astonishingly Frank Self Portrait by Russia's President,* New York: Public Affairs, 2000, p.77.）。就我所知，在普丁相關著作中，這是唯一一本普丁坦承告白他自己過去遭遇的書，由三位經驗老道的俄國記者聯合採訪。他們在普丁即將首度出任俄國總統前夕採訪他，以此集結成書。當時普丁總共接受了六次訪問，每一次長達四個小時。他當時是個初出茅廬的政治人物，還沒學會對記者擺架子。

注釋

前言

1 訪談艾克曼（Peter Ackerman），二〇一一年八月，華盛頓特區。

2 Kurt Eichenwald, "S.E.C. Report Attacks Big Drexel Bonuses," *New York Times,* October 4, 1991.

3 Franklin Foer, "Regime Change Inc.," *New Republic,* April 25, 2005. 本書詳盡地介紹艾克曼與他的工作。

4 訪談艾克曼。

5 Orville Schell, *Mandate of Heaven: The Legacy of Tiananmen Square and the Next Generation of China's Leaders* (New York: Touchstone, 1994), p. 126.

6 Joseph Kahn, "Video Disputes China's Claim Shooting Was in Self-Defense," *New York Times,* October 16, 2006.

7 Robert Harvey, *Portugal: Birth of a Democracy* (London: Macmillan, 1978), p. 14.

8 杭廷頓稱之為第三波。他在書裡面談到了前兩波民主浪潮（以及與其對應的反浪潮）。第一波浪潮是美國一八二八年擴大選舉權，讓沒有財產的白人男子也可以投票，直到義大利法西斯主義於一九二〇年代興起為止。第二波浪潮則從同盟國在第二次世界大戰取得勝利開始，一直到一九六二年南美洲、亞洲與非洲多國發生軍事政變為止。他所寫的《第三波：二十世紀後期的民主浪潮》是了解本主題的必讀參考書。（*The Third Wave: Democratization in the Late Twentieth Century*, Norman: University of Oklahoma Press, 1991.）

9 史丹福大學的賴瑞・戴蒙教授在《改變人心的民主精神 ：每個公民都該知道的民主故事與智慧》一書裡面為這幾年的全球民主進程提供一個更大的視角。（Larry Diamond, *The Spirit of Democracy: The Struggle to Build Free Societies Throughout the World*, New York: Henry Holt, 2008）

10 所有關於民主與獨裁國家的數據都是來自「自由之家」的年度調查報告：《世界各地的自由》（*Freedom in the World*）。二〇一一年普丁頓所寫的《世界各地的自由：獨裁對民主的挑戰》則提供世界各國政治自由受到壓抑的總覽。（Arch Puddington, *Freedom in the World 2011: The Authoritarian Challenge to*